KB083575

철학에로의 초대

초월, 신, 자아, 인식

철학에로의 초대

초월, 신, 자아, 인식

초판 1쇄 발행 2023년 8월 14일
초판 2쇄 발행 2024년 6월 10일

—

지은이 김창래
펴낸이 이방원

책임편집 박은창   **책임디자인** 손경화
마케팅 최성수 · 김 준   **경영지원** 이병은

—

펴낸곳 세창출판사
　　　　신고번호 제1990-000013호 **주소** 03736 서울시 서대문구 경기대로 58 경기빌딩 602호
　　　　전화 02-723-8660 **팩스** 02-720-4579 **이메일** edit@sechangpub.co.kr **홈페이지** http://www.sechangpub.co.kr
　　　　블로그 blog.naver.com/scpc1992 **페이스북** fb.me/Sechangofficial **인스타그램** @sechang_official

—

ISBN 979-11-6684-223-8 03100

철학에로의 초대

초월, 신, 자아, 인식

김창래

세창출판사

초대장

당신을 철학에로 초대합니다

　당신이 지금 만지작거리고 있는 것은 '초대장', 철학에로의 초대장이다. 초대란 유혹이다. 당신을 초대한 세계가 베일에 가려 알려지지 않았을 때, 초대는 유혹적이다. 익히 아는 것은 늘 먹는 맵고 짠 김치처럼 심심하기 때문이다. 베일 뒤에 숨어 자신이 무엇인지 보여 주지 않으면서 당신을 끌어당기는 것만이 유혹적일 수 있다. 유혹적인 초대장은 동시에 위협적이다. 알지 못하는 것에는 무슨 위험이 숨어 있을지 모를 노릇이기 때문이다. '위험의 위협'이 '초대의 유혹'보다 크다 여겨지면 초대장은 거부된다. 사람들은 '있을 수 있지만 없을 수도 있는 위험'을 상상하며 '없을지도 모르지만 있을 것이 기대되는 매혹'을 포기하곤 한다. 그것은 신중하기에 안전하지만 '모험적이어서 새로워지는 삶의 태도'는 아니다. 신중한 사람은 '옛것의 같음' 안에 편안히 머물 수 있지만 '새것의 다름'에로의 신나는 여행을 떠날 수 없다. 모험의 위험을 감수하는 자만이 새것,

다른 것을 만날 수 있다. 새롭고 다른 것과의 만남의 유혹보다 예전의 같은 것을 떠나는 위험에 대한 두려움이 더 크다면, 그런 신중하신 분들은 이쯤에서 나의 초대장을 찢어 버리는 것이 좋을 것이다. 당신을 초대한 철학의 축제는 당신을 변화시키기를 원한다. "너의 삶을 바꿔라Du mußt dein Leben ändern!"[1]

철학은 다름의 축제다. 철학적 사유의 축제는 옛것의 같음에 물음표를 붙이면서 시작한다. 이 의문부호가 바로 새것의 다름에로의 이정표다. 이 이정표를 따라가면 새로운 세계를 만나게 된다. 그 세계는 헤겔의 멋진 표현대로 "전도된 세계"다. 그 세계에서는 모든 것이 물구나무서게 된다. 밤과 낮이, 잠과 깨어 있음이 자리를 바꾸고, 죄로 인해 고통스럽게 받고 있는 "형벌"은 죄와 악으로부터의 "사면"[2]으로, 벌을 피하게 해 준 행운은 영원히 죄에 구속되는 최악의 불운으로 바뀐다. 불행과 행복의 의미가 바뀌고 죽음과 삶의 의미도 바뀐다. 이 전도를 목도하며 소크라테스는 고대의 한 시인을 인용했다. "누가 알리요, 사는 것은 죽는 것이고 죽는 것은 사는 것인지."[3] 혹 당신은 지금 죽음과도 같은 삶을 사는 것은 아닌지, 깨어 있지 못하고 그저 잠든 듯 졸고만 있는 것은 아닌지, 당신의 밝은 대낮이 실은 칠흑 같은 밤일 수도 있다는 생각을 해

---

1 릴케, 「고대 아폴로의 토르소」, 『전집』, 2권(프랑크푸르트, 1955-1961), 557쪽.

2 헤겔, 『정신 현상학』, 호프마이스터 편(함부르크, 1952), 121-122쪽.

3 플라톤, 『고르기아스』, 김인곤 옮김(EjB, 2011), 492e.

본 적은 없는가?

달리 보면 달리 보인다. 달리 볼 줄 모르는 사람들은 달리 볼 때 무엇이 보일지를 모른다. 그래서 사람들은 자신이 보는 것이 온 세계의 참모습이라고 생각한다. 그러나 세계는 더 넓고, 더 많다. 칸트는 "신이 수백만 개의 세계를 창조했다는 것은 정말 가능한"[4] 일이라고 말했다. 당신은 그 수백만 개의 세계 중 하나 안에 살고 있을 뿐이다. 물론 그 사실을 모르고 당신의 세계 안의 같음만 보고 살아도 상관없다. 알면 후회할 일이지만 모르니 후회도 없을 것이다. 그래도 이 우물이 정녕 온 세계라는 우물 안 개구리의 편견을 벗어나 조금은 더 보편적인 개구리가 되고 싶다면….

당신을 '철학적 사유의 축제'로 초대한다. 물론 이 축제는 세상 사람들이 소중하다 여기는 그 어떤 것도 주지 않는다. 세상에서 가장 소중하다는 것이 전도된 세계에서는 가장 하찮은 것이기 때문이다. 그러나 당신을 초대한 축제는 당신이 이 초대를 받아들이지 않으면 결코 경험할 수 없을 어떤 것을 경험하게 해 줄 것이다. 그것이 바로 사유, 철학적 사유다. 철학하고 사유하는 자에게만 문이 열리는 세계, 전도된 세계로 당신을 초대한다.

---

4 칸트, 『비판기 이전 저술』, 『전집』, 1권, 학술원판(베를린, 1910), 22쪽. 이 문장은 본디 자연철학적 의미를 담고 있어 우리 맥락과 딱 맞는 것은 아니다. 그래도 나는 수사학적인 이유에서 이 인용을 택했다.

초대의 목적은 하나다. 나의 손님들을 사유의 축제에 초대하여 일단 '함께 사유하고', 나아가 '스스로 사유하고 또 계속 사유하게' 하는 것이다. 사유란 많은 사람에게는 "수고로움"이지만 또 어떤 사람들에게는 "좋은 날"의 "축제이자 도취"[5]다.

그 축제와 도취에로 당신을 초대한다. 나는 이미 취해 있기에….

2023년 여름, 김창래

---

5   니체, 『유고 (1884년 가을-1885년 가을)』, 『니체 전집』, 18권, 김정현 옮김(책세상, 2004), 245쪽.

차례

입문

형이상학: '네가 아닌 것'이 되어라!

인식론: 나는 안다. 따라서 나는 존재한다.

1부

입문

철학이란 무엇인가?

　철학이란 무엇인가? 이것이 『초대』의 주도적인, 그리고 지배적인 물음
이다. 『초대』는 이 물음으로 시작하고 이 물음으로 끝난다. 나의 초대에
응한 당신은 책을 읽기 시작하며 이 물음에 답해야 하고 책 읽기를 끝낼
때 다시 이 물음에 답해야 한다. 처음과 끝의 답이 다르다면, 그것은 당신
의 철학적 사유의 진보 또는 퇴보를 의미할 것이다. 답보는 분명 아니다.
아마 퇴보도 아닐 것이다. 『초대』는 당신을 변화시키기를 원한다.

　이 물음이 묻고 있는 철학의 '무엇'은 본디 이 학문의 본질, 모든 철학이
한결같이 소유한 공통의 속성을 뜻한다. 이 '무엇'이 바로 철학을 철학으
로 만들어 주고 철학을 철학 아닌 것과 구별해 주는 것이다. 그러므로 물
음은 ―이 엄격한 의미에서 보자면― 모든 철학이 가지고 있는, 그러나 철
학이 아닌 어떤 학문도 갖지 못한, 철학만의 본질에 대해 묻고 있다. 과연
모든 철학에 예외 없이 적용되는 공통의 본질 같은 것이 있을 수 있을까?
세상에 철학은 많고 이 철학들은 각기 다르다. 철학의 긴 역사까지 고려하
면 더 다양하고 더 상이한 철학들이 있다. 사람들은 다른 시대와 다른 상

황 안에서, 다른 관점과 다른 전제를 가지고 각각의 철학을 했는데 그 모든 철학이 한결같다면, 그것이 오히려 이상하지 않겠는가?

예를 들어 인류 최초로 철학을 했던 고대 그리스인들과 우리 현대인이 철학과 학문을 바라보는 관점은 같을 수가 없다. 아직 과학이 존재하지 않았던 ─과학은 17세기의 산물이다─ 2,500년 전 고대 철학자들에게 철학은 '오늘날 우리가 과학이라 부르는 모든 학문을 자신 안에 포함하는 보편적인 학문'이었고, 17세기 이후 철학으로부터 과학의 독립 과정을 목도한 현대인들에게 철학은 '과학이 아닌 학문'을 뜻한다. 이 두 철학은 다르다. 중세는 그리스도교에 의해 각인된, 그리고 아리스토텔레스의 철학이 이 종교의 교리의 정당화를 위해 개념적, 논리적 수단으로 사용되던 시기인데 ─그래서 중세 이후에 철학했던 사람들은 이 시기를 철학이 신학의 하녀가 되어 버린 암흑 시대라 불렀다!─, 현대인은 신학, 철학, 그리고 이 두 학문의 관계에 대한 중세인들의 종교적 전제를 더 이상 공유하지 않는다. 근대는 물론 시간적으로 고대나 중세보다 현대에 가깝지만, 두 시대 간에는 ─인간의 지위와 능력, 이성에 대한 신뢰 등─ 여러 철학적 문제와 관련해 시간적 간격 이상의 큰 철학적 견해 차이가 있다. 심지어 현대 안에서도 영국과 미국의 경험적, 실증적 철학과 유럽 대륙의 이성적, 사변적 철학 간에 철학하는 태도의 차이가 있음은 현대철학의 언저리라도 기웃거려 본 사람이라면 누구나 다 안다. 여기에 동양의 철학과 서양의 철학이 '철학'이라는 하나의 이름 안에 함께 거주하고 있다는 사실까지 고려하면, 문제는 한없이 복잡해진다.

참으로 잡다하고 이질적인 정신의 활동들과 그 형성물들이 철학이라는 이름 아래 공존하고 있다. 그렇다면 이토록 다양한 철학들을 하나의 이름 아래 묶어 주는 공통의 본질과 같은 것이 과연 있기는 한 것일까? 만약 그 본질이 모든 철학에서 예외 없이 발견되는 공통분모를 의미하는 것이라면, 답은 부정적이다. 철학의 세계에 그런 예외 없는 공통성은 없다. 그럼에도 나는 철학의 '무엇'에 대해 묻고 있고, 또 물어야 한다고 생각한다. 그것은 내용적으로 상이한 여러 철학 체계가 공통적으로 참여하고 있는 ―물론 참여의 강도는 철학마다 다를 것이다― 철학의 '근본 정신'과 같은 것은 있다는 확신에서다. 일단 그 정신을 찾아서 제기된 물음, '철학이란 무엇인가?'에 답하고, 이 답을 실마리 삼아 이후의 모든 논의를 풀어 가기로 하자.

물론 우리의 답변은 잠정적이고 추상적일 수밖에 없다. 이 답변은 앞으로 진행될 논의에 따라 여러 수정을 거쳐야 하기에 잠정적이며, 다양한 철학들에 공통된 (철학의) 정의를 산출하는 데는 너무 보편적이어서 아무런 구체적인 것도 진술할 수 없는 위험이 수반되기 때문에 추상적이다. 그러나 언급한 대로 우리 논의의 실마리가 될 수 있을 정도의 일반적, 추상적인 정의를 구하여 이를 논의의 출발점으로 삼고, 논의를 더 전개해 가면서 그때그때 필요한 수정과 주석을 덧붙이기로 한다.

1 일상을 통해서 본 철학

1.1 철학에 대한 속견들

철학이란 무엇인가? 이 물음에 어떻게 답할까? 당신이 철학에 문외한이라면 이 물음에 다른 사람들이 어떻게 답하는지를 한번 살펴보는 것도 도움이 될 것이다. 지금은 길고도 멀 철학적 사유의 길을 떠나는 상황이니까, 우선 좀 편하게 우리 주변에서 흔히 접하게 되는 철학에 대한 '속견' 몇 가지를 검토하며 논의를 시작하자.

철학에 대한 속견이란 '철학이 그 자체로 무엇인가?'라는 물음에 대한 철학자의 답이 아니라, '철학이 무엇이라고 생각하는가?'라는 물음에 대한 세간의 답이다. 이것은 물론 전문가의 답이 아니라 세간의 답이고, 세간 사람들은 ―이들은 철학은 모르지만 철학에 호기심은 가지고 있다!― 철학 자체에서가 아니라 철학에 대한 자신들 나름의, 그러나 대부분 잘못된 기대에서 답을 찾기 때문에, 이 답에서 곧바로 철학의 본질을 읽어 낼 수는 없다. 그러나 철학에 대한 세간의 오해의 수정을 통해 철학의 본질에 이르는 에움길을 발견할 것을 기대할 수는 있을 것 같다. 나는 세 가지 통념을 검토한다.

① 운명철학, 성명철학, 사주와 팔자로서의 철학?

적잖은 세상 사람들은 철학이라는 말을 운명철학, 성명철학, 사주와 팔자와 궁합, 수상, 관상, 족상의 총칭으로 이해한다. 길가다 마주치는 철학관 간판에는 천기, 강신, 예언, 미래 등의 단어들이 눈에 띈다. 심지어 '철학 개인지도'라고 써 붙인 집도 있다. 철학하는 나로서는 눈이 휘둥그레질 일이다. 신이 내려(강신) 세계의 비밀(천기)을 들여다보고, 여기에 힘입어 미래를 예언하는데, 심지어 그 신적인 기술을 전수해 주기도 한다! 물론 이런 일이 가능하다면 그것은 인간이 얻을 수 있는 최대한의 진리요, 지혜일 것이다. 물론 나는 독자 여러분을 그런 신기의 축제에 초대한 것이 아니며, 이와 관련해서는 아는 바도, 전수해 줄 기술도 가지고 있지 않다. 내가 하는 철학과 이 특이한 철학이 공유하는 것은 이름뿐이다.

이 속견과 관련하여 무엇보다 강조해야 할 것은, 철학은 본성상 '인간의 일'이지 '신과 교류하는 기술'이 아니라는 것이다. 만일 신적 진리를 신의 선물로 받아 챙길 수만 있다면, 그보다 더 간편하고 효율적인 철학은 없을 것이다. 아니 그건 철학의 완성이다. 철학도 궁극적으로는 신적인 진리를 추구하기 때문이다. 그 점에서는 이 속견 속의 철학에도 내가 하는 철학과 비슷한 면이 있기는 하다. 그러나 철학은 이 진리를 신의 선물이 아니라, 인간 자신의 힘겨운 사유의 노동을 통해 추구한다. 이것이 차이다.

플라톤의 대화편 『파이돈』에 보면 '로고스들로의 도주'라 불리는 구절이 있다. 로고스는 물론 매우 다의적인 개념이지만, 여기서는 인간이 세계와 존재를 바라보는 창으로서의 '언어' 또는 인간이 세계를 분류하고 범주화하는 방식으로서의 '개념'을 뜻한다. 로고스들로 도주해 들어가며 소크라테스는 이렇게 말한다. 내가 궁극적으로 갖기를 원하는 것은 신적 진리다. 그러나 우리 눈이 감당하기 어려울 정도로 휘황한 저 신적 진리를[1] 오로지 "육안으로" 바라보았다가는 필경 나의 눈이 "멀어" 버릴 것이므로, 나는 로고스들로 도주해 들어가 인간의 언어와 개념이라는 색안경을 끼고 신의 진리를 바라보겠다![2] 즉, 철학하는 우리는 인간의 로고스를 통해 신적 진리를 추구한다. 비유적으로 정리하면 이렇다. 신의 순풍이 불어 주기만 한다면야 돛단배를 타고 편안하게 진리의 섬으로 항해해 가겠지만, 우리 철학하는 인간, 신의 진리를 인간적인 방식으로 추구하는 자들에게 신의 순풍은 불어 주지 않는다. 따라서 우리는 "차선의 방법"[3]으로 힘겹게 노를 저어 진리의 섬으로 다가가지 않으면 안 된다. 이 노 젓기가 바로 인간의 로고스를 통한 신적 진리의 추구로서의 철학이다. 철학이 추구하는 신적 진리는 신의 선물이 아니라 인간의 사유, 그 노동의 결과다.

여기서 철학이라는 말의 어원을 살펴보는 것도 유익할 것 같다. 그리스인들은 철학을 '필로소피아philo-sophia'라 칭했는데, 이는 신적 '지혜sophia'

---

1 태양을 생각하라. 플라톤은 진리를 자주 너무 밝아 바라보기조차 힘겨운 태양에 비유한다.
2 플라톤, 『파이돈』, 박종현 옮김(서광사, 2003), 99e 참조.
3 같은 책, 99c.

에 대한 '사랑philia'이다. 그런데 플라톤은 이렇게 말한다. "신들은 철학하지 않는다."[4] 왜냐하면 신들은 철학이 추구하는 지혜를 이미 가지고 있어서 가진 것을 사랑할 필요가 없기 때문이다. 이는 다시, 신적 지혜에 대한 사랑으로서의 철학은 오로지 인간의 일임을 의미한다. 철학은 인간에 의한, 인간적 사유를 통한 진리의 추구이지, 신기神氣에 힘입은 신기神技가 아니다.

② 말 잘하는 기술로서의 철학?

또 어떤 사람들은 철학자들은 말을 잘할 거라는 기대를 가지고 있다. 이것은 첫 번째 속견보다 더 잘못된 것이다. 왜냐하면 내가 보기에 철학하는 사람들은 말을 잘하기는커녕 도리어 말을 잘 못하는 사람들이기 때문이다. 적어도 웅변과 달변, 화려한 수식과 아름다운 표현이 말 잘함의 의미라면 그렇다. 본디 철학은 말, 외적 표현의 문제가 아니라 생각, 내적 사유의 문제다. 그래서 철학사의 시원에서부터 '생각하는 기술로서의 철학'은 '말하는 기술로서의 수사학'과 스스로를 구별해 왔다.[5] 이에 상응하는 또 하나의 구별이 '사유하는 자로서의 철학자'와 '말 잘하는 자로서의 소피스트'의 구분이다. 내적 사유에는 관심이 없고 오로지 그 생각을 어떻게 멋들어지게 표현할지, 어떤 아름다운 외양의 옷을 입힐지에만 골몰하는 수사가가 이 말로 타인을 설득하려 들고, 설득을 위해 논리를 비틀어 궤변을 펼치고, '이를 통해 타인을 설득하는 기술'을 돈 받고 팔면, 우리는 그를 소피스트라 부른다. 물론 철학자도 타인을 설득한다. 그러나 철학자는 말과 표현이 아니라 논리와 논거로 설득한다. 이것을 철학에서는 '논거의 제

---

4 플라톤, 『향연』, 강철웅 옮김(EjB, 2010), 204a.
5 플라톤, 『고르기아스』, 452e-453a, 455a-458b 참조.

시 *logoi didonnai*'라 부른다. 즉 철학자는 말과 표현이 아니라, 사태의 진실, 그 진실을 보여 주는 논거를 제시하여 타인으로 하여금 승복하지 않을 수 없게 만든다. 이 논거는 '내적 사유'의 결과이지 '외적 표현'의 부산물이 아니다.

철학자의 관심은 말과 표현이 아니라 생각과 사유를 향한다. 그래서 철학자는 말 잘하는 사람이 아니다. 물론 철학자도 말을 잘할 수는 있겠지만, 이 경우에도 철학자를 철학자로 만들어 주는 것은 외적인 말이 아니라 내적 사유다. 이 대목에서, 철학하는 자는 '내면'을 향하고, 말 잘하는 자는 '외면'에 신경 쓴다는 사실에 주의를 기울일 필요가 있다. 서양철학의 주류가 공유해 온 주된 특징 중 하나는 특유의 정신주의적 경향, 즉 '외적, 감성적인 것에 대한 내적, 정신적인 것의 우위'다.[6] 나는 이 원칙적인 우위에 의거하여 철학자는 외적인 말만 잘하는 자일 수는 없다고 분명히 말한다. 이 말은 내적 사유의 결과다.

말로 남을 설득하는 기술을 가르치고 그 "강의에 대해서 보수를 청구한 최초의 사람"[7]으로 알려진, 그리스의 소피스트 프로타고라스는 '말 잘하는 기술' 팔아먹기와 관련하여 유명한 일화를 남겼다. 그는 에우아틀로스라는 이에게 법정 변론술을 강의했는데, 수강의 조건은 일단 수강료를 반을 받고, 나머지 반은 말 공부를 끝내고 첫 재판에서 승소한 후에 받는 것이었다. 말하는 기술을 전수받고 난 후에도 에우아틀로스는 수강료 나머지 반을 지불하지 않고 있었다. 프로타고라스는 돈 생각이 났다.

---

6 이 우위에 대해서는 실체 형이상학의 문제를 다룰 때(5장 1.2의 ①) 상세한 설명이 제공될 것이다.

7 라에르티오스, 『그리스철학자열전』, 전양범 옮김(동서문화사, 2008), 612쪽.

그가 제자인 에우아틀로스에게 보수를 지불하도록 청구했을 때 그 제자는 "아닙니다, 저는 아직 소송에서 이기지 못하고 있습니다"라고 말했기 때문에 그는 이렇게 말해 주었다고 한다. "아니 만일 내가 그대와의 이 다툼에서 이긴다면 그때에는 내가 이겼으므로 나는 보수를 받지 않으면 안 되고 반대로 또 그대가 이긴다면 그때에는 그대가 이긴 것이므로 역시 보수를 받지 않으면 안 되는 것이다"라고.[8]

물론 에우아틀로스는 자신의 입장에서 스승의 논변을 그대로 사용해서, 말로 자신을 조여 오는 스승을 재반박할 수 있다. '내가 선생님과의 이 다툼에서 이긴다면 그 경우 내가 이겼으므로 수강료를 내지 않아도 되고, 이 다툼에서 진다면 그건 첫 소송에서 진 것이므로 수강료를 내지 않아도 된다! 여기에는 물론 형식논리적으로 역설과 같은 것이 들어 있다. 그러나 우리에게 중요한 것은 프로타고라스는 이 재반박의 가능성을 '생각하지' 않은 채 상대를 논박한다는 것이다. 그의 관심은 자신의 사유의 내적 역설이 아니라, 오로지 상대를 궁지에 몰아넣을 수 있는 말, 그 말로 상대를 제압함에만 있기 때문이다. 그것이 소피스트다. 반면 철학자 소크라테스는 이렇게 말한다.

나는 내가 참이 아닌 어떤 것을 말한다면 기꺼이 논박당하는 사람이다. 그리고 참이 아닌 어떤 것을 주장하는 사람을 보면 기꺼이 그를 논박하는 사람이다. 그러나 어떤 경우에도 나는 남을 논박하는 것을 스스로 논박당하는 것보다 더 좋아하는 사람은 아니다.[9]

---

8 같은 책, 614쪽.
9 플라톤, 『고르기아스』, 358a.

나는 철학이 사유하는 기술이고, 논거로 상대를 설득한다고 말했다. 논거로 상대를 설득하는 사람은 논거에 설득당하는 것도 기꺼이 받아들인다. 그가 존중하는 것은 사유의 결과로서의 참된 논거이기 때문이다. 바로 이것이 사유하는 자로서의 철학자가 말만 잘하는 수사가, 말로 상대를 제압만 하려 드는 소피스트와 다른 이유다.

③ 철학자들은 책을 많이 읽는다?

또 어떤 분들은 철학자들이 책을 많이 읽을 거라 생각한다. 철학자는 물론 망원경으로 별을 보는 경험과학자가 아니기에, 이 별 볼 일 없는 철학자는 그저 책이나 많이 보겠지 하고 생각하는지도 모르겠다. 그런데 '많이'라니, 도대체 얼마나 많이? 세상에는 얼마나 많은 책이 있고, 또 그 책을, 그것도 많이 읽는다는 것은 무엇을 의미하는가? 대형 서점에 가서 한 번 둘러보시라. 세상에 과연 얼마나 많은 책이 있는지. 저 많은 책을 다 읽으면 나도 철학자가 될 수 있을까? 아니, 아마 다 읽기 전에 죽을 것이다. 우리 삶에 주어진 시간보다 서점에 쌓인 책이 더 많아서. 물론 이 많은 책 중 대부분은 쓰레기다. 그 쓰레기를 전부 내다 버린다 해도, 평생 읽어도 못 읽을 책이 여전히 남는다. 물론 그 안에는 세계에 대한 다종의 정보와 지식들이 담겨 있고, 그 양도 어마어마하다. 그러니 많이 읽은 자는 많은 정보, 많은 지식을 갖는다.

그러나 많은 정보와 지식의 누적이 곧 철학인 것은 아니다. 철학은 다양한 경험적 지식 자체가 아니라, 그 지식들의 근거에 놓여 있는 원리를 추구하는 학문이기 때문이다. 이 원리가 있어야 우리는 다양한 경험적 지식을 하나의 체계로 통일할 수 있고, 이 체계 안에서 낱낱의 지식들을 비로소 의미 있는 지식으로 인지할 수 있다. 문제는 지식들의 체계화를 위한 원리는 많은 지식의 총괄을 통해 기계적으로 주어지지 않는다는 점이다.

경험적 지식들의 근거에 놓인 원리를 찾아내고, 이를 가지고 이 잡다한 지식들을 체계화하는 것이 바로 철학의 과제다.

나는 방금 '체계'라고 말했다. 체계는 통상적인 의미에서의 구조나 조직과는 달리, 다양한 요소들을 구조화하되, 이 구조화의 기준으로서의 원리가 있는 경우다. 체계란 원리 아래서의 통일이다. 그래서 칸트도 체계를 "하나의 이념 아래로의 잡다한 인식들의 통일"[10]로 정의한다. 이 의미에서 보면 태양계야말로 전형적인 체계다. 태양이 구조화의 원리로 체계의 중심에 있고, 여덟 개의 행성은 이 원리로서의 태양과의 논리적, 이론적 관계에 따라 있어야 할 자리를 배정받고 또 이 자리를 이탈하지 않으면서 운동한다는 데서 태양계의 질서가 생겨나는 것이다. 이 태양계를 학문의 세계로 생각해 보자. 이 세계에는 화성학자, 지구학자, 천왕성 전문가 등이 있다. 이들은 각기 자신의 탐구 대상(화성·지구·천왕성)에 대해 정통한 지식을 많이 가지고 있다. 그러나 누구도 원리로서의 태양 자체에 대해, 그리고 태양과 자신의 탐구 대상 간의 관계에 대해서는 관심을 갖지 않는다. 이제 철학자가 화성·지구·천왕성에 있을 자리와 운동의 궤도를 결정해 주는 태양에 대해 연구한다. 비로소 화성·지구·천왕성의 위치와 운동이 태양과의 관련 아래서 설명되고 (원리 아래 통일되고!), 태양계에 대한 체계적 학문이 성립한다. 바로 이것이 개별 과학에 대한 철학의 의미다. 개별 과학자가 많은 경험적 지식을 추구한다면, 철학자는 그 지식들의 근거에 놓여 있는 원리를 추구하고, 이 원리에 따라 잡다한 경험적 지식들을 체계화한다. 책만 많이 읽고, 많은 책을 갖춘 서점을 좀 기웃거린다고 해서 누구나 철학자가 될 수 있는 것은 아니다.

---

[10] 칸트, 『순수 이성 비판』, 학술원판(베를린, 1911), B 860.

④ 속견들에 대한 비판의 결실

세 가지 속견을 모두 비판적으로 검토하였고, 우리는 속견들 안에 놓인 오해의 제거라는 에움길을 통해 철학의 본질과 관련된 세 가지 통찰에 이르게 되었다. 첫째, 철학은 신의 일이 아니라 인간의 일이고, 철학적 인식은 신의 선물이 아니라 인간적 노동의 결과물이다. 신들은 철학하지 않고, 철학하는 인간에게 신의 순풍은 불어 주지 않기 때문이다. 둘째, 철학은 내적 사유의 기술이지, 사유 내용을 아름답고 화려하게 표현하는, 외적 포장술이 아니다. 철학자는 말하는 사람들이 아니라, 생각하는 사람들이다. 셋째, 철학은 잡다한 경험적 지식의 수집에 몰두하지 않고, 경험과학들의 근거에 놓인 원리를 사유한다. 과학들을 이 원리 아래 통일하여 체계화된 앎, 학문을 구성함이 철학의 과제이기 때문이다.

이른바 학문이라는 것은 다양한 경험적 정보와 지식들의 누적을 통해 생겨나는 것이 아니다. 다양한 지식들이 원리와의 논리적, 이론적 관계에 따라 통일될 때, 그것이 학문이다. 그래서 칸트도 학문의 첫째 요건으로 "체계"[11]를 꼽았고, 학문하는 이성은 "건축술적"[12]이라 말했다. 건축술적 이성, 집짓기를 즐기는 이성은 철근·시멘트·목재 등의 건축자재가 따로따로 떨어져 있게 놔두지 않고, 자재들이 보이는 대로 이들을 모아 원리의 인도 아래 체계적인 집을 짓는다. 잘 지어진, 체계적으로 지어진 건축물이란 지반 공사가 건실하고, 모든 건축자재가 필요한 곳에 필요한 만큼 들어가 자신이 지탱해야 할 부담을 적절하게 짊어지고 유지되는 집인데, 바로 이 건실한 건축물의 지반, 근거가 우리가 철학이라 부르는 것이다. 철학은 이 근거에 대한 사색인 까닭이다.

---

11 같은 책, B 860.
12 같은 책, B 502, 860.

같은 맥락에서 데카르트도 ─원래 라틴어로 쓰인─ 자신의 『철학의 원리』를 프랑스어로 번역한 피코에게 보낸 편지에서[13] 흔히 '학문의 나무'라 불리는 유명한 비유를 든다.

> 따라서 철학 전체는 한 그루의 나무와 같은 것이다.[14] 그 뿌리는 형이상학이며, 그 줄기는 물리학이며, 그 가지들은 다른 모든 나머지 학문들인데, 이것들은 크게 의학, 기계학, 윤리학으로 귀결된다. (…) 나무 열매를 뿌리나 줄기가 아니라 가지에서 따는 것이듯, 철학의 주된 유용함은 사람들이 마지막에 배우는 부분들에 달려 있다.[15]

가지 끝에서 비로소 딸 수 있는 열매는 응용과학의 유용성을 의미한다. 그러나 응용과학은 줄기로서의 물리학에 의존하고, 줄기는 다시 뿌리에 의존한다. 뿌리의 기능은 나무의 온 부분에 양분을 제공하고 나무 자체를 지탱해 주는 것이다. 결국 현실적으로 유용한 모든 응용과학, 응용과학의 토대로서의 기초과학(물리학) 등 모든 학문적 체계는 근거 학문으로서의 철학에 의존한다. 이 모든 학문은 근거로서의 철학을 원리 삼아 통일된 체계이기 때문이다. 태양이 태양계의 근거이고 행성들의 통일화의 원리이듯, 학문의 나무의 뿌리는 철학이고, 철학이 곧 여러 과학의 통일성의 원리가 된다. 이것은 개별 과학에 대비한 철학의 가장 중요한 특징이다.[16]

---

13 데카르트, 『철학의 원리』, 원석영 옮김(아카넷, 2002), 523쪽 참조. 이 편지는 오늘날 『철학의 원리』의 프랑스어판 서문이다.
14 여기서 철학 전체는 학문 전체를 이른다.
15 데카르트, 『철학의 원리』, 536-537쪽.
16 이 문제는 2장에서 상세히 다룬다.

1.2 철학의 본질을 암시하는 일화 둘

철학은 어차피 사람이 살면서 하는 여러 일 중 하나다. 철학하는 존재자는 인간뿐인데, 인간이 죽으면 그때 인간은 인간이라 불리지 않고 (귀)신이라 불린다. 그런데 신들은 철학하지 않는다. 그러니 철학이란 산 사람이 살면서 하는 활동의 하나다. 그런 한에서 철학은 우리의 일상적 삶과 모종의 관계를 가지고 있을 공산이 크다. 마치 철학에 대한 세간의 속견이 철학의 본질로의 에움길을 열어 주었듯이, 우리가 생활 중에 겪는 일상사 안에도 철학의 본성을 보여 주는 암시들이 숨어 있을 수 있다. 다만 이 암시들은 발견되지 않고 해석되지 않을 뿐이다. 나는 철학의 본성을 들여다보게 해 주는 두 개의 일화를 소개한다. 나는 여러분이 일화 안에 숨은 철학적 함축에 대한 나의 해석을 읽기 전에, 스스로 그 함축을 찾아내려는 사유의 시도를 해 보기를 권한다.

① 종달새 이야기

첫째는 잡힐 듯 잡힐 듯 잡히지 않는 종달새를 헛되이 따라다니며 하루를 허비한 한 소년에 관한 이야기다. 종달새를 잡고자 했지만 잡지 못한 소년은 나중에 —이 이야기에 암시된 운명에 따라— 철학자가 되었다. 그분은 나의 대학원 시절 지도교수였다. 나는 그분에게 이 이야기를 직접 들었다.

내가 어렸을 때 강가에서 종달새 둥지를 발견한 일이 생각난다. 아지랑이 피어오르는 봄날, 강가 풀숲 속에서 퍼드덕하고 새 한 마리가 하늘로 날아오르는 것이 아닌가? 그것은 어미 종달새임을 알 수 있었다. 내 앞의 둥지 속에서 갓난 새끼 종달새들이 이리저리 퍼드덕거리며 사람을 피한다. 어린 호기심에 나는 그중 한 마리를 손으로 덮쳤다. 그러나 날갯죽지를 손끝에 스치고 놓치고 말았다. 다시 손을 뻗어 1미터 앞의 종달새를 덮쳤다. 또 놓치고 새는 다시 2미터 앞으로 도망쳤다. 다시 뒤를 좇아 덮쳐서 잡았다고 생각하는 순간 놓친 것을 알게 되었다. 그러기를 거듭해서 새를 좇아 10리 길을 온 것이다. 벌써 해는 저물고 주위가 어두워졌다. 나는 아쉬운 마음으로 집으로 돌아갔다.[17]

종달새를 잡으려는 소년의 마음은 이해할 수 있다. 그런데 몇 번 해 보고 안 되면 말 것이지, 왜 해 질 녘까지 포기 못 하고, 늦게 귀가해 기다리시던 어머니에게 꾸지람까지 들었어야 했던 것일까? (그런데 당신은 이 이야기에 담긴 철학적 함축을 찾으려는 시도를 해 보았는가? 다음 단락을 읽기 전에 해야 한다.)

앞서 철학은 지혜에 대한 사랑, '애지愛智'라고 말했다. 물론 철학자가 사랑하는 지혜는 인간적 지혜가 아니라, 신적 지혜다. 인간이 알 수 있는 것의 원인을 묻고, 그 원인의 원인을 묻고, 또 그 원인의 원인의 원인을 물어 올라갈 때, 이 원인들의 계열의 '끝'에 대한, 존재하는 모든 것의 최후의 원인에 대한 지혜가 바로 철학자가 사랑하는 신적 지혜다. 그런데 세계 전체의 최종 원인에 대한 인식이 과연 유한한 우리 인간에게 허용될까? 우리가 과학을 통해 자연의 신비와 세계의 비밀을 아무리 많이 파헤친다 한들, 우리의 삶과 세계의 마지막 비밀까지 알아낼 수 있을까? '신적' 지혜라는 말에는 이미 이것은 인간들을 위한 것이 아니라는 사실이 포함되어 있는 것은 아닐까? 신들은 그 지혜를 사랑하지 않는다. 이미 가지고 있기 때문이다. 사랑이란 본디 없는 것에 대한 동경이고, 애지로서의 철학도 결국

17 신일철, 「나의 철학적 인생론」, 『신일철의 철학과 삶』, 이재영 외 지음(고려대학교출판문화원, 2016), 373쪽.

지혜를 갖지 못한 인간만을 위한 것이다. 여기에 매우 중요한 사실이 하나 암시되어 있다.

신적 지혜에 대한 '사랑'으로서의 철학은 결국 완성에 이를 수 없다는 것이다. 애지자로서의 철학자는 자신이 사랑하고 추구하는 신적 지혜를 결국 손에 넣을 수 없다! 왜냐하면 철학의 완성은 추구하는 신적 지혜의 소유인데, 이를 소유한 자는 '신적 지혜를 갖지 못해 사랑하는 인간'이 아니라, '신적 지혜를 이미 가지고 있어 철학할 필요가 없는 신'이기 때문이다. 살아서는, 인간으로서는 결코 도달할 수 없는 것이 철학이 추구하는 것, 신적 지혜다. 거꾸로 표현해서, 죽어서 신이 되어서만 얻을 수 있는 것이 철학이 추구하는 것, 신적 지혜다. 철학의 완성은 애지자로서의 인간의 죽음을 의미한다. 이것은 애지로서의 철학은 영원히 완성될 수 없고, 사랑하고 동경하는 신적 지혜는 영원히 사랑과 동경의 대상으로만 남을 뿐 결코 소유될 수는 없다는 사실을 의미한다. 적어도 인간으로서는 그 지혜를 가질 수 없다. 바로 이것이 '왜 하루 종일 수고를 하고도 결국 종달새를 잡을 수 없었는가?' 하는 물음에 대한 답이다.

물론 여기서 '그렇다면 왜 결국 완성에 이를 수 없는 시도를 무한히 반복하는가?'라는 물음이 제기된다. 그것은 철학의 확신 때문이다. 우리가 반복해서 철학을 하고, 철학적 사유를 전개하면 할수록, 비록 우리가 사랑하고 동경하는 신적 지혜에 도달할 수는 없다고 할지라도 적어도 그 지혜에 점점 더, 조금씩이나마 가까워지고 있다는 확신 때문이다. 신적 지혜로의 무한한 접근의 확신, 다가감에 대한 믿음, 이것이 모든 철학적 추구를 이끌어 가는 힘이다. 그래서 칸트는 도달할 수 없는 목표를 사랑하고 추구하며, 그 목표에 무한히 접근해 가는 인간을 "점근선"[18]에 비유한 적이 있

---

18 칸트, 『순수 이성 비판』, B 691.

다. 철학하는 인간은 이르기를 원하는 축에 무한히 가까워지지만, 그 정의 상 축에 도달할 수는 없는 점근선이다. 이것이 철학하는, 갖지 못해서 갖기를 원하는 신적 지혜를 무한히 사랑하며 그리로 다가가는 인간의 본성이다. 철학이란 이 접근의 시도 이상 다른 것이 아니다. 그래서 칸트는 이렇게 말한다. 인간은 스스로 갖지 못한 신적 지혜를 무한히 사랑하고 동경하며 거기에 다가간다. 물론 이렇게 접근해 가면서도 거기에 도달할 수는 없고, 이 무한한 접근이 결코 완성에 이를 수 없다는 사실 또한 잘 알고 있다. 그럼에도 불구하고 이 접근의 시도를 포기하지 않는다는 데, 바로 철학의 "존엄"[19]과 "의무"[20]가 존립한다.

② 왜 3+5는 8인가?

둘째 이야기는 철학에 호기심을 가지고 있던 한 소년이 철학을 권하는 선배와 나누는 대화에 대한 것이다. 이 대화를 통해 소년은 철학에 실망했다지만, 나중에는 결국 철학자가 되었다. 이 이야기에는 철학과 과학의 관계에 대한, 그리고 철학의 비판적 성격에 대한 중요한 암시가 들어 있다.

고등학교 3학년 때 나에게 철학을 권유하는 선배가 있었다. 그때 일본 어느 대학의 경제학과에 있던 그는 내가 공과 계통으로 진학하려는 것을 알고,
"어떤 과를 택하든 대학에서는 물론 대학을 나온 후에도 일생 철학에서만은 손을 떼지 말라"고 하였다. 그래서 나는
"철학이란 무얼하는 학문인데요?"라고 물었다. 잠깐 생각하다가 그 선배는
"너 3+5가 몇인지 아니?"라고 반문했다. 농담을 하고 있는 것은 분명히 아닌

---

19 같은 책, B 491.
20 같은 책, B 731.

데 무슨 함정이 있나?

"…" 머뭇거리고 있는데,

"몇이냐?"고 다그쳐 묻는다.

"8이지요, 뭐"라고 하니 곧 이어서

"왜?"라고 한다.

"왜라뇨?" 어이가 없어 말이 안 나왔다. 그러나 다음 순간 무언가 집히는 것이 있는 것 같아서

"네에, 그런 것을 연구하는 것이 철학이란 말이지요? 그렇다면 전 일생 철학엔 손대지 않으렵니다."[21]

이 이야기는 철학은 과학이 아니고, 따라서 철학의 물음은 과학의 물음과 다르다는 사실을 보여 준다. 예를 들어 '3+5는 무엇인가?'라는 물음이 개별 과학으로서의 수학의 물음이라면, '왜 3+5가 8인가?'라는 물음은 수학이라는 개별 과학의 인식론적 근거에 대한 철학의 물음이다. 물론 수학의 관점에서 보면 이 물음은 어이없다. '3+5=8'은 약간의 산술 교육을 받은 사람이라면, 누구에게나 당연한 것이기 때문이다. 물음의 어이없음은 바로 이 당연함에서 생긴다. 그러나 당신은 이 어이없는 물음에 대한 답을 가지고 있는가? 당연하다고 여기고는 있겠지만, 왜 당연한지도 알고 있는가? 그런 맥락에서 이 이야기는 철학의 본성에 대해 매우 중요한, 그리고 서로 관련된 두 가지 사실을 말하고 있다.

첫째, 철학은 개별 과학의 인식론적 근거에 대한 물음을 던지고 답한다. 정확히 말해 철학은 경험과학의 인식론적 근거 자체다. 왜냐하면 철학은 '과학이 당연하다 여기는 것', 즉 과학의 전제의 정당성에 관한 물음을 던

---

21 한전숙 외 지음, 『철학개론』(양서원, 1987), 9쪽.

지고 답하기 때문이다. 예를 들어 생물학은 모든 생명체는 개체 및 종족 보존의 본능을 갖는다는 전제 위에서 생명 현상을 탐구한다. 생물학은 본능을 전제할 뿐, 설명하지는 않는다. 철학은 생물학이 당연한 것으로 여기는 전제의 정당성에 대해 묻는다. 철학이 이 전제의 정당성을 확보해 주지 않는다면, 생물학은 당연해 보이지만 그 정당성이 증명된 바 없는 전제 위에 세워진 셈이다. 그렇게 뿌리 없는 나무의 줄기와 가지는 물론 말라 죽는다.

둘째, 철학이 '과학이 당연시하는 전제'의 정당성에 대해 묻는다면, 철학은 그 어떤 당연한 것도 당연한 것으로 여기지 않는 비판과 회의의 정신의 실천이어야 한다. 실제로 생물학자들이 본능과 진화라는 전제 위에서 카멜레온의 변장술을 설명한다면, 철학은 '왜 본능이고 진화인가?'라고 묻는다. 물론 과학뿐 아니라, 상식의 전제도 비판적 물음에 회부된다. 누구도 의심하지 않음에도 불구하고 철학자는 '당신이 지금 걸터앉아 있는 의자가 거기에 실재하는가?'라고 묻고, '과연 내일 아침에도 해는 동쪽에서 뜰 것인가?'라고 묻는다. 전자는 사물의 실재에 대한 버클리의 물음이었고, 후자는 인과율의 타당성을 회의했던 흄이 제기한 물음이었다. 당연한 것, 그 정당성을 누구도 의심하지 않는 것을 꼬치꼬치 캐묻기, 바로 이것이 철학의 역사 2,500년을 이끌어 온 정신이고 또 철학이 세상에서 천대받는 주된 이유이기도 하다.

이에 대한, 잊을 수 없는 증거는 소크라테스다. 그는 아테네 사람들이 당연하게 여기는 모든 것을 꼬치꼬치 캐묻고 다니다가, 사람들의 미움을 사게 되었고 결국은 법정에 서야 했다. 아테네 법정이 소크라테스에게 만약 철학하지 않는다고, 즉 꼬치꼬치 캐묻지 않는다고 약속한다면 살려 주겠다는 제안을 했을 때,[22] 소크라테스는 이렇게 답했다.

신이 나로 하여금 지혜를 사랑하며(철학하며) 또한 저 자신과 남들을 캐물어 들어가면서 살아야 한다고 지시하였습니다.[23]

아테네인 여러분! 저는 여러분을 반기며 사랑합니다. 그러나 저는 여러분보다는 오히려 신께 복종할 것입니다. 그리고 제가 살아 있는 동안은 그리고 할 수 있는 동안까지는 지혜를 사랑하는(철학하는) 것도, 여러분께 충고하는 것도 (…) 그만두지 않을 것입니다.[24]

캐물음의 정신, 이것은 소크라테스가 자신의 목숨을 던지며 지켜 낸 철학의 정신이다. 물론 비판하고 회의하는 것은 비판을 위한 비판, 회의를 위한 회의는 아니다. 철학자들이 원하는 것은 비판과 회의를 통해 확실한 인식, 그 어떤 회의와 비판도 견디어 낼 수 있는 참된 진리에 도달하는 것이다. 즉 사람들이 당연시하는 모든 전제의 전제를 물어 결국 아무런 전제도 없이 타당한 것에 도달하려는 것이다.

정리해 보자. 첫 번째 일화에서 우리는 철학이 신적 진리의 소유가 아니라, 이 진리로의 무한한 접근임을 배웠다. 두 번째 일화는 당연시되는 모든 주장의 정당성을 비판적으로 회의하되, 아무런 전제 없이 스스로 타당한 것에 이르도록 회의함이 철학의 정신임을 확인시켜 주었다. 이제 이 두 사실을 좀 더 명확하게 보여 주기 위해 나는 플라톤의 대화편 『향연』에 나타난 애지로서의 철학 개념에 대해 논의하고자 한다.

---

22 플라톤, 『소크라테스의 변론』, 박종현 옮김(서광사, 2003), 29c 참조.
23 같은 책, 28e.
24 같은 책, 29d.

2 애지로서의 철학과 인간의 중간성

내가 기억하는 한 『철학개론』은 인간의 삶을 "나와 환경의 상호 작용"[25]으로, 둘 간의 부조화 내지 갈등을 문제 상황으로 간주하고, 철학을 이 문제 상황의 지양의 노력이라 설명한다. 이 책의 저자에 의하면 "인생이란 참으로 문제의 연속선"이며 "무수한 문제와의 대결 과정"[26]이다. 그리고 "문제를 갖는다는 것은 철학적 요구를 갖는다는 것"[27]을 의미한다. 문제와 대결하고 문제를 해결하기 위해 철학적 욕구가 생겨난다. 문제가 제기되지 않는 한 철학적 욕구는 없다. 그런데 거꾸로 보면, 우리가 철학적 욕구를 가지고 철학적 탐구에 임하고 있다는 사실은 이미 우리가 문제 상황에 빠져 있음을 뜻한다. 여기서 문제는 정상적인 삶의 조건이 일시적으로 깨어진 상태를 뜻하는 것이 아니다. 만약 그렇다면 문제의 해결과 더불어 철학적 욕구는 사라지고 철학적 탐구도 종료되어야 할 것인데, 그런 상황은 지난 2,500년의 철학의 역사를 통해 단 한 번도 연출되지 않았다. 이것은 철학적 욕구의 원천으로서의 문제는 해결될 수 있는 문제 또는 해결되어 철학적 욕구가 소멸되는 그런 문제가 아니라, 인간이 인간인 한에서 벗어날 수 없는 문제, 인간의 삶의 조건에서 생겨나는 불가피한 문제라는 뜻이다. 그래서 우리는 묻게 된다. 도대체 철학적 욕구의 원천이라는 문제는 왜, 어떤 조건 아래서 제기되는 것인가? 이것은 이른바 철학이라는 학문의 출발 또는 존립의 조건에 대한 물음이다. 이 조건은 인간이 인간이기 위한 조건이기도 하다. 왜냐하면 인간만이 철학적 욕구를 갖고 또 인간만

---

25 최동희 외, 『철학개론』(고려대학교출판부, 1980), 1쪽.

26 같은 책, 3쪽.

27 같은 책, 5쪽.

이 철학을 하기 때문이다. 플라톤은 이 물음에 대한 답을 『향연』이라는 대화편에서 디오티마라는 여 사제의 입을 빌려 제공하고 있다.

2.1 『향연』과 에로스의 중간성

플라톤은 대화의 철학자다. 그는 30여 편에 이르는 자신의 저작 중 스승의 법정 진술을 담은 『소크라테스의 변론』과 13개의 편지가 수록된 『편지들』을 제외한 모든 글을 대화의 형식으로 썼다. 이 대화의 주인공은 소크라테스고, 대화는 소크라테스와 그의 대화 상대자가 특정 주제에 대해 묻고 답하며, 정확히는 소크라테스가 상대를 끝없이 공격, 논박하여 논쟁에서 이기는, 즉 상대로 하여금 무지의 지를 깨닫고 인정하게 하는 형식이다. 『향연』도 소크라테스와 그의 친구들이 향연을 베풀며 에로스, 사랑이라는 주제에 대해 나누는 대화다. 그런데 왜 뜬금없이 사랑이 주제로 떠올랐는지가 이상해 보일 수도 있다. 그것은 철학이 바로 지혜에 대한 사랑이기 때문이다. 따라서 이 대화편에서 사랑에 대해 말해진 모든 것은 실은 철학에 대한 것이다. 그리고 이는 동시에 인간에 대한 것이기도 하다. 왜냐하면 오로지 인간만이 철학을 할 수 있고 또 해야 하기 때문이다. 철학이란 오로지 인간만을 위한 것이다. 사랑을 통해 설명되는 철학과 인간에 대한, 인류가 가진 가장 오래된 견해를 공부해 보자.

우리는 이 대화편의 종결부(199e 이하), 다양한 논객들의 사랑에 대한 연설을 논박하며 사랑의 본질을 밝히는 소크라테스의 연설에만 집중한다. 소크라테스는 자신이 젊은 시절 사랑에 대한 설익은 견해를 주장하다가 디오티마라는 여 사제에게 논박당한 일이 있다며, 이 여 사제에게 배운 사랑의 본질을 친구들에게 전달해 준다.

① 중간자로서의 에로스

우선 소크라테스는 에로스의 두 근본 특성을 제시한다. 이것은 물론 철학적 추구, 지혜에 대한 사랑이 가능하기 위한 조건이다. 첫째 에로스는 "어떤 것에 대한 에로스"[28]다. 즉 사랑은 대상을 갖는다. 사랑은 늘 '무엇'에 대한 사랑이지 '무'에 대한 사랑일 수는 없기 때문이다. 둘째 사랑은 그 어떤 것을 욕망하는데, 욕망의 대상은 사랑하는 자에게 "결여되어 있는 것"[29]이다. 내가 이미 가지고 있는 것을 가지려 욕망할 필요는 없기 때문이다. 결핍이 추구의 원동력이라는 단순한 논리다. 지향성과 결핍이 사랑이 가능하기 위한 두 조건이다.

그런데 이 둘, 사랑은 뭔가를 추구하여 갖기를 원하고, 추구하는 대상은 지금 나에게 결핍되어 있다는 주장은 『향연』의 줄거리에서 보면, 에로스에 대한 아가톤의 잘못된 주장에 대한 소크라테스의 논박으로 제시된 것이다. 우선 아가톤의 주장을 살펴보자. 아가톤에 의하면 에로스는 위대한 신이며, 신들 중에서도 "가장 아름답고 가장 훌륭하다."[30] 그런데 소크라테스에 의하면 에로스는 신이 아니고(물론 그렇다고 인간도 아니지만), 아름답지도 않고(물론 추한 것도 아니지만), 좋은 것도 아니다(그렇다고 나쁜 것도 아니지만). 소크라테스에 의하면 에로스란 신과 인간의, 아름다움과 추함의, 좋음과 나쁨의 중간에 놓인 어떤 것이다. 바로 이 중간성이 소크라테스가 에로스의 본성을 해명하는, 따라서 철학과 인간의 본성을 사유하는 핵심 개념이다. 자, 여기서 소크라테스와 디오티마의 대화 한 구절을 살펴보자. 에로스가 신이라고 말하는 아가톤에게, 에로스는 신과 인간의 중간자라

---

28 플라톤, 『향연』, 99e.
29 같은 책, 200a.
30 같은 책, 195a.

고 말하는 소크라테스와 꼭 마찬가지로, 디오티마는 에로스가 신이라고 말하던 젊은 소크라테스에게 에로스는 신과 인간의 중간자라고 말해 주었다. 소크라테스는 오래전 디오티마의 가르침을 회고한다. 인용문에서 가사자可死者는 죽을 수밖에 없는 자, 인간을 의미하고, 불사자는 죽지 않는 신을 의미한다. 둘 사이에 신령daimonion, 인간과 신의 중간자, 매개자로서의 에로스가 서 있다. 대화는 소크라테스의 물음으로 시작한다.

"그럼 에로스는 무엇일까요? 가사자인가요?" 내가 말했네.

"당치도 않아요."

"그럼 대체 뭔가요?"

"앞에서도 내가 말했던 것처럼 가사자와 불사자 사이의 것이지요."

"그래, 그게 뭔데요, 디오티마 님?"

"위대한 신령이지요, 소크라테스. 기실 신령한 것은 다 신과 가사자 사이에 있으니까요."

"무슨 능력을 갖고 있는 것인가요?" 내가 말했네.

"인간들의 것을 신들에게, 그리고 신들의 것을 인간들에게 해석해 주고 전달해 줍니다. 인간들로부터는 탄원과 제사를, 그리고 신들로부터는 명령과, 제사의 대가를 해석해 주고 전달해 주지요. 그들 양자의 가운데 있어서 그들 사이를 메워 주고, 그래서 그 전체가 그 자체로 서로 결속되게 해 줍니다. (…) 신이 인간과 직접 섞이는 게 아니라 바로 이것을 통해서 인간들과의 온갖 교제와 대화가 신들에게 (그들이 깨어 있건 잠들어 있건 간에) 있게 되지요. (…) 바로 이 신령들이 많고 다종다양한데, 에로스도 이들 가운데 하나지요."[31]

---

31 같은 책, 202d-203a.

에로스의 중간성, 한편 신적이고 다른 한편 인간적인 본성이 바로 신과 인간의 매개를 가능하게 해 준다. 물론 이 매개를 굳이 종교적인 개념으로 이해할 필요는 없다. 이 매개는 신이 아닌 인간이 신에 대해 사유함이고 신적 지혜를 사랑함이라고 보면 되겠다. 이 사유와 사랑을 통해 인간은 신적인 것에 참여하고, 이 참여를 통해 인간과 신의 매개가 이루어진다. 매개라는 말에 이미 포함된 것이지만 일단 인간과 신은 분리된 두 다른 질서에 속한다. 분리된 것만이 매개될 수 있기 때문이다. 우리는 우선 신과 인간의 차이에 대해 생각해 보아야 한다. 매개란 바로 이 차이의 지양인 까닭이다.

인간과 신의 가장 큰 차이는 인간은 죽고 신은 죽지 않는다는 것이다. 인간에게는 탄생과 죽음으로 한정된, 유한한 시간만이 허락되어 있는 반면, 신은 무한한 시간을 누린다. 문제는 이 유한한 인간이 어떤 무한하고 절대적인 것을 사유하고 있다는 것이다. 이는 모든 인간이 가지고 있는 어떤 형이상학적 심성 때문이다. 즉 인간은 현실적으로는 유한하고 제한된 존재자이지만, 이념적으로는 무한하고 절대적인 것을 사유하며 이 신적인 무한을 사랑하게 되는데, 이 사랑을 플라톤은 철학이라 부른다. 이것이 핵심이다. 이미 언급했듯이 플라톤은 사랑, 에로스를 가지고 철학의 본성과 인간의 본성을 사유하고 있다. 분명히 말하지만 사랑하는 동물은 인간뿐이고, 철학하는 동물도 인간뿐이다. 그리고 인간에게 사랑과 철학이 허용된 것은 그가 중간적 존재자이기 때문이다. 짐승은 철학할 수 없다. 짐승들은 '철학이 사랑하는 지혜'가 좋은 것이라는 사실조차 모르기 때문이다. 신들은 철학할 필요가 없다. 신들은 '철학자가 갖지 못해 사랑하는 지혜'를 이미 가지고 있기 때문이다. 철학할 수 없는 짐승과 철학할 필요가 없는 신들 사이에 바로 철학하는 에로스가 있다. 한편으로는 신적이어서 지혜가 좋은 것이라는 사실을 알고, 다른 한편 짐승과 같아서 신적 지혜를 가지고 있지 못하다. 이것이 에로스는 신과 (짐승으로서의) 인간의 중간자라는 말의 의미다. 즉 중간성의 철학적 의미는 양면성이다. 중간자로서의 철학하는 인간은 자신 안에 신의 얼굴과 짐승의 얼굴을 모두 가지고 있다. 이렇게 된 것은 에로스가 두 대립된 극단, 즉 신적인 것과 인간적인 것의 결합의 산물이기 때문이다. 신으로 태어나 신적 진리를 소유하고 순수 사유의 방식으로 존재하거나, 아니면 짐승으로 태어나 아무 생각 없이 본능에 충실하게 주어진 생명만 누리고 가면 되는데, 하필 짐승이 아닌 인간으로 태어나 신적 지혜를 사랑하지만, 또 신이 아닌 인간이기에 이 지혜를 소유할 수도 없는 어정쩡한 상태, 바로 이것이 플라톤이 설명하는 에로스의 본성이고, 철학의 본질이고, 인간의 조건이다.

② 에로스의 출생사

이와 같은 중간적 처지를 플라톤은 에로스의 출생사를 통해 신화적으로 설명한다. 이 신화적 설명을 단적인 사실로 받아들이면, 그건 좀 곤란하다. 신화란 물론 신들의 이야기이지만, 근본적으로 인간이 지어낸 이야기다. 따라서 인간이 창작한 신의 이야기에는 불가피하게 인간의 자기 이해가 들어가 있을 수밖에 없고, 이것이 우리가 신화에 관심을 갖는 이유이기도 하다. 이 신화적 설명에서 우리가 찾아내야 할 것도 바로 그것이다. 신들에 관한 이야기는 곧 인간에 관한 이야기인 까닭이다.

나는 에로스의 탄생과 관련한 긴 인용을 할 것인데, 필요하면 중간에 끊고 나의 설명을 덧붙일 것이다. 출처는 인용문의 끝에서 밝힌다.

> "아프로디테가 태어났을 때, 신들이 잔치를 열었는데, 다른 신들도 있었지만 메티스(계책)의 아들 포로스(방도)도 함께 있었지요.

여기서 포로스는 방도의 신이라 되어 있는데, 방도는 물론 길이고, 이 길은 철학이 추구하는 신적 지혜로의 길이다. 이 방도의 신이 곧 에로스의 아버지다. 따라서 에로스는 한편 아버지의 자식으로서 진리와 지혜로의 길을 가지고 있다. 쉽게 예상할 수 있는 일이지만, 에로스의 어머니는 이 길과는 정반대의, 즉 "방도 없음"의 유산을 물려준다.

그런데 그들이 식사를 마쳤을 때, 잔치가 벌어지면 으레 그러듯 구걸하러 페니아(곤궁)가 와서는 문가에 있었습니다. 그런데 포로스가 넥타르에 취해 (술은 아직 없었거든요) 제우스의 정원에 들어가서 취기에 짓눌려 잠이 들게 되었지요. 그러자 페니아가 자신의 방도 없음 때문에 포로스에게 아이를 만들어 낼 작정을 세우고 그의 곁에 동침하여 에로스를 임신하게 되었답니다.

이렇게 서로 화합할 수 없는 다른 두 극단의 결합의 산물이 바로 에로스다. 한편 부와 지혜의 신을 아버지로 하고 다른 한편 가난과 무지의 신을 어머니로 하여 부와 가난, 지혜와 무지를 자신의 두 얼굴로 갖는 야누스적인 존재자, 에로스가 탄생한다.

그래서 에로스는 아프로디테의 추종자요 심복이 되었지요. 그녀의 생일날 생겨났고 게다가 본래부터 아름다운 것에 관해 사랑하는 자인데 아프로디테가 아름다웠기 때문입니다.

그런데 포로스와 페니아의 아들이었기 때문에 에로스는 다음과 같은 [이중적, 양면적][32] 운명에 처하게 되었답니다. 우선 그는 늘 가난하고 많은 사람이 생

---

32 이 책에서 인용문 안의 각진 괄호 [ ] 안의 내용은 전부 필자의 추가이다. 그렇지 않은 경우 주에서 밝힌다.

각하는 것처럼 섬섬하고 아름다운 것과는 전혀 거리가 멀며, 오히려 피부가 딱딱하고 거칠며 맨발에 집도 없습니다. 늘 땅바닥에서 요도 없이 누워 있고 문가와 길섶에서 하늘을 지붕 삼아 잠이 들지요. 어머니의 본성을 갖고 있어서 늘 결핍과 함께 삽니다. 그런가 하면 또 아버지를 닮아서 아름다운 것들과 좋은 것들을 얻을 계책을 꾸밉니다. 용감하고 담차고 맹렬하며 늘 뭔가 수를 짜내는 능란한 사냥꾼이지요. 사리분별을 욕망하고 그걸 얻을 기략이 풍부합니다. 전 생애에 걸쳐 '지혜를 사랑하는 자^{philosophos}'요, 능란한 마법사요 주술사요, 소피스트입니다.

그리고 그는 [신과 인간의 중간자로서] 본래 불사적이지도 가사적이지도 않습니다. 단 하루 사이에 전성기를 누리면서 사는 때가 있고 (방도를 잘 갖추고 있을 때 그렇지요.) 또 죽어 가는 때가 있고, 그러다가도 아버지의 본성 덕택에 다시 살아납니다. 그런데 그가 갖추고 있는 방도는 늘 조금씩 새어 나갑니다. 그래서 에로스는 아예 방도가 없지도 않고 부유하지도 않고, 또 지혜와 무지의 사이에 있습니다.

이것이 철학하는, 지혜를 사랑하는 우리 인간의 처지다. 전지한 신은 아니지만 아무 생각 없는 짐승도 아니고, 짐승과 마찬가지로 본능에 구속되어 있지만 자신의 이성으로 본능을 억제할 줄도 안다. 신적 지혜가 좋다는 것을 알아서 그것을 사랑하지만, 이 사랑은 결코 충족되지는 않는다. 이렇게 신도 아니고 짐승도 아닌 제3의 존재자, 이것이 바로 철학하는 인간이다.

다음과 같은 상태거든요. 신들 가운데 아무도 지혜를 사랑하지 않고 지혜롭게 되기를 욕망하지도 않습니다. 이미 그렇기 때문이죠. 또한 다른 어느 누구라도 지혜로운 자라면 지혜를 사랑하지 않습니다. 그런가 하면 무지한 자들도 지혜를 사랑하지 않고 지혜롭게 되기를 욕망하지 않습니다. 무지가 다루기 어려운 건 바로 다음과 같은 점에서거든요. 즉 아름답고 훌륭한 자도 분별 있는 자도 아니면서 자신을 만족스럽게 여긴다는 것 말입니다. 자기가 뭔가를 결여하고 있다고 생각하지 않는 자가 있다면, 그는 자기가 결여하고 있다고 생각하지 않는 그것을 욕망하지 않습니다."

"그럼 그 지혜를 사랑하는 자들은 누굽니까? 지혜로운 자도 무지한 자도 아니라면 말입니다." 내가 말했네.

"이쯤 되면 적어도 이것 정도는 어린애한테조차 분명할 겁니다. 이 둘 사이에 있는 자들이고, 또 그 가운데 에로스도 속한다는 것 말입니다. 지혜는 그야말로 가장 아름다운 것들에 속하는데, 에로스는 아름다운 것에 관한 사랑(에로스)이지요. 그래서 에로스는 필연적으로 지혜를 사랑하는 자일 수밖에 없고, 지혜를 사랑하는 자이기에 지혜로운 것과 무지한 것 사이에 있을 수밖에 없습니다."[33]

바로 이것이 플라톤이 에로스의 출생사에 비추어 설명하고 있는 철학의 본성이다. 아직 지혜를 소유하지 못했지만, 지혜가 좋고 아름답다는 사실을 알고 그래서 이 지혜를 동경하고 추구하는 것이 바로 철학이다. 지혜에 대한 사랑으로서의 철학은 오로지 지혜와 무지의 중간에서만 이루어질 수 있다. 이것이 앞서 물었던 애지로서의 철학의 가능 조건이다. 완전히 지혜로우면 지혜의 추구는 '불필요'하다. 완전히 무지하다면 지혜의 추구는 '불가능'하다. 오로지 지혜와 무지의 중간에 서 있는 자만이 애지를 '해야 하고' 또 '할 수 있다.'

---

33 플라톤, 『향연』, 203b-204b.

2.2 철학의 중간성

① 지혜와 무지의 중간으로서의 철학

지혜와 무지의 중간, 바로 이것이 추구와 사랑의 조건이다. 왜냐하면 이 중간적 상태에서만 결핍을 인지하고 결핍된 것을 지향할 수 있기 때문이다. 쉽게 말해 아는 것도 모르는 것도 아니기에 배우는 것이고, 지혜를 온전히 가진 것도 못 가진 것도 아니기에 추구하는 것이다. 이것이 애지로서의 철학의 의미다. 철학은 이 두 극단, 완전한 지혜와 완전한 무지의 중간에 놓인 것이고 따라서 둘 다 아니다.

완전한 지혜는 물론 애지자로서의 인간에게는 비현실적인 하나의 극단, 애지의 '필요성'이 지양되는 극단이다. 이 극단에 철학할 필요가 없는 신들이 서 있다. 그러나 인간은 신이 아니다. 디오티마는 에로스의 가능 조건 중 하나로 결핍을 든 바 있다. 결핍된 자만이 추구하기 때문이다. 반대로 생각하면 이는 충족은 추구의 종말이라는 사실을 의미한다. 결여되어 있기에 추구되는 신적 지혜가 최종적으로 획득된다면, 그때 철학하는 인간은 철학할 필요가 없는 신으로 된다. 우리가 추구하는 철학의 완성은 곧 인간의 신격화이고, 이는 동시에 추구하는 자로서의 인간의 죽음이다.

반대로 완전한 무지도 애지자로서의 인간에게는 역시 비현실적인 또 하나의 극단, 애지의 '가능성'이 소멸되는 극단이다. 이 극단에 정작 가져야 할 지혜는 없는데 이 없음을 인지하지도 못하는, 자신이 모르고 있다는 사실을 모르기에 추구의 필요성조차 자각하지 못하는 짐승 또는 짐승 같은 인간이 서 있다. 이 경우 어떤 철학적 시도도 이루어지지 않는다. 그래서 소크라테스는 자신의 무지를 모르고 있는 아테네의 젊은이들에게 묻고 또 캐물으며 "너 자신을 알라Gnothie seaton!"라고 다그쳤던 것이다. 통상 소크라테스가 한 말로 알려진 이 말은 실은 델포이 신전에 새겨져 있던 각명이었다. 그러니 이 말은 올림포스의 신들이 인간들에게 전하는 메시지인데, 그 의미는 '네가 유한하고 무지한, 따라서 철학을 해야 하는 인간이지, 무한하고 전지한, 따라서 철학을 할 필요가 없는 신이 아님을 알라!'이다. 인간이 스스로를 인간으로 자각한다는 것은 자신이 지혜로운 신이 아님을 자각함, 무지의 자각이다. 이 자각이 바로 철학의 출발이다. 이렇게 자신의 무지를 알고, 결핍된 지혜를 추구한다는 데 '자신의 무지, 지혜의 결핍을 인지하지도 못하는 짐승 같은 인간, 철학할 수 없는 인간'과 '철학하는 인간'의 차이가 있다.

② 철학할 수 없는 인간은 누구인가?

앞의 논의에서 약간의 개념상의 혼란이 있었을 것이다. 해명하고 넘어가자. 플라톤은 에로스를 신과 인간의 중간자로 규정했는데, 나는 다시 철학하는 인간을 신과 짐승의 중간자라 표현했다. 그렇다면 신과 짐승의 중간에 인간이 있고, 다시 그 인간과 신의 중간에 에로스가 있는 것인가? 그렇지 않다. 에로스가 신과 인간의 중간에 있다고 할 때의 인간은 '짐승과 같아서 철학할 수 없는 인간'을 의미한다. 그리고 신과 짐승의 중간에 놓인 인간은 에로스에 비유된 인간, '철학하는 인간'이다. 플라톤은 전자의 인간을 철학자와 구별하여 대중이라 부른다.

『국가』 6권에 보면 대중에 대한 플라톤의 비판은 참으로 신랄하게 전개된다. 플라톤의 눈에 대중은 그의 스승 소크라테스를 교살한 자들, 한마디로 철학자와는 정반대의 길을 가는 자들이다. 이들은 소피스트들에 의해 양육되고,[34] 늘 철학자 험담과 비방에만 몰두한다.[35] 따라서 이들에게 철학

---

34 플라톤, 『국가』, 박종현 옮김(서광사, 1997), 493a-b 참조.
35 같은 책, 488a-489d, 494a, 495b-c, 535c 참조.

은 단적으로 "불가능하다."[36] 이렇게 대중에 대한 플라톤의 비판이 혹독하게 전개되자, 사람들은 플라톤을 대중을 폄훼하는 엘리트주의자라 비판하기도 한다. 그건 물론 전혀 일리가 없는 비판은 아니지만, 그래도 플라톤 철학의 핵심을 놓친 비판이다. 플라톤이 비판하는, 철학자와 철저하게 구별하는 대중을 실재하는 계급 집단으로 볼 필요는 없다. 여기서 상세히 논할 수는 없지만, 플라톤이 의미했던 것은 다음이다. 인간에게는 '이성적으로 사유하는 면logistikon'도 있지만, '본능에 따라 욕구하는 면epithymia'도 있다. 전자는 인간이 신과 공유하는 부분이고, 후자는 짐승과 공유하는 부분이다. 그러니 인간은 한편 신적이고 다른 한편 짐승 같다. 인간 안의 신적 부분, 로고스가 극도로 강화된 사람이 철학자라면, 인간 안의 짐승의 부분, 본능적 욕구의 명령에 따라 사는 사람이 곧 대중이다. 그러므로 플라톤의 대중은 계층론적 신분 개념이 아니다. 아무리 돈이 많고 사회적 지위가 높을지라도 본능의 명령에 따라 산다면, 그 사람은 플라톤에게 대중에 불과하다. 초점은 하나다. 우리는, 신과 공유하는 부분, 로고스의 지배를 받으며 살 것인가, 짐승과 공유하는 부분, 본능적 욕구의 지배를 받으며 살 것인가? 신적 지혜를 추구하는 인간은 인간이 짐승과 공유하는 삶을 떠나 신적인 삶을 향하고 있다. 따라서 철학자는 짐승 같은 인간, 대중의 삶을 이미 떠났다. 하지만 이 향함은 여전히 '접근'이지 도달이 아니다. 따라서 철학자는 아직도 신이 아니다. 그런 한에서 대중과 신은 철학자의 두 타자다. 철학자는 대중이 '더 이상 아니고', 신이 '아직도 아니다'.

③ 철학자의 두 타자로서의 대중과 신

플라톤은 지혜와 무지의 사이에 놓인 애지자를 그와는 극단적으로 다른

---

36 같은 책, 494a.

두 타자와 구별한다. 철학자의 두 타자는 대중과 신이다. 이 두 타자는 철학자가 걷는 길, 애지의 길의 시작과 끝이라는 두 극단에 서 있다.

이 길의 '시작'에 대중이 서 있다. 대중은 철학을 아직 시작도 하지 않았고 따라서 그의 상태는 지혜의 완전한 '결핍'이다. 완전히 무지한 대중은 철학을 할 수 없다. 철학이 추구하는 지혜가 좋은 것이라는 사실조차 모르기 때문이다. 그에게 철학함은 단적인 '불가능성'이다. 반면 애지의 길을 걸어 길의 시작을 떠나온 철학자는 '더 이상' 대중이 '아니다.' 대중은 철학자의 한 타자다.

이 길의 '끝'에 신들이 서 있다. 신들은 이미 철학을 끝냈고 따라서 이들의 상태는 지혜의 완전한 '충족'이다. 신들은 철학을 할 필요가 없다. 철학이 추구하는 지혜를 이미 소유하고 있기 때문이다. 신들에게 철학함은 단적인 '불필요성'이다. 반면 애지의 길을 걷되, 길의 끝에 이르지 못한 철학자는 '아직도' 신이 '아니다'. 신은 철학자의 한 타자다.

지혜를 사랑하는 철학자는 대중이라는 타자가 거하는 곳, 애지의 길의 시작을 떠나 신이라는 타자가 거하는 곳, 애지의 길의 끝을 향한다. 길의 시작과 끝은 길에 속하지 않는다. 이 두 극단에서는 걷기가 ―불가능해서건 불필요해서건― 거부되는데, 오로지 걸을 수 있는 것만이 길이기 때문이다. 따라서 애지의 길은 철학자만을 위한 것이다. 대중은 걸을 수 없고 신들은 걸을 필요가 없기 때문이다. 철학자가 이 길을 걸어가면 갈수록, 그는 철학의 시작, 대중이라는 타자에서 멀어지고, 철학의 끝, 신이라는 타자에 가까워진다. 그는 결코 대중에로 되돌아가지 않는다. 그는 이미 철학의 길을 걷기 시작했고 짐승에 머물기를 거부했기 때문이다. 그러나 그는 결코 신들에 도달할 수도 없다. 그는 걷는 자, 유한한 애지자이지 걷기를 마친 자, 무한한 지자가 아니기 때문이다.

신과 대중이 모두 걷는 자로서의 철학자의 타자라는 말은 이 걷기, 철학적 추구가 완성될 수도 없고 —완성된다면 철학자는 신이라는 타자와 같아질 것이다!—, 포기되지도 않는다는 —포기된다면 철학자는 대중이라는 타자와 같아질 것이다!— 사실을 의미한다. 이 추구가 완성에 이르면, 걷는 자가 길의 끝에 이르면, 그건 걷는 자로서의 인간의, 그리고 걷기로서의 인간적 삶의 끝, 죽음이다. 이것은 애지로서의 철학 자체의 지양이다. 죽은 자는 철학하지 않기 때문이다. 반면 이 추구가 포기된다면, 그때 철학자는 짐승 같은 인간으로 되돌아가야 하는데, 이것 역시 애지로서의 철학의 지양이다. 짐승과 짐승 같은 인간은 철학하려 들지 않기 때문이다. 이 두 극단, 두 극단적인 타자의 중간에 애지자, 지혜를 끝없이 동경하고 추구하는 철학자가 서 있다. 그래서 플라톤은 철학자를 이렇게 정의한다.

> 항상 배우기를 기꺼이 원하고, 모든 학문의 분야를 습득하기를 꾀하는 자, 또한 즐거움을 가지고 배우지만 그러나 결코 충분한 지식을 얻지는 못하는 자, 이런 사람을 우리는 당연히 애지자 eros philosophos라 불러야 하지 않겠는가?[37]

물론 알기 위해 배우지만, 완전한 앎은 배움을 지양한다. 신들은 공부하지 않는다. 공부란 더 나아지기를 원하는 것이고 더 나아질 여지를 가진 인간만을 위한 가능성이다. 오직 신적 지혜를 추구하지만, 그 지혜를 충분히 얻지는 못하는 자에게만 배움의 요구가 유효하다. 플라톤이 철학을 애지라 규정했을 때, 그는 이 말 안에 우리 유한한 인간에게 철학의 완성이란 결코 이를 수 없는 목표라는 심오한 의미를 담았다. 신적 지혜의 소유란 철학적 추구의 대상이고 접근의 목표지이지만, 정작 도달하면 접근 자

---

[37] 같은 책, 475c.

체가 지양되어 버리는 (도달하지 않아야만 접근은 접근으로 남을 수 있다!), 따라서 철학자가 철학자로 남기 위해서는 영원히 유예되어야 하는 먼 목표일 뿐이다. 우리가 추구하는 먼 목표에 결국 도달할 수 없다는 것, 이것이 절망적 회의론을 뜻하는 것은 아니다. 오히려 여기에는 하나의 긍정적인 사유가 포함되어 있다. 철학하는 우리는 신이 될 수도 없지만 또 신이 되기를 원하지도 않는다는 것이다. 신, 인간이 아닌 것으로 되면서 추구하는 목표에 도달하느니, 인간으로 남으면서 먼 목표에 조금씩 접근해 가는 것만으로 충분하다. 인간은 어차피 애지의 길을 걷는 자이고, 길의 시작과 끝은 인간이 아니라, 인간의 타자를 위한 곳이기 때문이다. 한 타자에서 점점 더 멀어지고 다른 한 타자에 점점 더 가까워진다면, 그것이 걷는 자로서 인간이 얻을 수 있는 최대의 것이다.

④ 중간성의 철학적 의미는 양면성이다.

지금까지 우리 논의의 핵심어는 철학하는 인간의 중간성이었다. 중간성은 비유적 표현이다. 중간성이라는 말로 플라톤이 의미했던 것은 실재로 두 개의 극단, 전지한 신과 무지한 대중이 먼저 거기에 있고, 이 둘의 중간에 철학하는 인간이 서 있다는, 단순한 공간적 표상 이상의 것이다. 그가 사유했던 인간의 중간성은 실은 양면성, 인간은 두 얼굴을 갖는다는 사실이다.

하나의 인간 안에 지혜로운 신을 닮은 신적인 얼굴과 본능의 회오리에 내맡겨진 짐승의 추한 얼굴이 공존하며 갈등하고 있다. 이 둘은 모두 내가 가진 두 얼굴이다. 내가 지혜로운 신과 어리석은 대중의 중간에 놓인 것이 아니다. 도리어 나는 내 안에 있는 신적인 모습과 역시 내 안에 있는 짐승 같은 모습을 나의 타자로, 하나는 내가 '아직도 아닌 것'으로 다른 하나는 내가 '더 이상 아닌 것'으로 여긴다. 나는 애지의 길을 걷기에 신적이고, 따라서 '더 이상' 짐승이 '아니다.' 나는 이 길을 걸을 뿐, 길의 끝에는 이르지 못했기에 나는 '아직도' 신이 '아니다.' 이 이중 부정, '더 이상 짐승이 아님'과 '아직 신이 아님'을 통해 나는 나의 '나임'을 확인한다. 나는 전지한 신이 아니다. 나는 철학해야 하는 인간이다. 나는 무지한 짐승이 아니다. 나는 철학할 수 있는 인간이다. 그래서 나는 내가 나의 두 타자의 중간에 서 있다고 생각한다. 그러나 중간자임은 실은 내가 이 두 타자의 얼굴을 모두 가지고 있고, 그 어느 하나로부터도 완전히 자유로울 수 없는 방식으로 가지고 있다는 뜻이다.

　나의 야누스적인 얼굴은 내가 '더 이상 아닌' 얼굴과는 다르고, 내가 '아직도 아닌' 얼굴과도 다르다. 바로 여기에 나의 얼굴의 나다움, 철학하는 인간의 정체성이 존립한다. 나의 얼굴은 이 두 얼굴 모두와 물론 다르지만, 이 둘 중 어느 하나와도 완전히 달라질 수는 없다. 그것은 다른 하나와 완전히 같아짐을 의미하기 때문이다. 이 둘은 모두 나의 두 얼굴 중 하나이고, 따라서 결코 완전히 지양될 수는 없는 방식으로 내 안에 있다. 우리가 열심히 애지의 길을 걸어 무지한 짐승에서 아무리 멀어진다 한들, 우리 안의 짐승은 완전히 죽지는 않고 우리가 짐승이 아닌 것으로 되지는 않는다. 우리는 철학하는 인간이지 철학할 필요가 없는 신은 '아직도 아닌' 까닭이다. 또한 우리가 이르기를 원하는 애지의 길의 끝이 영원히 도달 못할 먼 목표로만 남는다 해도, 우리가 다시 무지한 짐승으로 되돌아가는 일은 생기지 않는다. 우리는 철학하는 인간이지 철학을 할 수조차 없는 짐승은 '더 이상 아닌' 까닭이다. 우리가 철학하는 한, 우리는 신도 아니고 짐승도 아니며 또한 (같은 말이지만) 신적이며 동시에 짐승 같기도 하다. 이것이 바로 철학하는 우리 인간, 사랑하기에 추구하지만 추구하는 것을 결국 얻을 수 없는, 그리고 끝내 얻을 수 없는 것을 영원히 추구하도록 규정되어 있는 비극적인 존재자, 철학하는 '인간의 조건*conditio humana*'이다.

2.3 이 장의 결론: 인간의 유한성과 의무

인간은 철학한다. 지혜를 사랑한다. 인간이 하는 철학은 애지, 지혜에 대한 끝없는 사랑이지 소유가 아니다. 이것은 이 장을 시작하며 던졌던 물음, '철학이란 무엇인가?'에 대한 서양철학사 최초의 답이다. 물론 2,500년 전의 답이다. 그러니 현대적인 것은 아니고, 오래된 답인 만큼 낡은 답이기도 하다. 그럼에도 나는 애지라는 철학 규정이 지난 2,500년의 철학사를 통해 면면히 이어져 온 철학의 근본정신에 부합한다고 생각한다. 그 정신은 신이 아닌 인간의 '유한성'에 대한 자각이고 짐승이 아닌 인간의 '의무'에 대한 긍정이다. 인간은 무한한 신들의 지혜의 최종적인 주인일 수는 없고 끝까지 그 지혜를 추구하는 자로 남는다. 인간은 유한하기 때문이다. 이 유한성에도 불구하고 짐승 이상이어야 하는 인간은 무한한 신을 닮아 가지 않으면 안 된다. 신일 수는 없지만 짐승에 머물러서는 안 되고, 그래서 짐승을 떠나 신을 향하지만 그 향함이 완료될 수는 없다.

이렇게 '짐승이지만 신을 향함', '신을 향하지만 짐승에서 온전히 벗어날 수 없음.' 이것이 바로 인간은 직립하는 동물이라는 말의 인간학적 의미다. 발은 땅을 디뎌야 하기에 짐승과 공유하는 대지의 구속을 벗어날 수 없지만, 그 머리는 신들이 머무는 하늘을 향한다. 같은 맥락에서 아우구스티누스도 우리 안의 짐승을 외적 인간으로, 우리 안의 신적인 모습은 내적 인간으로 표현하며, 두 얼굴을 가진 인간의 삶의 조건을 직립으로 설명한 바 있다.

자, 그러면 이제 '외적 인간'과 '내적 인간'의 경계가 어디에 있는지 살펴보기로 하자. 우리가 영혼을 두고 짐승과 공통으로 지니고 있는 것이면 여전히 외적 인간에 속하는 것이라 할 만하고 그렇게 말하는 편이 옳다. (…) 신체의 형태가 엎드린 모습이 아니고 똑바로 서 있다는 점 외에는 우리가 짐승과 크게 다르지 않다. 그런 이유로 우리는 우리를 만든 분에게서 다음과 같은 충고를 받고 있으니 우리에게서 더 나은 부분, 다시 말해서 영혼을 가지고 짐승을 닮아서는 안 된다는 것이다. 신체의 직립으로 우리는 짐승들과 거리를 두고 있다.[38]

짐승은 네 발로 걷고, 짐승 중에서도 가장 짐승스러운 뱀은 온 몸이 땅바닥에 붙어 있다. 짐승이 아닐 수는 없지만 동시에 짐승 이상이어야 하는 인간만이 두 발바닥만 땅바닥에 붙인 채 머리는 하늘을 향해 곧추세운다. 이것이 직립이다. 우리 안의 짐승이 완전히 죽지는 않는 한에서 우리는 짐승들의 나라의 법칙, "중력의 악령"[39]의 지배에서 완전히 벗어날 수는 없다. 그래도 짐승 이상이기를 원하는 인간의 바람과 소망만큼은 신들의 나라, 천상의 지혜를 향한다. 직립하는 인간만이 철학을 해야 하고 또 할 수 있다.

철학의 역사, 유일하게 직립하는 동물로서의 인간의 사유의 역사는 철학하는 인간은 철학할 수 없는 짐승 이상이어야 한다는 의무의 긍정의 역사이고, 동시에 철학하는 인간은 철학할 필요가 없는 무한한 신이 아니라는 사실, 인간 유한성의 자각의 역사였다. 철학의 이 정신을 온전히 전수받은, 그래서 플라톤 이후 유일하게 위대한 철학자인 칸트는 자신의 『순수 이성 비판』을 이렇게 시작한다.

인간의 이성은 (…) 그 자신 거부할 수도, 그렇다고 대답할 수도 없는 물음에 시달려야 한다는 특수한 운명을 갖는다. 거부할 수 없는 것은 이 물음이 인간

---

38 아우구스티누스, 『삼위일체론』, 성염 옮김(분도출판사, 2015), 12권, 1.1.
39 니체, 『차라투스트라는 이렇게 말했다』, 『니체 전집』, 13권, 정동호 옮김(책세상, 2000), 261쪽.

이성의 본성에 의해 부과되기 때문이며, 대답할 수 없는 것은 이것이 인간 이성의 모든 능력을 초월하는 것이기 때문이다.[40]

이 물음은 물론 형이상학으로서의 철학의 물음, 존재하는 모든 것의 최종 원인에 대한 물음이다. 이 물음에 시달려야 함은 인간의 이성만이 갖는 특수한 운명이다. '특수한'이란 말은 인간 이외의 존재자들은 이런 운명을 갖지 않는다는 뜻이다. 지혜로운 신은 이 물음의 답을 이미 가지고 있어, 물음에 시달릴 필요가 없다. 완전히 무지한 짐승은 이 같은 물음이 있다는 사실조차 모르기에 물음을 피해 가고 따라서 물음에 시달리지 않는다. 오로지 전지와 무지의 중간에 놓여 있어 '철학을 해야 하고 또 할 수 있는 자는' 이 물음을 해결할 수도 없고 거부할 수도 없다. 해결할 수 없는 것은 이 물음이 경험의 한계, 인간 인식의 한계 저 너머에 대한 것이기 때문이고, 거부할 수 없는 것은 인간 이성의 본성 중에 경험의 한계를 넘어 궁극의 진리를 향하는 형이상학적인 마음이 주어져 있기 때문이다. 능력상 감당할 수 없는 물음을 본성상 거부할 수 없다는 것, 본성이 던지는 물음에 그 능력이 답을 줄 수 없다는 것! 이것이 애지자로서의 인간의 운명, 철학하는 나와 철학에로의 초대에 응한 당신의 운명이다.

---

40 칸트, 『순수 이성 비판』, A VII.

과학과 철학

처음 '철학이란 무엇인가?'라는 물음을 던지며 나는 이 물음에 우리가 우선 줄 수 있는 답은 다만 잠정적인 것이고 따라서 수정과 보완이 필요할 거라 말했다. 이는 '애지로서의 철학'이라는 플라톤의 정의에도 정확하게 들어맞는다. 그렇다면 이 정의에는 어떤 문제가 있고, 어떤 보완이 필요한 걸까? 가장 먼저 지적할 것은 이 철학 규정의 전근대성이다. 이것은 인류가 최초로 철학적 사유를 펼칠 때 내렸던 철학의 정의다. 물론 고대인들의 철학 정의가 현대철학에 유보 없이 적용될 수는 없다. 그사이 2,500년의 시간이 흘렀고, 철학의 범위와 탐구 실천에는 적잖은 변화가 일어났기 때문이다.

앞서 인용한 철학자 정의에서 플라톤은 애지자를 "모든 학문의 분야를 습득하기를 꾀하는 자"라 칭했다. 왜 '모든 철학'의 분야가 아니고 '모든 학문'의 분야인가? 철학과 학문은 같다는 말인가? 그렇다면 '지혜에 대한 사랑'은 철학만의 정의가 아니라 학문 일반의 정의가 아닌가? 이 물음에 우리는 일단 긍정으로 답해야 한다. 철학자뿐 아니라 과학자도 지혜를 사랑하기 때문이다. 그 점에서 철학과 과학은 같고, 애지는 철학자의 전유물일 수 없다. 그러나 철학자가 사랑하는 지혜와 과학자가 사랑하는 지혜가 다르고, 이 두 학자가 지혜에 접근해 가는 방식도 사뭇 다르다. 이제 우리는 이 '다름'에 대해 숙고해야 한다. 우리를 이끌어 온 물음은 '철학이란 무엇인가?'인데, 이 물음은 철학과 과학의 같음에 대해서가 아니라, 철학'만'의, 즉 과학이 '아닌' 철학의 본질에 대해 묻고 있기 때문이다. 무엇이 '애지로서의 철학'을 '애지로서의 과학'과 구분해 주는가?

1 철학과 과학의 관계

1.1 보편학으로서의 철학과 '과'로 나뉜 학문으로서의 '과'학

철학과 과학은 모두 학문이다. 그러나 두 학문은 서로 다르다. 철학은 '과학이 아닌 학문'이고, '과학은 철학이 아닌 학문'이다. 이는 우리 현대인의 관점에서 보면 매우 자명한 사실이다. 그러나 이 자명한 사실이 고대 그리스인들에게도 자명했냐 하면 그렇지는 않다. 두 학문 모두 근본에서는 애지, 갖지 못한 지혜를 사랑하고 추구하는 학문적 활동이기 때문이다. 이 엄연한 같음에도 불구하고 어떤 현대인도 철학과 과학을 동일시하지는 않는다. 분명 두 학문 사이에는 어떤 차이가 있을 것이다. 이 차이를 분명히 해서 과학이 아닌 철학의 본질을 대비적으로 드러내는 것이 이 장의 목표다. 이를 위해 우선 두 학문이 모두 지혜를 사랑하고 또 이 사랑은 모두 지적 호기심에 의해 추동된다는 사실에서 출발하자. 논의가 진행되면서 필요한 수정과 구체화가 이루어질 것이고 이를 통해 철학과 과학의 '다름'이 분명하게 드러날 것이다. 논의의 출발점은 모든 학문 활동을 추동하는 힘으로서의 이른바 지적 호기심, 놀라움이다.

① 철학의 시원은 놀라움이다.

흔히 철학의 시원arche을 '놀라움thaumazein'이라고 한다. 우리가 가지고 있는 지식만으로, 관찰된 현상들이 설명되지 않을 때, 우리는 놀라워하며 묻는다. '왜?' 그리고 이 물음과 함께 철학적 탐구에 종사하게 된다. 그러므로 놀라움이란 이른바 철학이 해결해야 할 문제가 제기되는 조건이고, 철학적 탐구란 놀라움이 던져 놓은 물음에 답하려는 시도 이상의 다른 것이 아니다. 이 의미에서 놀라움은 곧 철학의 시작이다. 그래서 시원의 철학자들은 이렇게 썼다.

놀라워하는 것, 이것이야말로 철학자의 상태이기에 하는 말이네. 이것 말고 철학의 다른 시작은 없으니까.[1]

지금이나 그 첫 단계에서나 사람들은 놀라움 때문에 철학을 하기 시작했으니, 처음에는 눈앞의 갖가지 기이한 현상들에 대해 놀랐고 그 뒤에는 조금씩 앞으로 발전하면서 더 중요한 것들에 대해 의문에 사로잡혔는데, 예를 들어 달 표면의 현상들, 태양과 별들 주변에서 일어나는 현상들, 온 세계의 생성이 그런 것들에 해당한다. 의문에 사로잡혀 놀라워하는 사람은 자기가 무지하다고 생각한다. (⋯) 그러므로 무지를 피하기 위해 사람들이 철학을 시작했다면 (⋯)[2]

아리스토텔레스는 철학자를 '아는 자'가 아니라 '자신의 무지를 아는 자',

---

1   플라톤, 『테아이테토스』, 정준영 옮김(EjB, 2013), 155d.
2   아리스토텔레스, 『형이상학』, 조대호 옮김(나남, 2012), 982b.

무지하기에 세계의 현상을 설명할 수 없고 설명할 수 없기에 놀라워하는 자, 거꾸로 말해 놀라워하기에 물음을 던지지만 무지로 인해 이 물음에 답할 수 없고 그래서 지혜를 추구하는 자로 설명한다. 이제 철학은 단순한 애지가 아니라 '놀라움에 이끌리는 애지 활동'으로 정의된다. 애지라는 잠정적인 철학 규정에 '놀라움'이라는 보완이 이루어진 셈이다. 이 보완은 철학(만)의 본질을 드러내기에 충분한가? 그렇지 않다. 철학자만 놀라워하는 것이 아니고, 과학자도 놀라워하고 이 놀라움 때문에 '왜?'라고 묻기 때문이다. 그래서 우리는 과학의 원동력은 지적 호기심이라고 말하곤 한다. 놀라움은 철학의 출발일 뿐 아니라 과학의 출발이기도 하다. 그러니 '놀라움에 이끌리는 애지 활동'도 여전히 철학만의 정의가 아니라, 학문 일반의 정의인 셈이다. 아무래도 문제는 철학과 과학의 차이가 드러나지 않았다는 데 있는 것 같다.

② 철학으로부터 '과'학의 분립

우리 현대인은 '세계에 대한 실증적 탐구로서의 과학'과 '과학의 근거에 대한 학문으로서의 철학'을 구분하는 데 익숙하다. 그래서 이른바 '철학 + 과학 = 학문'이라는 등식도 인정된다. 이에 따르면 철학은 '과학이 아닌 학문'이고, 과학은 '철학이 아닌 학문'이다. 분명 우리 현대인에게 이 둘은 서로 다른 두 학문이다. 그러나 우리에게 당연한 이 사실이 최초로 철학을 정의하던 시원의 철학자들에게는 결코 당연한 것이 아니었다. 당시에는 아직 과학이라는 것이 존재하지 않았고, 따라서 철학과 과학의 차이라는 말도 성립할 수 없었기 때문이다. 이것이 플라톤으로 하여금 철학을 정의하면서 "모든 학문의 분야"라고 말하게 했던 이유이다. 이 고대인에게 철학은 현대인이 과학이라 부르는 것까지 포함하는 "모든 학문"이었던 까닭이다.

우리는 자주 '근대' 과학이라는 말을 듣는다. 우리가 흘려듣는 이 말에는 과학의 탄생 시점에 대한 중요한 정보가 들어 있다. 과학은 근대의 산물이고 그 정확한 탄생 시점은 17세기다. 17세기는 코페르니쿠스가 지동설을 주장했던 세기의 다음 세기이고, 뉴턴, 케플러, 갈릴레이, 이른바 근대 과학의 3인방이 세계를 수학적 자연으로 구성하던 시대다. 이때 과학이 탄생했다. 그 이전에는 과학이라 부를 것이 없었다. 없었다기보다는 철학 안에 있었다. 당시의 철학은 이른바 '보편 학문*scientia universalis*', 존재자 영역 전체를 두루두루 다루는 유일하고도 포괄적인 학문이었다. 이 보편 학문으로부터 특정 존재자 영역을 자신의 '과'로 한정하여 이른바 '과'학이라는 것이 탄생한다. '과'학이란 보편 학문으로서 철학이 뭉뚱그려 탐구하던 존재자 권역 전체에서 자신만의 탐구 영역을 '과'로 한정해 특화한 전문 연구다. 그래서 우리는 과학을 보편 학문으로서의 철학에 대비해 '특수 학문*scientia particularis*'이라 부른다. 특정 대상 영역에 대한 전문 연구로서의 '과'학의 특성은 근본적으로 동어반복적 표현인 '분과分科 과학', '개별個別 과학'이라는 말에서 잘 드러난다. '과'학이란 보편학으로서의 철학에서 자신의 과科를 분分리해 개별個別화된 학문이다. 존재자 영역 전체에 대한 보편적 탐구로서의 철학으로부터 특수 연구로서의 과학의 점진적인 분리와 독립의 과정은 17세기 이후 인류의 학문사가 걸어 온 길이었다.

17세기에 일군의 자연 연구가들은 존재자 전체가 아니라 피지스physis, 자연만을 자신의 탐구 대상으로 한정하면서, 자연에 대한 전문 과학, 물리학physics이 탄생한다. 18세기에 일군의 학자들은 생명bios만을 자신의 과로 제한했고, 이를 통해 생명에 관한 전문 연구로서의 생물학biology이 탄생한다. 19세기에 분트의 실험실에서 영혼psyche에 대한 실험과학으로서의 심리학psychology이 탄생한다. 이 분리된 과학들은 자신만의 특수한 탐구 영역을 제한하고 그 대상 영역의 탐구에 적합한 실증적 방법을 개발하여 철학으로부터 독립했다. 이제 자연, 생명, 마음 등은 플라톤과 아리스토텔레스가 '보편 학문의 관점에서' 이 문제를 다루던 방식과는 달리, 말하자면 '과학적으로scientific' 탐구된다. 이것이 보편 학문으로서의 철학으로부터 특수 학문으로서의 과학의 분립 과정이고, 이 분리의 과정이 근대 과학사의 본질을 이룬다.

원래의 문제로 돌아가 보자. 우리는 '애지' 또는 '놀라움에 이끌리는 애지 활동'으로서의 철학 규정의 전근대성에 대해 논의하고 있었다. 지금 분명해진 것은 이 두 철학 규정은 근대 이전, 과학이 철학으로부터 분리되기 이전의 철학, 과학을 자신 안에 포함하고 있던 보편 학문으로서의 철학에 대한 정의이고, 현대의 철학, 개별 과학들을 분가시키고 난 이후의 철학에는 더 이상 적용될 수 없다는 점이다. 철학으로부터 과학의 독립이라는 사태 이전과 이후의 철학의 외연이 같지 않기 때문이다. 물론 나는 플라톤의 애지로서의 철학이라는 정의가 잘못된 것이라고 생각하지는 않는다. 다만 과학 분립의 역사를 목도했고 그 이후를 살고 있는 우리 현대인으로서는 이 고대인의 철학 정의에 어떤 보충을 해야 할 필요는 있다고 본다. 이 보충을 위해 이제 우리는 철학과 과학은 모두 놀라움에서 출발하는 애지 활동이라는 사실은 인정하고, 이 두 학문의 차이에 대해 물어야 한다. 지금부터 우리의 주제는 철학과 과학의 다름, 정확히 말해 철학적 탐구 방법과 과학적 탐구 방법의 차이다.

1.2 과학의 분립과 성장은 철학의 지양을 의미하는가?

철학으로부터 과학의 분립이라는 근대 이후의 과학사의 사태와 관련하여 부정할 수 없는 사실 중의 하나는 근대의 물리학과 현대의 심리학은 플라톤이 『티마이오스』, 『파이돈』에서, 그리고 아리스토텔레스가 『자연학』,

『영혼에 대하여』 등에서 전개했던 고대의 자연학, 영혼론에 비해 한결 더 정밀하고, 경험적으로 검증된 ―말하자면 과학적인― 지식을 제공하고 있다는 것이다. 이제 과학이 자연과 영혼에 대해 이토록 신뢰할 만한 지식을 제공하고 있는데, 같은 주제에 대한 플라톤과 아리스토텔레스의 사변적 주장이 무슨 학술적 의미를 가질 수 있는가? 과학의 분립과 전문화에 근거한, 이 전혀 이유 없지는 않은 물음을 단서로 하여 이른바 '철학 지양론'이 고개를 내민다. 두루뭉술하고 엉터리없는 철학으로부터 전문적이고 정밀한 연구로서의 과학의 독립은 동시에 보편 학문으로서의 철학의 지양 과정이라는 것이다. 나는 잠시 이 문제에 머물려 한다. 그것은 과학의 분립은 동시에 철학의 지양 과정임을 증명하기 위해서가 아니라, 오히려 그 반대, 과학의 분립에도 불구하고 철학이 지양되지 않음에 바로 '철학과 과학의 다름'이 존재한다는 사실을 입증하기 위해서다.

① 러셀의 철학 지양론

버트란트 러셀은 전문화된 연구로서의 과학의 분화, 이 '과'학의 눈부신 성장에 의거하여 '과'학들의 분립의 과정으로서의 근대 과학사는 동시에 비과학적 철학의 지양 과정이었다고 주장한다. 실제로 근대 과학사는 철학으로부터 과학의 분립의 역사였다. 이를 거꾸로 표현하면, 철학은 아직 충분히 전문화하지 못해 과학의 경지에 이르지 못한, 비과학적 학문 전체, 학문의 점진적 분과화라는 역사적 대세의 잔여물이라는 사실을 의미한다. 아직 과학적으로 충분히 성숙하지 못하여 자신의 전문적 탐구 영역을 한정하지 못했고 해당 영역에 적합한 전문 연구 방법도 개발하지 못한, 그래서 여전히 비과학적 사변에 멈추어 있는 원시적 학문이 이른바 철학이라는 것이다. 이는 다음을 의미한다. 과학이 우리에게 세계의 특정 국면에 대해 검증된 인식을 제공한다면, 아직 과학이 되지 못한 철학은 우리가 아직 모르는 것에 대한 ―모르기 때문에 다른 도리 없이 진행할 수밖에 없는― 사변에 불과하다.

> 철학이란 아직 정확한 지식을 알고 있지 못한 사항에 대한 사색이다. (…) 과학이란 우리들이 알고 있는 것이고 철학이란 우리들이 알지 못하는 것이다. (…) 여러 가지 문제가 지식의 진보에 따라 계속 철학에서 과학으로 옮겨 가고 있다. (…) 철학에 속하는 것이라고 간주되어 오던 많은 문제가 오늘날에는 철학의 문제라고 여겨지지 않게 되었다. (…) [철학이란] 아직 과학적 지식에 지배되지 않는 것들에 대한 사변이다.[3]

근대 이후의 학문사는 과학 분립의 역사였고, 이를 통한 경험적 인식의 확대의 역사였다. 이는 동시에 모르는 것에 대한 사변으로서의 철학의 점진적인 지양의 과정이었다. 그렇다면 철학이란 아직도 진행 중인 이 역사적 과정의 지양되지 않은 찌꺼기인 셈이다. 주목할 것은 위 인용문에도 나오는 '아직'이라는 표현이다. 우리 인류는 '아직'은 존재자 영역 전체에 대해 과학적 인식을 얻지 못했고 따라서 우리가 모르는 부분에 대해 다만 철학적 사변을 진행할 수밖에 없지만 ―그래서 철학이라는 것이 아직 지구상에 살아남아 있지만―, '언젠가' 우리가 세계의 구석구석에 대해 과학적 인식을 얻게 되는 날, 그때 과학은 철학을 온전히 대체하여 비과학적인 학문으로서의 철학은 이른바 애지자들이 사는 별에서 완전히 사라지게 될 것이다. 철학에서 분가한 과학이 자신의 모태를 완전히 해체하는 것이다. 그때 다만 '갖지 못한 진리를 사랑하고 추구해 온 애지자들'은 '진리를 소유한 과학자들'에게 자신의 영광스러운 자리를 내주어야 한다. 물론 '아직'

---

3   러셀, 『러셀과의 대화』, 김승택 옮김(서문당, 1978), 7-8쪽. (강조는 필자에 의함)

은 아니지만 '언젠가'는….

러셀은 그렇게 생각한다. 그런데 그런 일이 정말 일어날 수 있을까? 물론 근대과학은 많은 것을 이루었고 이룬 것보다 더 많은 것을 약속하고 있다. 그러나 거기에 정말 '애지자로서의 인간'이 '철학할 필요가 없는 지자'가 될 수 있다는 약속까지 포함될 수 있을까? 나는 그렇게 생각하지 않는다. 그것은 앞서 강조했던[4] 인간의 유한성에 대한 나의 자각 때문이다. 나는 우리는 '유한하고 무지한, 따라서 철학을 해야 하는 인간이지, 무한하고 전지한 따라서 철학을 할 필요가 없는 신이 아니라'는 올림포스 신들의 메시지를 전적으로 수용한다. 제 아무리 탁월한 과학자라 한들 그 역시 '놀라워 알고자 하는 인간'이지 '알기에 놀랄 필요가 없는 신'이 아니다. 과학자는 근대의 예수가 아니고, 과학 역시 새로운 복음이 아니다. 과학자도 인간이고, 과학 역시 인간이 하는 일이기 때문이다. 예수가 빌라도에게 "내가 진리"(요한복음, 14:6)라고 말했던 그 의미에서 과학이 '내가 곧 진리'라고 말할 시간은 물론 '아직' 오지 않았고 또 '영원히' 오지 않을 것이다. 이것이 과학이 철학을 잠식하리라는 러셀의 '예언'에 내가 반대하는 이유다. 나의 반론은 여기서 끝낸다. 더 길어지면 논점이 흩어질 것이기 때문이다. 그 대신 자못 명쾌한 논리로 사뭇 단순하게 러셀의 철학 지양론을 논박하는 입장 하나를 소개한다.[5]

② '철학 지양론'에 대한 반론

보헨스키는 철학이란 "아직 과학적으로 다룰 수 없는 모든 것에 대한 집

---

4 1장 2.2의 ① 참조.
5 물론 인간은 시간과 진리의 주인이 아니라는 사실에 대한 긍정은 이 책 전체에 흐르고 있는, 따라서 행간과 자간에서 언제나 다시 읽어 낼 수 있는 나의 철학적 근본 입장이다.

합 개념"이라는 러셀의 "견해"[6]에 대해 세 가지의 흥미로운 반론을 펼치고 있다. 이 반론은 주목을 요한다. 두 가지 이유에서다. 이 반론들은 과학의 분립이 철학의 지양을 수반하지 않는 이유를 설득력 있게 제시한다는 것이 그 하나고, 이를 통해 우리에게 철학의 지양 불가능성에 대한 사유가 요구되는데, 이 사유를 통해 우리는 과학에 대비한 철학만의 독특성, 과학과 철학의 중요한 차이를 확인할 수 있다는 것이 다른 하나다. 이제 세 가지 반론을 차례로 살펴보기로 하자. 이를 통해 우리가 궁극적으로 원하는 것은 철학과 과학의 ─정확히는 철학의 물음과 과학의 물음의, 그리고 철학과 과학이 각기 자신의 물음에 답하는 방식의─ 차이를 드러내는 것이다.

첫째 반론은 "여러 가지 문제가 지식의 진보에 따라 계속 철학에서 과학으로 옮겨 가고 있다"는 러셀의 주장에 대한 것이다. 이 주장이 옳다면, 다시 말해 철학의 많은 문제가 ─예를 들어 자연, 생명, 영혼의 문제가─ 개별 과학으로 이관되었다면, 철학이 다루어야 할 문제들은 분명 줄어들었어야 한다. 그런데 철학의 문제는 결코 줄지 않았다.[7] 이 사태는 의미심장하다. 과학이 자연, 생명, 영혼에 대한 물음을 철학에서 빼앗아 이에 과학적으로 답하고 있는데, 왜 빼앗긴 주제에 대한 철학의 물음은 계속되는가? 가장 중요한 답변은 동일한 주제에 대한 철학의 물음과 과학의 물음이 다르고, 이들 물음이 요구하는 답도 다르다는 것이다. 과학은 자연, 생명, 영혼의 경험 가능한 현상에 대해 묻고, 이 물음에 경험으로 답한다. 그러나 철학은 동일한 현상들의 궁극의 근거에 대해 묻기에, 이 물음에 대한 답은 경험이 아니라 초경험적 근거여야 한다. 그러므로 과학으로서의 물

---

6 보헨스키, 『철학적 사색에의 길』, 표재명 옮김(동명사, 1980), 19쪽.
7 같은 곳 참조.

리학, 생물학, 심리학이 자연, 생명, 영혼에 대한 물음에 경험적으로 검증된 답을 준다 해도, 자연철학, 생명의 철학, 영혼의 철학이 던지는, 자연, 생명, 영혼의 초경험적 근거에 대한 철학적 물음은 지양되지 않는다. 경험과학이 모든 물음에 오로지 경험으로 답을 하는 한, 이들은 현상의 초경험적 근거에 대한 철학의 물음에 답할 수 없고, 따라서 경험과학은 초경험적 철학을 대신할 수 없다.

둘째 반론은 '철학 지양론' 또는 '철학 무용론'이라는 학술적 견해는 다만 철학적으로만 주장될 수 있다는 것이다. 보헨스키는 아리스토텔레스를 인용한다.

> 사람은 철학하거나 철학하지 말아야 한다. 그러나 철학하지 말아야 한다면, 그것은 오직 어떤 철학의 이름으로서이다. 그러므로 비록 철학하지 말아야 한다고 해도 역시 철학하지 않으면 안 되는 것이다.[8]

이 주장에는 물론 섬세하게 다루어야 할 논리적 역설과 같은 것이 들어 있지만,[9] 우리의 문제 맥락에서 보면 이는 형식논리 이상의 의미를 갖는다. 우리에게 중요한 것은 누군가 철학 무용론을 주장한다면, 그는 경험과학자가 아니라 이미 한 사람의 철학자로서만 그 주장을 할 수 있다는 사실

---

[8] 같은 책, 20쪽.

[9] 예를 들면 크레타인의 역설과 같은 것이다. 한 크레타인이 '모든 크레타인은 거짓말쟁이다'라고 말했다. 그렇다면 우리는 '거짓말쟁이가 한 이 말을 참이라 여겨 수용해야 하는가, 아니면 거짓이라 여겨 버려야 하는가? 각각의 경우의 논리적 결과는 무엇인가? 다른 예로 한 회의주의자가 '진리는 없다'라고 말했다. 그렇다면 '진리는 없다'라는 문장 자체는 진리인가? 진리라면 논리적으로 어떤 결과가 도출되고, 진리가 아니라면 또 어떻게 되는가? 독자의 계속되는 사유를 요구하고, 나는 원래 논의로 돌아간다.

이다. 철학에 대해 뭔가를 묻고 사유하는 사람은 말하자면 철학에 대해 철학을 하는 자이다. 과학자는 그런 물음을 던지지도 답하지도 않기 때문이다. 그러므로 러셀은 철학 무용론이라는 철학적 사유를 전개하면서 다시 철학의 불가피성이라는 엄연한 사실을 몸소 보여 준 셈이다. 설령 세상에 모든 철학이 사라지고 철학 무용론이라는 단 하나의 철학만이 남게 된다 하더라도, 아직 철학이 완전히 지양된 것은 아니다. 여전히 철학에 대해 부정적으로 철학하는 자가 있고, 이 사람의 철학은 철학 지양론 자체를 지양하기 때문이다. 실제로 철학의 필요성, 불필요성에 대한 물음은 경험이 답일 수 있는 따라서 경험과학이 답할 수 있는 물음이 아니다. 이것은 철학자가 철학하는 자신에게 던지는, 자신이 하는 철학의 의미에 대한 자성의 물음이기 때문이다. 분명한 것은 인간이 사유를 멈추지 않는 한 물음은 끝없이 제기되고 이 모든 물음에 경험과학이 유일하게 옳은 답을 줄 수는 없다는 것이다. 철학의 물음은 경험의 한계 ─이것이 곧 과학의 한계다!─ 를 넘어서기 때문이다. 따라서 경험과학은 초경험적인 철학의 사유, 이 사유의 문제 제기를 지양할 수 없다. 과학은 모든 물음의 답을 경험 안에서만 찾는 데 반해, 철학은 경험이 답일 수 없는 물음을 던지고 사유하기 때문이다.

셋째 반론은 과학의 분립이 철학의 지양을 의미하기는커녕 오히려 새로운 철학의 탄생을 불러왔다는 실제의 역사적 사태를 지적하고 있다. 이 반론은 과학의 분립에도 존립하는 철학의 지양 불가능성, 더 정확히는 과학과 철학의 차이를 논하는 우리의 입장에서 보면 가장 흥미로운 것이다. 일단 반론을 직접 들어 보자.

[보편 학문으로서의 철학의] 여러 부문이 시대의 흐름과 더불어 철학에서 떨어져 나왔다고 하는 것은 물론 사실이다. 그러나 그때 눈에 띄는 것은, 이러한 특

수 과학이 독립해 나갈 때마다 거의 동시에 하나의 평행적인 철학의 부분이 생겨났다고 하는 것이다. 그리하여 이를테면, 최근에 형식논리학이 철학에서 갈라졌을 때, 곧 널리 보급되고 열렬히 토의된 논리철학이 일어났던 것이다. (…) 이와 같은 사실은 철학이 여러 과학의 발전에 따라 점점 죽어가고 있는 것이 아니라, 더욱 발달하고, 더욱 풍부해지는 것을 보여 주고 있다.[10]

이것은 17세기 이후 과학의 분립이라는 과학사의 사태와 더불어 진행되어 온 실제 철학사의 사태다. 과학사를 훑어보면 17세기에 물리학, 18세기에 생물학, 19세기에 심리학과 사회학 등이 철학에서 독립한 것은 분명한 사실이다. 그러나 이 독립이 철학으로 하여금 자연, 생명, 영혼, 사회적 관계 등의 문제에 대해 침묵하게 하기는커녕, 오히려 그 전에는 없던 철학의 새로운 분야, 자연과학의 철학, 생물학의 철학, 심리철학, 사회과학의 철학의 탄생을 수반했다. 이는 아주 당연한 귀결인데, 새로 탄생한 개별 과학이 특정 분야에 대해 새롭게 실증적 탐구를 진행할 때, 철학은 이 새로운 과학에 그 인식 이론적 기초를 제공해 주어야 한다는 새로운 과제를 떠맡기 때문이다. 이에 대한 가장 인상적인 철학사의 예는 17세기에 탄생한 근대 역학과 이 과학의 가능성의 조건에 대한 칸트의 선험철학적 탐구의 관계일 것이다. 하나의 새로운 과학이 탄생했기 때문에, 철학에게는 이 과학에 대한 인식론적 근거 마련이라는 새로운 과제가 부과된 것이다. 같은 일이 18세기에 생물학에 대해, 19세기에 심리학과 사회과학에 대해서도 반복되었다. 물론 앞으로도 새로운 과학이 탄생하면 그 과학에 대한 새로운 철학이 생겨날 것이다. 그러므로 철학으로부터 새로운 과학의 분리는 철학의 죽음이 아니라, 거꾸로 새로운 철학의 성립, 철학의 외연 확장

---

10 보헨스키, 『철학적 사색에의 길』, 20쪽.

을 의미한다.

철학 지양론에 대한 세 가지 반론이 검토되었고, 철학에 대해 심히 부정적인 러셀의 '철학'은 어렵지 않게 논박되었다. 물론 이 논박 자체가 중요한 것은 아니다. 우리에게 중요한 것은 논박의 과정을 통해 드러난 철학과 과학의 '차이'다. 분명해진 것은 과학은 철학의 물음을 가져갈 수 없고 이 물음에 답할 수도 없다는 것이다. 과학의 물음과 철학의 물음은 '다르기' 때문이다. 그렇다면 무엇이 어떻게 다른가? 이제 이 문제를 구체적으로 생각해 보자.

③ 과학과 철학의 차이는 '대상'의 차이가 아니라 '방법'의 차이다.

'철학에서 독립한 과학'과 '과학을 분가시킨 철학'은 동일한 대상 영역에 대해 상이한 탐구를 진행한다. 물리학자, 생물학자, 심리학자는 각기 자연, 생명, 마음을 탐구한다. 자연철학자, 생명철학자, 심리철학자도 마찬가지로 자연, 생명, 마음을 탐구한다. 그러나 과학자와 철학자가 이 동일한 '대상'을 다루는 '방법'만큼은 확연히 다르다. 과학자들이 자연, 생명, 마음의 문제에 '실증적, 경험적 방법'으로 접근한다면, 철학자들은 같은 문제에 '사변적, 초경험적 방법'으로 다가간다. 과학은 근본적으로 경험과학이고 따라서 하나의 경험을 다른 경험으로 설명한다. 반면 철학은 근원적으로는 형이상학이고[11] 따라서 동일한 경험을 이 경험을 넘어서는 초경험적 근거로 설명한다. 동일한 경험이 (같은 대상이) 한편 경험적으로 다른 한편 초경험적으로 (다른 방법으로) 탐구되는 것이다. 그러므로 이렇게 말할 수 있다. 과학과 철학의 차이는 '무엇을 탐구하느냐?' 하는 대상의 차이가 아

---

11 형이상학(metaphysics)이라는 흥미로운 이름 안에는 '자연(physis)을 넘어선다(meta)'는 의미가 포함되어 있다. 이 이름에 대해서는 뒤에서(5장 1.1의 ① 참조) 다시 설명할 것이다.

니라, 어떤 무엇이건, 그 무엇을 '어떻게 탐구하느냐?' 하는 방법과 태도의 차이이다.

과학의 물음과 철학의 물음이 공유하는 것은 그 대상뿐이고, 동일한 대상에 대해 철학과 과학은 달리 묻고 달리 답한다. 예를 들어 '자연에 대한 뉴턴의 역학'과 칸트가 『순수 이성 비판』의 선험적 분석론에서 전개한 '자연의 존재론'이, '18세기의 생물학'과 '생명에 관한 철학적 유기체론'이, 오늘날의 '실험 심리학'과 '마음의 철학'이 공유하는 것은 '자연', '생명', '마음'이라는 이름뿐이다. 이 동일한 대상에 대해 과학과 철학은 각기 다른 방법을 가지고 탐구한다. 과학들이 경험적 방법으로 일관하고 이 경험의 한계를 넘어서지 않는다면, 같은 주제를 탐구하는 철학들은 경험을 넘어서는 방도methodos를 추구하고 또 이 한계를 넘어서지 않으면 안 된다. 철학은 '경험을 경험으로 설명하는 경험과학'이 아니라 '경험을 경험 저편 또는 그 배후의 근거로 설명하려는 초경험적 학문'이기 때문이다. 이 설명 방식의 차이가 철학과 과학의 근본적인 다름을 이룬다.

과학은 하나의 경험 가능한 자연 내지 생명 현상을 역시 경험 가능한 다른 자연 내지 생명 현상으로 설명한다. 그래서 뜨고 지는 해를 지구의 자전으로 설명하고 기린의 긴 목을 적자생존이라는 진화의 경험적 법칙에 의해 설명한다. 반면 경험을 다른 경험이 아니라 경험과는 다른 어떤 것, 말하자면 초경험적 근거로 설명하는 철학은, 동일한 대상(뜨고 지는 해와 기린의 긴 목)에 대한 물음에 대한 과학의 답(지구의 자전과 적자생존)에 다시 의문부호를 붙인다. 이 답 역시 경험 가능한 현상일 뿐 경험의 초경험적 근거는 아니기 때문이다. 그래서 하나의 동일한 물음, '왜 해는 뜨고 지고, 기린의 목은 긴가?'라는 물음에 과학이 최종적인 답을 주는 곳에서 철학은 비로소 묻기 시작한다. '왜 자전이고, 왜 진화의 법칙인가?' 뜨고 지는 해, 기린의 긴 목이라는 동일한 대상에 대한 물음에 대한 '과학의 답'은 철학에게는 '계속 물어져야 할 것'이고, 같은 대상에 대한 철학의 물음에서 '물어지고 있는 것'은 과학에게는 이 '물음의 답'이다. 이것이 가장 중요한 차이다. 과학은 철학이 계속 묻고자 하는 것을 당연한 것으로 여기고 물음을 끝내는데, 철학은 과학이 당연한 답이라 여겨 더 이상 묻지 않는 것에 대해 계속 묻는다. 이는 다음을 의미한다. 과학은 철학이 의문시하는 것을 당연한 전제로 취하고, 철학은 과학이 당연시하며 전제하는 것을 의문시한다. 말하자면 과학은 철학을 전제하고 그 근거 위에서 탐구하는 것이다. 이는 동시에 과학의 전제, 과학이 그 위에 서 있는 근거의 정당성을 밝히는 일은 과학의 과제가 아니라 철학의 과제임을 뜻한다. 과학적 주장의 정당성은 과학이 당연시하는 전제와 근거의 정당성으로 소급되는데, 이 정당성을 밝히는 일이 곧 철학의 과제이기 때문이다. 바로 이것이, 철학은 과학이 탐구하는 경험적 현상의 근거aitia와 본질eide을 탐구하고, 따라서 철학은 과학의 근거 학문이라는 말의 의미다.

2 철학은 과학을 '앞서간다'

철학뿐 아니라 과학도 놀라움에 이끌리는 '애지' 활동이지만, 두 학문이 사랑하는 '지'는 다르다. 과학은 경험 가능한 '현상에 대한 지'를, 철학은 '그 현상의, 경험되지 않는 근거에 대한 지'를 사랑한다. 물론 현상에 대한 지는 현상의 근거에 대한 지를 전제하고 그 위에 근거하지 않을 수 없다. 즉 경험적 현상에 대한 과학은 그 현상의 초경험적 근거에 대한 철학을 근거로 하고 이 근거를 전제로 취한다. 단적인 의미에서 철학은 과학의 근거이고 과학은 철학을 전제한다. 그러므로 철학과 과학의 관계는 '근거와 근거 지어진 것', '전제와 전제 위에 세워진 것'의 관계와 같다. 바로 이 의미에서 철학은 과학을 '앞서간다.' 근거가 '앞서' 있어야 비로소 거기서 근거 지어진 것이 생겨날 수 있고, 전제가 '앞서' 있어야 비로소 그 위에 뭔가가 세워질 수 있기 때문이다. 이것이 '과학을 앞서가는 철학'과 '철학을 뒤에서 좇아가는 과학'의 관계다. 지금부터는 이 '앞서감'의 의미에 대해 숙고하고자 한다. 이 '앞서감'은 시간적chrono-logical 앞서감이 아니라, 논리적logical, 인식론적epistemo-logical, 존재론적onto-logical 앞서감이라는 것이 그 핵심이다.

2.1 전제의 학문과 무전제의 학문

특정 근거를 전제하는 또는 이 전제 위에 근거하는 과학은 자신의 근거와 전제의 정당성을 의심하지 않는다. 이 의심은 곧 자신의 존립에 대한 의심이기 때문이다. 그래서 동쪽에서 떠서 서쪽으로 지는 해를 지구의 자전으로 설명하는 어떤 천문학자도 내일도 해는 동쪽에서 뜨리라는 예측의 정당성을 의심하지 않고, 적자만이 생존한다는 원리로 기린의 긴 목을 설명하는 어떤 진화론자도 자연사적으로 확증된 자연도태의 경험 법칙의 타당성을 회의하지 않는다. 이것은 과학자들이 당연시하는 전제이기 때문이다. 그런데 과학자에게는 물을 필요조차 없을 정도로 자명한 이 전제가 철학자에게는 물음과 회의의 대상이다. 철학자는 묻는다. '왜 자전이고 왜 도태인가?' 이 물음은 과학자에게는 우문이겠지만 철학자에게는 불가피한 물음이다. 자전과 도태는 과학의 전제이지 철학의 전제는 아닌 까닭이다. 그래서 철학은 과학이 의심하지 않는 전제를 회의하고 그 정당성을 따져 묻는다. 물론 이 전제가 또 다른 전제 위에 세워진 것이라면 '그 전제의 전제'에 대해서도 묻고, '그 전제의 전제의 전제'에 대해서도 물어 마침내 최후의 전제에 이르기까지 묻는다. 이 '최후의 전제', '(최후이기에) 더 이상 전제를 갖지 않는 무전제자', '전제들의 계열의 끝'이 바로 철학이 추구하는 것이다. 여기서 과학과 철학의 다름이 인상적으로 드러난다. 과학은 특정 전제 위에 건립된 학문이고, 철학은 전제들의 계열의 끝으로서의 무전제자를 추구하는 학문이다. 바로 이 의미에서 나는 당분간 과학을 '전제의 학', 철학을 '무전제의 학'이라 칭하고 이 관점에서 두 학문을 대비하고자 한다.

① 과학은 자신의 전제를 벗어날 수 없다! 이 말의 의미는?

모든 개별 과학은 특정한 전제를 가지고 있고, 이 전제에 대한 의심은 해당 과학의 과제가 아니다. 예를 들어 자본주의 경제 체제 아래서 경제학자는 시장경제적 자유경쟁의 논리라는 전제 위에서 경제학을 연구한다. 이 과학의 전제는 자유이고, 자유경쟁이다. 반면 사회주의 경제 체제 아래서 경제학자는 비인간적인 자유경쟁의 논리가 평등의 가치를 위해 국가적으로 통제되어야 한다는 전제 위에서 연구를 진행할 것이다. 이 과학의 전제는 평등이고, 분배의 정의다. 경제학이라는 '하나'의 학문이 상이한 '두' 전제 위에 세워져 있다. 전제를 달리하는 두 경제학의 실제 내용과 결론은 당연히 다르겠지만, 둘은 부정할 수 없는 공통점을 하나 갖는다. 과학자로서 경제학자는 자신이 하는 과학의 전제 위에서 (과학적) 탐구만 하지, 이 전제의 정당성에 대한 (철학적) 회의는 하지 않고 또 할 수도 없다는 것이다. 자본주의 경제학자에게 '왜 자유경쟁인가?'라고 묻는 것이나 사회주의 경제학자에게 '왜 평등한 분배인가?'라고 묻는 것은 꼭 같이 어리석은 일이다. 이것은 이들이 각기 당연시하는 각자의 전제이기 때문이다. 이들이 각자의 '과학의 집'의 내부에 머물고 그 안에서 열심히 각자의 연구에만 종사하는 하는 한, 이들이 당연시하는 과학의 전제는 결코 눈에 들어오지 않는다.

자신의 집(경제학)이 특정 전제 위의 집이라는 사실을 볼 수 있기 위해 그는 이 집의 내부에 머물러선 안 되고 외부로 나가야 한다. 집 밖에서는 자신의 집 말고 다른 전제 위에 세워진 또 다른 집을 볼 수 있을 것이기 때문이다. 그것으로 충분할까? 문제는 그리 간단하지 않다. 하나의 경제학의 외부가 다시 다른 경제학의 내부라면 그는 자신의 옛집의 전제는 잊고 새집의 전제 위에 서게 된다. 그리고 새 전제를 당연시한다. 그가 하나의 경제학에서 다른 경제학으로, 다시 다른 경제학에서 이전의 경제학으로 아무리 많이 오간다 한들, 이런 수평적 이주의 반복을 통해서는 자신의 새집과 옛집이 모두 특정 전제 위에 세워졌다는 사실에 대한 깨달음을 얻을 수는 없다.[12]

그런 인식은 언제 얻을 수 있는가? 집 밖으로 나갈 뿐 아니라 집 위로 올라갈 때다. 이 두 집이 모두 전제 위의 집이고, 이 두 전제(자유경쟁과 평등한 분배)는 말의 엄격한 의미에서 정면으로 충돌하고, 상충하는 두 전제가 동시에 유일하게 옳은 전제일 수는 없으니 그의 옛집과 새집 중 ─논리적으로는─ 최소한 하나가, 그러나 ─실제로는─ 둘 모두 '유일하게 옳지는 않은' 전제 위에 세워진 집임을 깨닫기 위해, 그는 옛집과 새집을 모두 포괄

---

12 빌헬름 폰 훔볼트에 따르면 하나의 언어(모국어)를 갖는다는 것은 하나의 세계를 갖는다는 것이다. 그러므로 한국어가 모국어인 사람과 영어가 모국어인 사람은 다른 세계에 산다. 이 의미에서 언어관은 곧 세계관이다. 누구나 자신의 언어가 허락한 세계(관) 안에서만 살 수 있다. 만약 다른 세계에 살기를 원한다면, 그는 자신의 언어에서 나와 다른 언어 안으로 들어가야 한다. 이는 한 사람이 한 언어에서 나오되 다른 언어 안으로 들어가지 않는, 이른바 '언어 중립 상태', '언어 없는 삶'이 오로지 언어적으로만 사유하는 동물로서의 인간에게는 허용되지 않음을 의미한다. 같은 것이 경제학자에게도 통한다. 하나의 경제학을 한다는 것은 하나의 전제 위에 선다는 것을 의미한다. 다른 경제학을 하기 위해서는 다른 전제 위에 서야 한다. 그러나 '특정 전제 위에서 과학하는 동물로서의 과학자'에게 하나의 전제를 버리되, 다른 전제를 취하지 않은 '무전제의 상태'는 허용되지 않는다.

하는 '과학으로서의 경제학 일반'의 한계를 넘어서야 한다. 비로소 거기서, 오로지 거기서만 각 '과'학으로서의 경제학의 전제에 시선이 닿을 것이고 두 전제 모두 절대적으로 타당한 것은 아니라는 사실에도 생각이 미칠 것이다. 그러나 이렇게 경제학 일반의 경계를 넘어서는 상승적 이주를 한 그 사람은 더 이상 '과'학자로서의 경제학자가 아니라 이미 경제철학자다. 어떤 과학자도 과학자로서는 자신의 과학의 전제에 대한 철학적 반성을 할 수는 없다. 그런 반성을 하는 순간, 우리는 그를 과학자가 아니라 철학자라 칭하기 때문이다.

이 의미에서 과학은 피할 수 없이 '전제 위의 학문'이고 철학은 '과학의 전제를 반성하는 학문'이되, 이 반성이 전제들의 계열의 끝, 무전제자에 이르기까지 계속된다는 의미에서 '무전제의 학문'이다. 이 관계를 조금 더 명료히 해 보자. 과학은 특정 근거를 전제로 경험 세계를 탐구하는 반면, 철학은 과학의 전제의 정당성에 대해 사유할 뿐 아니라 '끝까지' 사유한다. 이 의미에서 철학은 과학을 앞서갈 뿐 아니라 '끝까지' 앞서간다. 과학적 인식의 정당성은 그 전제의 정당성에 의존하는데, 전제의 정당성이 끝까지 밝혀져야만 과학의 정당성도 온전히 주장될 수 있기 때문이다. 그러므로 정당하기를 원하는 과학은 끝까지 철학을 뒤따라갈 수밖에 없고, 철학은 끝까지 과학을 앞서간다. 이 선후 관계를 단지 시간적인 의미로만 이해해서는 곤란하다. 물론 그렇게 보는 이도 있다. 다시 러셀이다. 그는 두 권의 유명한 철학사를 썼는데,[13] 그중 한 권에서 철학과 과학의 선후 관계를 시간적으로, 역사의 연대기적 진행 단계라는 의미로 해석하며 철학을 정의한 바 있다. 이 정의는 우리가 이미 논박한 철학 지양론이 역사철학적

---

[13] 하나는 『서양의 지혜(*Wisdom of the West*)』이고 다른 하나는 『서양철학사(*History of Western Philosophy*)』다.

의복을 걸치고 다시 나타난 것인데, 이 또한 우리는 거부해야 한다. 그렇게 하지 않으면 단지 시간적인 앞섬 이상인, 과학에 대한 철학의 앞서감의 의미를 파악할 수 없을 것이기 때문이다.

② 철학은 과학의 '시간적 이전 단계'라는 러셀의 철학 정의

러셀은 그의 유명한 두 철학사 중의 하나에서 철학을 신학과 과학의 시간적 관계 속에서 규명한다. 철학은 '더 이상' 신학은 아니지만 '아직도' 과학은 아닌 어떤 것, 말하자면 이 둘의 중간 상태를 지시한다는 것이다.

> 인생과 세계에 관한 관념으로서 우리가 '철학적'이라 부르는 것들은 두 가지 요소의 산물이다. 하나는 전통적인 종교적 및 윤리적 관념이요, 다른 하나는 가장 넓은 의미로 과학적이라 부를 수 있는 종류의 연구이다. 이 두 가지 요소가 각각의 철학자들의 체계 안에 어떤 비율로 들어 있는가 하는 것은 그들 개개인에 따라 크게 달랐지만, 어느 정도는 모두 들어 있다는 것이 철학의 특징이다. (…) 내가 이해하기에 철학이란 신학과 과학의 중간에 놓인 어떤 것이다. 신학과 마찬가지로 철학은 어떤 사안들에 대한 사변으로 이루어지는데 이 사안에 대한 어떤 명확한 지식도 지금까지는 확인된 바 없다. 그러나 과학과 마찬가지로 철학은 권위보다는 ―전통의 권위든 계시의 권위든― 이성에 호소한다. 모든 명확한 지식은 (…) 과학에 속한다. 그러나 이 명확한 지식을 넘어서는 모든 도그마는 신학에 속한다.[14]

철학이란 신학적 단계에서 과학적 단계로 이행해 가는 인류의 정신사가 거쳐 지나가는 중간 단계다. '중간'이라는 말의 의미에 따라 철학은 한

---

14 러셀, 『서양철학사』(뉴욕, 런던, 1972), 13쪽.

편 신학과도, 그리고 과학과도 공유하는 면을 갖지만, 다른 한편 신학과도, 그리고 과학과도 구별되는 면 또한 갖는다. 철학의 전단계로서의 신학은 교회사적, 교리사적 전통의 '권위' 또는 계시의 '권위'에 의존하는 '사변'이다. 철학의 다음 단계로서의 과학은 신적인 것의 권위가 아니라 오직 인간 '이성'에 의존하는 '인식' 활동이다. 둘의 중간에 위치한 철학은 과학과는 달리, 그리고 신학과 비슷하게 경험석 '인식'이 아니라 '사변'이지만, 신학과는 달리, 그리고 과학과 유사하게 비합리적 '권위'가 아니라 '이성'에 의거한다. 그렇기 때문에 철학은 종교의 권위를 유지하려는 신학자뿐 아니라 모든 사변을 경험적 인식으로 대체하려는 과학자에게도 외면을 받는다. 이 외면받는 땅이 바로 철학이다.

신학과 과학의 중간에 [신학도 과학도 아닌] 얼치기 땅No Man's Land이 있다. 이 하찮은 땅은 양 진영 모두의 공격에 노출된다. 이 하찮은 땅이 바로 철학이다.[15]

이성을 사용한다는 의미에서 과학과 공통점을 갖는 철학은 그 사변적 한계로 인해 경험적 지식을 제공하지 못한다. 그래서 과학자들의 배척을 받는다. 사변이라는 의미에서 종교와 유사한 철학은 이성을 사용하기에 내세에 대한 믿음에 대해서는 아무런 약속도 하지 않는다. 따라서 종교인들의 외면을 받는다. 철학이란 사변에 머물기에 경험적 지식을 주지 못하고 이성의 판단에 따르기에 구원의 약속을 거부하는, 말하자면 신학과 과학의 단점을 골고루 갖춘 얼치기다. 이른바 만학의 여왕regina scientirum이라던 철학이 믿음의 땅은 '스스로 떠나온 종교'에 내주고 인식의 땅은 '스스로에서 떠나간 과학'에 내주어 스스로는 아무도 거들떠보지 않는 땅을 방

15 같은 곳.

황하는 처량한 신세에 빠지고 만 것이다.[16]

물론 여기서 철학은 신앙도 아니고 과학도 아니어서 설 땅이 없다는 사실 자체는 문제의 핵심이 아니다. 중요한 것은 이 주장의 배후에 아주 특이한 역사철학이 서 있고, 러셀은 이 역사철학적 관점에서 철학을 정의하고 있다는 점이다. 이것이 핵심이다. 러셀은 인류의 정신사를 '비非'과학적 신앙에서 '전前'과학적 철학을 거쳐 과학에 이르는 긴 길로 간주한다. 좀 길기는 하지만 이 길에는 시작과 끝이 있다. 시작은 종교이고 끝은 과학이다. 이렇게 시작과 끝이 있어, 닫힌 역사를 보편사라 부르고, 보편사의 끝을 역사의 목적telos으로 인정하는 입장을 종말론적 또는 보편사적 역사철학이라 부른다. 역사에는 끝이 있고, 역사는 이 끝을 유일한 목적지로 하고, 이 끝에 이르면 끝난다는 것이다. 이런 역사철학은 '사실事實로서의 사실史實이 아닌 역사의 끝'을 역사적 경험에 앞서 상정한다는 의미에서 형이상학적이다. 나는 개인적으로 모든 형태의 형이상학적 역사철학에 대해 매우 비판적인 입장을 가지고 있지만, 여기서 그 논의는 하지 않겠다. 논점의 분산을 막기 위해서다. 다만 한 가지만 지적한다. 보편사적, 종말론적 역사 형이상학의 심각한 문제 중 하나는 모든 역사적 단계의 의미와 가치를 역사의 끝에 비추어 결정한다는 것이다. 러셀도 마찬가지다. 그에게 역사의 끝은 '과학의 완성'이다. 그래서 신앙과 종교가 무슨 의미를 갖건 그와는 무관하게, 신학의 시대는 과학이 '아니라非'는 단 하나의 사실에 의해 규정되고, 철학과 철학적 사변이 갖는 가치가 무엇이건 그건 차치하고, 철학의 시대는 과학이 '아직 아니라前'는 사실에 의해서만 평가된다. 과학

---

16 그래서 한 철학 입문서의 저자는 머물 곳 없이 끝없이 헤매는 철학의 처지를 이렇게 표현한다. "근대 이후 수 세기에 걸쳐 철학의 모체로부터 수많은 개별 과학이 분가해 나간 결과 철학은 딸들에게 자기의 영토를 나누어 주고 황야를 헤매는 리어 왕의 신세와 같이 되었다." (최동희 외, 『철학개론』, 33쪽)

의 완성이라는 역사의 목표가 모든 역사적 단계의 의미 규정, 가치 평가를 위한 유일한 척도인 셈이다. 이 유일무이한 척도의 권위에 의거하여 철학은 '전과학적prescientific'이라는 규정을 받는다. 여기서 '전'은 연대기적 의미에서 과학의 이전 시기를 뜻한다.

원래 문제로 돌아가자. 우리의 물음은 '철학이 과학을 앞서간다면, 이 앞서감의 의미는 무엇인가?'였다. 이제 이 물음에 대해 가능한 답변 하나가 주어졌다. 철학은 시간적으로, 역사적 전단계라는 의미에서 과학에 앞서 있다. 이것이 러셀의 철학 정의에서 읽어 낼 수 있는, 철학과 과학의 선후 관계 물음에 대한 답이다. 이 답은 연대기적으로, 즉 시계를 가지고 측정해 보면 철학이 과학보다 앞서 나타났고 과학은 그 뒤에 나타났다는 단순한 사실만을 말하는 것은 아니다. 이 답은 철학은 과학사의 진보 과정에서 나타나는 한 과도기적 지식 형태이고 따라서 이 과도기적 이전 단계는 다음 단계에로 지양되어야 한다는 필연성까지 포함하고 있다. 앞서 논의했고 또 논박했던 철학 지양론이 다시 고개를 내미는 것이다. 물론 여기서 이미 한 논박을 반복할 필요는 없다. 그러나 과학에 대한 철학의 앞서감이 오로지 시간적인 의미만을 갖는지, 이것이 정말 철학이 과학을 앞서갈 수 있는 유일한 방식인지에 대해서는 숙고가 필요하다.

③ 앞서감의 관계는 근거 부여의 관계다.

철학과 과학의 선후 관계의 문제를 시간적인 의미에 제한하는 것은 철학적으로는 좀 진부한 것 같다. 이는 역사 안에 등장한 인간의 정신 활동을 시간적인, 그것도 시계-시간적인 등장 시점이라는 사실의 관점에서 분류한 것인데, 철학의 의미는 역사적 사실에 환원되지 않고, 철학과 과학의 관계도 시간적인 것에 제한되지는 않기 때문이다. 앞서감의 문제는 단순히 연대기적 사실의 문제가 아니라, 그 자체 하나의 철학적인 문제, 철학적 숙고를 요하는 문제다. 이 문제는 '특정 전제에 의존하는 과학'과 '그 전제의 정당성을 묻는 철학' 사이의 관련, '전제 위에 세워진 것'에 대한 '전제'의 근거 부여의 관련인데, 당연히 '근거를 부여하는 전제'가 '전제에 의해 근거 지어진 것'을 앞서간다. 물론 이 앞섬이 시간적인 앞섬과 일치할 수도 있겠지만, 꼭 그래야 할 이유는 없다.

철학은 과학에 앞서 있다. 그러나 시간적으로가 아니라, 논리적, 인식론적, 존재론적인 의미에서 앞서 있다. 이해를 돕기 위해 이미 논의한 데카르트의 나무의 비유를 회고해 보자.[17] 이 비유에 따르면 철학은 나무의 뿌리이고 과학은 뿌리에서 자라난 나무다. 나무는 눈에 보이고 그 가지 끝에 열리는 결실은 입에 달다. 그래서 우리는 눈에 보이는 나무의 참을 의심하지 않고 맛난 과실을 주는 나무에게만 고마워하며, 나무의 근거에는 보이지 않는 뿌리가 있다는 사실을 잊곤 한다. 그러나 눈에 보이지 않는다 해서 뿌리가 없는 것은 아니고 나무가 뿌리에 의존하지 않는 것도 아니다. 만약 뿌리가 없다면? "불휘 없는 남곤 ᄇᆞᄅᆞ매 뮐" 것이고 설령 비틀비틀 곡예하듯 서 있는다 해도 양분이 공급되지 않으니 열매도 맺지 못하고 결국 말라 죽을 것이다. 바로 이 관계다. 나무는 뿌리를 전제한다. 논리적, 인식론적, 그리고 존재론적으로. (시간적으로도? 그건 중요하지 않다!) 뿌리 없는 나무를 생각하는 것이 말이 안 된다는 의미에서 논리적으로, 나무가 맺는 인식의 결실의 내용은 결국 뿌리가 제공한 양분이라는 의미에서 인식론적으로, 그리고 뿌리가 없다면 나무도 존재할 수 없다는 의미에서 존재론적으로 뿌리는 나무에 앞서 있다.

좀 더 쉬운 이해를 위해 이 관계를 그물을 만드는 이와 고기 잡는 어부의 관계에 비유해 보자. 고기는 어부가 잡는다. 그물 제작자는 직접 고기

---

17 1장 1.1의 ④ 참조.

를 잡지는 않지만, 그가 만든 그물이 없다면 어부는 고기를 잡을 수 없다. 늘 같은 그물을 사용하는, 그래서 늘 같은 고기를 잡아 올리는 어부는 자신이 잡은 고기가 유일한 고기라고 생각한다. 그러나 그물코가 다른 그물을 던지면 다른 고기가 잡힌다. 고등어 잡는 그물에 꽁치는 잡히지 않고 꽁치 잡는 그물에 멸치는 걸려들지 않는다. 그런데 그물코의 크기를 결정하는 자는 어부가 아니라 그물을 만드는 자다. 당신은 이 비유를 완벽하게 이해했는가?

그물을 만드는 이는 철학자고, 그 그물로 고기를 잡는 이는 과학자고, 어부가 잡아 올리는 고기는 현실성의 인식이다. 우리는 가지 끝에 열린 과일과 어부가 잡아 올린 고기를 맛있게 먹고 산다. 먹을 것은 지금 여기, 내 눈앞에 있다. 그러니 우리는 나무가 과일을 맺기 위해, 어부가 고기를 잡기 위해 필요한 전제가 무엇인지는 생각하지 않는다. 그러나 먹는 자가 생각하지 않는다 해서 먹거리가 생겨나기 위한 전제도 없는 것은 아니다. 전제는 그저 눈에 보이지 않을 뿐이다.

④ 숲속의 실증주의자와 망대 위의 사변가

과학은 경험과학, 사실과학이고 또한 실증과학이다. 과학은 오로지 경험만을 신뢰하고 경험에 근거를 두지 않은 모든 주장을 거부한다. 경험에 대한 이 같은 존중을 통해 과학은 경험적으로 검증된 사실 인식을 획득한다. 이 의미에서 과학은 실증적이다. '실증적positive'이란 감각 경험을 유일하게 타당한 인식의 원천으로 간주하는, 따라서 경험 중에 주어진 사실의 확정에만 몰입하는 태도를 말한다. 따라서 실증적인 과학자는 경험이 준 사실을 수동적으로 수용하되 이에 대한 정신의 자발적 사유, 이를테면 사변과 같은 것은 하지 않는다. 사변은 경험에 근거한 것이 아닌 까닭이다.

반면 철학의 문제는 경험적 사실이 아니라, 이 사실의 근거의 문제다.

과학이 주어진 사실과 사실들의 관계만을 규명한다면, 철학은 사실들이 왜 그렇게 주어졌으며, 그렇게 주어진 사실들 간에 왜 그런 관계가 성립하는가를 묻는다. 즉 경험 중에 주어진 사실이 아니라, 그 사실의 배후에 놓인 근거를 사유하는 것이다. 물론 이 근거는 경험 중에 포착되는 것이 아니기에, 이 사유를 위해서는 형이상학적 사변이 불가피하다. '사변적speculative'이란 경험에 의존하지 않고 정신의 자발적 사유를 펼치는 태도를 말한다. 실증적인 과학자가 경험으로 하여금 말하게 하고 경험의 말을 수동적으로 수용만 한다면, 사변적인 철학자는 자신의 정신으로 경험의 근거에 대해 자발적인 사유를 행한다. 이 자발적 사변이 철학자로 하여금 주어진 경험을 넘어서게 한다.

　여기서 '실증적'에 대비되는 '사변적'이라는 말의 철학적 의미에 대해 생각해 보는 것이 필요하겠다. 사변은 '봄'과 관련이 있다.[18] 봄이란 물론 시각의 작용이지만 여기서는 감각 기관의 하나로서의 눈이 아니라 정신의 눈으로 봄을 말한다. 사변을 뜻하는 라틴어 '스페쿨라티오speculatio'는 '스페쿨라specula'라는 말에서 유래했는데 이 말은 높은 곳의 '전망대'를 뜻한다. 이로부터 유추해 볼 수 있는 사변의 의미는 '높은 곳에서 봄'이다. 우리가 숲속을 거닐 때는 이 나무와 저 꽃 그리고 이들의 관계는 볼 수 있지만 숲 전체를 보지는 못한다. 우리도 숲 안에 갇혀 있기 때문이다. 산 정상의 망대에 올라섰을 때 우리는 비로소 숲 전체를 보게 된다. 철학적 개념으로서의 사변은 이렇게 '높은 곳에서 전체를 개관하는 봄'이다. 여기서 실증적인 봄과 사변적인 봄의 차이가 분명하게 드러난다. 실증주의자는 자신의 감관에 주어진 것을 그것 자체만으로 본다. 사변가는 감관에 주어진 것을 감관에는 주어지지 않는 —따라서 사변의 눈으로만 볼 수 있는— 전체 안

─

[18]　사변(speculatio)이라는 단어 안에 들어 있는 '스펙토(specto)'는 라틴어로 '보다'를 의미한다.

에서 본다. 예를 들어 숲속을 거니는 실증적 식물학자는 지금 그의 시야에 잡히는 이 나무와 저 나무를 보고 나무들 간의 관계도 보고 이에 대한 훌륭한 사실 인식을 얻는다. 그러나 그는 숲 전체를 볼 수는 없고, 그가 보는 나무도 숲 전체 안의 나무는 아니다. 반면 산 정상의 망대에서 내려다보는 사변적 철학자는 나무의 이파리와 꽃술까지 세세하게 볼 수는 없지만, 숲 전체를 보고 나무도 이 전체 안의 나무로 본다. 숲속에서 본 나무와 전망대에서 내려다본 나무가 같을 수는 없다. 전자는 육의 눈이 실증적으로 보고 본 그대로 받아들인 나무이고, 후자는 정신의 눈이 사변적으로 전체 안에 넣고 본 나무이기 때문이다. 바로 이것이 실증적 과학자와 사변적 철학자의 봄의 태도 차이다.

이 차이를 한 철학 사전은 흥미롭게도 과학자와 철학자가 던지는 물음의 차이로 설명한다.

> 과학은 그저 '어떻게*how*'라고 말해 줄 뿐이다 반면 철학은 '왜*why*'라고 묻고 왜 그렇게 되었는지를 말해 준다.[19]

과학의 물음은 '어떻게?'이고 그 답은 '이렇게'다. 직접 경험한 것만을 신뢰하는 실증과학자는 숲속에서 경험된 현상을 역시 숲속에서 경험된 다른 현상으로 설명한다. 그래서 숲속의 푸른 나뭇잎이 노랗고 빨갛게 변하는 것은 숲속 기온의 강하로 설명하고, 다시 푸른 잎이 돋아나는 것은 숲속 기온의 상승으로 설명한다. 이 설명은 숲속의 기온 변화가 '어떤 과정'을 거쳐 나뭇잎의 색깔 변화를 일으켰는지를 말해 준다. 즉 숲속의 기온 변화가 이파리 안의 엽록소와 다른 색소들의 구성 비율이 변하는 데 '어떻

---

19 패스모어, 「철학」, 『철학 백과전서』, 6권, 에드워즈 편(뉴욕: 맥밀란, 1978), 217쪽.

게' 작용했는지를 보여 준다. 당신에게 이 설명은 '어떻게?'라는 물음에 대한 답인가, 아니면 '왜?'라는 물음에 대한 답인가? 만일 당신이 후자로 답했다면, 다음 물음에도 답해 보라. 숲속 나뭇잎의 색깔 변화를 숲속 기온의 변화로 설명하는 과학자는 왜 기온의 상승과 하강에 대해서 '왜?'라고 묻지 않는가?

이유는 간단하다. 그는 '숲속의 실증주의자'지 '망대 위의 사변가'가 아니기 때문이다. 그는 그가 숲 안에서 본 것을 숲 안에서 본 것만을 가지고 설명한다. 그는 결코 이 숲을 떠나지 않는다. 경험만을 신뢰하는 실증과학자에게 '경험의 숲'은 인식 가능한 세계 전체, 그의 작업 공간 전체이기 때문이다. 숲속의 기온 변화에 대한 물음에 답하기 위해 그는 숲을 떠나 대기권으로 올라가야 하는데, '숲속의 경험만을 존중하라!'는 실증과학의 모토가 과학자에게 경험의 숲을 떠나는 일을 이미 금지했다. 과학자의 물음은 숲속에서 제기되어 숲속에서 답해지고 숲속에서 끝난다. 그는 숲을 떠나 망대 위로 올라갈 수 없고 따라서 숲 전체를 볼 수 없고, '왜?'라는 물음을 숲 전체의 끝에 이르기까지 끌어갈 수 없다. 이 의미에서 과학의 물음은 실증적인 '어떻게?'이지 사변적인 '왜?'가 아니다. 과학의 물음은 숲속의 경험들이 '어떻게' 서로 결합하고 작용하는지 그 '방식'만을 묻기 때문이다. 그러나 숲속의 한 경험을 숲속의 다른 경험으로 설명하고 끝내는 것이 아니라, 그 경험을 '경험이 속한, 그러나 스스로는 경험되지 않는 전체' 안에서 보는 자가 있다. '망대 위의 사변가'다. 이 사람만이 '왜?'라는 물음을 이 전체의 끝에 이르기까지 끌어갈 수 있고 따라서 참된 의미에서 '왜?'라는 물음을 던지고 이에 답할 수 있다. 왜냐하면 하나의 '왜?'라는 물음에 대한 답에 다시 '왜?'가 제기되고, 그에 대한 답에 또 다른 '왜?'가 제기되는데, 이 많은 '왜?'에 답하면서 결국 숲 전체의 끝에 이르기까지 답해야만, '왜?'는 충분하게 답해진 것이기 때문이다.

물론 숲 안의 과학자의 물음도 통상은 '왜'라는 말과 함께 시작된다. 이 물음의 형식에 현혹되어 '과학자도 왜라고 묻지 않는가?' 하고 반문하는 독자가 있을지도 모르겠다. 그런 분에게는 이렇게 답한다. 설령 과학자가 '왜?'라고 묻는다 할지라도, 그가 이 물음에 주는 답은 '어떻게?'에 대한 답일 뿐이다. 다음의 예를 생각해 보자. 한 과학자가 묻는다. '왜 빨간 당구공이 움직였고, 왼쪽으로 움직였는가?' 이 '왜?'라는 물음에 그는 답한다. '왼쪽으로 회전이 걸린 하얀 당구공이 움직여 빨간 당구공을 쳤다.' 과학자는 당구대 안에서 일어난 한 경험을 역시 당구대 안에서 일어난 다른 경험으로 설명한다. 그의 물음도, 그의 답변도 당구대를 떠나지 않는다. 당구대는 그의 숲이기 때문이다. 당구대 안의 당구공들 간의 힘의 '어떻게'라는 관계가 모든 궁금증을 풀어 주고 그의 물음은 여기서 끝난다. 그러나 이렇게 끝내도 좋은 것일까? 경험의 숲 안의 실증주의자는 그렇게 생각하고 또 실제로 그렇게 끝낸다. 그러나 망대 위의 사변가가 보기에는 당구대 '밖'에서 하얀 당구공을 친 사람이 있고, 또 그 사람이 당구공을 칠 힘을 얻기 위해 먹은 과실과 생선도 있다. 물론 과실을 제공해 준 나무와 고기를 잡아올린 어부도 있고, 나무가 과실을 맺도록 양분을 제공해 준 뿌리와 어부가 고기를 잡도록 그물을 만들어 준 이도 있다. 망대 위에서 세계 전체를 보는 사변가는 당구대 '외부'의 이 모든 전제, 근거, 원인에 대해 계속 '왜?'라고 물어야 한다고 생각하고 또 실제로 그렇게 묻는다. 당구대는 세계 전체가 아니기 때문이다. 당구대는 당구장 안에 있고, 당구장은 서울 안에 있고, 서울은 한반도 안에, 그리고 한반도는 지구 안에, 지구는 태양계 안에 …. 이렇게 전체를 더 큰 전체 안의 부분으로 보며 상위의 전체를 찾아갈 때, 그 위에 더 큰 전체를 생각할 수 없는 마지막 전체를 사변적으로 만나는 곳, 그곳이 세계의 끝이고 그 끝에 이르러야만 세계 전체를 볼 수 있다. 망대 위에서 세계 전체의 끝을 내려다보는 사변가는, 실증주의자가 당구대 안에서 던지고 답하고 끝낸 '왜?'라는 물음을 이 끝에 이르도록 던진다.

　이것이 실증과학은 '전제 위의 학문'이고 철학은 '무전제의 학문'이라는 말의 의미다. 실증과학은 특정 전제 위에서 '왜?'라고 묻고 물음에 대한 답이 이 전제에 도달하면 물음을 끝낸다. 그러나 철학은 이 전제의 전제, 그 전제의 전제의 전제에 계속 '왜?'라는 물음을 던지면서 전제들의 계열의 끝, 더 이상 어떤 전제도 없는 곳, 이른바 무전제자가 서 있는 곳에 이르도록 묻고 답한다. 과학자도 '왜?'라고 묻고 철학자도 '왜?'라고 묻지만 두 물음 간에는 근본적인 차이가 있다. 과학자의 '왜?'가 특정 전제 위에서의 '왜?'라면, 철학자의 '왜?'는 아무런 전제도 없는 상태, 그야말로 세계의 끝에 이를 때까지 던져지는 '왜?'다. 이렇게 보면 '왜?'에 대한 숲속의 실증주의자의 답은 그 자체 완결된 것이 결코 아니다. 이 답이 망대 위의 사변가에게는 다시 '왜?'라고 물어야 할 것이기 때문이다.

　부드럽게 다음 주제로 넘어가기 위해 생명 현상과 관련된 물음을 예로 들고, 이 물음에 '과학으로서의 생물학'이 답하는 방식에 대해 생각해 보자. 여기에는 적잖이 흥미로운 점이 숨어 있다. 왜 카멜레온은 변장술에 능하고 스컹크는 탁월한 화생방 전사인가? 왜 기린의 목은 길고, 치타의 발은 빠르고, 사자의 턱은 강한가? 생물학의 답은 늘 같다. '살아남기 위해서!' 모든 생명체는 살아남으려 한다. 개체건 종이건 생명을 보존해야 한다는 것은 모든 생명체의 본능이다. 생명을 향하는 이 본능은 생명체를 지배하는 원리이고 생명 현상을 다루는 모든 학문은 이 본능을 전제한다. 그러므로 생물학의 과제는 놀라움을 일으키는, 즉 '왜?'라는 물음을 불러오는 생명 현상에서 출발해서 본능이라는 원리에 도달하는 것이다. 여기가 생명의 숲의 끝, 생물학적 설명의 끝이다. 본능은 이 학문의 전제요 근거이기 때문이다. 따라서 어떤 생물학자도 '왜 본능인가?' 하는 물음은 던지지 않는다. 생물학자에게 본능은 모든 생물학적 물음에 답으로 주어지는 것이지 그 자체 물어져야 할 것은 아니기 때문이다. 그러나 철학하는 내 입장에서는 이해할 수 없는 것이 하나 있다. 왜 생물학자에게 카멜레온의 변장술과 스컹크의 화생방전 수행 능력은 놀라움과 '왜?'라는 물음을 불러일으키는데, 모든 생명체는 살아남으려는 본능을 가지고 있다는 이 놀라운 사실은 놀라움도, '왜?'라는 물음도 불러오지 않을 수 있는가? 나에게는 이 사실이 놀랍다.

2.2 생물학적 설명의 한계

생물학이 '왜?'라는 물음에 답하는 방식을 목적론적teleological 설명이라 한다. 이는 목적telos에 의한 설명logos, 설명을 요하는 현상에 대한 물음에 '위해서'로 답하는 것이다. 변장하는 카멜레온도, 냄새 풍기는 스컹크도, 목이 긴 기린도 생물학적으로는 모두 '위해서'로 설명된다. 결국 '살아남기 위해서'다. 이는 생물학이 모든 생명체는 생명 보존의 목적, 생명을 향하는 '위해서'를 가지고 있음을 전제한다는 뜻이다. 생물학자는 이 전제의 타당성을 의심하지 않는다. 이는 생물학의 전제고 생물학은 이 전제 위에 세워진 학문이기 때문이다. 그러나 이 '위해서'라는 전제가 정말 물음조차 필요 없을 정도로 당연한 것인지는 지금부터 따져볼 일이다. 내가 보기에 여기에는 생물학자들이 간파하지 못하는, 정확히는 애써 외면하는 논리적인 문제가 하나 있다. '위해서'라고 말하는데, 도대체 누구의 '위해서'인가? 생물학은 '위해서'의 주인에 대한 물음에 답을 주지 않는다. 이 물음에 대한 답이 들어서야 할 자리는 빈틈으로 남겨져 있다.

① 목적론적 설명의 빈틈: '위해서'의 주인은 누구인가?

예로 시작하자. 동물의 소화기관의 내벽은 융털 돌기로 가득해서 울퉁불퉁 꼬불꼬불한 희한한 구조를 가지고 있다. 왜? 내가 고등학생 시절 생물 선생님께 들었던 설명은 음식물과의 접촉면을 높이기 '위해서', 양분 섭취의 효율성을 높이기 '위해서'였다. 이것이 '위해서'에 의한 설명, 이른바 목적론적 설명이다. 이 '위해서'가 등장하면 생물학의 설명은 종결되고 물음은 지양된다. 그러나 이 '위해서'가 과연 창자 내벽의 구조에 대한 물음에 줄 수 있는 충분하고도 최종적인 답일까? 여기에 더 물을 여지는 없는가?

   내가 보기에 '위해서'에 의한 생물학의 설명은 적어도 논리적으로는 완결된 것이 아니다. 이 설명에는 물음의 여지, 논리적 빈틈이 숨어 있기 때문이다. 이를 드러내기 위해 동물의 소장 내벽의 구조와 외관상 유사한 그러나 근본적으로 경우가 다른 예를 하나 들어 보자. 라디에이터다. 이 역시 많은 홈과 구불구불한 관으로 이루어진 이상한 구조의 물건이다. 방열기가 왜 이렇게 이상야릇한 모양새를 가지고 있는가라고 묻는다면, 목적론적 설명이 답으로 제시된다. 공기와의 접촉면을 높이기 '위해서', 열효율을 높이기 '위해서'다. 소장의 '위해서'와는 달리 이 경우 '위해서'에 의한 설명에는 논리적 빈틈이 없다. '위해서'의 주인이 있기 때문이다. 방열기를 만든 목수가 바로 그 주인이다. 목수는 방열기를 자신의 '위해서'에 부합하게, 합목적적으로 설계하고 제작했다. 방열기의 꼬불꼬불한 모양새는 목수'의' '위해서'로 환원된다. 이 목적론적 설명에는 빈틈이 없고 따라서 더 물을 것도 없다.

   그렇다면 같은 의미에서 동물의 소화기관을 울퉁불퉁하게 설계하고 제작한 '자연의 목수'도 있는가? 소장 내벽이 스스로의 의도에 의해 울퉁불퉁해진 것이 아니라면 말이다. '위해서'란 의도이고 의도는 늘 누군가의 의도일 수밖에 없다. 꼬불꼬불한 라디에이터는 열효율을 높이기 '위해서' 존재하지만, 스스로가 이 '위해서'의 주인은 아니다. 이 합목적적인 방열기의 배후에서 열효율을 높인다는 '자신의 목적'을 기계 안에 구현해 넣은 목수가 주인이다. 마찬가지로 울퉁불퉁한 소장 내벽도 양분 섭취의 효율성을 높이기 '위해서' 존재하지만, 스스로가 이 '위해서'의 주인일 수는 없다. 그렇다면 이 '위해서'의 주인은 누구인가? 이 합목적적인 생명체의 배후에서 생명체로 하여금 효율적으로 양분을 섭취하게 하고 이를 통해 잘 살아남게 해야 한다는 '자신의 목적'을 장기 안에 불어넣은 자연의 목수가 그 주인이 아닌가? 생물학은 이 물음에 답하지 않고, 자연의 목수를 위한 자리를 비워 둔다. 분명한 것은 생물학은 자연이 '위해서'의 구조를 가지고 있다고 전제하지만 정작 이 '위해서'의 주인에 대해서는 말하지 않고, '위해서'의 주인에 대해서는 언급하지 않으면서 자연의 설명을 위해 이 주인 없는 '위해서'를 계속 사용한다는 것이다. '위해서'의 주인의 빈자리, 이것이 생물학의 목적론적 설명에 내재한 논리적 빈틈이고 이 틈에 따른 이론적 한계다.

② 목적론적 형이상학과 자연도태설의 사이에 선 생물학자들

그렇다면 이 빈틈을 방치하는 것이 아니라 적극적으로 메우며 목적론적 설명에 논리적, 이론적 완결성을 더하는 길은 없는가? 19세기, 생물학의 번성기의 역사를 회고해 보면 일단 두 개의 길을 생각할 수 있다. 그 하나는 '자연'의 목수의 존재를 인정하는 목적론적 형이상학에 의존하는 길이고, 다른 하나는 이른바 적자만이 살아남았다는 자연사적 사실에 주목하는 진화론에 도움을 청하는 길이다. 전자는 형이상학으로 과학적 설명의 빈틈을 메우는 길이고, 후자는 과학의 한계를 다시 과학(진화론)으로 보완하는 길이(라고 생물학자들은 생각했)다. 그래서 과학으로서의 생물학은 형이상학적 보완책은 완강하게 '거부'한 반면, 진화론적 보완책은 열광적으로 '수용'했다. 지금부터의 과제는 과학자로서의 생물학자가 보기에 정당했던 이 거부와 수용이 철학적으로도 과연 정당한 선택이었는지에 대한 숙고다.

첫 번째 길은 경험적 사실로서의 합목적적인 자연의 현존뿐 아니라, 자연을 자신의 목적에 부합하게 설계, 제작한 '자연의 목수'의 존재도 —논리의 필연성에 따라— 요청하는 것이다. 즉 방열기의 꼬불꼬불한 구조가 열효율을 높여 방을 따뜻하게 만들기 '위해서'라는 목수의 의도가 가시화된 결과였듯이, 소화기관의 울퉁불퉁한 구조도 양분 섭취의 효율성을 높여 자신의 피조물이 잘 살아남게 하려는 의도를 가졌던 조물주의 합목적적 자연 설계와 제작의 결과였음을 인정하는 것이다. 온 자연은 합목적적이다. 즉 '위해서'의 구조를 가지고 있다. 그것은 초자연적인 창조자가 자연의 창조 이전에 이미 가지고 있던 '위해서'라는 설계도에 따라 자연을 창조했기 때문이다! 이것이 목적론적 형이상학의 주장이다. 물론 자연이 합목적적이라는 사실은 경험적, 실증적으로 —숲 안에서 관찰되는 울퉁불퉁한 곱창과 스컹크의 냄새에서— 확인되는 바이지만, 이제 거기에 더해 '왜 자연은 합목적적인가?'라는 물음에 대한 '초'경험적, 형이상학적 —망대 위에서만 줄 수 있는 사변적— 설명까지 보충된다. 과학으로서의 생물학이 비워 두었던 '위해서'의 주인의 자리에 자연의 목수로서의 '초'자연적인 신이 초대되었기 때문이다.

생물학이 이 사실을 수용할 수만 있다면, 주인 없는 '위해서'에 의한 설명에 숨어 있던 논리적 빈틈은 훌륭하게 메워지고 생물학의 설명은 논리적, 이론적으로 완전한 것이 된다. 그러나 이를 통해 목적론적 설명은 신의 '위해서'에 의한 설명으로 바뀌고 '과학'으로서의 생물학은 목적론적 형이상학으로 변질된다. 따라서 경험과학자임을 자임하는 그 어떤 생물학자도 이 형이상학적 보완의 길을 내놓고 갈 수는 없었다. 내놓고 갈 수 없다면 은밀하게라도 가야 하나? 그렇다. 왜? '위해서'의 형이상학적 주인의 존재를 노골적으로 인정할 수는 없지만, 그렇다고 숲 안에서 마주치는 합목적적 자연 현상을 '위해서'로 설명하지 않을 도리도 없기 때문이다. 그래서 생물학자들은 합목적적 자연의 창조자의 존재에 대해서는 일언반구도 하지 않고 그저 이 주인 없는 '위해서'를 자신의 목적론적 설명의 도구로 계속 사용할 뿐이다. 그리고 이에 필연적으로 수반되는 논리적 빈틈은 애써 외면해야 한다. 무척 속상하는 일이지만 다른 방도는 없었다. 어떤 대가를 치르건 그는 숲속의 실증적 과학자로 남아야지 망대 위의 형이상학적 사변가가 되어서는 안 되었기 때문이다. 생물학자는 자연의 목수, '위해서'의 초경험적 주인에 대해서는 '모르쇠'로 일관하고, 자신이 모르는 그 신이 만든 '위해서'로 경험적 자연을 설명한다. 결국 모르는 것으로 아는 것을 설명하고, 모르는 것을 전제하여 알 수 있는 것에 대한 앎을 쌓아가는 애매한 상태가 반복된다. 생물학자들이 이 애매함을 의식도 못했는지 아니면 의식하고서도 외면했는지를 나로서는 판단할 수 없다. 추측컨대 후자일 것이다. 그 추측의 근거는 19세기, 진화론과 자연주의의 시대에 형이상학적이지 않은 보완의 길이 주어졌을 때 이들이 보였던, 새로운 보완책에 대한 열광적 심취다.

19세기에 목적론적 형이상학에 의존하지 않으면서도 생물학의 '위해서'의 설명의 논리적 빈틈을 제거해 줄 것으로 기대되는 마법과 같은 '설'이 하나 등장했다. 이른바 자연도태설이다. 경험적 자연 현상의 과학적 설명을 위해 '위해서'를 사용은 하지만 그 배후에 이 '위해서'의 초경험적 주인이 암암리에 상정되고 있다는 논리적 사실에 속이 상했던, 따라서 이를 애써 외면할 수밖에 없었던 생물학자들에게 이것은 마치 복음Good News과도 같은 소식이었다. 그들은 이 새로운 '설'에서 생물학의 목적론적 설명을 형이상학의 목적론으로부터 구해 내는 일종의 '과학적' 구원을 보았기 때문이다. 잠시 이 설 안으로 들어가 보자. 물론 생명체의 도태와 보존에 관한 설 자체의 세세한 내용이야 매우 복잡하겠지만 우리의 문제 맥락에서

—또는 솔직히 고백해서 내가 아는 것만— 간추리면 비교적 단순한 이야기다. 원래는 이런저런 생물 종이 많았다고 한다. 말하자면 냄새 나는 스컹크, 냄새 안 나는 스컹크, 심지어 향기로운 스컹크, 그리고 창자 내벽이 울퉁불퉁한 동물, 평평한 동물, 심지어 음식물과의 접촉을 원천적으로 봉쇄하기 '위해' 내벽에 코팅이 된 동물 등등. 이들 중 살아남아야 한다는 '자연'의 목적에 부적합한 동물들은 모두 도태되었고, 이른바 적자들만이 종을 보존할 수 있었다.

이 사실은 '자연사적으로', 즉 '연대기에 따라 배열된 화석들의 비교를 통해서' 실증된다. 일정 기간 생성되던 생존 부적격자의 화석이 어느 시간이 지나면 더 이상 생성되지 않는다. 그는 생존을 위한 투쟁의 역사에서 자신의 마지막 흔적을 남기고 역사의 배후로 사라진 것이다. 돌덩어리 안에 새겨진 생명체의 죽음과 삶의 기록은 무수히 많았던 생물 종이 '어떻게' 도태와 보존의 길을 걸어왔는지, 그 역사적 사실을 여실히 보여 준다. 자연의 역사는 '위해서'를 충족시키지 못한 종의 도태의 역사고 동시에 '위해서'를 충족시킨 종의 보존의 역사다. 따라서 자연의 '위해서'라는 것도 —자연의 창조 '이전'의 신의 계획의 반영이 아니라— 오랜 시간에 걸쳐 진행된 자연사, 종의 도태와 보존의 실제 역사가 자신의 '뒤'에 남긴 결과물일 뿐이다. '위해서'의 참된 주인은 역사에 앞서 예정하고 역사 뒤에서 섭리하는 신이 아니라, 이 자연사, 생명체들의 진화의 역사 자체다. 이에 대한 부정할 수 없는 과학적 증거가 돌덩어리 안에 새겨진 시간의 기록, 종의 도태와 보존에 관한 역사 서술이다. 이 역사서, '자연의 책'이 이제 성서를 대신한다. 그리고 자연의 목수의 자리에는 자연사가, 형이상학적 목적론의 자리에는 자연도태설이 들어선다. 이제 생물학은 자신의 발목을 붙잡고 있던 지긋지긋한 신의 목적론에 의존하지 않고서도 '위해서'의 설명을 할 수 있게 되었고 이 설명의 과학성을 의심하지 않을 수 있게 되었다.

숲속의 과학자가 망대 위의 형이상학자를 최종적으로 이겨낸 것이다. 생명의 숲 외부의 형이상학적 잡초들을 전부 도태설의 칼로 제거했기에 가능한 일이었다. 생물학을 종교와 형이상학에서 해방시켜 '숲속의 참된 과학'으로 서게 했으니, 생물학에게 진화론은 그야말로 과학의 구원이고, 이 구원의 비밀을 담은 『종의 기원』은 가히 새로운 복음서라 할 것이다. 19세기는 그렇게 생각하며 이 복음서의 약속의 참을 의심하지 않았다.

그런데 나는 좀 다르게 생각한다. 이 달리 생각함의 실마리는 이른바 새로운 복음서의 제목 안에 있다. 흔히 『종의 기원』이라 약칭되는 이 책의 원래 제목은 『자연선택을 수단으로 한 종의 기원에 대하여 또는 생존 투쟁에서 선호된 종의 보존에 대하여*On the Origin of Species by Means of Natural Selection, or the Preservation of Favored Races in the Struggle for Life*』다. "선호된 종의 보존"이라! 선호되다니, 도대체 '누구'에게 선호되었다는 말인가? 그리고 왜 종의 보존과 도태를 ―종의 선택이 아니라― 자연'의' 선택이라 표현했는가? 자연이 선호한 종만이 자연의 선택을 받아 보존의 기회를 누렸다는 말인가? 참고로, 서양인들의 언어 사용에서 '자연'은 자주 '신'의 동의어로 쓰인다. 내가 조금 전 의도적으로 사용했던 '자연의 책'이라는 표현도 본디 '신이 자신의 비밀을 숨겨 놓은 자연이라는 텍스트'를 의미한다. 이렇게 보면 다시 많은 것이 흔들린다. 자연의 '위해서'의 근원이라는 이른바 '자연의 책'의 저자가 보존 또는 도태된 종 자신이 아니라 그중 일부는 선호해서 보존될 종으로 선택하고 다른 일부는 선호하지 않아 도태케 했던 자연(=신)일 수도 있기 때문이다. 부정할 수 없는 것은 자연의 목적론은, 이 목적론을 거부하는 새로운 복음서의 제목 안에도 아주 은밀한 방식으로 살아 있다는 점이다. 이제 나는 이 문제와 관련하여 논리적으로 연관된 몇 개의 물음을 이어 던지고 그에 답하며, 과연 자연도태설은 형이상학적 목적론을 '대체할' 수 있는지, 있다면 그 진화론은 순수한 의미에서 '경험과학'인지에 대해 비판적으로 숙고하려 한다.

③ 자연도태설은 목적론적 형이상학을 대체할 수 있는가?

왜 자연은 '위해서'의 구조를 가지고 있는가? 이 물음에 진화론자들은 '도태와 보존'이라고 답한다. 그리고 이 새로운 답은, 같은 물음에 '신의 의도'라 답하는 목적론적 형이상학을 폐기할 수 있다고 믿는다. 여기서 나의 첫 번째 물음이 제기된다. 이른바 '도태와 보존'이라는 진화론자들의 답은 ―자연의 '위해서-구조'와 관련하여― '왜?'라는 물음에 대한 답인가, 아니면 '어떻게?'라는 물음에 대한 답인가? 장구한 자연사를 통해 실제로 도태와 보존이 이루어졌고, 그 결과 자연이 '위해서'의 구조를 가지고 있다는 사실이 입증되었다는 것은 아마 참일 것이다. 그러나 말의 정확한 의미에서 보자면 도태와 보존은 자연이 자신의 '위해서'의 구조를 유지하기 위해 사용한 방법 내지 "수단"이었지 그 이유는 아니었다. 이것은 '어떻게?'라는 물음에 대한 답이지 '왜?'라는 물음에 대한 답이 아니다. (1)과 (2)를 비교해 보라.

> (1) 자연은 어떻게 '위해서'의 구조를 유지했는가? 도태와 보존의 메커니즘을 통해서다.
> (2) 자연은 왜 '위해서'의 구조를 유지했는가? 도태와 보존 때문이다.

(1)은 말이 되는 문답이지만 (2)는 보시다시피 동문서답이다. '왜?'라는 물음에 '어떻게'라는 물음에 대한 답을 갖다 붙였기 때문이다. 우리가 "자연선택", 도태와 보존이라는 진화론자의 답에서 실제로 읽어 낼 수 있는

것은 자연은 도태와 보존을 "수단으로 해서by means of" 자신의 '위해서'의 참을 증명했다는 사실뿐이다. 여기에 자연이 왜 그렇게 했는지에 대한 언급은 전혀 없다. 도태설로서의 진화론은 자연의 '위해서'의 구조가 어떻게 유지되었는지 그 과정만을 밝힐 뿐이다. 이 '어떻게'의 과정이 바로 도태와 보존이다. 도태와 보존의 '설'은 그 이상을 말하지는 않는다.

여기서 나의 두 번째 물음이 제기된다. '어떻게 위해서인가?'라는 물음에 답하는 진화론은 '왜 위해서인가?'라는 물음에는 왜 답하지 않는가? 이 설은 '왜 창자의 내벽은 울퉁불퉁한가?'라고 묻고, 이 물음에 대한 답으로 '내벽이 울퉁불퉁한 종은 어떻게 살아남았고, 내벽이 코팅된 종은 어떻게 사라졌는지' 그 과정에 대한 설명만을 줄 뿐이다. '왜?'라고 묻지만, 실은 이 물음에는 답하지 않고 '어떻게?'에만 답한다. 분명한 것은 진화론은 '왜 위해서인가?'라는 물음에 대한 답이 들어서야 할 자리는 빈틈으로 남겨 둔 채, 도태와 보존이라는 자연사적 사실에만 의거하여 목적론적 설명을 한다는 점이다. 즉 도태와 보존을 수단 삼아 유지되어 온 자연의 '위해서'는 단적으로, 말하자면 이에 대한 '왜?'라는 물음의 제기 없이 전제되고 있는 것이다. 바로 여기에 물음의 여지가 있다. 진화론자가 '왜 위해서인가?'라는 물음을 '어떻게'의 물음으로 착각하여(?) 이에 '도태와 보존'이라 답했다면, 이제 여기서 '그렇다면 왜 도태와 보존이고, 왜 위해서인가?'라는 물음이 비로소 제기되어야 하기 때문이다. 진화론자가 물음에 대한 답변을 완수했다고 여기는 바로 그곳이 실은 물음이 새로 시작되어야 할 곳이다. 이점에서 진화론적 생물학은 그 이전의 생물학이 범했던 것과 동일한 오류를 반복하는 셈이다. 마치 '위해서'의 주인의 자리는 비워 둔 채 주인 없는 '위해서'를 사용하던 초기 생물학의 목적론적 설명에 논리적 빈틈이 있었던 것과 꼭 마찬가지로, '도태와 보존의 왜'로서의 자연의 '위해서'를 단적인 사실로 전제하는 새로운 목적론적 설명에도 논리적인 빈틈이 있다. 이 빈틈이란 어떤 종은 선호하여 보존시키고 다른 종은 선호하지 않아 도태시킨, 종의 보존과 도태에 관한 최종적인 '선택권'을 가진 자 ―그를 자연이라 부르건 또는 신이라 부르건― 만이 채울 수 있는 것이다.

여기서 형이상학적 이성은 이 논리적 빈틈을 파고들며[20] 진화론자를 곤혹스럽게 만들 만한 반론을 제기한다. 그렇다. 자연의 '위해서'는 도태와 보존이라는 장구한 자연사적 과정의 결과다. 그러나 이 자연사 자체가 다시 신이 예정하고 섭리한 역사라면? '길고도 길었던 도태와 보존의 역사적 과정'이 실은 역사 이전부터 역사의 진행을 구상해 온 자연의 목수가 쓴 시나리오의 ―그의 시계에 따르면― '아주 짧은 촬영 과정'에 불과하다면 어떤가? 진화론이 온 세상의 형이상학적 잡초들을 제거하기 위해 휘둘러 댄 '도태와 보존'이라는 무소부지의 칼이 오히려 '진화론자들도 창조한 신'이 '진화론도 포함하는 자연'의 '위해서'라는 자신의 궁극의 의도를 실현하기 위해 사용했던 구체적인 수단이라면 어떤가? "자연선택"이란 그야말

<hr />

20 본디 "건축술적"(칸트, 『순수 이성 비판』, B 502)이고 체계를 세우기를 즐겨 하는 이성은 빈틈을 싫어한다. 건축물 안의 빈틈은 ―예를 들어, 있어야 할 10개의 기둥 중에 1개의 부재는― 건물의 붕괴를 가져오고 체계 안의 구멍은 ―예를 들어, 태양계에서 태양의 부재는― 체계의 질서를 파괴하기 때문이다. 그래서 이성은 빈틈이 보이면 바로 이 틈을 메워서 안전한 집, 구멍 없는 체계를 만들려 한다. 숲속 과학자는 빈틈을 메워야 할 경험의 근거가 발견되기 전까지는 이 빈틈을 용인하고 그에 대해 침묵할 수밖에 없다. '경험'이라는 숲의 그림이 오로지 경험으로만 채워져야 하는 까닭이다. 그러나 망대 위의 형이상학자는 경험의 근거가 없어도 이성의 추리를 통해 빈틈을 메운다. 지금의 경우도 마찬가지다. 형이상학자는 진화론자가 방치하는 이 빈틈을 메워야 하고 또 메운다. 빈틈을 메우기 위해 형이상학적 이성이 가장 자주 동원하는 가설이 바로 '신'이다. 사변적 이성에게 신은 망대 위에서 내려다본 숲 전체의 그림의 마지막 구멍, 경험만으로는 결코 메워지지 않는 구멍을 메우는 마지막 한 장의, 전능한 퍼즐 조각이다. 신은 합리적이어야 하는 세계의 완전성을 바라는 인간 이성이 생각하는 완전성의 요청이다. 이것이 바로 철학자의 '신'이다. 이 문제는 다시 논한다. (6장 2.2 참조)

로 "선호하는 종"에 대한 자연(=신)'의' 선택이 아닌가? 마치 유대인의 신이 이스라엘을 선택했듯 말이다. 물론 이 주장 자체가 있을 법한 가설이 아님은 나도 잘 알고 있다. 그러나 최소한 매우 '자연'스럽고 논리적으로도 빈틈이 없는 설명이기는 하다. 이 빈틈없는 설명을 수용하지 말아야 할 또한 자연스럽고 논리적으로 빈틈없는 논거라도 있는가?

이렇게 물으면 과학자로서의 진화론자는 웃을 것이다. 나 역시 그 웃음의 의미를 이해하지 못하는 것은 아니다. 그래도 부정할 수 없는 것은 어떤 진화론자도 이 가능성을 배제할 논리적 권리를 가질 수는 없다는 것이다. 왜냐하면 이것은 형이상학적, 초경험적 주장이고 따라서 경험에 의해 논박되지는 않기 때문이다. 물론 다급해진 진화론자는 이렇게 반박할 것이다. 그런 목적론적 주장이 참임을 그 누구도 과학적으로, 즉 경험에 의거해 증명할 수 없다. 물론 맞다. 그런데 유감스럽게 그 반대도 참이다. 이 목적론적 주장이 거짓임을 그 어떤 진화론자도 과학적으로, 즉 경험에 의거해 증명할 수 없다. 이것은 경험 저편에 대한 형이상학적 설Thesis이기 때문에 경험에 의해 "증명되지도 않지만" 또한 경험에 의해 "논박되지도 않는다."[21] 그리고 이 논리적 관계에 따라 또 하나 인정할 수밖에 없는 유감스럽지만 분명한 사실은 자연선택설은 형이상학적 목적론을 결코 폐기할 수 없다는 것이다. 자연선택, 도태와 보존이 역사歷史에 대한 신의 역사役事의 수단이 아님을 숲속의 과학은 증명할 수 없기 때문이다. '숲 밖에 존재하는 신'의 의지는 숲에 속하지 않는다.

이렇게 말한다 해서 내가 과학적 진화론에 대한 종교적, 형이상학적 목적론의 최종적인 우위를 인정했다고 속단하지는 말기 바란다. 나는 창조설이 진화론을 대체할 수 있다는, 세간에 퍼진 학문적으로는 경솔하고 종

---

21 칸트, 『순수 이성 비판』, B 669.

교적으로는 허황된 기대에 대해서는 '1'도 공감하지 않는다. 내가 보여 주려는 것은 단 두 개의 자명한 논리적 사실뿐이다. 첫째, 도태설은 형이상학적 목적론을 대체할 수 없다. 그런 시도가 이루어지면, 곧바로 도태와 보존을 신의 의도의 실현 수단으로 포섭해 버리는 포괄적 목적론이 등장하는데, 이미 논증했듯이 도태설에게 이 이상한 설을 논박할 길은 없기 때문이다. 둘째, 도태설이 목적론을 대체할 수 있기 위해 필요한 전제가 하나 더 있다. 그것은 도태와 보존이 '실제로' 이루어졌을 뿐만 아니라 '우연히' 이루어졌음을 주장하는 것이다. '우연'이라는 말은 문자 그대로 '필연에 대한 전적인 부정', '어떤 필연도 없었음'을 의미한다. 따라서 신의 필연적 예정과 섭리를 주장하는 형이상학적 목적론을 대체할 수 있는 진화론은 '우연적 자연도태설'뿐이다.

④ 우연적 자연도태설은 온전한 의미에서 '숲속의 과학'인가?

종의 도태와 보존을 '우연'으로 설명하는 '설'만이 '필연적 신의 의지의 역사 개입'이라는 형이상학적 목적론의 주장을 완전히 폐기할 수 있다. 이 설은 이렇게 말한다. 자연이 '위해서'의 구조를 가지게 된 것은 장구했던 도태와 보존의 역사 덕분이고, 이 역사의 진행 과정에 신적 필연의 개입은 없었으며 모든 일은 오로지 우연히 이루어졌다.[22] 이렇게 주장한다면 그리고 만일[23] 이 주장이 참이라면, 형이상학적 목적론도 '우연적 도태와 보존'마저 '필연적인 신의 의지'에 따른 것이라는 정신 나간 주장을 할 수는 없을 것이다. 우연은 논리적으로 필연을 배제하기 때문이다. 따라서 우연

---

[22] 물론 이는 다소 강한 의미의 우연적 자연도태설의 주장이다. 실제로 진화론자는 자신의 주장을 이보다는 좀 더 완곡한 형태로 표현할 것이다. 이 문제는 이내 다룬다.

[23] '만일'이란 만 분의 일의 확률을 말한다!

적 도태설은 신적 필연을 강조하는 목적론의 어떤 논리적 반격도 우려할 필요가 없다. 그렇기는 한데, 여기에도 의문은 하나 남는다. 과연 '과학'으로서의 진화론이 도태와 보존의 '우연성'을 과학적으로, 경험의 숲 안에서 증명할 수 있을까?

진화론은 종의 도태와 보존을 경험적으로, 상이한 시대에 속하는, 상이한 화석들을 역사'학'적 증거물로 제시하며 증명할 수 있다. 하지만 어떤 진화론자도 이 자연사적 사실로서의 도태와 보존이 우연 또는 필연에 따라 일어났는지를 판정할 수는 없다. 단순한 말이다. 나에게 어떤 행 또는 불행이 일어났다 치자. 나는 물론 일어난 일 자체는 경험한다. 그러나 이 일이 신의 선물 또는 악마의 해코지인지, 아니면 철저한 우연의 산물인지는 경험적으로 확정할 수 없다. 우연과 필연은 경험적 개념이 아니라 경험의 배후에 대한 개념이기 때문이다. 이에 관한 한, 진화론자의 처지도 다르지 않다. 특정 시기 내에서는 존재했고 그래서 발견되던, 소장 내벽이 평평한 동물의 화석이 어느 시기 이후로는 자취를 감췄고 그 내벽이 코팅된 동물의 화석은 더 이른 시기에 사라졌다. 여기까지는 분명한 경험적 사실이다. 그리고 여기서 자연사적 사실로서의 종의 도태와 보존을 추리해 낸다면, 이 또한 경험에 근거한 합리적 사유의 결과다. 그러나 이 자연사적 과정의 배후에 신적 의지의 개입이 있었는지 없었는지에 대해 경험은 아무것도 말해 주지 않고 따라서 경험과학자는 이에 대해 아무것도 알 수 없다. 역사의 뒤에 숨어 섭리하는 신의 '보이지 않는 손'을 인간의 경험의 눈은 결코 볼 수 없고, 그 보이지 않는 손이 없었다는 사실은 더욱 볼 수 없기 때문이다. 숲속의 실증주의자는 숲 밖의 필연을 볼 수 없고 '어떤 필연도 없었음'이라는 의미에서의 우연은 더욱 볼 수 없다. 이 둘은 숲속의 사실이 아닌 까닭이다.

엄격하게 말해 경험의 배후를 들여다보는 눈을 갖지 못한 인간은 본디 경험의 배후에 대한 개념으로서의 필연과 우연에 대해 어떤 것도 볼 수 없고 아무것도 말할 수 없다. 물론 우리는 때때로 마치 우연을 실제로 보기라도 한 듯 자신 있게 '우연'이라고 말한다. 그러나 누가 우연이라고 말한다 해서, 그가 반드시 우연에 대한 경험적 인식을 가지고 그 말을 썼다고 할 수는 없다. 우리는 도대체 어떤 의미로 우연이라는 말을 사용하는가? 내가 3주 내내, 아니 30주 연속 로토에 당첨되었다. 떼돈이 생겼는데, 나는 부자 되게 해 달라고 기도한 적도 없고 무당을 찾아가 부적을 쓴 일도 없다. 그때 나는 말한다. '우연히!' 이 말은 무엇을 의미하는가? '필연은 없었음'을 의미하는가? 아니면 '내가 아는 한 필연은 없었음'을 의미하는가? 후자다. 우리는 그저 '나는 필연을 확인하지 못했다' 또는 '나는 필연에 대해 아는 바가 없다'는 의미에서 우연이라는 말을 사용한다. 그러나 필연에 대한 '나의 무지'에서 필연은 없다는 '사실'이 도출되는 것은 아니다. 이렇게 보면 우리가 일상적으로 사용하는 우연이라는 말은 실은 '필연에 대한 우리의 무지'만을 의미할 뿐 필연이 자신의 참을 증명할 가능성을 배제하는 것은 아니다. 이 경우 우연이라는 표현은 필연에 대한 우리의 무지를 가리는 화장술에 불과하다. 우리는 단지 수사학적인 이유에서 '필연에 대해 모른다'라고 솔직하게 말하지 않고 '우연'이라는 과다하게 강조된 표현을 사용할 뿐이다.

같은 이유에서 진화론자가 사용하는 우연이라는 말도 '나는 도태와 보존이 필연이라는 증거를 발견하지 못했다' 이상을 의미할 수는 없다. 경험이 보여 주는 것 외에는 아무것도 볼 수 없는 인간이 어떻게 그 이상을 주장할 수 있겠는가? 그러나 '내가 필연의 증거를 발견할 수 없었다'라는 언급에서 '필연이 아니다'(=우연이다)라는 사실이 논리적으로 도출되는 것은 아니고 필연이 참일 가능성이 논리적으로 배제되는 것도 아니다. 내가 아직 발견하지 못한 필연의 증거가 남에 의해서 또는 나중에 발견될 수 있고 그 경우 우리는 지금 부정하고 있는 필연의 참을 다시 긍정해야 하기 때문이다. 그러므로 진화론자가 논리적으로 정당하게 할 수 있는 유일한 말은 '나는 필연에 대해 아무것도 모른다'뿐이다. 그러나 그는 '필연에 대한 자신의 무지'에서 부당하게 '우연'으로 비약하고 대범하게 우연적 자연도태설을 주장한다. 왜? 수사학적인 이유에서? 또는 다른 어떤 ―이를테면 목적론적인 필연의 형이상학에 대한 과민 반응과 같은― 과학 외적인 이유에서?

이 물음에 답하려면 우연적 자연도태설의 주장을 좀 더 면밀히 분석해 볼 필요가 있다. 이 설의 주장은 (1)이거나 (2)일 것이다.

> (1) 도태와 보존의 과정에 필연의 개입은 없었고 따라서 이는 우연히 이루어졌다.
> (2) 나는 도태와 보존이 필연의 결과라는 증거를 발견하지 못했다.

(1)은 단적인 사실로서의 우연적 도태와 보존을 주장한다. 그러나 이미 언급했듯이 필연뿐 아니라 우연도 경험 가능한 사실이 아니라 경험의 배후에 대한 개념이고, 따라서 경험을 통해 확정될 수 있는 사안이 아니다. 경험을, 그리고 경험만을 존중하는 과학자라면 그 누구도 (1)을 주장할 수는 없다. 이에 대한 경험의 근거가 전무하기 때문이다. (1)은 그냥 무시해도 좋다. (2)에는 몇 가지 논리적인 문제가 포함되어 있다. 나는 세 가지로 정리한다. 첫째, '필연의 증거를 발견하지 못했다'라는 언급은 우선은 '발견하지 못한 자'에 대한 언급일 뿐 '발견되지 않은 것 자체'에 대한 언급은 아니다. 로토 당첨의 배후에 숨은 필연에 대한 '나의 무지'에서 우연이라

는 '사실'에로의 추리가 부당하듯, 자연선택의 필연에 대한 '학자의 무지'에서 우연적 도태라는 '사실'을 추리해 낸다면 이 또한 부당한 비약이다. 그 학자의 학식이 아무리 넓고 깊어도 달라지는 것은 없다. 자연사는 인간이 이 역사를 제대로 탐구하건 그렇지 않건 그와는 무관하게 자신의 길을 —필연의 길이건 우연의 길이건— 간다. 둘째, 필연의 증거가 아직까지 발견되지 않았다 하더라도, 내일도, 모레도, 그리고 천 년, 만 년 후까지도 계속 그러하리라는 보장은 없다. '보이지 않던, 그리고 보이지 않는 손'이 어느 순간 보이는 손이 될 가능성을 배제할 논리적 근거는 없기 때문이다. 따라서 아직까지 필연의 증거가 발견되지 않았다는 사실을 근거로 우연적 자연도태설을 주장하는 이가 자신의 설에 부여할 수 있는 것은 단지 '한시적' 타당성뿐이다. 그는 자신의 설이 언제든 거짓으로 판명될 수 있다는 가능성을 열어 두지 않으면 안 된다.

셋째가 내가 보기에 가장 중요한 것인데, 우연적 자연도태설을 주장하는 진화론자는 '필연이라는 증거를 발견하지 못했음'에서 성급하고 부당하게 우연적 자연도태설의 참을 도출해 낸다. 그러나 '필연이라는 증거를 발견하지 못했음'은 필연적 도태설을 주장할 근거가 없음만을 의미할 뿐이지, 우연적 도태설을 주장할 근거가 있음을 의미하는 것은 아니다. 우연석 도태설의 참을 주장하기 위해 필요한 것은 '도태가 우연'이었다는 증거다. 그리고 이 증거는 '필연의 증거를 발견하지 못했음'에서는 결코 도출되지 않고, 오로지 '필연이 아님' 또는 '필연이 아니었다는 증거 있음'에서만 타당하게 추론될 수 있다. 우연의 의미는 필연이 없었음이기 때문이다. 우리는 종의 보존과 도태가 필연이었다는 증거는 물론 가지고 있지 않지만, 이와 꼭 마찬가지로 필연이 아니었다는, 즉 우연이었다는 증거도 가지고 있지 않다. 그리고 '우연이라는 증거가 없다'면, 이는 우연적 도태설을 주장할 근거 또한 없음을 의미한다. 그럼에도 진화론자는 '필연의 증거 없음'에서 곧바로 '우연'을 도출해 낸다. 왜? 무슨 근거로? 예를 들어 법은 혐의자가 죄인이라는 적극적 증거가 발견되지 않으면 일단 무죄로 판정한다. 그것은 그가 무죄라는 증거가 있어서가 아니라 무죄 추정의 원칙에 의거해서다. 이 원칙은 사실의 증거에 의해서가 아니라 인권을 존중해야 한다는 법적, 윤리적 당위에 의해 정당화된다. 진화론자도 같은 이유에서 종의 보존과 도태의 역사가 필연이라는 적극적 증거가 발견되지 않으면 일단 우연으로 판정하는가? 우연이라는 증거는 없지만 우연 추정의 원칙에 의해서? 그렇다면 이 원칙은 과학적 증거에 근거한 것인가, 아니면 어떤 과학 외적인 이유에 의거한 것인가? 과학적 진화론자들은 목적론적 형이상학 또는 필연에 따른 자연도태설을 좋아하지는 않는다. 혹시 이 선호하지 않음이 과학적 증거 없이 우연을 추정하는 이유인 것은 아닌가? 자연도 선호하지 않는 종은 도태시킨다니 말이다. 이 물음에 대한 답이 무엇이건, 진화론자는 도태의 우연성을 과학적으로 증명할 수는 없고 기껏해야 과학 외적인 이유에서 추정만 할 수 있다. 그 이상은 아니다.

내가 보기에 진화론은 ─19세기와 현대의 진화론뿐 아니라 제아무리 진화한 미래의 진화론이라 해도 마찬가지다─ 종의 도태와 보존이 필연이라는 증거뿐 아니라 우연이라는 증거도 가지고 있지 않고 또 가질 수도 없다. 이유는 단순한데, 필연뿐 아니라 필연의 부정으로서의 우연도 경험에 의해 증명되거나 반박될 수 있는 경험적 사실이 아니기 때문이다. 진화론자가 생물 종의 역사는 도태와 보존의 메커니즘을 통해 진행되어 왔다고 주장한다면, 그는 경험적 사실에 대한 과학적 주장을 펼친 것이다. 그러나 한 걸음 더 나아가 이 경험적 역사의 배후에 숨은 신적 필연을 긍정하거나 부정한다면, 이 긍정과 부정은 모두 과학에 속하는 것이 아니다. 필연과 우연은 경험의 숲 안에서 경험을 증거로 자신의 참을 주장할 수는 없는, 경험의 숲 저편에 놓인 형이상학적 개념이기 때문이다. 이 개념을 사용하는 자는 숲속의 실증적 과학자가 아니라 망대 위의 사변적 형이상학자다. 도태설만을 주장하는 자는 물론 과학자다. 그러나 (필연적 또는) 우연적 도태설을 주장하는 자는 이미 형이상학자다. 그는 (필연 또는) 우연이라는 초경험적 개념과 함께 경험의 숲 저편으로 넘어갔기 때문이다.

그럼에도 진화론자는 우연적 자연도태를 주장한다. 그 이유는 목적론적 필연의 형이상학이 진화론 안으로 침입해 들어옴을 막음으로써 진화론을 과학으로 유지하기 위해서일 것이다. 이들에게 우연이란 말하자면 필연의 형이상학에 대한 방어 수단이고 과학으로서의 진화론의 수호 수단이다. 그러나 이는 효율적인 전략은 아니다. 아니 오히려, 그리고 심지어 자기 파괴적인 전략이다. 필연의 형이상학에 우연의 형이상학으로 맞서 싸우며 진화론은 과학으로서의 진화론을 지양하여 스스로 하나의 형이상학이 되어 버리기 때문이다. 이들은 아마 필연은 형이상학적 개념이되 우연은 그렇지 않고, 필연적 목적론은 형이상학이되 우연적 도태설은 그렇지 않다고 생각하는 것 같다. 그러나 말의 본래적 의미에 따른다면 경험의 한계를 넘어서 있는 모든 것이 형이상학적 대상이고 그 초경험적 대상에 대한 모든 입장은 —필연적 선택설뿐 아니라 우연적 도태설도, 그리고 유신론뿐 아니라 무신론도[24]— 형이상학이다. 종의 보존과 도태의 필연성을 주장하는 자가 '필연의 형이상학자'라면 그 우연성을 주장하는 자는 '우연의 형이상학자'다. 둘 모두 경험의 숲의 한계를 —물론 정반대의 방향으로— 넘어섰기 때문이다. 진화론자가 목적론적 필연의 형이상학의 공격

---

24 신의 '존재'도 경험적으로 증명할 수 없지만 마찬가지로 신의 '부재'도 경험적으로 증명할 수 없다. 신은 단적으로 경험을 넘어서기 때문이다. 이 초경험적 대상에 대한 긍정적 입장뿐 아니라 부정적 입장도 모두 형이상학이다. 형이상학은 특정 입장을 지칭하는 이름이 아니라 초경험적 대상에 대한 입장들 간의 "싸움터"(칸트, 『순수 이성 비판』, A VIII) 자체를 의미한다.

으로부터 과학으로서의 진화론을 지켜 내기 위해 사용했던 우연이라는 수단 자체가 '과학으로서의 진화론'을 '과학이 아닌 것'으로 만들어 버린 셈이다. 따라서 진화론자가 과학자, 경험의 숲 안의 실증주의자로 남기를 바라는 한, 그는 자신의 학술적 주장을 경험의 숲 안의 사실에 제한해야 하고, 이 숲의 배후에 숨어 있을 필연 또는 우연이라는 비밀에 대해서는 침묵해야 한다. 입을 여는 순간 진화론은 과학이 아닌 것으로 되어 버리기 때문이다.

이 절의 제목이 제기했던 물음, '우연적 자연도태설은 온전한 의미에서 숲속의 과학인가?'에는 답이 주어진 것 같다. 종의 보존과 도태라는 경험적 사실에 주목하는 한 우연적 '자연도태'설은 과학이다. 그러나 이 경험적 사실을 우연이라는 초경험적 개념으로 설명하는 한 '우연적' 자연도태설은 형이상학이다. 그러므로 '우연적 자연도태'설은 과학 아닌 것과 과학의 교묘한 혼합물이다. 즉 온전한 의미에서의 경험과학은 아니다. 이에 따라 ③절의 제목이 던졌던 물음, '자연도태설은 목적론적 형이상학을 대체할 수 있는가?'에도 한결 강조되고 정교해진 의미에서 다시 한번 답할 수 있게 되었다. 과학으로서의 진화론(단적인 자연도태설)은 목적론적 형이상학을 대체할 수 없다. 목적론적 형이상학을 대체할 수 있는 진화론(우연적 자연도태설)은 과학이 아니다.

2.3 과학의 전제와 철학의 물음

엄격히 말해 우연적 자연도태설은 순수한 의미에서의 경험과학은 아니다. 이 설에는 분명 초경험적 요소가 섞여 있기 때문이다. 그러나 이 논증을 통해 내가 진화론의 비과학성을 입증하여 과학으로서의 생물학에 학문적 모멸을 가했다고 생각한다면 그건 오해다. 나는 진화론의 비과학성을 증명하고자 했던 것이 아니라, 과학이 어디서 멈춰야 하는지를 보여 주고자 했을 뿐이다. 과학은 경험의 숲의 경계에 이르면 그 행보를 멈춰야 한다. 이 경계를 넘어서는 순간 경험적 과학은 초경험적 형이상학으로 변질되기 때문이다. 그러나 또한 보여 주었듯이 이 경계에 이르면 과학적 설명의 빈틈도 함께 드러난다. 이를테면 '위해서'의 주인에 대한 물음에 대한 답변의 빈자리다. 손수 이를 메우기 위해 어떤 과학자들은 목적론적 형이상학에 기대기도 하고 또 다른 과학자들은 우연이라는 가설을 세우기도 한다. 그러면서 경험적이어야 하는 과학 안에 초경험적 요소들이 섞여 들어가게 된다. 내가 보기에 과학은 경험의 한계에서 멈춰야 하고 그 한계 외부에 대한 가설은 세울 필요도 없고 세워서도 안 된다. 그 가설은 과학의 물음에 대한 답이 아니라 철학의 물음에 대한 답이기 때문이다.

경험과학은 경험으로 다른 경험을 설명하려는 시도다. 그러나 분명한 것은 경험만으로 경험을 온전히 설명할 수는 없다는 것이다. 하나의 경험을 설명해 주는 다른 경험도 역시 설명되어야 하는 경험이기 때문이다. 따라서 우리는 하나의 경험의 원인으로 제시된 다른 경험의 원인을, 그리고 그 원인의 원인을 또 묻지 않으면 안 된다. 이렇게 물음들이 '끝없이' 이어지면서 경험의 원인에 대한 물음의 계열은 '무한 소급'에 빠진다. 이 무한 소급을 막는 것은 '최후'의 원인뿐이다. 그렇다면 어떤 원인이 최후의 원인일 수 있을까? 분명한 것 하나는 모든 경험적 현상을 설명해 주는 최후의 원인 스스로는 경험적 현상이어서는 안 된다는 점이다. 만약 그것이 다시 경험적 현상이라면 '이 최후의 경험적 현상'을 가능하게 한 상위의 원인에 대해 또 물어야 하는데, 이는 끝이라는 말의 의미에 모순되기 때문이다. 원인들의 계열의 끝의 원인? 그런 것은 없다. 이 끝에서 물음은 끝나야 한다. 그런데 그 끝의 원인을 또 묻는다면, 이는 그 끝은 끝이 아니라는 사실을 의미해야 하기 때문이다. 그러므로 이른바 최후의 원인은 원인에 대한 물음을 거부하는 원인, 원인에 대한 물음의 계열의 '끝'이다. 그래서 칸트는 경험의 배후에는 그 자체 경험이 아닌 것이 서 있어야 하고[25] 경험적 현상들의 최종적인 원인은 경험적 세계의 외부에 있다고[26] 말했다.

경험적 현상의 '왜?'에 대한 물음들의 계열의 끝, 이 끝이 답으로 주어져야 하는 물음이 바로 철학의 물음이다. 경험을 경험으로 설명하려는 과학은 이 물음에 답할 필요도 없고 답해서도 안 된다. 이 물음에 대한 답은 '경험이 아닌 것', '경험의 숲의 외부에 놓인 것'이기 때문이다. 이 물음에 —필연 또는 우연이라고— 답하는 생물학자가 어떤 문제에 봉착했는지를 우리는 살펴본 바 있다. 목적론적 형이상학 또는 우연의 형이상학에 빠진다. 경험과학자로서의 생물학자는 '위해서'의 마지막 주인에 대한 물음에는 답하지 않고, 철학자들이 이 물음에 주는 답을 그저 전제하면 된다. 물론 그렇게 해서 논리적인 빈틈은 남지만, 과학자는 이 빈틈에 개의할 필요가 없다. 그 틈은 철학의 답이 메워 줄 것이기 때문이다. 이는 경험과학의 기초에는 불가피하게 초경험적, 형이상학적 전제들이 놓여 있다는 사실을 의미한다. 과학자들은 이 전제의 정당성에 대해 물을 필요도 없고 답할 필요도 없다. 그건 철학의 과제이지 과학의 과제가 아니기 때문이다. 과학자는 그저 이 전제 위에서 과학만 하면 된다. 비유적으로 말해 어부의 과제는 그물을 사용해서 고기를 잡는 것이지 그물의 구조에 대해 반성하고 그물을 만드는 것이 아니다. 어부는 그물의 사용자이지 생산자가 아니기 때문이다.

경험으로 경험을 설명하는 경험과학자들은 경험들의 계열의 끝, 이 끝에 서 있는 초경험적 원인에 대해 —이를테면 자연의 목수의 의지에 따른

25　같은 책, A 251-252 참조.
26　같은 책, B 705 참조.

필연이나 이 필연의 단적인 부정으로서의 우연에 대해― 언급할 필요도 권리도 없다. 생물학자는 '위해서'의 최종적인 주인의 자리는 비워 두고 그저 '위해서'를 가지고 경험적 현상만 설명하면 된다. 이 '위해서'에 의한 설명에는 물론 논리적인 빈틈이 있지만, 그럼에도 이는 과학적으로는 지극히 정당한 설명이다. 왜냐하면 이 빈틈은 '위해서'의 계열의 끝에 대한 철학의 물음에 대한 답이 채워 줄 것이고 과학은 철학의 답을 자신의 전제로 취하여 사용하기만 하면 되기 때문이다. 과학자는 철학의 소비자이지 생산자가 아니다. 이런 면에서 경험과학자는 철학자보다 '왜?'라는 물음과 관련하여 훨씬 더 편안한 입장에 서 있다. 그는 문제시되는 현상을 '위해서'로 설명하고 이어 제기되는 '왜 위해서인가?'라는 물음에도 또 다른 '위해서'로 답한다. 그러나 이 '위해서'의 계열의 끝에 대한 물음에는 답할 필요가 없다. 아니 이렇게 답하면 된다. '그건 내 전공이 아니라 모르겠다! 나는 과학자이지 철학자가 아니다.' 이 대답은 전적으로 정당하다. 과학의 물음에 경험으로 답하는 것이 과학의 과제일 뿐이고 경험의 끝에 대한 철학의 물음에 대한 철학의 답은 철학자에게 물어 보면 되기 때문이다. 과학자는 그 이상을 할 필요가 없다.

과학은 본디 '과'로 나뉜 학문이다. 따라서 과학자는 자신의 학문의 집 내부에서 이 집에 대해서만 알면 된다. 이 집의 토대가 화강암인지, 석회암인지 또는 모래 바닥인지, 그리고 옆집에 누가 사는지도 알 필요가 없고 그저 자신의 집의 경계, 담이 어디인지만 알면 된다. 그 담을 넘어서서는 안 되기 때문이다. 이 의미에서 다음의 대화는 '과'학의 본질에 온전히 부합한다. 한 여성학자에게 묻는다. '여자란 무엇인가?' '남자가 아닌 모든 인간을 여자라 한다.' '그렇다면 남자란 무엇인가?' '그건 내 전공이 아니라 모르겠다.' 과학자가 던지는 '왜?'라는 물음은 이 '과'학의 집의 경계 내부에서 제기되고 또 경계 내부에서 답해져야 한다. 자신의 집의 담을 넘어 옆

집으로 들어가면 과학은 이미 '과'학이 아니라 '보편'학의 길을 가는 것이고, 집의 토대로서의 땅속으로 들어가면 경험과학은 이미 '경험'과학이 아니라 초경험적 형이상학의 길을 가는 것이다. 과학의 물음과 답에는 분명한 경계가 있다. 이런 관점에서 우리는 두 가지의 '왜?'라는 물음을 구분해야 한다. 그 하나는 어떤 한계 내에서, 그리고 어떤 전제 위에서 던져지는 '왜?'이다. 이 경우 전제는 당연한 것이고, 전세 자체에 대한 '왜?'는 더 이상 제기되지 않는다. 다른 하나는 밑도 끝도 없는 '왜?'이다. 즉 개별 과학의 전제의 정당성에 대해 '왜?'라고 묻고, 그 전제의 전제의 정당성에 대해서도 '왜?'라고 물어서 전제들의 계열의 끝까지 묻는 '왜?'이다. 전자의 '왜?'는 과학의 물음이고 후자의 '왜?'는 철학의 물음이다. 이런 의미에서 철학은 특정 사태의 원인을 묻고, 그 원인의 원인, 그리고 그 원인의 원인의 원인을 물어 마침내 최후의 원인, 원인들의 계열의 끝에 도달하려는 노력이다. 그래서 철학은 통상 존재하는 만물의 '최후'의 원인 또는 '제일'의 원인에 대한 학문 또는 "존재 일반의 제일 근거와 원리를 탐구하는"[27] 학문으로 규정된다.[28]

정리해 보자. 개별 과학이 특정 전제 위에서, 그리고 특정 존재자 영역에 대해 이루어지는 실증적 탐구라면 철학은 개별 과학이 당연시하는 인식론적, 존재론적 전제에 대한 무전제적 탐구다. 여기서 무전제적이라 함은 전제들의 정당성에 대한 철학의 물음이 전제들의 계열의 끝에 이르기까지, 즉 그 어떤 전제도 남지 않을 때까지 계속 제기된다는 것이다. 계량경제학자가 자유경쟁이라는 전제의 정당성을 의심하지 않고 생물학자가

---

27 호프마이슈터, 『철학적 개념 사전』(함부르크, 1955), 468쪽.

28 존재하는 모든 것의 '최후' 원인과 '제일' 원인, 즉 '마지막' 원인과 '최초' 원인은 같다. 왜, 어떤 이유에서? 이 물음은 이내(다음 장에서) 답하겠지만, 독자들은 그 전에 이 물음에 스스로 답하려 노력해 볼 것을 권한다.

본능의 현존 또는 자연의 '위해서'라는 전제를 의심하지 않고 경제 현상과 생명 현상을 탐구한다면, 철학은 과학의 전제를 회의와 비판에 붙여 과학이 당연시하는 토대를 공고하게 해 준다. 이런 면에서 철학과 과학의 관계는 근거와 근거 위에 세워진 것의 관계와 같다고 하겠다.

> 철학은 무가정의 [무전제의] 학이라고 불리었듯이, 항상 대상의 근거를 문제 삼고 그 원인을 묻는다. 철학자들에게 본질적인 기능인 회의와 비판의 정신은 분과 과학의 일면성과 그 편견을 시정하여 줄 수 있을 뿐 아니라, 과학자들이 자명한 것으로 가정하고 있는 제 원리와 방법마저도 문제로 제기하여 비판의 대상으로 삼는다.[29]

철학의 생명은 회의와 비판이다. 회의할 수 있는 것, 비판할 수 있는 것은 모두 회의와 비판에 붙여 최후의 참이 증명될 때까지 어떤 것도 인정하지 않는 태도가 바로 철학적이다. 철학적인 의미에서 회의와 비판이란 일상적으로 또는 개별 과학적으로 그 정당성이 의심받지 않고 인정되는, 당연히 참이라고 간주되는 모든 입론들(테지스들)의 전제(히포테지스)를 물어 전제들의 계열의 끝, 무전제자(안히포테톤)에 도달하려는 노력이다. 이 의미에서 철학을 '무전제자에 대한 학문Anypothetology'이라 불러도 좋다.

---

29 최동희 외, 『철학 개론』, 33-34쪽.

무전제자에 대한
학문으로서의 철학

1 전제 위의 과학과 무전제자를 향하는 철학

1.1 테지스, 히포테지스, 안히포테톤

경험과학으로서의 자연과학은 하나의 경험적 현상을 다른 경험적 현상으로 설명한다. 이렇게 '설명하는 현상'과 '설명되는 현상'이 인과적으로 결합되면, 이것이 곧 과학적 설명이다. 예를 들어 '하얀 당구공에 맞아 빨간 당구공이 움직였다'는 문장이다. 이 문장에서 '설명하는 현상', 하얀 당구공의 움직임이 자명하게 타당하여 더 이상의 설명을 필요로 하지 않는다면, 문장은 그 자체로 타당할 것이다. 그러나 이 문장 안에서는 '설명하는 현상'이 다른 상황에서는, 예를 들어 '큐대에 맞아 하얀 당구공이 움직였다'는 문장에서는 '설명되는 현상'으로 바뀐다. 따라서 '설명하는 현상'과 '설명되는 현상' 간의 단적인 구분은 있을 수 없다. 지금 설명하는 것이 이내 설명되어야 하고 그 반대도 마찬가지이기 때문이다. 이렇게 보면 경험과학자는 '설명되어야 하는 현상'을 가지고 다른 현상을 설명하는 셈이다. 그리고 자신의 설명의 타당성을 보장하기 위해 '지금은 설명하지만 결국 설명되어야 하는 현상'을 설명하지는 않고 다만 그 현상의 타당성을 단적으로 전제한다. 그의 설명문의 타당성은 이 전제의 타당성에 의존한다. 이 같은 문장, 특정 전제의 타당성 위에 세워진 또는 그 위에서만 자신의 타당성을 주장할 수 있는 문장을 '테지스Thesis'라 한다. 모든 과학적 설명은 이 의미에서 테지스다. 전제 위에 세워졌기 때문이다.

테지스의 '밑에hypo' '놓여thesis' 있어서, 테지스의 타당성을 보장해 주는 문장은 전제, 히포테지스라 한다. 물론 히포테지스도 ―하나의 경험적 현상에 대한 테지스인 한에서― 상위의 전제, 히포히포테지스를 갖는다. 테지스에서 히포테지스로, 다시 히포히포테지스로 소급하는 계열은 무한히 진행된다. 한 테지스 안에서 '설명하는 현상'이 다른 테지스 안에서는 설명을 필요로 하기에, '설명하는 현상을 설명하는 현상'이 있어야 하고, 이 두 번째 현상도 같은 논리로 '설명하는 현상을 설명하는 현상을 설명하는 현상'을 요구하기 때문이다. 결국 '설명되어야 하는 경험적 현상'으로 '다른 경험적 현상'을 설명하는 경험과학자는 원리적으로는 무한 소급에 빠진다. 물론 현실적으로는 그렇지 않다. 그는 설명하는 현상의 단적인 참을 전제하고 이 전제는 문제 삼지 않기 때문이다.

한 테지스의 전제, 그 전제의 전제, 그 전제의 전제의 전제로 이어지는 전제들의 계열의 '끝'에는 무엇이 서 있을까? 그것을 '무전제자Anypotheton'라 한다. 과학이 전제들의 계열의 중간 어딘가에 서 있는 것, 즉 '스스로도 설명되어야 하는 경험적 현상'으로 '다른 경험적 현상'을 설명한다면, 철학은 이 '계열의 끝, 무전제자'로 '이 계열 안의 모든 것'을 설명한다. 지금부터는 테지스, 히포테지스, 안히포테톤의 관계에 대해 생각해 보자. 이를 통해 '전제 위의 학문으로서의 과학'과 '무전제자에 대한 학문으로서의 철학'의 차이, 그리고 전자에 대비한 후자의 독특성이 분명히 부각될 것이다. 핵심은 하나다. 모든 과학적 진술은 테지스이고, 테지스의 밑에는 히포테지스가 있고, 테지스와 히포테지스 계열을 거슬러 올라가면 그 끝에 안히포테톤이 있다는 것이다. 이것이 바로 철학이 추구하는 것이다.

① '테지스 = 히포테지스'

테지스는 우리말로 '입론' 또는 '정립'이라 하는데 그리스어로 테지스, 테자이는 '정립', '세움'의 의미를 갖는다. 이 말에 대응하는 라틴어는 '포지티오*positio*'이고 이것이 영어 단어 '포지션*position*'의 어원이다. 테지스는 논지를 세움, 세워진 논지, 주장된 입장 등을 의미한다. 이것은 내세워진 입장이므로 단순한 사실의 기술, 증명된 판단이 아니라, 그 정당성이 바야흐로 입증되어야 하는 문장이다. 그런데 모든 테지스는 어떤 전제 위에서의 주장이다. 세워진 어떤 것도 허공중이 아니라 무엇 위에 세워지기 때문이다. 테지스의 밑에 놓인 것, 그것이 바로 히포테지스다.

히포테지스Hypo-thesis에서 히포hypo는 '아래', '밑에'를 의미하는 전철이다. 따라서 히포테지스는 테지스의 '밑에hypo' '세워진 것thesis'이다. 가정, 전제를 의미하는 영어 단어 '서포지션*supposition*'의 어원인 라틴어 '수포지티오*suppositio*'도 같은 조어법에 의해 만들어진 단어다. '밑에*sub*' '세워진 것*positio*'이다. 이것이 테지스의 아래, 밑에, 근거에 놓여 있어서 테지스의 타당성을 결정한다. 테지스의 타당성은 히포테지스의 타당성으로, 그리고 히포테지스의 타당성은 히포히포테지스의 타당성으로 소급된다. 아래 삼단논법을 보자.

여기서 '소크라테스는 죽는다'라는 테지스의 타당성은 '소크라테스는 인간이다'라는 히포테지스의 타당성으로 소급되고, 이 히포테지스의 타당성은 다시 '모든 인간은 죽는다'라는 히포히포테지스의 타당성으로 소급된

> **대전제**: 모든 인간은 죽는다.
> **소전제**: 소크라테스는 인간이다.
> ───────────────────
> ∴ 소크라테스는 죽는다.

다. 물론 이 타당성도 '모든 동물은 죽는다', '모든 생명체는 죽는다'라는 상위의 전제들의 타당성으로 소급될 것이다.

이렇게 히포테지스가 테지스의 타당성의 근거를 이루는 한에서, 둘 간에는 부등의 관계가 성립해야 할 것 같다. 근거로서의 히포테지스가 근거 지어진 테지스에 대해 논리적, 인식론적 우위를 가져야 하기 때문이다. 그러나 분명하게 확인할 수 있는 것은 다음의 등식이다. '테지스 = 히포테지스.' 모든 히포테지스는 동시에 하나의 테지스이고, 모든 테지스도 동시에 히포테지스다. 다음의 의미에서 그렇다. 모든 히포테지스는 자신'을' 전제로 삼는 모든 것에 대해 히포테지스이지만 동시에 자신'이' 전제로 삼는 것에 대해서는 다만 하나의 테지스이다. 모든 테지스 역시 자신'이' 전제로 삼는 것에 대해서는 다만 하나의 테지스이지만, 자신'을' 전제로 삼는 모든 것에 대해서는 히포테지스이나. 그러므로 어떤 문장도 단적으로 테지스이거나 히포테지스일 수는 없다. 모든 문장은 다른 것을 전제로 삼기도 하고 또 다른 것의 전제가 되기도 하기 때문이다.

예를 들어 '소크라테스는 죽는다'라는 테지스의 히포테지스는 '소크라테스는 사람이다'이다. 그런데 이 히포테지스도 자신의 히포테지스인 '모든 사람은 죽는다'에 비추어 보면 그저 하나의 테지스일 뿐이다. '모든 사람은 죽는다'라는 문장도 '소크라테스는 사람이다'와 관련해 보면 히포테지스이지만, '모든 동물은 죽는다'라는 히포테지스에 비추어 보면 다시 하나의 테지스일 뿐이다. 이 과정을 도식화한 것이 아래의 표다. 나는 별도의 설명을 제공하지 않을 테니, 독자 스스로 이 표를 해석해 보기 바란다. T는 테지스를, H는 히포테지스를 의미한다. T_1은 '소크라테스는 죽는다'로, H_1은 '소크라테스는 사람이다'로 이해하고 따라가 보면, 하나의 테지스가 히포테지스로, 그 히포테지스가 다시 테지스로 바뀌면서 상위의 전제를 찾아 올라가는 계열을 확인할 수 있다. 물론 이 상승은 전제들의 계열의 끝, 무전제자에서 끝난다. 계열의 끝에 서 있는 무전제자는 계열의 중간에 놓인 전제들과 어떤 면에서 다를까? 이 물음에도 스스로 답해 보기 바란다.

$$\text{Anypotheton}$$
$$\cdots\cdots$$
$$H_n = T_{(n+1)}$$
$$H_{(n-1)} = T_n$$
$$\cdots\cdots$$
$$H_2 = T_3$$
$$H_1 = T_2$$
$$H_0 = T_1$$
$$\cdots\cdots$$

도식화

② 철학과 안히포테톤

테지스와 히포테지스는 상관개념이어서 그 자체 테지스이거나 히포테지스인 것은 없다. 테지스, 히포테지스란 상승해 가는 전제들의 계열에서 자신보다 상위의 것 또는 하위의 것과 관련하여 붙여진 잠정적인, 이내 바뀌게 될 이름일 뿐이다. 분명한 것은 하나다. 테지스건 히포테지스건 —우리가 안히포테톤에 도달하기 전까지는— 다만 상관적인 또는 잠정적인 타당성만을 갖는다는 것이다. 그러므로 중요한 것은 우리가 하나의 테지스를 대할 때, 그 테지스를 그 자체로 타당한 것으로 간주하지 않고, 상위의 히포테지스에 의존하는 것으로, 그리고 이 히포테지스도 더 상위의 전제에 의존하는 하나의 테지스로 볼 수 있어야 한다는 것이다. 이렇게 테지스의 타당성을 그 전제의 타당성에로 소급하고, 그 전제에서 '전제의 전제'로, 다시 '전제의 전제의 전제'로 상승해 가며 결국 전제들의 계열의 끝, 무전제자에 도달하려는 학문적 노력이 바로 철학이다.

플라톤은 무전제자에 대한 학문으로서의 철학을 '변증술dialektike'이라 칭한다. 그에게 변증술이란 본디 묻고 답하는 기술이고[1] 또 그의 대화편이 서술되는 방식이기도 하다. 그 의미는 플라톤의 대화편은 소크라테스와 그의 대화 상대자가 물음과 답변을 주고받으며, 서로의 주장이 무전제적으로 타당한 진리가 아니라 상위의 히포테지스에 의존하는 테지스이고, 그 상위의 전제도 많은 전제를 거쳐 결국 안히포테톤의 타당성에 의존하는 테지스에 불과함을 보여 주는 과정이라는 것이다. 물론 이렇게 테지스들의 전제 의존성을 폭로하는 이유는 사람들이 절대적인 진리라 여기는 것들이 실은 특정 전제 위에서만, 즉 상대적으로만 타당하기 때문이다. 이 사실을 깨닫는 것이 '어떤 전제도 갖지 않고 스스로 타당한 무전제자'를 찾아가는 길의 올바른 출발점이 될 것이다. 그래서 플라톤은 변증술을 "전제들을" 최후의 전제, "원리들로서가 아니라 문자 그대로 밑에hypo 놓은 것thesis들로서 대하되", "무전제자에 이르기까지"[2] 그렇게 대하는 태도로 정의한다. 전제들의 계열의 끝에 이르기 전까지 우리는 그 어떤 히포테지스도 마지막 전제로 여겨서는 안 된다. 또는, 우리가 만나는 모든 히포테지스를 단적인 테지스로, 즉 상위에 또 하나의 전제를 갖는 것으로 여길

1 플라톤, 『크라튈로스』, 김인곤·이기백 옮김(EjB 2007), 390c 참조.

수 있어야만, 우리는 이 전제를 넘어 다음 전제로, 그리고 그다음으로 넘어가면서 최후의 전제에로 다가갈 수 있다. 모든 인간적인 말, 모든 테지스의 전제 구속성을 밝히면서 전제들을 디디고 넘어서며 무전제자를 향하는 길, 이것이 변증가로서의 철학자가 떠나야 하는 "여행",[3] "변증술"이라는 "여정"[4]이다. 물론 과학자는 이 여행을 할 필요가 없다. 그는 전제를 디디고 넘어서는 자가 아니라, 전제를 굳게 디디고 서 있는 자이기 때문이다.

두 사람을 비교해 보자. 동물의 소화기의 내벽의 융털 구조를 '위해서'로 설명하고 자신의 과제를 마무리하는 생물학자는 이 '위해서'를 마지막 전제로 간주하고 있다. 그는 '위해서'라는 전제의 상위에 '자연의 목수' 또는 '우연적 도태'라는 히포히포테지스가 있음은 보지 않는다. 반면 '위해서'라는 전제를 최후의 전제가 아니라 그저 하나의 전제, 하나의 테지스로 간주하는 변증가는 그 상위에서 이 '위해서'를 타당하게 해 주는 또 하나의 히포테지스를 본다. 그리고 그 위의 히포히포테지스, 한층 더 높은 곳의 히포히포히포테지스를 보되, 전제들의 계열을 거슬러 올라가는 그의 눈이 최종적으로 마지막 히포테지스를 볼 수 있을 때까지 그렇게 한다. 그러므로 우리는 두 가지 히포테지스를 구분해야 한다. 그 하나는 '다른 테지스의 히포테지스이면서 자신도 상위의 히포테지스에 비추어 보면 테지스인 히포테지스'이고, 다른 하나는 '테지스의 히포테지스이면서 스스로는 상위에 더 이상의 히포테지스를 갖지 않는 히포테지스'다. 전자는 경험과학의 테지스다. 이는 특정 히포테지스 위에 세워졌지만 이 히포테지스 자체

---

2 플라톤, 『국가』, 511b. 번역본의 '가정', '무가정의 것'은 본서 용어 사용에 따라 '전제', '무전제자'로 바꿔 썼다.

3 같은 책, 532e.

4 같은 책, 532b.

의 타당성은 묻지도 설명하지도 않고 단적으로 전제한다. 후자는 철학자가 추구하는 히포테지스, 마지막 히포테지스, 안히포테톤이다.

　이것은 테지스에서 히포테지스로, 거기서 히포히포…테지스들을 디디고 넘어서며 전제들의 계열을 상승해 가는 변증술적 여정의 끝에서 비로소 만나게 되는 것이다. 그렇다면 전제들의 계열의 '끝'은 어떤 지점이고, 거기에는 도대체 어떤 종류의 전제가 서 있을까? 그것은 전제들의 계열의 끝에 서 있는 것이니, 그 하위의 모든 것의 공통의 전제일 것이다. 또한 그것에서 전제들의 계열이 끝나니, 그 상위에 아무런 전제도 없어야 한다. 바로 이것, '모든 것의 전제이면서 스스로는 아무런 전제도 갖지 않는 것', '모든 테지스를 타당하게 해 주면서 스스로는 ―그 상위에 아무 전제도 없으므로― 오직 자기 자신으로 인해 타당한 것'이 안히포테톤이다. 철학이란 전제들의 계열의 '끝', 안히포테톤의 추구 이상 다른 것이 아니다.

1.2 『파이돈』과 '끝'을 향한 추구

　옛날, 옛날 한 옛날에 어떤 철학자가 모든 인간적인 말은 테지스에 불과함을 간파하고, 테지스의 참을 주장하는 아테네 사람들에게 그 테지스의 히포테지스가 무엇인지를 꼬치꼬치 캐묻고 다녔다. 그리고 이 물음에 답하지 못하는 자들, 자신의 주장의 타당성의 근거가 무엇인지도 모르면서 무턱대고 주장만 펼치는 자들에게 "너 자신을 알라!"고[5] 말했다. 그들의 무지를 백일하에 까발리며 그들을 '무지의 지'에로 닦아세운 것이다. 이 캐묻고 다그치는 삶의 최종 결과는 독미나리 즙 한 잔, 테지스들의 세계로부터의 영원한 추방, 이 세계의 끝을 지나 저 세계로 넘어감이었다. 그렇게

5　이 말의 의미는 1장 2.2 ① 참조.

인류 최초 철학의 순교자는 죽었다.

철학자는 죽음의 순간을 어떻게 맞이했을까? 과연 어떤 죽음이 철학적인 것일까? 우리는 소크라테스가 독배를 마시던 그날 하루에 대한 온전한 기록을 가지고 있다. 플라톤의 대화편 『파이돈』이다. 여기서 우리는 자신 앞에 찾아온 죽음을 담담히 그리고 "숙연히"[6] 받아들이는 소크라테스의 혼과 부르르 "떨며" "차가워지고 굳어 가던"[7] 그의 신체의 최후를 보게 된다. 이 끝 이후 저 세상에서 소크라테스의 영혼에게 어떤 일이 벌어졌는지를 우리는 모르고, 그건 『파이돈』의 저자도 모른다. 플라톤이 이 책에 적어 둔 것, 우리가 이 책에서 볼 수 있는 것은 죽음에 이르기까지 철학했던 소크라테스의 마지막 하루의 '삶'이다. 『파이돈』을 통해 옛날의 한 철학자가 철학하며 보낸 그 마지막 하루를 상상적으로 함께할 것을 나의 독자들에게 권한다. 『파이돈』을 인용하면서 이 권유를 하지 않는다면, 그건 철학하는 나의 양심에 걸릴 것 같았다. 그래서 이 장(1.2)은 좀 이상하게 시작했다. 일독을 권했으니, 이제 할 이야기를 하자.

① 원인에 대한 물음과 두 가지 원인

플라톤의 『파이돈』에는 죽음을 앞둔 소크라테스가 존재하는 모든 것의 최후의 원인, 히포테지스들의 계열의 끝으로서의 안히포테톤을 찾아 헤매던 젊은 시절 자신의 철학적 욕구와 좌절을 회상하는 장면이 나온다. 그는 일단 '자연에 대한 탐구'에 대해 언급하는데, 이는 고대 그리스 철학의 출범기의 자연철학을 의미한다. 소크라테스 이전에 철학했던 사람들의 ―철학사는 이들을 '소크라테스 이전의 자연철학자들'이라 부른다― 주요

---

6 플라톤, 『파이돈』, 117e.
7 같은 책, 118a.

문제는 자연의 '시원^{arche}'에 대한 물음, '자연은 무엇으로 구성되었는가?'였다. 철학사를 열어 보면 이에 대한, 기발하긴 하지만 석연치는 않은 답들이 나오는데, 자연의 질료적 원인으로 탈레스는 물을, 아낙시메네스는 공기를, 엠페도클레스는 공기, 흙, 물, 불을 들었다. 이런 답들에 소크라테스가 만족하지 못했을 것임은 쉽게 추정할 수 있다. 전제의 전제, 그 전제의 전제를 줄기차게 묻던 소크라테스는 아마 자연철학자들에게도 이렇게 물었을 것이다. 물, 불, 공기, 흙 등이 자연을 이룬 원인이라면, 그 원인들의 원인은 없는가? 물, 불, 공기, 흙의 원인에 대해 더 물으면 왜 안 되는가? 일단 소크라테스의 회고를 그의 말로 들어 보자.

> 내가 젊었을 때였는데, 나는 사람들이 자연에 대한 탐구로 일컫는 그 지혜^{sophia}를 놀라울 만큼이나 열망했네. 왜냐하면 모든 것의 원인^{aitiai}을 안다는 것이, 즉 무엇으로 해서 각각의 것이 생기며 무엇으로 해서 소멸하며 무엇으로 해서 있는지를 안다는 것은 내게는 대단한 일로 여겨졌기 때문이지.[8]

여기서 소크라테스는 생성, 소멸하는 만물의 원인에 대해 묻고 있는데, 이 논의를 지배하는 근본 도식은 우리가 지금까지 다루어 온 테지스-히포테지스-안히포테톤의 관계이다. 만물의 근거에는 원인이 있고 그 원인에도 원인이 있다. 그러니 전제와 꼭 마찬가지로 원인도 두 가지가 있을 것이다. 하나는 '다른 어떤 것의 원인이면서 자신 역시 상위에 원인을 갖는 원인'이고 다른 하나는 '다른 것의 원인이면서 자신은 상위에 더 이상의 원인을 갖지 않는 원인'이다. 즉 '원인들의 계열의 중간에 있는 원인'과 이 '계열의 끝에 놓인 최후의 원인'이다. 전제와 원인의 계열의 끝을 추구하

---

[8] 같은 책, 96a.

는 소크라테스를 만족시킬 수 있는 원인은 물론 후자다. 그러므로 앞서 언급한 자연철학자들이 소크라테스의 철학적 욕망을 충족시킬 수 없었음은 자명한 일이다.

② '하나'로의 길과 '여럿'으로의 길

그러던 차에 소크라테스는 "아낙사고라스"라는 사람에 대한 소문을 듣게 되는데, 그는 자신의 책에서 "모든 것의 원인은 정신^{nous}"[9]이라고 주장했다는 것이었다. 젊은 소크라테스에게도 정신은 물론 물, 불, 흙, 공기 따위와는 차원을 달리하는 원인이므로, 그는 마침내 "존재하는 것들에 관련된 원인을 가르쳐 줄 스승을 찾아냈다"고 생각하고, 끝을 향하는 자신의 철학적 욕구가 이내 충족되리라는 기대감에 "몹시 기뻐한다."[10]

> 따라서 나는 그가 '그것들 각각에 대한 원인'과 '공동의 모두에 대한 원인'을 제시한 다음에는, 이들 각각에 가장 좋은 것과 이들 모두에 공통되는 좋은 것을 덧보태어 설명해 주리라 생각했네. 나로서는 이 기대들을 아무리 큰 대가를 받을지라도 단념할 수가 없었거니와, 오히려 그 책들을 몹시 서둘러 입수해서, 최대한으로 빨리 읽었는데, 이는 가장 좋은 것과 한결 못한 것을 되도록 빨리 알기 위해서였네.[11]

아낙사고라스의 책과 관련해 소크라테스가 가졌던 기대는 두 가지다. 우선은 '개별적 사물들 각각에 대한 원인'을 아는 것이고, 그다음은 '이들

---

9   같은 책, 97b-c.
10 같은 책, 97d.
11 같은 책, 98b.

모두에 대한 공통의 원인'을 아는 것이다. 이 두 원인을 대비하여 설명해 보자. 빨간 당구공이 움직였다. 그 원인은 하얀 당구공의 움직임이다. 하얀 당구공의 움직임의 원인은 큐대의 움직임이다. 움직인 빨간 당구공과 하얀 당구공은 각각 자신의 원인을 갖지만, 큐대의 움직임은 이 두 당구공의 움직임의 공통의 원인이다. 그리고 이 셋, 빨간 당구공, 하얀 당구공, 큐대의 움직임은 모두 내 팔의 움직임이라는 공통의 원인을 갖는다. 나와 아버지의 공통의 근원이 할아버지이고, 나, 아버지, 할아버지의 공통의 근원이 증조할아버지인 것과 같다. 이런 식으로 원인의 계열을 거슬러 올라가 그 정점에 이르면, 거기에는 최후의 원인 단 하나가 남을 것이다. 그리고 이것이 존재하는 모든 것의 공통의 원인일 것이다. 소크라테스가 추구하는 이른바 "모든 것의 원인aitia"이 바로 이것이다.

　이 사유를 좀 더 쉽게 이해하기 아래 도표 안의 피라미드를 가지고 설명해 보자. 이 피라미드의 바닥에는 개별적인 것들, '여럿plethos'이 있다. 예를 들면 이 사과, 저 사과, 요 사과, 조 사과 등이다. 각각은 물론 다른 사과들이지만 그들 안에는 같음, 공통성도 있다. 이에 주목하여 사과들을 모아서 개념화를 하면 우리는 피라미드의 조금 더 높은 곳으로 이동하고 그만큼 보편화된 개념을 만나게 된다. 예를 들어 이, 저, 요, 조 사과들을 '사과'라는 개념 안에 모으고, 사과, 배, 감, 귤 등을 '과일'이라는 더 보편적인 개념 안에, 과일, 야채, 고기와 술을 '음식'이라는 한결 더 보편화된 개념 안에 모으는 식이다. 이렇게 같음, 공통성을 추출하는 개념화, 일반화를 통해 상위의 보편 개념으로 상승하는 과정을 '모음synagoge'이라 한다. 이 과정이 끝까지 진행되면 결국 가장 보편적인 개념이 딱 하나 남을 것이다. 만약 둘이 남으면 둘의 공통성을 추출하여 둘을 하나로 합치는 모음이 계속 진행될 것이기 때문이다. 피라미드의 정점에 홀로 서 있는 이 가장 보편적인 개념을 철학의 언어로 '하나to hen'라 한다. 철학의 길은 '여럿'을 떠나 이 '하나'로 다가가는 길이고, 이 길의 '끝', '하나', '하나에 대한 앎'이 바로 '필로-소피아'가 사랑하는 것, 신적 '지혜^{sophia}'이다.

거꾸로 피라미드의 정점에서 '하나'를 둘로 나누고, 둘을 넷으로 나누며 —그 보편성과 일반성은 줄이고 구체성과 개별성을 더하며— 바닥을 향해 내려갈 수도 있다. 이렇게 다름과 차이에 주목하면서 개념의 피라미드를 내려가는 길을 '나눔^{dihairesis}'이라 한다. 예를 들어 존재를 생물과 무생물로 나누고, 생물을 동물과 식물로, 동물을 사람과 짐승으로, 사람을 철학자와 비철학자로, 철학자를 독배 마신 철학자와 독배 안 마신 철학자로 나누는 식이다. 이렇게 해서 우리는 '독배 마시고 죽은 그 소크라테스'라는 더 이상 '나눌 수^{divide}' '없는^{in}' '개별자^{individual}'에 도달한다. 그 소크라테스의 곁에는 이 크산티페, 저 파이돈, 요 미나리, 조 독배 등 다양한 '여럿'이 서 있다. 물론 철학의 길도 이 '여럿'에서 시작해야 하지만, 일단 시작하고 나면 철학은 이 길의 출발점에서 가급적 멀어지려 한다. '여럿에서 멀어짐'이 곧 '하나로 다가감'이기 때문이다.

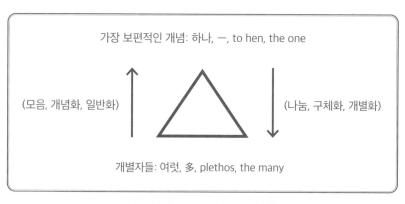

가장 보편적인 개념: 하나, 一, to hen, the one

(모음, 개념화, 일반화)

(나눔, 구체화, 개별화)

개별자들: 여럿, 多, plethos, the many

도식화: 하나와 여럿, 모음과 나눔

같음을 모아 가는 보편화를 통해 여럿에서 하나로 향하는 '개념'의 피라미드에 '원인'을 대입해서 생각해 볼 수도 있다. 그러면 우리는 소크라테스가 추구하는 이른바 "모든 것의 원인aitia"이 어떤 것인지를 알게 된다. '개별자$_1$'과 '개별자$_2$'의 공통의 원인을 '원인$_{1-2}$'라 하고, '개별자$_3$'과 '개별자$_4$'의 공통의 원인을 '원인$_{3-4}$'라 하자. 그리고 '원인$_{1-2}$'와 '원인$_{3-4}$'의 공통의 원인을 '원인$_{1-2-3-4}$'라 하자. 이렇게 여러 원인들의 공통의 원인을 모으며 원인의 계열을 상승해 가면 (… '원인$_{1-2-3-4}$' + '원인$_{5-6-7-8}$' → '원인$_{1-2-3-4-5-6-7-8}$' …), 우리는 이 계열의 끝, 피라미드의 정점에서 최종적으로 하나의 원인('원인$_{Ⅶ}$')을 만나게 된다. 여기가 정말 끝이라면 원인은 단 하나여야 한다. 최종 원인이 둘일 수는 없다. 만약 둘이 남았다면, 그것은 우리가 아직도 계열의 끝에 이르지 못했고 따라서 할 일도 남아 있다는 뜻이기 때문이다. 그 경우 우리는 두 원인의 공통의 원인을 한 번 더 물어야 한다. 이렇게 원인의 계열의 끝, 존재하는 모든 것의 공통의 원인을 향해 올라가는 길이 바로 철학의 길, 소크라테스가 걷기를 원하는 길이다.

물론 반대의 길도 열려 있다. 특정 원인에서 ─이 원인이 철학이 추구하는 마지막 원인은 아니다─ 출발해서 이 원인이 불러온 결과로 내려가고, 그 결과가 두 번째 원인이 되어 그다음 결과로 내려가는 식이다. 예를 들어 내 팔의 움직임을 최초의 원인으로 해서 큐대의 움직임이라는 첫 번째 결과로, 이 결과를 두 번째 원인으로 해서 하얀 당구공의 움직임이라는 두 번째 결과로 내려가고, 결국 '지금 여기 이 빨간 당구공의 움직임'을 인과적으로 설명하는 것이다. 이 역시 한 종류의 앎이다. 물론 철학자가 사랑하는 앎은 아니어서, 소크라테스를 만족시킬 수는 없지만 말이다.

그러므로 인간이 갈 수 있는 두 개의 길이 있다. '하나로 올라가는 길'과 '여럿으로 내려가는 길'이다. 이 두 길은 실은 "하나이며 동일한"[12] 길이다.

---

12 『소크라테스 이전 철학자들의 단편 선집』, 헤라클레이토스 편, 242쪽.

그 하나의 길이 올라가는 자에게는 오르막길이고 내려가는 자에게는 내리막길이 된다. 동일한 길이 등산객에게는 등산로이고 하산객에게는 하산로인 것과 같다. 어떤 사람들은 철학하며 그 길을 걸어 올라가 '하나'로 다가가고, 또 어떤 사람들은 철학하지 않으며 그 길을 걸어 내려가 '여럿'으로 다가간다. 물론 철학하며 하나를 향하는 사람은 철학하지 않으며 여럿을 향하는 사람의 삶에 만족하지 못할 것이다. 더욱이 후사가 '이' 빨간 당구공의 움직임을 자신의 팔의 움직임을 원인으로 들어 설명하면서 자신이 존재하는 모든 것의 '공통의', 그리고 '최후의' 원인을 알아냈다고 주장한다면, 그 실망은 이를 데가 없을 것이다.

③ 소크라테스가 아낙사고라스에게 실망한 이유

아낙사고라스 이야기로 되돌아가자. 소크라테스는 아낙사고라스가 개개의 것들에 대한 원인뿐 아니라 개개의 것들 '모두에 대한 공통의 원인'을 알려 주리라 기대했다. 여기서 공통의 원인이 둘, 셋 또는 이보다 좀 더 많은 것의 공통의 원인 ―예를 들면 내 팔의 움직임― 이 아니라 정말 '모든 것에 대한 공통의 원인'이라면, 그것은 원인의 피라미드의 최첨단에 위치해야 한다. 그래야만 자신의 하위에 놓인 모든 것의 공통의 원인일 수 있기 때문이다. 또한 이 정점에서는 더 올라갈 길이 없으므로 이 원인은 더 이상 상위의 원인을 갖지 말아야 한다. 소크라테스는 바로 이것, 원인들의 계열의 끝, 존재하는 모든 것의 공통의, 최후의 원인을 아낙사고라스가 알려 주리라 기대했기에, 그의 책을 "서둘러" 구해 "빨리" 읽었던 것이다.

그런데 정작 아낙사고라스의 책을 읽어 본 소크라테스는 크게 실망하고 말았다. 그것은 그 책이 소문과 달리 '누스'에 대해서는 일언반구도 없이 "공기와 에테르, 물"[13] 등을 만물의 원인으로 제시했기 때문이다. 공기, 물 등이라! 물론 공기는 산소나 수소보다, 물은 눈물이나 빗물보다 개념의 피라미드의 더 높은 곳에 위치하니 각자의 하위에 놓인 것들을 잘 설명해 줄 것이다. 마치 나의 팔의 움직임이 큐대와 하양, 빨간 당구공의 움직임을 잘 설명하는 것과 같다. 그러나 나의 팔의 움직임이 세상 만물의 움직임의 최종 원인은 아니듯이, 공기와 물 역시 존재하는 모든 것의 마지막 원인일 수는 없다. 우리는 이들의 원인, 그 원인의 원인도 물을 수 있고 또 물어야 한다. 모든 히포테지스는 동시에 '상위에 히포테지스를 갖는 테지스'이고, 모든 원인은 동시에 '상위의 원인의 결과'이고, 모든 설명하는 것은 동시에 '상위의 설명하는 것에 의해 설명되어야 하는 것'이다. 이는 테지스, 원인, 설명의 계열이 그 끝에 도달하기 전까지는 예외 없이 타당한 등식이다. 아낙사고라스는 이 자명한 등식의 의미를 망각했고, 테지스, 원인, 설명의 계열의 중간과 끝을 혼동했다.

그의 문제가 무엇이었는지 좀 더 구체적으로 밝혀 보자. 그는 현상의 원인, 그 원인의 원인에 대한 물음을 던지지 않은 것은 아니고 또 이 물음에 대한 답을 찾아 철학의 오르막길을 오르지 않은 것도 아니었다. 그의 문제는 시작하지 않았다는 것이 아니라, 시작한 상승을 너무 일찍 멈췄다는 것이다. 그리고 멈춰 선 그 지점, 피라미드의 '중간'을 '정점'으로, 그 중간에서 만난 물, 공기, 에테르 등을 원인들의 계열의 끝으로 간주한다. 즉 '다른 어떤 것의 원인이면서 스스로도 상위의 원인을 갖는 중간의 상대적인 원인'을 '다른 모든 것의 공통의 원인이면서, 더 이상 상위의 원인을 갖지 않는 최후의 절대적인 원인'으로 간주한 것이다. 이렇게 자신이 피라미드의 정상에 도달했다고 따라서 더 이상 오를 곳이 없다고 잘못 생각한 아낙사고라스는 이제 방향을 바꿔 '여럿'을 향하는 길을 내려가기 시작한다.

이것이 '충분히 철저하지 않게 철학하는 자들'의 문제다. 아낙사고라스

---

13 플라톤, 『파이돈』, 98c.

는 '물, 불, 에테르'를, 또 다른 철학자는 '물, 불, 공기, 흙'을, 또 어떤 사람은 '자연의 위해서'를 존재하는 만물의 마지막 원인으로 간주한다. 이들에게 이 전제는 "이미 알고 있는 것", "설명도 해 줄 필요가 없을" 정도로 "명백한 것"[14]이어서, 이 전제의 배후에 또 하나의 전제가 있다고 생각할 필요는 없다. 따라서 이 전제가 현상에 대한 설명의 "안전하고"[15] 확고한 출발점을 이룬다. 이제 과제는 이 전제의 상위에 대해 묻는 것이 아니라, "이 전제에서 출발해서 일관성 있게" 그 하위의 "결론을 내리는 것",[16] 즉 이 히포테지스와 그 위에 서 있는 테지스들로 경험적 현상을 설명하는 것뿐이다. 예를 들면 '자연의 위해서'라는 마지막인 듯이 보이는 전제를 가지고 기린의 긴 목과 소화기관의 융털 구조 등 '모든' 생명 현상을 설명하고, 운동의 시원처럼 보이는 '내 팔의 움직임'을 가지고 하양, 검은 당구공은 물론이고 빨주노초파남보 '모든' 색깔의 당구공의 운동까지 일관적으로 설명하는 것이다.

　물론 자명한 것으로 간주된 이 전제 자체에 대해서는 아무런 설명도 주지 않는다. 과학자의 생각에 그것은 과학적 설명의 "출발점"이지 "이 출발점에서 도출된 결론이 아니고",[17] 경험적 현상들을 '설명하는 것'이지 다른 어떤 것에 의해 '설명되어야 할 것'은 아니기 때문이다. 이 전제가 이토록 잘 '설명하고' 있는데, 이 전제 자체를 '설명하는 일'이 굳이 왜 필요한가? 본디 경험과학자의 관심과 과제는 자신의 전제'로' 경험적 현상을 설명하는 것이지 자신의 전제'를' 설명하는 것이 아니다. 칼이 잘 드는 한, 칼로 썰기만 하면 되는 것이지 칼을 갈 필요는 없다. 칼이 안 들 때, 그때가 칼

14　플라톤, 『국가』, 510c.
15　플라톤, 『파이돈』, 101d.
16　플라톤, 『국가』, 510d.
17　플라톤, 『파이돈』, 101e.

을 날카롭고 타당하게 만들어 주는 숫돌에 대해 생각할 시점이다. 잘 드는 칼을 손에 쥔 과학자는 더 이상 상위의 숫돌을 향해 피라미드를 오를 필요가 없다. 그는 '여럿'의 세계로 내려가 날카롭게 설명만 하면 된다.

그러나 '여럿'을 설명하려는 과학자의 눈에 이미 경험적 현상을 잘 설명하고 있기에 더 이상 설명될 필요가 없는 전제가 '하나'를 관조하려는 철학자에게는 여전히 "설명되어야 하는"[18] 것이다. 왜냐하면 이른바 과학의 근거 학문으로서의 철학의 과제는 '경험적 현상에 대한 설명'이 아니라, '경험적 현상을 설명하는 것에 대한 설명'이고, 이 설명에 대한 설명, 그리고 이 설명에 대한 설명에 대한 설명이기 때문이다. 철학자는 설명의 계열의 끝에 이르도록, 그래서 설명이 불필요해질 때까지 설명해야 한다. 그래서 참된 방식으로 철학하는 자, 변증가로서의 소크라테스는 과학자들이 마지막 전제, 최초의 출발점이라 여기는 그 전제가 최후의 것, 최초의 것이 아니라, 그저 아래 놓인 것, 그 아래 또 뭔가가 놓인 것이라 간주하되, 무전제자에 이르기 전에는 이 간주함을 중단하지 않는다. 따라서 과학자가 오르막길을 내리막길로 바꾸는 그곳에서도 변증가는 마지막 '하나'를 향하는 자신의 상승, 변증술적 여정을 멈추지 않는다.

학문하는 자로서 둘 다 현상의 원인, 테지스의 히포테지스에 대해 묻지만, 과학자로서의 아낙사고라스와 철학자로서의 소크라테스는 이렇게 다르다. 소크라테스는 '무전제자를 향하는 학문'을 하고 따라서 '하나'를 향해 오르막길을 걷는다. 아낙사고라스는 '전제 위에 세워진 학문'을[19] 하고 따라서 이 전제에서 '여럿'들을 향해 내리막길을 걷는다. 아낙사고라스에

---

18 같은 책, 101d.

19 이 학문을 현대적인 용어로 과학이라 할 것이다. 바로 이 의미에서 나는 방금 아낙사고라스를 '과학자'라 표현했다.

게는 경험의 숲의 끝인 곳이 소크라테스에게는 숲 전체를 보여 주는 망대에 오르기 위한 길의 시작점이기 때문이다. 아낙사고라스가 충분히 멀리 갔다고 생각하고 "자기만족을 하며"[20] 하산을 서두르는 곳에서, 소크라테스는 아직 멀었다며 만족할 수 없는 등정을 계속한다. 어디까지 올라갈 것인가? "만족할 만한 것에 이를 때까지"[21]다. 무엇이 만족할 만한 것인가? 전제들의 계열의 '끝'으로서의 무전제자, 원인들의 계열의 '끝'으로시의 최후의 원인, 설명들의 계열의 '끝'으로서의 마지막 설명이다. 이 끝만이 '끝을 향하는 학문으로서의 철학'의 파토스를 만족시킬 수 있다. 아낙사고라스는 이 끝 이전의 '여럿'들, 철학의 눈에는 결코 만족스럽지 않은 것들에 만족하고 멈췄기 때문에 철학자는 그에게 실망한 것이다. 끝을 향하는 우리의 여정은 계속된다.

2 철학자의 신으로서의 끝

철학은 '끝'의 추구다. 결과와 원인들의 관계를 사유하건, 테지스와 히포테지스들의 관계를 사유하건, 철학이 추구하는 것은 언제나 그 계열의 끝이다. 이 끝을 철학의 역사는 '실체*substantia, hypokeimenon*'라 불렀다. 실체란 '밑에*sub, hypo*' '서 있는 것*stantia, keimenon*'이다. 모든 테지스의 밑에 서 있는 히포테지스들의 밑에는 '안히포테톤'이라는 실체가, 그리고 모든 결과들의 밑에 서 있는 원인들의 밑에는 '자기 원인'이라는 실체가 서 있다. 전제들의 계열의 끝으로서의 무전제자, 원인들의 계열의 끝으로서의 자기 원인,

---

20 플라톤, 『파이돈』, 101e.
21 같은 책, 101d.

'여럿'들의 계열의 끝으로서의 '하나', 이것이 애지자로서의 철학자가 사랑하는 것, 실체, 즉 '철학자들의 신'이다.

2.1 끝에로의 사유 실험

이 신은 세계 안의 여러 계열의 끝이기 때문에 스스로는 세계에 속하지 않는다. 신은 세계의 끝에 있다. 이 끝은 철학하는 인간들의 세계가 끝나고 철학할 필요가 없는 신들의 세계가 시작되는 경계다. 철학의 길은 철학하는 인간을 이 경계에로 이끈다. 이 길을 걸으며 그 끝으로 다가감이 곧 철학함이다. 그런데 우리가 길을 걷는 한 우리는 아직 길의 끝에 이른 것이 아니고, 길의 끝에 이르는 순간 우리는 더 이상 걷는 자가 아니다. 길이 끝남과 함께 걷는 자도 끝나기 때문이다. 산 자가 삶의 끝을 경험할 수 없듯이, 걷는 자로서의 우리 역시 길의 끝을 경험할 수 없다. 죽음을 경험하기 위해 우리는 죽어야 하는데, 죽은 자는 죽음을 경험할 수 없다. 철학의 길의 끝을 경험하기 위해 우리는 그 끝에 서야 하는데, 거기 설 수 있는 자는 철학하는 인간이 아니라 철학할 필요가 없는 (귀)신이다.

그러므로 철학하는 인간은 철학의 길의 끝에 이를 수 없고 거기 머무는 자신의 신을 경험할 수 없다. 실재로는 전혀 그리고 결코 경험할 수 없다. 이 끝을 실재로 경험하려던 모든 이는 ―내가 장담하건대― 끝의 경험의 시작과 동시에 죽었다. 내가 살아서 지금 이 글을 쓰고 있다는 것도 나 역시 그 끝을 실재로는 경험하지 못했다는 것을 의미한다. 나는 철학하는 인간이지 ―아직은― 철학할 필요가 없는 신이 아니다. 그렇다면 끝을 향하는 우리의 변증술적 여정은 어떻게 진행되어야 하는가? '실재로realiter'는 불가능하다. 그것은 '이념상으로idealiter'만 가능한 여행이다. 우리 자신을 우리가 속한 세계의 끝, 우리가 걷는 길의 끝으로 상상적으로 던져 보고,

그 끝에 상상적으로 서 보고 우리가 속한 세계의 끝을 상상적으로 사유해 보는 것이다. 철학이란 이 이념상의 여행, '끝에로의 또는 끝에서의 사유 실험 _Denkexperiment ans oder am Ende_' 이외의 다른 것이 아니다. 끝을 향하는 우리 의 상상적 여정이 이제 시작된다.

① 실체들의 동형성

서양 형이상학의 역사 2,500년은 철학자들의 신, 세계의 끝에 놓인 실체 의 추구의 역사였다. 물론 철학자들이 실체를 찾아 걸었던 길은 각기 달랐 고 그 길의 끝에서 만난 실체의 이름도 달랐다. 전제들의 계열을 따라 걷 던 플라톤은 실체를 '무전제자'라 불렀는데, 이는 '모든 것의 전제이면서 스스로는 전제를 갖지 않는 것'이다. 운동의 계열을 따라 걷던 아리스토 텔레스는 실체를 '부동의 동자 _unmoved mover_'라 칭했는데, 그 정의는 '운동하 는 모든 것을 운동하게 해 주면서, 스스로는 운동하지 않는 것'이다. 원인 의 길을 걷던 스피노자가 이 길의 끝에서 만난 실체는 '자기 원인 _causa sui_'이 었는데, 이것은 '모든 것의 원인이면서, 스스로는 원인을 갖지 않는 것'으 로 정의되고, 제약들의 길을 따라 걷던 칸트는 자신의 실체, '무제약자'를 '모든 것을 제약하면서, 스스로는 아무런 제약도 받지 않는 것'으로 정의했 다. 이 모든 실체들은 철학자의 신, '존재하는 모든 것을 창조했지만, 스스 로는 창조되지 않은 것'이다.

이 실체들은 각기 다른 길의 끝이고 따라서 다른 이름으로 불린다. 그 리고 그 이름의 내용도 판이하게 다르다. 어떤 것은 전제들의 끝이고, 어 떤 것은 운동들의 끝, 또 다른 것은 원인들과 제약들의 끝이다. 그런데 흥 미롭게도 이렇게 내용적으로 상이한 실체들이 정의되는 방식에는 주목할 만한 형식적 일치, 구조적 동일성이 발견된다. 즉 이 모든 실체는 동형적 이다. 실체는 '…한 모든 것을 …하게 해 주면서, 스스로는 …하지 않은 것'

이다. 여기서 '…함'의 자리에 전제, 운동, 원인, 제약, 창조 등의 내용을 대입하면 바로 위에서 언급한 무전제자, 부동의 동자, 자기 원인, 무제약자, 신의 정의가 도출된다. 이뿐 아니다. '…함'의 자리에 '목적', '근거', '존재자' 등의 내용을 대입하면 '모든 수단의 목적이면서 자신은 상위에 목적을 갖지 않는 자기 목적', '모든 것의 근거이면서 자신은 상위에 다른 근거를 갖지 않는 자기 근거', '모든 존재자를 존재자로 만들어 주면서, 스스로는 존재자가 아닌 존재'의 정의가 나온다. 이 셋 역시 목적론적 형이상학자와 근거의 사상가, 존재론자들이 사유했던 실체들이다.

내용적으로 각기 다른 실체들이 형식적으로는 다 같은 구조를 가지고 있다. 왜? 이 놀라운 형식적 일치를 어떻게 설명할 것인가? 다른 시대에 태어나 각기 다른 철학의 길을 걸었던 플라톤과 아리스토텔레스, 스피노자와 칸트의 실체는 왜 동형적인가? 답하기 쉬운 물음은 아니다. 내가 보기에 이것은 여러 실체들 간의 공통점이 아니고, 실체를 찾아 나름의 길을 걷던 철학자들이 각자 걷던 길의 끝을 정의하는 방식의 공통성, 즉 그들의 끝에로의 상상적 사유 실험의 방법적 동일성이다. 철학자들은 각기 다른 이름의 따라서 다른 내용을 갖는 실체를 —각각의 실체는 다른 길의 끝이기에 다른 이름, 다른 내용을 갖는다!— 같은 방식으로 사유한다. 이것은 '철학하는 인간'이 '철학할 필요가 없는 신'을, '걷는 자'가 '길의 끝'을, '신이 아닌 인간'이 '인간이 아닌 신'을, 즉 인간이 자신의 타자를 사유하는 방식의 공통성이다. 더 일반적으로 —내용적으로는 더 공허하게— 말해서 '…한 인간'이 '…하지 않은 신'을 사유하는 방식의 동일성이다.

지금부터 우리도 저 저명한 철학자들이 행했던 끝에로의 상상적 사유 실험을 수행한다. 우리는 도대체 어떻게 '우리가 아닌 것', '우리의 타자'를 사유할 수 있는가? '…한' 자가 '…하지 않은' 것을 사유할 때 그는 어떤 길을 걷고, 그의 상상력은 도대체 어떤 경로를 통해, '걷는 자는 결코 이를 수 없다는 길의 끝'에 이르게 되는가?

②‘…한’ 것이 어떻게 ‘…하지 않은’ 것을 사유할 수 있는가?

‘…한 것들’의 계열을 거슬러 올라가는 철학자가 어떻게 이 계열의 끝, ‘…하지 않은 것’에 도달하는지를 원인을 예로 들어 한번 생각해 보자. 출발점은 언제나 경험 가능한 어떤 사태이다. 빨간 당구공의 움직임, 떨어지는 사과와 같은 경험적 현상이 인과적 설명을 요구한다. 일단 우리는 이 현상이 어떤 원인의 결과라고 생각한다. 왜냐하면 우리 생각에 원인 없는 결과는 있을 수 없기 때문이다. 나중에 설명하겠지만 이 생각을 철학사는 ‘근거율’이라 정식화했는데, 이는 경험적 현상계를 지배하는 근본 원칙이다. 그 의미는 경험적 현상치고 무에서 생겨난 것은 없다는 것, 따라서 모든 경험적 현상에는 원인이 있고 그 원인도 경험적 현상인 한에서 역시 원인을 갖는다는 것이다. 이렇게 해서 우리는 현상의 원인, 그 원인의 원인을 묻는 계열을 거슬러 올라가게 된다. 궁극적으로 답해야 할 물음은 원인들의 계열의 ‘끝’, 마지막 원인에 대한 것이다. 마지막, 끝이라는 말은 무엇을 뜻할까?

최초의 사태 → 원인$_1$ → 원인$_2$ → 원인$_3$ … 원인$_n$ … ‖ 자기 원인$^{causa\ sui}$

도식화

일단 분명하게 말할 수 있는 것은 이 끝은 경험의 한계 내부에 있어서는 안 된다는 것이다. 만약 내부에 있다면 근거율에 따라 그 끝의 원인이 또 있어야 하는데, 이렇게 상위에 자신의 원인을 갖는 것은 원인의 계열의 끝일 수는 없기 때문이다. 원인의 계열의 ‘끝’이라는 말에는 이미 ‘더 이상 원인을 물을 수 없음'이 포함되어 있다. 따라서 이 끝은 경험적 현상계의 저 편에 있어야 한다. 그래서 위의 도식화에서는 경험 가능한 원인들과 자기 원인 사이에, 아낙사고라스적인 의미의 상대적인 원인들과 소크라테스적 인 의미의 절대적인 원인 사이에 분명한 간격(∥)이 표시되었다. 말하자면 이 표시를 경계로 왼쪽은 경험적 세계, 철학하는 인간들의 세계, '…한' 것 들의 세계이고 오른쪽은 초경험적 세계, 철학할 필요가 없는 신들의 세계, '…하지 않은' 것들의 세계이다.

그렇다면 경험계에 속한 우리 '…한' 인간은 저 원인들의 계열의 끝, 초 경험계에 속한 '…하지 않은' 마지막 원인에 대해 무엇을 알고 있는가? 이 것은 가능한 인간적 경험의 저편에 놓여 있기 때문에, 인간은 그에 대해 어떤 인식도 가질 수 없다. 그것은 감관의 경험으로 접근할 수 있는 것, 경 험적 인식의 대상이 아니기 때문이다. 원리적으로 우리는 이 최후의 원인 에 대해 아무것도 알 수 없다. 그러나 인식 불가능성이 곧 사유 불가능성 을 의미해야 하는 것은 아니다. 언젠가 칸트는 우리는 초경험적 대상을 "비록 인식할 수는 없지만 그럼에도 사유할 수는 있어야 한다"[22]고 말한 바 있다. 이 말은 분명 옳다. 그 단적인 증거는 지금 이 글을 쓰고 있는 나와 읽고 있는 당신이다. 지금 우리의 이성은 인간이 인식할 수 없는 것에 대 해 묻고, 답하며 그에 대한 사유를 진행하고 있으니 말이다. 이 사유는 어 떤 종류의 것인가? 형이상학적 추리, 사변적 사유다.

기린의 긴 목과 당구공의 움직임이 경험적으로 관찰되고 인식된다는 그 의미에서 원인의 계열의 끝 자체에 대한 인식은 물론 불가능하다. 그러나 이 경험할 수도 인식할 수도 없는 것에 대한 사변적 사유는 가능하다. 우 리는 육의 눈으로 그 끝 자체는 볼 수 없지만, 망대 위에서, 정신의 눈으로

---

22 칸트, 『순수 이성 비판』, B XXVI.

그 끝을 전체 안에 넣고 볼 수는 있다.[23] 말하자면 이런 것이다. 이 끝을 단지 긴 직선의 끝에 찍힌 하나의 고립된 '점'으로만 보는 것이 아니라, 경험적 세계 전체'의' 끝으로 보는 것이다. 그 자체로는 하나의 점인 끝을 이렇게 망대 위에서 내려다본 전체와의 관련에 비추어 보면, 우리는 ―물론 그것 자체가 무엇인지는 여전히 모르고 있지만― '계열의 끝은 경험적 원인들의 계열 전체와 이러저러한 관련을 맺어야 하지 않을까' 하는 류의 형이상학적인 추리는 할 수 있다. 그 끝은 그 자체로는 물론 경험 불가능하지만, 그래도 경험 가능한 원인들의 계열'의' 끝인 까닭이다.

경험 불가능한 끝이 경험 가능한 것들 전체에 대해 갖는 관련이 끝에 대한 사유의 실마리가 된다. 이 실의 끝을 잡고 잘 따라가 보면, 우리는 원인의 계열의 끝에 대해 최소한 두 가지의 합리적인 추정을 할 수 있다. 지금부터는 이 두 가지에 대해 생각해 본다. 이는 원인의 계열을 상승할 때 철학자가 필연적으로 갖게 되는 사유의 두 전제이다.

③ 근거율과 끝에로의 사유 실험의 두 전제

철학자가 원인의 계열을 상승해 갈 때 암암리에 갖는 두 개의 전제가 있다. 물론 이는 개별 과학자로서의 물리학자, 생물학자가 피할 수 없이 갖게 되는 '자연의 규칙성', '자연의 위해서'와 같은, 탐구의 내용적 전제가 아니라, 철학적 자연 연구에 필연적으로 수반되는 일종의 형식적 전제들이다. 이 두 전제는 방금 언급한 근거율을 변형시킨 것인데, 이 두 전제가 자연 연구에 필연적인 것은 근거율이 바로 자연 전체, 경험적 현상계를 지배하는 원리이기 때문이다. 근거율의 핵심은 다음 명제다. '무로부터는 아무것도 생기지 않는다*Ex nihilo nihil fit.*' 이미 시원의 철학자, 파르메니데스는 유

23 사변의 의미에 대해서는 2장, 2.1의 ④ 참조.

는 무에서, "있는 것"은 "있지 않은 것"에서 "생성되지 않는다"[24]라고 분명히 밝힌 바 있고, 후대의 철학은 이 사상을 근거율Satz des Grundes로 정식화했다. 그 의미는 경험계에 존재하는 모든 것은 무에서가 아니라 다른 어떤 것을 근거, 원인으로 해서 생겨났다는 것이다. 따라서 근거, 원인 없이 존재하는 것은 없다. 경험적 현상에서 출발해서 그 원인들의 계열을 거슬러 계열의 끝을 추구하는 철학자는 근거율에서 자신의 상승의 두 전제를 추리해 낸다.

첫 번째 전제는 '어떤 경험 가능한 사태도 무에서 오지는 않았다'는 것이다. 이것은 물론 근거율을 달리 표현한 것에 불과하다. 실은 아주 단순, 자명한 이야기이다. 지금 여기 경험적 현상계 안에 내가 존재하고 있다. 그런데 나의 근거가 무라고 가정해 보자. 나의 근거를 찾아 아버지로, 다시 그 근거를 찾아 할아버지, 증조할아버지, 고조할아버지로 상승해 가는데, 그 시원에 '있는 것'이 아니라 '없는 것'이 서 있다? 결국 나의 가장 늙은 n대 할아버지께서 무에서 갑자기 툭 튀어나오셨다는 이야기인데, 그렇다면 '없는 것'에서 '있는 것'에로의 비약을 어떻게 설명할 것인가? 없음과 있음 사이에는 넘어설 수 없는 간격이 있다고 여겼기에, 철학사는 있는 것이 없는 것에서, 유가 무에서 생겨났을 가능성을 부정했다. 이것이 바로 근거율, 경험계 안에 존재하는 모든 것은 자신의 근거, 원인을 갖는다는 원리이다. 존재하는 모든 것의 최종 원인을 추구하는 철학자도 근거율을 전제한다. 지금 여기 현존하고 있는 여럿들의 원인이 무라면, 상위의 원인을 거슬러 최종적인 원인을 찾아가는 상승 자체가, 끝을 향한 추구로서의 철학 자체가 성립할 수 없기 때문이다.

두 번째 전제는 조금 더 복잡하지만 이 역시 원칙적으로는 근거율을 변

---

24 『소크라테스 이전 철학자들의 단편 선집』, 파르메니데스 편, 280-281쪽 참조.

형한 것이고, 그 근본 생각은 첫 번째 전제와 크게 다른 것은 아니다. 그것은 '원인을 상위의 원인으로, 그 원인을 한층 더 상위의 원인으로 소급하며 최후의 원인을 찾아가는 계열이 무한 소급 *regressus in infinitum*에 빠져서는 안 된다'는 것이다. 지금 여기 내가 있다. 그 나는 어디에서 왔을까? 근거율과 그에 의거한 첫 번째 전제에 따라 나는 무에서 오지는 않았다. 그래서 아버지, 할아버지, 증조할아버지, 고조할아버지를 거쳐 계속 나의 근원을 소급하며 물어 간다. 그런데 이 물음의 계열이 무한 소급에 빠진다고 가정해 보자. 그렇게 되면 어떤 상황이 벌어질까? 우선 무한 소급이라는 개념의 의미부터 정리하자. '원인들을 상승하는 계열이 무한 소급에 빠진다'라는 말은 '이 소급의 과정이 무한하다', 즉 '끝이 없다'는 것을 의미한다. 그리고 '끝이 없다'라는 말은 곧 '원인들의 계열의 끝은 무다'이다. 자, 이제 '끝은 없다, 즉 무다'라는 말의 의미에 대해 조금 더 깊게 생각해 보자.

특정한 경험적 현상을 하나의 결과로 간주하고 그 원인, 그 원인의 원인을 물어 가는 계열은 철학자가 마지막 원인을 찾아 올라가는 길이다. 여기서 우리는 모든 오르막길은 동시에 내리막길이라는 사실을 기억해야 한다. 그렇다면 철학자의 오르막길을 내려오는 자는 누구일까? 상위의 원인을 물어 올라가는 길은 동시에 ─아래 도식에 표현되어 있듯이─ 최초의 원인에서 제1의 결과가 나오고, 이 결과가 제2의 원인이 되어 제2의 결과를 불러오고, 제2의 결과가 다시 제3의 원인이 되어 제3의 결과가 생겨나는 계열, 즉 신이 세계를 창조해 내려오는 길과 같은 길이다. 길은 하나인데, 철학자는 원인을 물어물어 마지막 원인을 향해 상승하고 신은 제일 원인에서 출발해서 그 결과들을 산출하며 하강한다. 정확히 말해 철학자가 세계가 생성되어 왔던 과정을 되짚어 가며 세상 만물의 근원을 물어 가고 있다고 해야 할 것이다. 그러므로 철학은 신의 세계 창조를 역방향에서 반복함이다. 물론 철학자의 오르막길과 신의 내리막길은 하나의 길이다. 따라서 철학자가 올라가는 길의 끝은 신이 내려오는 길의 시작이다. 따라서 철학자가 만물의 마지막 원인을 찾아 상승해 가는 계열에 '끝이 없다', '끝은 무다'라는 말은 곧 신이 만물을 창조하며 하강해 가는 계열에 '시작이 없다', '시작은 무다'라는 말과 같다. 그리고 '만물의 시작이 무'라는 말은 지금 여기서 우리가 관찰하는 모든 사태가 무에서 생겨났다는, 원인 없이 존재하게 되었다는 사실을 뜻한다. 그리고 이는 근거율과 철학자의 첫 번째 전제에 어긋난다. 따라서 철학자는 당연히 원인에서 결과로 내려오는 계열의 시작은 있어야 하고 또 결과에서 원인으로 올라가는 계열의 끝도 있어야 하고, 따라서 우리의 상승은 무한 소급에 빠져서는 안 된다고 전제한다.

최초의 사태 ← 결과$_n$ … 결과$_3$ ← 결과$_2$ ← 결과$_1$ ← $\parallel$ ← **시작 (최초 원인)**

$=$ $=$

최초의 사태 → 원인$_1$ → 원인$_2$ → 원인$_3$ … 원인$_n$ … $\parallel$ → **끝 (최후 원인)**

도식화

철학자의 두 전제를 검토하면서 우리는 상당히 좋은 상황에 놓이게 되었다. 다음과 같은 사실들을 확인했기 때문이다. 우선 '경험 가능한 어떤 사태도 무에서 오지 않았다'(첫 번째 전제). 즉 원인이 있다. 그리고 '원인을 소급해 가는 계열은 무한 소급에 빠지지 않는다'(두 번째 전제). 이 두 전제로부터 우리는 두 가지의 의미 있는 철학적 함축을 도출해 내었다. 한편 '마지막 원인으로 올라가는 계열에는 끝이 있고'(두 전제에 포함된 첫 번째 함축), 다른 한편 '제일 원인에서 내려오는 계열에도 시작이 있다'(두 전제에 포함된 두 번째 함축). 이 두 함축으로부터 형이상학적 추리를 통해 도출할 수 있는 결론은 무엇일까?

④ 실체란 끝에로의 사유 실험의 결과다.

이제 우리는 소크라테스가 알고자 했던 것, 이른바 "만물의 원인"에 대해 최소한 두 가지를 알게 되었다. 만물의 원인은 우선 철학자가 걷는 사유의 오르막길의 '끝'이고 동시에 신의 창조 또는 만물 생성의 내리막길의 '시작'이다. 그것은 '최후 원인'이자 동시에 '최초 원인'이다. 이제 '끝, 최후의 원인'이라는 하나의 규정과 '시작, 최초의 원인'이라는 또 하나의 규정을 한데 합쳐 보자. 그 결과가 바로 소크라테스가 알고자 했던 만물의 원인이다.

'최초 원인'은 원인에서 결과로 내려오는 계열의 출발점이므로 자신 아래 있는 모든 것의 원인이다. 이것은 제일의 결과의 원인일 뿐 아니라, 제2, 제3의 결과의 원인이고 그 아래 있는 모든 결과의 공통의 원인이다. 마치 단군 할아버지가 나와 당신의 n대 할아버지, … 고조할아버지, 증조할아버지, 할아버지, 아버지뿐 아니라 나와 당신, 그리고 우리의 후손들까지 포함한 모든 한국인의 공통의 할아버지인 것과 같다. 즉 제일 원인은 세계 안에 존재하는 모든 사태, 원인이면서 동시에 결과인 ―아버지이면서 동시에 자식인― 모든 것, 원인의 피라미드의 정점을 제외한 모든 지점에 놓인 것의 공통의 원인이다. 그것은 '모든 것의 원인'이다.

'최후 원인'은 결과에서 원인으로 올라가는 길의 종착점이므로 이것에서 원인의 계열은 끝나고 상승도 종결되어야 한다. 그 상위에는 아무것도 없기 때문이다. 이것은 철학자가 걷던 오르막길의 종점이고 원인의 피라미드의 정점이다. 이 정점에 서 있는 것은 ―이미 언급했듯이 단 하나뿐이다!― 원인들의 계열 위에 놓인 모든 원인 중에서 유일무이하게 '원인이면서 결과가 아닌 것', 자신의 외부에 '원인을 갖지 않는 것'이다. 만일 마지막 원인이 자신의 외부에 또 원인을 갖는다면, 이 '마지막이라는' 원인은 '마지막' 원인이 아니다. 그것이 진정 '끝'이라면, 거기서 원인의 계열은 끝나야 한다. 그러므로 마지막 원인은 자신의 존립의 원인을 자신의 외부가 아니라 '자신의 내부'에 갖는다. 그것은 외부의 어떤 것 때문이 아니라 스스로의 힘으로 있는 자이다. 그래서 걷던 길의 끝을 향해 자신을 내던지고 상상적 사유 실험을 진행하던 철학자는 원인들의 끝을 자기 원인이라 불렀다.

시작과 끝에 대한 이 두 인식을 한데 합치면 자연스럽게 '모든 것의 원인이면서, 스스로는 더 이상 원인을 갖지 않는 것', 자신 이외의 어떤 것이 아니라 자기 자신을 원인으로 해서 존재하는 것, 자기 원인이라는 실체의 정의가 도출된다. 우리는 물론 원인들의 계열의 끝에 대한 사유 실험을 통해 자기 원인이라는 실체에 도달했지만, 전제들의 계열의 끝, 운동들의 계열의 끝에로의 사유 실험을 수행한다면, 그 결과는 '모든 것의 전제이면서, 스스로는 더 이상 전제를 갖지 않는 것', 무전제자라는 실체, '모든 것을 운동시키면서, 스스로는 더 이상 운동하지 않는 것', 부동의 동자라는 실체가 될 것이다.

실체들의 동형성으로 되돌아가자. 내용을 배제하고 보면 이 모든 실체들은 '…한 모든 것을 …하게 해 주면서, 스스로는 …하지 않은 것'이라는 동일한 구조를 갖는다. 왜? 왜 실체들은 동형적인가? 이것이 우리를 여기까지 이끌어 온 주도적인 물음이었다. 이제 우리는 이 물음에 답할 수 있게 되었다. 이 같은 구조적 속성을 가진 실체들이 이미 세계의 끝에 존재하고 있었고, 철학사의 몇몇 거장들은 예외적으로 그 끝에 도달할 수 있었고, 거기서 그런 속성을 가진 실체들을 발견했고, 발견한 실체에 대해 자신이 확인한 바를 책으로 써 놓았다? 아니다. 그럴 수는 없다. 이미 분명히 지적했듯이 그들이 정말 세계의 끝에 도달했었다면 그들은 거기서 곧 바로 죽어야 했다. 그러니 살아서 실체에 대한 책을 쓰던 철학의 거장들은 아직은 '실체를 몰라서 추구하는, 철학하는 인간'이었지 '실체를 이미 알아서 철학할 필요가 없는 신'은 아니었다. (그렇다. 그들은 확인해 아는 사실이 아니라 아직 모르는 사실을 책에 쓰고 있었다!) 여기에는 의심의 여지가 있을 수 없다. 그들은 철학하고 있었으니까! 철학의 길을 오르며 아직 이르지 못한 길의 끝을 향해 자신을 내던지고 그 끝에 상상적으로 다가가, 아직도 걷고 있는 길의 '끝'에 대한 상상적 사유 실험을 펼친다. 이 실험적 사상가들은 철학적 추구의 길의 끝을 신적 세계 창조의 길의 시작으로 사유하고, 바로 이 끝과 시작으로부터 실체를 정의한다. 실체가 내리막길의 시작으로 '사유되는' 한에서 실체는 '…한 모든 것을 …하게 해 주는 것'으로 '정의되고', 오르막길의 끝으로 '사유되는' 한에서 '스스로는 …하지 않은 것'으로 '정의된다.' 그리고 오르막길의 끝과 내리막길의 시작이 같은 것으로 '사유되는' 한에서 실체는 '…한 모든 것을 …하게 해 주면서, 스스로는 …하지 않은 것'으로 '정의된다.' 실체들의 동형성은 금광이나 자연법칙처럼 숨겨져 있어서 발굴되고 발견될 수 있는 것이 아니다. 이것은 이미 존재하고 있던 실체 자체들 간의 구조적 동일성이 아니라, '세계의 끝' 그리고 '세계의 시작'으로서의 실체를 추구하던 철학자들의 상상적 사유 실험이 취했던 방식의 동일성이다. 근본적으로 동일한 것은 실체 자체의 구조가 아니라 철학자가 실체를 사유하고 정의하는 방식이고, 길의 끝 자체가 아니라 길을 걷는 철학자가 걸어감을 상상적으로 끝내는 방식이다.

철학자가 걷고 끝내는 이 길은 인간의 세계에서 신의 세계로 향하는 길, 이른바 철학적 추구의 오르막길이다. 그런데 모든 오르막길은 동시에 내리막길이다. 신이 아닌 인간이 신적 세계로 올라가는 길은 동시에 인간이 아닌 신이 인간들의 세계로 내려오는 길이 되기도 한다. 이 길을 통해 철학할 필요가 없는 신이 철학자들의 세계 안으로 들어오게 되었다. 인간들이 자신이 걷는 길의 끝, 자신의 신을 추구하고 있었다는 바로 그 사실이 신이 철학사 안으로 들어오게 된 배경이다. 그러나 이것은 '신들의 역사'에서 일어난 사건이 아니라, '인간적 철학의 역사'에서 일어난 사건이었다. 신이 원해서 인간에게 온 것이 아니라 인간이 원해서 신을 불러들인 것이다. 그 신은 어떤 신일까? 독자들은 지금껏 내가 '실체 자체의 존재 방식'이 아니라 '철학자들이 실체를 사유하는 방식'에 대해 논의해 왔음에 주의해야 한다. 그러면 이 물음에 대한 답도 나온다. 그 신은 신 자체가 아니라 철학하는 인간들이 '신적인 것'이라 사유했던 것, 그들의 끝에로의 상상적 사유 실험 안의 신, 철학자들'의' 신이다.

2.2 철학사에 신이 들어오게 된 배경

① 철학은 타자 사랑이다.

신은 인간의 타자, 인간의 인간적임에 대한 단적인 부정이다. 인간은 신적 지혜를 사랑하지만 소유하지 못해 철학하고, 신들은 그 지혜를 이미 가지고 있어 철학하지 않는다. 그래서 인간은 늘 신을 향하는 길의 중간 어딘가를 걷고 있고, 신들은 철학의 길의 끝에 머물러 있다. 길의 끝에 거주하는 신은 도상으로 내려오지 않고 도상에 있는 인간들은 길의 끝에 이르지 못한다. 이렇게 인간과 신은 본디, 분리된 각자의 세계에 속하고 함께하지도 않고 서로 대할 일도 없다. 이 의미에서 신은 '절대자the Absolute'라 불린다. 이 말의 어원인 라틴어 '압솔베레absolvere'는 떼어 냄, 분리, 단절 등을 뜻하는 '압ab'과 같은 의미를 갖는 '솔베레solvere'의 합성어이다. 그 의미는 떼어 내고 분리하고 단절함이다. 무엇과의 단절인가? 물론 자신이 아닌 것, 상대적인 존재자들과의 단절이다. 상대적인 것들과의 모든 대對함을 단절絶한 자가 곧 절대絶對자다. 반면 인간은 상대相對적인 방식, 서로相 대對

함의 방식으로 존재한다. 상대적인 인간은 신을 마주 대하려 하지만 절대적인 신은 인간과의 대함을 끊어 버린다. 길 위의 인간과 길 끝의 신은 그 거주지가 다르고 철학하는 인간과 철학하지 않는 신은 그 존재 방식이 다르다. 두 존재자는 다른 곳에서 다른 일을 하며 서로 간의 교통 없이 존재한다. 일단 둘 사이를 완전한 단절이 지배하고 있다. 이 단절과 간격이 신이 '아닌' 인간과 인간이 '아닌' 신의 관계다. 이들은 서로에게 타자다.

앞서 우리는 철학은 '끝의 추구'이고 이 끝이 '철학자들의 신'이라고 말했다. 그런데 걷는 자로서의 철학자가 아직 길의 끝에 이르지 못했다면, 더욱이 철학자와 그의 신의 관계를 완전한 단절이 지배하고 있다면, 그는 가 보지도 못한 끝, 대해 본 적도 없는 신이 존재한다는 사실은 어떻게 알고 있는가? 물론 경험적으로 확인해서 아는 것은 아니다. 끝의 존재는 원인의 계열이 무한 소급에 빠져서는 안 된다는, 그의 두 번째 전제였다. 이 전제의 타당성은 오르막길의 끝과 내리막길의 시작이 없어서는 안 된다는 생각으로 소급되고, 이 생각의 타당성은 다시 근거율로 소급된다. 이제 나는 이 일련의 문제에 대해 좀 더 깊이 생각해 보려 한다. 철학자는 확인하지 못한 끝을 전제한다. 그렇게 전제하도록 강요하는 것은 무엇인가? 그는 '끝과 시작이 무어서는 안 된다'는 규칙, 즉 '근거율에 어긋나서는 안 된다'는 사유의 필연성이라고 답할 것이다. 내 생각에는 그렇게 답한 철학자가 답해야 할 물음이 약간 더 있다. 왜 근거율에 어긋나면 안 되는가? 왜 유는 무에서, 있는 것은 없는 것에서 생겨나서는 안 되는가? 그렇게 되면 논리적으로 말이 안 된다는 것인가? 아니면 여기에는 논리 이상의 심각한 이유가 더 있는가?

이 물음들에 답하기 위해 철학자가 끝을 긍정하는 방식, 긍정하지 않을 수 없게 만드는 사유의 필연성에 대해 숙고해 보자. 초점은 철학자'가' 스스로 철학의 길을 끝내는 방식이다. 일단 분명한 것은 우리는 유와 존재,

있는 것들의 세계에 살지 무와 비존재, 없는 것들의 세계에 살고 있는 것은 아니라는 점이다. 여기에도 저기에도 있는 것들이 있다. 당구치는 나와 당신이 있고, 내가 쳐서 움직이는 당구공과 그 공에 맞아 움직이는 당구공이 있고, 그렇게 내기에 져서 당신이 산 짜장면도 있다. 있는 것들의 있음이라는 자명한 사실, 그리고 이것들이 무에서 생겨난 것은 아니라는 분명한 확신에서 출발하면서 철학자는 있는 것의 원인과 그 원인의 원인을 물으며 원인들의 계열을 거슬러 끝을 향해 상승한다. 물론 상승에는 인내가 필요하다. 많은 시간과 노동을 투자해도 가시적인 결실은 나오지 않기 때문이다. 그렇게 한참을 인내하며 상승하던, 그리고 끝날 줄 모르는 상승에 어느 정도 지친 철학자에게 불현듯, 이 원인의 오르막길이 참으로 길고도 길어서 어쩌면 그의 인생보다 길지도 모른다는 생각이 든다. 물론 끝이 없는 것이야 아니겠지만, 그 끝에 도달하기에 자신의 삶이 좀 짧을 수는 있을 것이다. 한 번뿐인 인생, 오로지 상승에 바쳤는데 상승이 끝나기도 전에 삶이 먼저 끝나 버리면, 그건 좀 억울할 일이다. 그래서 철학자는 언제 끝날지 기약도 없는 상승을 일단 멈추고 스스로에게 묻는다. 끝까지 가서 발견하려다 중도에서 죽느니 차라리 여기서 상상을 해 볼까? 그러고는 걸음을 멈추고 걷던 길의 끝에로의 상상적 사유 실험을 시도한다. 말하자면 축지법적 사유다. 실재의 실을 줄여縮 이념상으로 끝에 가 보고 거기서 한번 생각해 보는 것이다.

상상적으로 길의 끝에 선 철학자는 스스로에게 묻는다. 이 지루한 원인들의 계열을 '끝내 주는' 존재자, '이 계열에 종지부를 찍을 수 있는' 존재자는 어떤 것일까? 결과에서 원인으로 나아가는 계열이 끝나기 위해서는 더 이상의 원인이 없어야 한다. 그러므로 '원인을 갖지 않는 것'만이 원인들의 계열을 끝낼 수 있다. 전제와 운동도 마찬가지다. 전제를 갖지 않는 것, 운동하지 않는 것만이 전제와 운동의 계열을 끝낼 수 있다. 일반적으로 말해서 '…하지 않는' 것만이 '…한' 것들의 계열을 끝낼 수 있다. 모든 실체의 정의의 후반부에 포함되어 있는 이 '…않은'이라는 비밀스러운 부정어의 의미가 여기서 밝혀진다. '…한' 것들의 계열은 이 '…하지 않은' 것에서 부정되고 이 부정에서 끝난다. 이 부정의 말은 '…한 것'들의 계열에는 끝이 있어야 하고, 그 끝에는 '…한 것'들과 근본적으로 '다른' 실체가 서 있어야 함을 역설하고 있다. 누가 이 부정어를 여기에 써 넣었는가? 실체를 정의하던 철학자 자신이 아니라면! 중요한 것은 계열의 부정이 정말 계열의 끝에 있어서 거기서 계열이 끝나는 것이 아니라, 계열을 끝내기를 원하는 철학자가 계열을 부정하여 '…하지 않은 것'을 계열의 끝에 세웠다는 점이다. 계열을 끝내는 것은 실체 자체가 아니라, 계열을 끝내기 위해 '…하지 않은' 자신의 타자, 실체를 불러들이는 '…한' 철학자 자신이다.

계열이 무한 소급에 빠지지 않고 계열의 끝과 시작이 무가 아닐 수 있도록 철학자가 계열의 이념적 끝에 찍은 상상적 종지부, 이것이 '…한' 철학자의 타자로서의 '…하지 않은' 실체, 철학자의 신이다. 이렇게 종지부를 찍는 상상적 사유 실험을 통해 이 계열을 '끝내 주는' 존재자, 철학하는 인간의 타자로서의 '철학하지 않는 신'이 철학사에 들어오게 되었다. 이 신은 모든 철학함의 최초의, 그리고 최후의 원인이다. 이 신은 '모든 철학하는 자를 철학하게 해 주면서, 스스로는 철학하지 않는 자'이기 때문이다. 이 신은 우선 철학의 길의 최종 목적지다. 철학하지 않는 신은 철학하는 인간들이 추구하는 것을 이미 가지고 있어서 철학의 필요가 지양되는 곳, 철학의 완성, 모든 철학의 길의 끝이기 때문이다. 이 신에게도 위에서 실체에 대해 말한 것이 가감 없이 타당하다. 철학하지 않는 신이 거기에 있어서 철학의 길이 그리로 향하는 것이 아니라, 철학의 길을 걷는 자가 자신의 길이 무한 소급에 빠지지 않도록, 자신의 걸어감이 목표 없는 방황, 끝없는 배회, 무를 향하는 것이 되지 않도록 상상적으로 다가가 본 길의 끝에 자신의 타자, 철학할 필요가 없는 신을 이념적 목표로 세워 두었다. 그리고 이 오르막길의 끝, 목표는 동시에 내리막길의 시작, 철학하는 인간의 근원이기도 하다. 모든 철학함은 여기서 발원해 나온 것으로 사유된다. 그것은 근거 없는 것, 본 없는 것이 아니고, 무에서 생겨난 것이 아니어야 하기 때문이다.

결국 신이 거기 있어서 발견된 것이 아니라, '…한' 것들의 계열의 끝과 반대 계열의 시작이 없어서는, 무여서는 안 된다는, 즉 존재하는 모든 것은 목표와 근거를 가져야 한다는 생각이 '…한' 것들의 타자, 이 계열을 끝내 주는 존재자로서의 '…하지 않은' 신을 요청하게 한 것이다. 그러므로 끝에로의 상상적 사유 실험을 수행한 철학자는 '끝은 있고 따라서 시작도 있다'라고 말하지 않고, '끝은 있어야 한다. 왜냐하면 시작이 있어야 하기 때문이다'라고 말한다. 존재하는 어떤 것도 무에서 생겨난 것이어서는 안 된다는 생각, '근거의 사유'가 바로 철학사에 신이 들어오게 한 배경이다.

② 철학은 왜 니힐리즘의 방문을 거부하는가?

이제 우리는 앞서 제기된 물음에 답해야 한다. '왜 근거율이 파기되어서는 안 되는가? 왜 있는 것은 무에서 생겨나서는 안 되는가?' 철학자의 답변은 '사유의 필연성'이었다. 생각해 보니 그래서는 안 될 이유가 있다는 것이다. 그 이유는 논리적 필연성인가? 있는 것이 없는 것에서 생겨났다는 주장이 논리적으로 말이 안 되기 때문에 그래서는 안 된다는 것인가? 물론 그 주장이 논리적으로 말이 안 되는 것은 사실이지만, 온 세계가 말이 안 되는 방식으로 생성되지 말았어야 할 필연적인 이유도 없다. 내가 보기에 '끝의 긍정', '무의 거부'에는 형식논리 이상의 심각한 이유가 있다. 그것은 나의 존재의 근거는 없고, 나는 무에서 왔으며 따라서 '아무것도 아닌 것'이라는 사실을 우리 철학하는 인간이 도저히 받아들일 수 없다는 것이다. 사유의 필연성은 나의 존재에 근거가 있어야 한다는 필연성이다. 이것을 철학에서는 '근거의 사유'라 부른다. 즉 존재하는 모든 것은 자기 존재의 근거를 가져야지 근거가 무여서는 안 된다는 생각이다. 이것이 이른바 근거율의 본래적 의미이다. 근거율은 본디 논리적 사유의 규칙이라기보다 경험적 세계에 존재하는 만물의 존립 근거에 관한 존재론적 원리이기 때문이다. 왜 철학의 역사가 이 원리를 존중해 왔는지는, 이 원리가 깨어지는 상황을 생각해 보면 누구나 어렵잖게 이해할 수 있다.

한번 모든 것의 존재 근거는 없다고, 근거가 '무*nihil*'라고 가정해 보자. 나도 당신도, 우리의 모든 할아버지와 후손도 무에서 왔다. 모든 인간은 '아무것도 아닌 것'이다. 그들이 거기서 생겨난 근거(시작)도 없고 그리로 향해 갈 목표(끝)도 없다. 그러니 근거도 목표도 없는 인생에 어떤 의미도 가치도 있을 수 없다. 모든 것은 아무것도 아닌 것, 무다. 이렇게 존재의 자리를 무에게 넘겨주는 입장이 바로 무의 사상, '니힐리즘Nihilism'이다. 니체는 니힐리즘을 "모든 손님 중에서 가장 섬뜩한 손님"[25]이라 칭했다. 이 손님은 철학의 문을 두드리며 가장 섬뜩한 소식을 전해 주기 때문이다. "신은 죽었다"[26]고, 그래서 끝도 없고 시작도 없다고. 네가 거기서 온 근원은 무고 네가 그리로 가려는 목적지도 무라고. 문자 그대로 섬뜩한 소식이다. 나는 분명 지금 여기 존재하고 있는데, 내가 무에서, 저 어두운 비존재에서 왔고 그 비존재에로 향하고 있다고? 그래서 나에게는 근거도 목적도 없고, 나의 삶에는 의미도 가치도 없다고? 가도 가도 끝에 다가가지 못하는 이 삶의 여정은 목표로의 접근이 아니라 밑도 끝도 없는 방황일 뿐이라

---

25 니체, 『유고 (1885년 가을-1887년 가을)』, 『니체 전집』, 19권, 이진우 옮김(책세상, 2005), 154쪽.
26 니체, 『즐거운 학문』, 『니체 전집』, 12권, 안성찬 외 옮김(책세상, 2005), 200쪽.

고? '섬뜩한 손님'의 방문을 예감한 자는 묻는다.

> 내게는 있는가, 아직도 목적지가? 나의 돛배가 달려갈 포구가? 순풍이? 아,
> 그 자신이 어디를 향해 가고 있는지를 아는 자만이 알 것이다. 어떤 바람이 순
> 풍인지 그리고 항해에 적당한 바람인지를.[27]

가야 할 곳, 나의 길의 목적지가 없다면, 나는 순풍과 역풍도 구별할 수
없고, 그 어디로 가건 그건 접근이 아니라 배회에 불과한 것 맞다. 갈 곳이
없는 우리는 먼 끝에 천천히나마 다가가고 있는 것이 아니라 그저 뱅뱅 돌
고 있을 뿐이다. 철학의 길을 아무리 걸어도 그건 '진보'가 아닐뿐더러 심
지어 '퇴보'일 수도 없다. 목적지가 사라지면서 가까워짐과 멀어짐도 소멸
되었기 때문이다. 늘 같은 일이 반복된다. 뱅뱅 도는 삶. 이 뱅뱅 도는 삶
을 살다가 정말 돌아 버리는 것은 아닐까? 그런데 이 삶을 과연 살아야 하
나? 산다면 어떻게 살아야 하나? 극단적인 니힐리스트는 답한다. "가장 좋
은 것"은 "태어나지 않는 것, 존재하지 않는 것, 무로 존재하는 것"이다.
"차선의 것"은 "일찍 죽는 것"[28]이다. 아니면 그 죽음과도 같은 삶의 "운명"
을 "사랑"[29]하거나!

당신은 이 끔찍한 소식을 견딜 수 있는가? 나는 근원도 없고 목적지도
없고, 나의 삶에는 아무런 의미도 가치도 없고, 이 삶을 살아감이 "헛된"[30]
방황이요, 나 자신이 바로 무, 아무것도 아닌 것이다. 갑자기 디디고 서 있
던 땅(근거)은 꺼져 버리고 친숙하던 온 세계가 내게서 "미끄러져" 쑥 "빠

---

27 니체, 『차라투스트라는 이렇게 말했다』, 451쪽.
28 니체, 『비극의 탄생』, 박찬국 옮김(아카넷, 2005), 73쪽.
29 니체, 『이 사람을 보라』, 『니체 전집』, 15권, 백승영 옮김(책세상, 2002), 373-374쪽.
30 니체, 『도덕의 계보』, 『니체 전집』, 14권, 김정현 옮김(책세상, 2002), 540쪽.

저나가 버린다."[31] 나는 허공중에 매달려 저 어두운 무의 심연 안으로 바로 가라앉을 것 같은 후들거림과 "메슥거림"[32]에 치를 떤다. 이 허무감, 생소함, 섬뜩함, 구역질이 철학자로 하여금 자신의 신을 찾게 한다. 우리가 걷는 길에는 목적지가 있어야 하고 우리가 걸어 온 길에는 시원이 있어야 한다고 요청하게 하고, 우리가 '밑'도 '끝'도 없는 자가 아니라는 사실을 믿을 수 있기 위해 우리가 걷는 길의 시작과 끝, 우리들의 신을 상정하고 요청하게 한다. '모든 철학하는 자를 철학하게 해 주는 신'이 나의 근원이 되어야 하고 '스스로는 철학하지 않는 신'이 나의 길의 목적지가 되어야 한다고 생각하게 한다. 이것이 논리의 필연성 이상인 사유의 필연성이다. 그러므로 신은 존재해야 한다. 설혹 신이 존재하지 않는다 해도, 우리는 신이 존재한다고 생각해야 한다. 우리의 삶이 '무'근거, '무'목적, '무'의미, '무'가치에 빠지지 않고, 철학하는 우리 자신이 산산이 조각나 무 안으로 흩어지지 않을 수 있기 위해, 우리는 우리의 삶의 밑에, 그리고 끝에 신을 세운다. 섬뜩한 손님의 방문을 거부하고 우리가 '아무것도 아닌 것'은 아니라는 믿음을 갖기 위해서다. 신이 있고 무가 없어서가 아니다. 우리가 있고 우리가 무가 아니기 위해 우리가 우리 삶의 근거와 목표로서의 신을 상정하고 요청하는 것이다. 이것이 철학자의 신, '철학하는 모든 이를 철학하게 해 주면서, 스스로는 철학하지 않은 신'이다. 이 신, 철학하지 않을 수 있다고 사유된 신을 사랑함이 바로 철학이다. 철학은 타자 사랑, 자신이 아닌 것으로의 무한한 향함이고 다가감이다. 철학하는 인간은 철학하지 않는 신을 필요로 하니까! '인간이 아닌 신'은 '신이 아닌 인간'의 타자 사랑 때문에 인간적인 철학사 안으로 들어오게 되었다.

---

31 하이데거, 『형이상학이란 무엇인가?』(프랑크푸르트, 1965), 34쪽.
32 니체, 『차라투스트라는 이렇게 말했다』, 361, 367쪽.

철학의 분류

결코 짧지 않았던 지금까지의 논의(1-3장)는 모두 '철학이란 무엇인가?' 라는 주도적인 물음에 대한 답변이었다. 이 물음에 1장은 '애지'라고 답했고, 2장은 경험으로 경험을 설명하는 과학과 달리 철학은 '경험의 근거와 전제에 대한 탐구'라고 답했고, 3장은 이 근거와 전제가 마지막 전제, 무전제자라는 의미에서 철학을 '무전제자에 대한 학문'으로 규정했다. 결국 철학이란 존재하는 모든 것의 제일 원인에 대한 인식을 향하는 무한한 추구, 이른바 '제일 철학pfrote philosophia'이다. 그런데 이 이름은 좀 이상하다. 제일 철학이 있다면, 제 이, 제 삼의 철학도 있는가? 그리고 '제일 철학'이 '철학이란 무엇인가?'라는 물음에 대한 답이라면 제 이, 제 삼의 철학은 철학이 아니라는 말인가? 물론 그렇지는 않다. 우리가 지금까지 답해 온 '철학이란 무엇인가?'라는 물음은 실은 '철학은 근본적으로 무엇인가?'라는 물음이고, '제일 철학'은 이 근본적인 물음에 대한 근본적인 답이다. 지금까지는 철학의 본질과 관련하여 '매우 근본적인' 물음의 제기와 답변이 이루어졌다면, 지금부터는 같은 문제를 다소 느슨하고 확장된 의미에서 다루려 한다. 즉 '근본적인' 철학뿐 아니라 현존하는 다양한 철학을 그 유사성과 차이에 따라 묶고 나누어 철학의 세계의 정돈된 지형도를 제시하는 일, 이른바 '철학의 분류'가 지금부터의 문제다.

철학이라는 학문의 내부에는 매우 다양한 분야가 있다. 이 다양한 철학 중에서 비슷한 것들은 묶고 다른 것들은 나누어 무리를 지어 주는 작업이 바로 철학의 분류이다. 그런데 철학들을 모으고 나누는 작업 자체도 실은 매우 어려운 철학적 문제 중의 하나이다. 모으고 나누기 위해서는 모음과 나눔의 기준이 필요한데, 기준은 기계적으로 주어지지 않기 때문에 분류하려는 자는 우선 기준을 얻기 위해 철학들 전체에 대한 개관을 하지 않으면 안 된다. 그러나 기준의 인도 없이 전체를 개관하는 일, 그리고 이를 통해 기준을 찾아내는 일은 고도의 철학적 통찰력을 요구한다. 이 의미에서 철학의 분류는 이미 하나의 어려운 철학적 문제다. 나 역시 철학의 내부에 어떤 분야들이 있는지는 대충 알고 있지만, 이것들이 어떤 기준에 의해 분류된 것인지를 확정하기란 여간 어려운 일이 아니다. 그러나 철학사를 통해 제시되어 온 몇 가지 철학 분류법을 살펴보면 철학의 다양한 분야에 대한 개관, 그리고 분류를 위한 지침을 얻을 수 있을 것이다.

1 철학사의 분류법들

1.1 고대의 철학 분류법

서양철학사에서 최초로 이루어진 철학의 분류는 기원전 4세기경 "플라톤의 제자"[1]였던 크세노크라테스가 철학을 "자연학, 윤리학, 논리학"[2]으로 나눈 것이라고 한다. 유감스럽게도 이 고대인에 대해 아는 바가 거의 없어 최초의 철학 분류법 자체에 대해 문헌학적으로 검증된 정보를 제공할 처지에 있지는 못하다. 하지만 당시의 철학사적 상황들을 고려하면, 다음의 한 가지 사실만큼은 의미 있게 지적할 수 있을 것 같다. 플라톤의 다음 세대에, 그러니까 그리스 계몽주의가 출현하며 서양의 철학사가 출범했던 기원전 6세기에서 겨우 두 세기 남짓한 시간이 지난 뒤, 자연학, 윤리학, 논리학을 주된 분야로 하는 철학의 기본 골격이 이미 갖추어졌다는 것이다. 초기의 철학사 200년 동안 그리스인들은 있을 수 있는, 철학의 가장 중요한 분야들 중 대표적인 세 가지를 섭렵한 셈이다.

이 사태는 역사적으로 설명 가능하다. 소크라테스 이전의 자연철학자들이 자연의 시원에 대한 물음을 던지면서 서양철학사는 자연physis에 대한 연구, 자연학physike으로 시작했다. 이 자연학은 아리스토텔레스의 저서『자연학』에서 자연의 운행과 그 원리를 다루는 자연철학으로 ─따라서 이 학문은 오늘날의 물리학physics과는 다르다─ 자리 잡았다. 또한 크세노크라테스의 스승의 스승인 소크라테스에서부터 철학의 관심은 신이 만든 자연을 떠나 인간의 좋은 삶의 가능성으로 옮겨 가기 시작했다. 그 후 좋은 삶, "잘 사는 것"[3]은 플라톤 철학의 핵심 주제를 이루었고 또 아리스토텔레스의 윤리학의 근간을 형성했다. 이렇게 해서 자연학과 윤리학은 철학의 두 기둥이 되었다. 여기에 우리는 크세노크라테스의 동시대인인 아리스토텔레스가 자신의『오르가논』에서 고전논리학을 정초했다는 사실도 추가해야 한다. 이 고전논리학은 워낙 완벽한 체계를 갖추고 있어서 20세기에 러셀과 화이트헤드가『수학의 원리』에서 기호논리학 체계를 정

---

1   라에르티오스,『그리스 철학자 열전』, 234쪽.

2   최동희 외,『철학개론』, 35쪽.

3   플라톤,『파이돈』, 48b; 아리스토텔레스,『니코마코스 윤리학』, 이창우 외 옮김(EjB, 2006), 1140a.

립하기 전까지, 거의 근본적인 수정 없이 수용되어 왔다고 한다. 문자 그대로 '고전적인' 고전논리학이다. 이 셋, 자연학, 윤리학, 논리학이 200년의 역사를 뒤로 한 크세노크라테스 시대의 철학을 대표하던 주된 분야들이었다. 즉 그의 철학 삼분법은 서양철학의 초기의 역사와 결실, 이에 근거한 당시 철학의 현실, 그리고 200년 동안 인류 최초의 철학자들이 파악했던 철학의 본질을 충실하게 반영하는 것이었다. 이것이 이유가 되었는지 이 삼분법은 근대에 이르도록 2,000년 넘게 ─물론 세부적인 내용에서는 적잖은 변화를 겪으며─ 수용되어 온, 철학 분류의 기본 틀이 되었다.

이 삼분법이 스토아학파에게 전수되었는데, "최초로 이 구분을 행한" 사람은 이 학파의 수장으로 간주되는, 그리고 크세노크라테스보다 반세기 후의 사람인 "제논"[4]이었고, 이 학파에 속한 후대의 여러 철학자들도 이 구분을 수용했다고 한다.[5]

> 철학에는 세 가지 부문이 있다. 자연학과 윤리학, 논리학이다. 우주와 그 안에 있는 것을 대상으로 하는 (철학의) 부문이 자연학이고, 인생과 우리와 관계 있는 것들을 다루는 부문이 윤리학이다. 한편, 이 두 부문에서 쓰이는 논의를 연마하는 부문이 논리학이다.[6]

흥미로운 것은 스토아의 철학자들은 이 세 학문을 "분리되어 있지 않고 서로 뒤섞여 있는 것"으로 간주했다는 점이다. 그래서 이들은 철학을 "동물"로 비유할 경우 논리학은 "뼈나 힘줄", 윤리학은 "살이 더 많은 부분",

---

4 라에르티오스, 『그리스 철학자 열전』, 429쪽.
5 같은 곳 참조.
6 같은 책, 18쪽.

자연학은 "혼"에, 그리고 "달걀"에 비유할 경우 논리학은 "바깥쪽 부분(껍질)", 윤리학은 "그 다음 부분(흰자위)", 자연학은 "가장 내부에 있는 것(노른자위)"에, 그리고 "밭"에 비유할 경우 논리학은 "울타리", 윤리학은 "과일", 자연학은 "토양 내지 과일나무[7]에 대응하는 것으로 여겼다고 한다. 이 비유가 얼마나 구속력 있는 것인지는 모르겠으나 비교적 분명해 보이는 것은 세 철학 분야 중에서 자연학이 가장 핵심적인 것으로 간주되고 있다는 점이다. 그것은 아마 스토아학파에게 자연이 외적 자연뿐 아니라 "신적 존재도 포함하는" 우주이고 따라서 자연학에는 "신학도 포함되었기"[8] 때문일 것이다. 스토아에게 자연학은 형이상학의 다른 이름이었다.

1.2 칸트의 철학 분류법

칸트 역시 철학의 분류 문제를 다루는 곳에서 스토아학파의 철학 삼분법을 분류의 기본 틀로 수용하면서 이렇게 말한다.

고대 그리스 철학은 세 개의 학문으로 나뉜다. 자연학, 윤리학 그리고 논리학. 이러한 구분은 사태의 본성에 완전히 부합해서 여기에는 개선할 점이 하나도 없다. 그저 한편으로 이러한 분류 방식의 완전성을 더욱 확고하게 만들기 위해, 다른 한편으로 필연적인 세부 분류를 올바르게 규정해 주기 위해 그 분류의 기준이 무엇인지만 밝히면 된다.[9]

---

7   같은 책, 429쪽.
8   롱, 『헬레니즘 철학』, 이경직 옮김(서광사, 2000), 224쪽.
9   칸트, 『윤리 형이상학의 정초를 위하여』, 학술원판(베를린, 1911), 387쪽.

실제로 칸트는 스토아적 철학 삼분법에 명시적인 기준을 보태어 한결 정치한 분류를 진행한다. 그가 제시하는 기준은 두 가지인데, 첫째는 '해당 철학의 탐구 대상이 내용을 가지는가, 그렇지 않은가?'이고 다른 하나는 '해당 철학의 접근 방식이 경험적인가, 이성적인가?'이다. 이 이중의 기준을 적용해서 칸트의 철학 분류를 정리하면 다음과 같은 도표가 나온다.

철학	형식적 철학		논리학	
	실질적 철학	자연학	경험적 부분	자연학
			이성적 부분	자연의 형이상학
		윤리학	경험적 부분	도덕, 실천적 인간학
			이성적 부분	윤리의 형이상학

칸트가 추가한 첫 번째 기준은 '내용의 유무' 여부이다. 철학자들은 내용과 형식을 대립 개념으로 사용하는데, 내용은 뭔가를 만들기 위한 재료, 소재이고 형식은 내용에 부여되는 형상, 구조적 골격을 말한다. 예를 들어 집을 짓기 위한 건축자재, 철근·시멘트·목재 등은 내용이고, 완성된 집에서 이 내용을 모두 상상적으로 제거했을 때 남는 것, 설계도의 구조는 형식이다. 어떤 철학은 실질적 내용을 갖지 않는데, 그런 철학을 형식적 철학이라 한다. 대표적인 예는 논리학이다. 이 학문은 우리가 '어떻게' 생각하는가, 그 사유의 형식만을 묻지, '무엇'을 생각하는가, 사유의 내용에 대해서는 묻지 않는다. 그래서 논리학은 그 자체 동어반복적 표현인 형식논리학이라 불린다.

예를 들어 다음 삼단논법을 보자.

$$A \rightarrow B,$$
$$B \rightarrow C,$$
$$\therefore A \rightarrow C$$

이것은 진리치가 '참'인 정언 삼단논법인데, 이 삼단논법의 타당성은 세 명제의 형식적 관계의 정합성 내지 무모순성에 근거하는 것이지, 그 내용과는 아무런 상관이 없다. 따라서 A, B, C에 어떤 '내용'이 들어가건 삼단논법의 타당성에는 변화가 없다. 예를 들어 A에 '모든 인간', B에 '모든 생명체', C에 '죽는다'를 대입하건 또는 A에 '모든 인간', B에 '모든 생명체', C에 '죽지 않는다'를 대입하건 그 진리치는 바뀌지 않는다.

모든 인간은 생명체다. 모든 생명체는 죽는다. ∴ 모든 인간은 죽는다. 진리치: 참	모든 인간은 생명체다. 모든 생명체는 죽지 않는다. ∴ 모든 인간은 죽지 않는다. 진리치: 참

두 삼단논법의 소전제와 결론의 내용은 정반대이지만, 둘의 진리치는 모두 참이다. 왜냐하면 형식논리학은 사고 내용은 도외시하고, 오로지 사고 형식이 옳은지만을 묻기 때문이다. 이런 의미에서 칸트는 "논리학"을 내용 없는 철학, "형식적 철학"으로 분류한다.

반면 어떤 철학은 사유의 형식이 아니라 구체적, 질적 내용을 가진 대상을 탐구하는데, 이것을 칸트는 "실질적"[10] 철학이라 부른다. 그런데 칸트에 의하면 이 세상에 내용이라 부를 수 있는 것은 원칙적으로 둘뿐이다. 그 하나는 '자연'이고 나머지 하나는 '자유'이다. 이렇게 현실성을 자연과 자유로 양분하는 것이 다소 생소하게 느껴질지 모르지만, 이는 고대 그리스에서 유래하는 '피지스physis'와 '노모스nomos'의 고전적 이분법을 고려하면

10 같은 곳.

지극히 당연한 일이다. 그리스인들의 생각에 현실성은 두 개뿐이었다. 하나는 신이 창조한 피지스, 자연이고 다른 하나는 인간이 창조한 노모스, 법칙이다. 피지스는 신의 형상으로서의 법칙적 질서가 모든 것을 보편적으로 지배하는 자연이다. 노모스는 직역하면 법칙이지만, 이는 신이 자연 안에 불어넣은 보편적 자연법칙이 아니라, 늘 달리 평가하는 인간들이 세운 상대적인 도덕법칙이다. 따라서 신적 피지스의 질서는 자연 안의 모든 존재자에게 무차별적으로 적용되는 강제적 법칙이다. 이 법칙으로부터의 자유는 없다는 의미에서 그렇다. 반면 인간적 노모스, 도덕의 법칙은 때와 장소에 따라 다르다. 노모스가 인간에게 때와 장소에 따라 '달리 선택하고 달리 행위할 자유'를 허용한다는 의미에서 그렇다.

칸트 역시 피지스와 노모스에 대한 그리스적 이분법과 무관하지 않게 현실성, 실질적 철학의 대상을 자연과 자유로 나눈다. 자연은 신이 만든 세계, 보편 법칙이 지배하는 규칙적 질서의 세계다. 따라서 이 세계 안의 어떤 것도 자연법칙의 강제로부터 자유로울 수는 없다. 밑에서 받쳐 주는 것이 없는 한, 공기보다 무거운 모든 것은 중력의 법칙에 따라 아래로 떨어진다. 사과도 떨어지고, 돌도 떨어지고, 이른바 자유롭다는 인간 역시 떨어진다. 자연은 법칙이 강제하는 세계다. 반면 자유의 세계는 인간이 만든 삶의 세계, 인간적 행위와 실천의 세계다. 이 세계에서 인간은 자유로운 존재자로 간주된다. 인간은 자유의지를 가지고 선택하고 행위하고, 그에 대한 책임도 지기 때문이다. 떨어진 사과를 나 혼자 먹을 수도 있고, 굶주린 자에게 양보할 수도 있다. 하지만 혼자 먹을 경우 배는 부르지만 찐 살에 대한 책임, 혹은 양보할 경우 마음은 배부르지만 고픈 배에 대한 책임은 자신의 몫이다. 자유의 세계는 자유로운 인간의 윤리적 실천의 장이다. 이 구분된 두 세계에 대응하여 두 개의 철학적 학문, 자연학과 윤리학이 성립한다.

나아가 자연학과 윤리학은 각각 "경험적 부분"과 "이성적 부분"으로 나뉜다. 이성적 부분은 경험되지 않는, 따라서 감각 경험으로 접근할 수 없는 한에서의 자연과 자유에 대한 연구이다. 따라서 이를 탐구하기 위한 방법으로는 경험, 관찰이 아니라 "순수한", 즉 "모든 경험적인 것으로부터 세심하게 정화된" 이성의 사변이 요구된다. 이에 따라 자연학과 윤리학의 이성적 부분에 각각 "자연의 형이상학"과 "윤리의 형이상학"이 들어선다. 이 두 학문은 자연과 자유라는 현상의 초경험적 근거에 대한 형이상학적 탐구다. 전자가 자연의 존립의 근거, 가능성의 조건 등을 다룬다면, 후자는 인간 도덕의 가능 근거, 도덕성의 원리 등의 문제를 다룬다. 자연학과 윤리학의 경험적 부분은 각기 '경험 가능한 한에서의 자연'과 '경험적 세계 안에서의 인간의 의지와 행위'를 다룬다. 칸트는 전자를 다시 (좁은 의미의) "자연학"이라 부르고 후자를 "도덕*Moral*"이라 부른다. 이 두 학문은 모두 경험 가능한 법칙을 다룬다. 자연 안에서 모든 일은 자연학이 발견하는 법칙에 따라 "일어나고", 인간의 실천적 삶의 세계에서 모든 일은 도덕이 제시하는 법칙에 따라 "일어나야만 하지만" 실제로는 "일어나지 않기도"[11] 한다. 전자는 중력의 법칙과 같은 자연법칙이고 후자는 '악을 피하라', '선을 행하라'와 같은 도덕법칙이다. 이 두 학문은 모두 경험적으로 규정 가능한 법칙을 다룬다는 점에서 같고, 또 그 점에서 이성적 부분과 다르다.

　정리해 보자. 일단 칸트는 철학을 실질적 철학(자연학과 윤리학)과 형식적 철학(논리학)으로 세밀하게 구분하고 있지만, 그럼에도 철학을 자연학, 윤리학, 논리학으로 삼분하는 고대의 분류법의 기본 틀을 유지하고 있다. 다만 특기할 점은 칸트가 자연학과 윤리학 안에 각기 형이상학이라는 학문을 포함시키고 있다는 점이다. 물론 고대의 자연학도 자연철학이고 거

11　같은 책, 388쪽.

기에는 신학까지 포함되었다는 사실을 고려하면, 칸트의 철학 분류의 진짜 새로운 점은 윤리 형이상학의 등장이라고 하겠다. 내가 보기에 이것은 '형이상학은 근본적으로 윤리 형이상학일 수밖에 없다'라는 칸트의 고유한 관점이 반영된 것인데, 이는 실은 전통적인 의미의 형이상학, 존재하는 모든 것의 제일의 근거를 탐구하는 학문으로서의 형이상학을 포함하지는 못한다. 뒤에서 나는 이 부분을 수정하는 분류법을 제시할 것이다.

1.3 퀼페의 철학 분류법

19세기에 퀼페라는 사람이 새롭고 흥미로운 철학 분류법을 제시했는데, 독특하게도 그는 철학을 "일반 부문과 특수 부문"으로 나눈다. 그리고 일반 부문에 "형이상학, 인식론, 논리학"을, 특수 부문에 "자연철학, 심리학, 윤리학, 법철학, 미학, 종교철학, 역사철학, 사회학"[12] 등을 포함시킨다.

일반 부문은 전통적으로 철학의 주된 영역으로 간주되어 왔고, 자신만의 고유한 탐구 대상을 가지고 있는 분야이다. '초경험적 존재자', '인식', '사유 규칙'을 각기 자신의 고유한 대상으로 하는 세 개의 철학(형이상학, 인식론, 논리학)이 거론되었다. 반면 특수 부문은 —예시된 학문들의 이름만으로는 그 정확한 의미는 알아낼 수 없지만, 추정컨대— 법·예술·역사 등 철학 이외의 학문적 탐구 및 활동에 대한 철학적 성찰이라고 할 수 있겠다. 예를 들어 법학자가 실정'법'을 탐구하고 예술가가 '예술' 작품을 창조하고 역사학자가 '역사'를 탐구한다면, 법철학자는 법학자들이 다루는 '법'의 존립과 정당성의 근거에 대한 철학적 반성을 하고, 예술철학자는 예술가들이 만든 '예술' 작품의 본질과 '예술'적 창조 과정에 대한 철학적 숙

---

[12] 최동희 외, 『철학개론』, 35쪽.

고를 하고, 역사철학자는 역사학자들이 연구하는 '역사'의 본질과 '역사' 연구의 방법에 대한 철학적 성찰을 한다. 이 경우 법학자와 법철학자, 예술가와 예술철학자, 역사학자와 역사철학자는 같은 대상(법, 예술, 역사)을 다룬다. 즉 특수 부문의 철학자들은 자신만의 고유한 대상을 갖지 않는다. 다만 동일한 대상이라도 그 접근하는 방법만큼은 다르다. 즉 철학적이다. 나는 뒤에서 철학의 일반 부문과 특수 부문의 구분을 적극적으로 수용하여 나의 철학 분류법을 제시할 것이다.

철학	일반 부문	형이상학
		인식론
		논리학
	특수 부문	자연철학, 심리학, 윤리학, 법철학, 미학, 종교철학, 역사철학, 사회학 등

퀼페의 철학 분류법에는 우리가 지금껏 다루어 온 분류법들과 대비하여 눈에 띄는 특징이 몇 있다. 그중 언급할 가치가 있는 것은 두 가지인데, 하나는 일반 부문에서 자연학이 사라졌다는 것이고 다른 하나는 일반 부문에 인식론이라는 학문이 새로 포함되었다는 것이다. 이 둘은 모두 설명 가능하다. 첫째 자연학의 소멸은 학문사적 사태로 설명된다. 17세기에 탄생한 자연에 대한 경험과학으로서의 물리학은 퀼페의 시대에 이르기까지 눈부신 성장을 거듭하였다. 이제 물리학이 자연에 대한 경험적 탐구를 수행하고 있는 마당에 철학이 자연과 관련하여 할 수 있는 학문적 작업은 두 가지뿐이다. 그 하나는 자연에 대한 초경험적 연구일 것인데, 이는 퀼페의 분류에 의하면 형이상학 안에 포함되어야 한다. 나머지 하나는 이른바 자연과학의 철학이다. 자연과학자가 자연을 탐구한다면, 자연과학의 철학자는 자연과학자가 자연을 탐구하는 방법에 대한 철학적 성찰을 수행한

다. 그런데 이런 탐구는 철학의 특수 부문에 포함되어야 한다. 결론적으로 퀼페의 분류표에 자연학을 위한 자리는 없다. 둘째 인식론의 등장 역시 근대의 철학사적 상황에 의해 설명된다. 17, 18세기 서양철학의 역사는 한마디로 인식론의 역사였다. 인식의 문제가 철학의 주요 문제가 되었고, 철학자라면 누구나 ―더 열심히 덜 열심히의 차이는 있지만― 인식의 문제에 대해 숙고했다. 이 근대 철학사를 알고 있는 19세기 사람이라면 인식론을 철학의 주요 부문에 포함시키지 않을 수 없었을 것이다.

그 외 사족처럼 두 가지만 덧붙인다면, 일반 부문에 새로 형이상학이 추가되었고,[13] 전통적으로 철학의 주요 분야로 간주되어 온 윤리학은 특수 부문으로 이동되었다는[14] 것이다. 나는 형이상학의 추가에는 찬동하고 윤리학의 이동에는 반대한다. 이 찬동과 반대가 『초대』의 철학 분류법에 반영될 것이다.

2 『초대』의 분류법

지금까지 훑어본 여러 분류법을 종합해서 『초대』 역시 철학의 분류를 시도한다. 그것은 우선 독자들이 철학의 세계의 지형도와 친숙해지게 하

---

13 나는 이 추가가 옳다고 생각한다. 본디 형이상학은 스토아의 분류법에서는 자연학 안에 숨어 있었고, 칸트의 분류법에서는 자연학과 윤리학의 하위 학문으로 간주되었는데, 퀼페는 이미 자연학을 삭제해 버렸다. 그리고 칸트의 윤리 형이상학은 전통적인 형이상학을 모두 포괄하기에는 조금 협소한 개념이다. 나는 전통적인 의미의 형이상학이 핵심적인 철학 분야들 중의 하나로 간주되어야 한다고 생각한다.

14 윤리학이 특수 부문에 편입된 이유를 ―고백하건대― 나는 전혀 모르고 추정조차 할 수 없다. 만약 이것이 퀼페 개인의 학문적 성향에 따른 것이라면, 이에 대해 내가 할 수 있는 일은 '반대'뿐이다.

려는 것이고, 다음으로 다양한 철학의 분야 중에서 가장 중요한 것만을 『초대』의 논의 주제로 선별하기 위함이다.

『초대』는 철학을 퀼페를 따라 일반 부문과 특수 부문으로 나눈다. 일반 부문은 철학의 핵심적 분야인데, 여기에 형이상학·인식론·윤리학·논리학이 포함된다. 이 네 개의 학문은 모두 자신만의 고유한 대상을 가지고 있다는 공통점이 있다. 초경험적 형이상학의 네 하위 분야, 존재론·신학·우주론·영혼론은 각기 존재, 신, 세계, 영혼이라는 감각 경험에 알려지지 않는, 이성의 사유를 통해서만 접근할 수 있는 초월적 대상을 갖는다. 인식론의 대상은 인식이고 세부 주제는 인간 인식의 근거와 가능성의 조건, 기원, 한계와 범위 등이다. 윤리학과 논리학도 각각 자유의 세계와 가치 현상, 사고의 형식적 규칙이라는 대상을 갖는다. 이상 네 학문이 철학의 핵심부를 이룬다.

철학	일반 부문	형이상학: 존재, 신, 세계, 영혼 등 초경험적 대상들에 대한 탐구	일반 형이상학	존재론
			특수 형이상학	신학
				우주론
				영혼론
		인식론: 인식의 근거, 가능성의 조건, 기원, 한계, 범위에 대한 탐구		
		윤리학: 실천적 삶과 행위, 가치와 윤리에 대한 탐구		
		논리학: 형식적 사고 규칙에 대한 탐구		
	특수 부문	과학철학, 법철학, 역사철학, 사회철학, 심리철학, 종교철학, 예술철학, 미학, 문화철학, 기술철학 등		

특수 부문은 철학의 주변적 분야라고 할 수 있다. 중요하지 않아서라기보다 자신만의 고유한 대상 영역을 갖지 않는다는 의미에서 그렇다. 이 의미의 철학은 '철학 이외의, 인간의 특수한 활동과 그 소산에 대한 철학적 성찰'이다. 위 분류표에 제시된 예들을 일견하면, 인간의 모든 학문과 활

동에 대해 철학의 성찰이 가능함을 알 수 있다. 물론 더 많은 예를 들 수 있다. 정치철학·경제철학·환경철학·의료철학·여성철학·돈의 철학·성의 철학 등등. 인간의 지성적, 실천적 관심이 움직이는 곳이라면 어디서나, 그리고 인간 활동이 만들어 낸 것이라면 무엇에 대해서건 철학적 사유가 수행될 수 있다. 그래서 과학, 역사, 법, 예술이 ―과학자, 역사가, 법학자와 예술가의 활동과는 무관하게― 철학적 성찰의 대상이 된다. 왜냐하면 이미 설명했듯이[15] 철학을 철학이 아닌 모든 인간 활동과 구별해 주는 것은 대상의 차이가 아니라 방법의 차이이기 때문이다. 철학의 반성으로부터 방면될 수 있는 대상은 존재하지 않는다. 모든 것은 철학적으로 사유될 수 있고, 모든 것에 대한 철학이 가능하다.

역사의 진행에 따른 인간의 삶과 학문의 다면화는 늘 새로운 철학의 탄생의 필요성을 불러온다. 이것은 현대에 더 가속화되고 있는 추세인데, 그 주목할 시발점은 이미 논의한 과학의 분립이라는 근대의 학문사적 사태였다. 17세기에 물리학이, 18세기에 생물학이 보편학으로서의 철학에서 분립해 나갔을 때, 이 새로운 과학들의 가능 근거와 방법론적 토대에 대한 철학적 성찰로서의 자연과학의 철학, 생물학의 철학이 필요해졌고 탄생했다. 19세기에 같은 일이 사회과학의 철학에게 일어났다. 오늘날 자연과학으로서의 심리학의 비약적 발전과 이에 의거한 물리주의의 영향력 확대로 인해 몸과 마음의 관계에 대해 숙고하는 심리철학이 철학의 새로운 주요 특수 부문으로 부각되었고, 기술 문명의 밝고도 어두운 두 얼굴이 기술철학이라는 전에는 없던 철학을 만들어 내었다. 의료 윤리학, 생태 윤리학도 생명체 복제와 유전자 조작, 심각한 생태계 파괴 등의 현대적 문제와 함께 새로 등장한 철학의 특수 부문이다. 아마 ―실은 확신을 가지고 장담

---

15 2장 1.2의 ③ 참조.

하건대— 조만간에 'AI의 인간학', '메타버스의 우주론' 등의 철학도 등장할 것이다. 인간의 삶과 학문은 계속 다면화될 것이고 이에 상응하여 특수 부문의 철학도 계속 늘어날 것이다. 인류가 멸종하지 않는 한, 무한대로.

『초대』는 이 다양한 특수 부문의 철학들은 다루지 않는다. 우리의 관심은 철학의 일반 부문에로 향하고, 그중에서도 형이상학과 인식론에 제한된다. 이 책의 부제는 '초월, 신, 자아, 인식'이다. 이는 두 핵심 철학의 네 근본 문제이다. 그래서 이 넷이 『초대』의 부제가 되었다. 형이상학의 근본 정신은 '초월'이고 마지막 대상은 '신'이기 때문에 이 둘이 선택되었다. 자아는 물론 형이상학적 탐구의 대상이기도 하지만 여기서는 인식론적 관점에서 주제로 선택되었다. 인식의 주체는 '자아'이고, 자아의 '인식' 가능성을 묻는 것이 바로 인식론이기 때문이다. 이제 '입문'을 마무리한 우리에게 남은 주제는 둘이다. '형이상학: 초월과 신'이 그 하나고 '인식론: 자아와 인식'이 다른 하나다. 이 둘이 각기 『초대』의 2부와 3부를 이룬다.

2부

형이상학:
'네가 아닌 것'이 되어라

초월

1 실체 형이상학

1.1 형이상학이란 무엇인가?

① '형이상학'이라는 이름과 이 학문의 초월성

'형이상학metaphysics, metaphysike'이라는 흥미로운 이름에 대한 논의로 시작
히자. 이는 그리스어 '피지케physike'에 '메타meta'라는 접두어가 붙어 이루
어진 말이다. '피지케'는 자연에 대한 학문, '자연학'이고 또 아리스토텔레
스가 쓴 한 권의 책의 제목이기도 하다. '메타'는 '뒤', '배후', '너머' 등을 의
미한다. 이것만으로 추정해 볼 수 있는 형이상학의 의미는 '자연학의 또
는 자연학이 다루는 자연의 배후에 대한 학문'이 될 것이다. 아리스토텔레
스는 자연의 배후에서 작용하는 "첫째 원리들과 원인들에 대한 (…) 학문"[1]

---

1   아리스토텔레스, 『형이상학』, 982b.

을 다룬 한 권의 책을 썼는데, 그 책을 우리는 『형이상학』이라 부른다. 그런데 정작 이 책의 저자는 '형이상학'이라는 명칭을 사용하지 않았다. 그의 용어는 '제일 철학' 또는 '신학'이었는데 ─신이야말로 첫 번째 원인이기 때문이었다─, 이 용어들도 본문에만 등장할 뿐 책 제목은 아니었다. 그 책에는 아무 제목도 없었다. 그렇다면 어찌된 연유로 아리스토텔레스의 제목 없는 책은 '형이상학'이라는 이름을 가지게 된 걸까?

이 물음과 관련하여 철학하는 사람들 간에는 재미있는 이야기가 하나 전해져 내려온다. 기원전 1세기경 로마의 한 도서관에서 사서로 일하던 안드로니쿠스라는 사람이 있었는데, 그는 아리스토텔레스의 저서들을 정리하던 중에 제목이 붙지 않은 한 권의 책을 『자연학*physica*』이라는 책의 뒤에 꽂으면서, 이 책을 『자연학』 뒤에 꽂힌' 책이라는 의미에서 '타 메타 타 피지카*ta meta ta physica*'라 불렀고, 이것이 '형이상학*metaphysica*'이라는 명칭의 기원이 되었다고 한다. 물론 이 명명은 단지 도서 분류법상의 우연만은 아닌 것 같다. 왜냐하면 이 이름은 '뒤', '배후'를 의미하는 그리스어 메타의 어원학적 의미뿐 아니라, 앞뒤에 꽂힌 두 책의 실제 내용과도 잘 부합하기 때문이다. 자연학이 경험 가능한 자연 현상에 대한 탐구라면 형이상학은 그 현상의 배후에 놓인 본질과 근거, 원리에 대한 탐구이다. 그리고 경험적 현상의 배후는 경험에 포착되지 않는다는 의미에서 형이상학은 경험적 현상계를 넘어 경험 저편의 세계로 초월한다. 그래서 중세인들은 형이상학을 '초자연학*transphysica*'이라고도 불렀다. 의미는 자연학을 '초월하는*trans*' 학문이다. 형이상학은 자연학이 다루는 자연의 배후에 놓인 근거를 탐구하며 따라서 ─자연의 배후는 자연에 속하지 않기 때문에─ 경험적 자연과 자연에 대한 학문을 초월한다.[2]

---

2   4장에서는 스토아학파를 거론하면서 자연학이 신학까지 포함하는 형이상학이라 해 놓고

이 사실은 다양한 형이상학의 대상들을 일별해 보면 확연히 드러난다. 4장에서 다룬 철학 분류법에 의하면 네 개의 형이상학이 있다. 일반 형이상학으로서의 존재론*ontologia*, 특수 형이상학으로서의 신학*theologia*, 영혼론 *psychologia*, 우주론*cosmologia*이다. 각각의 대상은 '존재onta', '신theos', '영혼psyche', '우주cosmos'(세계)다. 이것들을 우리는 경험할 수 있는가?

존재는 존재자의 근거다. 그 정의는 '모든 존재자를 존재자로 있게 해 주면서, 스스로는 존재자가 아닌 것'이다. 그렇다면 존재자란 무엇인가? 존재자는 '있는存在 것者', 이것, 저것, 요것, 조것 등 우리가 경험할 수 있는 모든 것, 이 빨간 당구공과 저 하얀 당구공, 요 큐대와 조 사람 등이다. 이 것의 근거는 저것이고, 저것의 근거는 요것이고, 요것의 근거는 조것이고…. 존재는 이 '것들'의 계열의 끝, 이 '모든 것을 것으로 존재하게 해 주면서 스스로는 것이 아닌 것'[3]이다. 것들의 계열의 끝으로서 존재는 것들의 세계에 속하지 않고 따라서 경험되지도 않는다. 신? 신 역시 경험할 수 없다. 나는 나의 오감 중에 신에 관한 어떤 감각 자료도 가질 수 없다. 나는 신이 존재한다는 경험의 증거를 가지고 있지 않고 존재하지 않는다는 경험의 증거도 가지고 있지 않다. 도대체 아무런 경험 가능성도 가지고 있지 않다. 본디 신이란 모든 경험 가능한 것의 절대적 타자로 사유된 것이

지금은 형이상학이 자연학을 초월한다고 하니, 의아해하는 독자가 있을 수도 있겠다. 그러나 아리스토텔레스는 분명하게 이 두 학문을 구별한다. 자연학은 "운동과 정지의 원리를 자기 안에 갖고 있는 실체에 대한"(같은 책, 1025b) 학문이고, 형이상학은 "있는 것을 있는 것인 한에서 보편적으로 탐색하는"(같은 책, 1003a) 학문이다. 즉 자연학이 운동과 정지라는 관점에서 자연 현상의 원인을 탐구한다면, 형이상학은 조건 없이, 보편적으로 존재자 일반의 제일의 근거를 탐구한다. 이 점에서 형이상학은 자연학을 초월한다.

3 여기서 존재는 '것이 아닌 것'으로 규정되었다. 왜 나는 '것이 아닌 존재'를 다시 '것'으로 표현하였을까? 이것은 단순히 논리적인 오류인가? 고백하는데, 나에게는 다른 표현이 없다. 당신은 달리 표현할 수 있는가? 생각해 보기 바란다.

기 때문이다. 신은 경험의 대상이 아니라 사유의 대상일 뿐이다. 영혼도 마찬가지다. 영혼, 자아, 이른바 '나'가 없다면 어떤 경험도 불가능하겠지만, 경험의 주체로서의 나 자체는 경험되지 않는다. 설령 나 자체를 경험하지 못해 당황하고 있는 '나'가 존재해야 할 필연성이 너무도 자명하다 해도, 그 나는 여전히 당황하며 경험하는 나이지 경험되는 나는 아니다. 영혼이 있지 않으면 안 된다고 사유하게 하는 근거는 많지만 그 영혼 자체가 경험되지는 않는다. 세계 역시 감각 경험의 대상이 아니다. 때로 우리는 지금 내가 처해 있는 이 공간이 경험 가능한 세계라고 생각하지만, 내가 그 안에 있는 방, 집, 마을 등은 세계가 아니라 세계의 부분일 뿐이다. 물론 그 부분들은 경험할 수 있다. 하지만 세계 전체는 경험할 수 없다. 우리가 경험하는 세계의 부분에서 상위의 전체로 거슬러 올라가는 계열(방 → 집 → 마을 → 도시 → 한반도 → 아시아 → 지구 → 태양계 … 세계 전체)의 끝, 상위에 더 큰 전체를 갖지 않는 마지막 전체가 바로 형이상학적 개념으로서의 세계다. 이 세계는 경험의 한계를 넘어선다. 우리는 크고 작은 부분으로서의 세계 안에 있고, 마지막 전체로서의 세계는 부분과 전체의 계열의 끝이고 이 끝은 계열에 속하지 않기 때문이다. 우리가 이 계열의 끝에 도달해 세계 전체, 계열 전체를 발아래 두고 육의 눈으로 내려다보는 일은 있을 수 없다. 그런 일은 사변, 상상적 사유 실험이지 현실적 경험이 아니다.

모든 형이상학은 경험 가능한 것의 배후의 근거로서의 초경험적 대상들을 사유하며 경험의 세계를 초월한다. 따라서 형이상학자들은 우리가 살고 있는 자연, 경험적 현상계의 배후 내지 너머에 경험할 수는 없는, 그러나 사유해 볼 수는 있는 또 하나의 세계가 있지 않으면 안 된다고 생각한다. 기린의 긴 목과 소화기관 내벽의 융털 구조는 경험 가능하지만, 그 뒤에서 기린의 목을 잡아 빼고 위벽을 구겨 놓은 자연의 목수는 경험의 그물에 잡히지 않는다. 그럼에도 우리는 경험하지 못한, 생물학적 '위해서'

의 주인을 생각하지 않을 수 없다. 경험만으로는 경험을 설명할 수 없기 때문이다. 그럴 경우 경험을 설명하는 경험도 다른 경험에 의해 설명되어야 하고, 결국 설명의 계열은 무한 소급에 빠지고 만다. '…한' 것들의 계열은 '…하지 않은' 것에서만 끝나듯이, '경험적' 현상의 계열도 '경험이 아닌' 것에서만 끝날 수 있다. 이런 의미에서 칸트는 경험 가능한 세계의 근거는 경험적 "세계의 외부"[4] 있어야 한다고 말했다. 근거가 세계 내부에 있을 경우 우리는 근거율에 따라 그 근거의 근거를, 그리고 그 근거의 근거의 근거를 또 물어야 하고, 이런 식으로는 무한 소급을 피할 수 없기 때문이다. 이 무한 소급의 결과가 무엇이고 우리가 이를 왜 피해야 하는지는 이미 앞서(3장, 2.2의 ②) 설명한 바 있다. 경험의 근거는 경험되지 않는 것이어야 하고 경험적 세계의 근거는 이 세계의 외부에 있어야 한다. 이것이 철학이 형이상학을 하지 않을 수 없는, 경험적 세계의 끝과 외부에 대해 상상적 사유 실험을 하지 않을 수 없는 분명한 이유다.

② '형이상학은 해체하고 형이상학의 물음은 해소하라!'고?

그러나 또한 분명한 것은 형이상학이 세계의 외부에 대해 세우는 모든 학설은 "경험의 한계를 넘어서고" 이에 대해서는 "어떤 경험의 시금석도 승인되지 않기"[5] 때문에, 우리는 그 학설의 참을 증명하기는커녕 참, 거짓 여부조차 판별할 수 없다는 것이다. 경험 저편에 대해서는 경험의 기준이 침묵하기 때문이다. 어떤 형이상학자들은 '신은 존재한다'고 말하고 다른 형이상학자들은 '신은 존재하지 않는다'고 말한다. 경험의 기준을 갖지 못한 우리는 도대체 누가 참을 말하고 누가 거짓을 말하는지를 판단할 수도

4　칸트, 『순수 이성 비판』, B 705.
5　같은 책, A VIII.

없다. 그들은 경험을 넘어서 있는 것(신)에 대해 경험적으로는 '증명되지도 않고 논박되지도 않는'[6] 내용(존재 또는 부재)을 주장하고 있기 때문이다. 그래서 근본적인 물음이 제기된다. 참인지 거짓인지조차 확인할 수 없는 주장을 과연 학문으로 간주해도 좋은가? 학문이란 본디 참, 진리의 추구인데 말이다. 이것은 학문으로서의 형이상학의 가능성에 대한 물음이다. 직접 진리를 제공하지는 못한다 해도, 최소한 진리와 거짓을 구별할 수 있는 가능성은 열려 있어야 하지 않는가? 그래야 진리는 취하고 거짓은 버릴 것이 아닌가? 그런데 참인지 거짓인지 분간조차 할 수 없는 말이라면, 그건 진리와 무관한 말, 학문적으로는 뜻도 없고 말도 안 되는 말이다. 그 무의미한 말을 계속 들어야 할 이유가 있는가?

형이상학의 역사에 비판적인 철학자들은 '말 되는 말은 하지 않는, 이 말 많은 학문'에게 침묵을 요구한다. 이 입장의 대표자 중 한 사람인 비트겐슈타인은 이렇게 말했다.

도대체 말해질 수 있는 것이라면 명료하게 말하고, 말할 수 없는 것에 대해서는 침묵하라![7]

명료하게 말하라는 것은 애매함, 모호함, 양의성 등이 없이, 뜻이 분명히 통하도록 말하라는 의미다. 그러나 우리 문제의 맥락에서는 이를 다음과 같이 좁혀서 이해해도 될 것 같다. 참을 말하건 거짓을 말하건, 그 말이 참인지, 거짓인지를 경험을 통해 판별할 수 있게 말하라. 비트겐슈타인을 추종하며 형이상학을 비판했던 20세기 초의 실증주의자들은 이를 '검

---

6   같은 책, B 449 참조.
7   비트겐슈타인, 『논리철학 논고』(런던, 1951), 26쪽.

증 가능성verifiability'이라 칭했는데, 그들은 이 조건의 충족 여부를 과학과 사이비 과학, 예를 들어 경험과학으로서의 물리학physics과 초자연학*trans-physica*으로서의 형이상학meta-physics을 구획하는 기준으로 삼았다. 모든 과학적 주장에는 경험적 검사 가능성이 원리적으로 열려 있어야 한다. 그렇지 않으면 그것이 과학이 아니라는 것이다. 예를 들어 '하늘이 돈다'와 '땅이 돈다'는 문장은 경험을 통해 참, 거짓을 증명할 수 있으므로 검증 가능성을 갖고, 천동설과 지동설은 옳고 그름을 떠나 모두 과학적 주장이다. 반면 '신은 존재한다'와 '신은 존재하지 않는다'는 문장은 경험을 통해 참, 거짓을 증명할 수 없으므로 검증 가능성을 갖지 않고, 유신론과 무신론은 둘 다 과학적 주장이 아니다.

과학적으로 의미하는 바가 없는 형이상학적 주장은 적어도 과학의 세계에서는 추방되어야 한다. 이것만이 우리를 형이상학의 혼란으로부터 구해 내는 길이다. 말할 수 없는 형이상학적 대상들에 대해서는 침묵해야 하고, 답할 수 없는 형이상학적 물음들은 폐기해야 한다. 이것이 비트겐슈타인이 제시한 형이상학적 문제의 해결 방안, 이른바 문제의 '해소'라는 해결책이다. 인간이 답할 수 없는 형이상학적 물음에 대해 해소는 하나의 해결일 뿐 아니라 유일한 해결이다. 여기에 다른 해결은 없기 때문이다. 그는 언젠가 이렇게 말한 적이 있다.

철학적인 혼란에 빠져 있는 사람은 방에서 나가고는 싶은데 어떻게 나가야 할지를 모르는 사람과 같지. 창문으로 나가 보려 하지만 그건 너무 높고, 굴뚝으로 나가려니 그건 너무 좁아. 단지 주위를 돌아보기만 한다면 문은 항상 열려 있다는 걸 알 텐데 말이야![8]

---

8 맬컴, 『비트겐슈타인의 추억』, 이윤 옮김(필로소픽, 2013), 70쪽.

미로 같은 방에 갇혀 출구를 찾지 못하고 방황하는 형이상학자의 문제는 문이라는 가장 가깝고 훌륭한 출구를 출구로 여기지 않는다는 점이다. 그러나 문이야말로 인간을 위한 출구다. 창문은 바람이 드나드는 통로고 굴뚝은 연기가 나가는 출구니 사람은 문을 열고 나가면 된다. 땅에 사는 사람이 왜 군이 떠다니는 바람처럼, 날아가는 연기처럼 철학하려 하는가? 문을 열고 형이상학이라는 골방에서 나가 다시 돌아오지 않으면 된다. 형이상학과 샅바 잡고 되지도 않는 씨름을 하기보다 오히려 씨름판을 깨는 것이고, 답도 없는 형이상학의 문제를 풀려 헤매지 않고 도리어 지워 없애는 것이다. 그러면 문제는 해결된다. 그 문제로 인해 더 이상 고통받지 않을 수 있다는 의미에서. 실제로 비트겐슈타인은 자신이 해소의 방식으로 형이상학의 모든 문제를 해결했다고 생각하고, ‘당신이 초대받아 온 그 철학’을 헌신짝 차 버리듯 내던지고 오스트리아 산속으로 들어가 버렸다. 자신이 철학의 모든 문제를 해결했으므로 인류는 더 이상 철학할 필요가 없다고 생각했기 때문이다.[9] 그는 철학자이기를 그만두고 외딴 산속 초등학교의 교사가 되었다.

　형이상학의 물음들은 해소하고 형이상학 자체는 해체한다. 그렇게 해서 우리 자신을 형이상학적 상사병에서 치유한다! 형이상학을 하면서 인간이 겪는 방황의 고통을 생각하면 나쁘지 않은 처방이고, 그 고통을 치르면서 얻는 인식의 성과가 무엇인지를 비판적으로 따져 보면 거부할 수 없는 처방이다. 한번 솔직하게 묻고 답해 보자. 2,500년에 이르는 형이상학의 역사를 통해 많은 철학자가 엄청난 노동과 시간을 투자해 가며 초경험적 대상들에 대해 물어 왔다. 그 긴 물음의 역사를 뒤로한 지금 우리는 존

─
9　비트겐슈타인, 『논리철학 논고』, 28쪽 참조; 박병철, 『비트겐슈타인』(이룸, 2003), 36, 75쪽 참조.

재, 신, 영혼, 세계 전체에 대해 과연 경험적으로 신뢰할 만한 인식을 얻었는가? 얻었다면 얼마나 얻었는가? 유감스러운 일이지만 전혀 얻지 못했다. 그런데 이것이 다가 아니다. 더 큰 문제는 미래의 인간에게도 그런 인식은 허용되지 않으리라는 점이다. 왜냐하면 형이상학은 이 학문을 하는 인간의 '바람'과 '한계'의 충돌로 인해 원리적으로 불가능한 학문, 그 시도에 이미 실패가 예정되어 있는 학문이기 때문이다. 형이상학은 자연의 배후, 경험의 저편을 알고자 하는데, 형이상학을 하는 인간의 인식 능력은 경험의 한계를 벗어날 수 없다. 형이상학자는 얻을 수 없는 것을 바라고 따라서 바라는 것을 얻을 수 없다. 지금까지 그의 모든 노고는 헛된 것이었고 앞으로도 그러할 것이다. 그러니 이제는 이 헛된 시도에 그만 종지부를 찍고, 해소라는 문을 인간을 위한 유일한 문으로 승인해야 하지 않겠는가?

③ 형이상학적 동물로서의 인간, 인간의 의무로서의 형이상학

외관상의 설득력에도 불구하고 나는 이 물음에 단호하게 '아니다!'라고 답한다. 이유는 세 가지다. 첫째, 형이상학이라는 학문은 과학, 경험과학이 아니다. 이른바 검증 가능성이라는 기준은 과학과 사이비 과학을 구분하는 기준일 뿐이지, 과학이 아닌 형이상학과는 아무 상관이 없다. 형이상학은 스스로를 과학이라 여긴 적이 없고 과학인 양 처신한 적은 더욱 없기에 사이비 과학일 수 없고, 또 과학의 세계 안에 머문 일이 없기에 그 세계에서 추방당할 수도 없다. 과학이 아니면서 과학인 척하는 것만이 사이비 과학일 수 있고, 과학 안에 있는 것만이 그 밖으로 쫓겨날 수 있기 때문이다. 형이상학자들 또한 '과학자가 아닌 학자'이기에 경험적으로 검증 가능한 인식을 바라지도 않았고 얻으려 노력하지도 않았다. 그래서 그들은 숲 속의 관찰자가 아니라 망대 위의 사변가가 된 것이다. 형이상학이라는 학

문의 가치는 이 학문이 획득한 검증 가능한 인식의 양에 의해 측정될 수 있는 것이 아니다. 이 학문의 가치와 의미는 바로, 이 학문을 하는 것이 철학하는 인간의 의무라는 데에 존립한다. 이것이 둘째 이유다. 나는 이 문제를 이미(1장, 2.3) 논의했고 이내 다시 설명할 것이다. 셋째 나는 형이상학적 문제의 해결 불가능성이 우리에게 이 문제를 해소할 권리를 준다는, 얼핏 보면 설득력 있는, 그러나 자세히 보면 신중하지 못한 주장에도 동의할 수 없다. 내가 보기에 중요한 것은 형이상학자들이 문을 문으로 간주하지 못했다고 그저 비판만 할 것이 아니라 그들이 왜 문을 문으로 여기지 않았고 굴뚝과 창문가를 기웃거렸는지 그 이유를 이해하는 것이다. 형이상학자들 역시 해소라는 편한 방법이 있음을 모르지는 않았을 것이다. 다만 그 방법을 취하지 않았을 뿐이다. 왜? 비유를 들어 설명하자면, 이것은 말기 무좀으로 발가락이 썩어 가는 환자를 치료해야 하는 의사의 상황과 같다. 이 상황의 복잡성은 환자의 발가락은 지키면서 문제를 해결해야 한다는 것이다. 문제를 해결한답시고 '문제의 발가락'을 싹둑 잘라 버린다면 그건 의사가 할 일이 아니다. 절단이야 칼잡이나 망나니도 할 수 있다. 의사가 의사인 이유는 문제도 없애고 신체도 지켜야 하기 때문이다. 형이상학적 문제의 해소도 이와 유사한 경우다. 해소라는 편하고도 넓은 문이 있음을 몰라서 안 나가는 것이 아니다. 넓은 문으로 나가며 문제를 없앨 수도 있겠지만, 그로 인해 철학하는 인간이 철학하는 인간이 아니게 되기 때문에 불편하지만 '좁은 문'을 두드리게 되는 것이다. 바로 이것이 방금 언급했던 철학하는 인간의 의무라는 것이다.

이 맥락에서 이 책, 1장의 종결부도 칸트의 의미심장한 문장을 인용한 바 있다. 철학하는 인간은 "대답할 수도 거부할 수도 없는 물음에 시달려야 한다는 특수한 운명을 갖는다." 이 운명은 철학할 필요가 없는 신도 아니고 철학할 수 없는 동물도 아니고 오로지 철학하는 인간에게만 특수하게 부여된 운명이다. 신이 아닌 한, 인간은 경험의 저편으로 건너갈 수 없고 따라서 형이상학의 물음을 해결할 수 없다. 그러나 철학하는 한, 즉 자신에게 결핍된 신적 지혜를 사랑하지 않을 수 없는 한, 인간은 해결할 수 없는 이 물음을 외면할 수도 없다. 외면은 철학하는 인간이 아니라 철학할 수 없는 동물들이 가는 길이다. 이들은 철학자가 추구하는 지혜가 좋은 것이라는 사실은 물론이고 심지어 그런 것이 있다는 사실조차 모르기 때문이다. 이 수준의 무지만이 철학의 문제를 문제로 인정하지 않고 외면과 거부의 방식으로 피해 가게 한다. 이것이 이른바 해소라는 해결책이다.

그러므로 철학적 문제를 해소의 방식으로 해결한다는 것은 철학하는 인간이기를 멈추고 철학할 수 없는 동물이 된다는 것, "불만족한 소크라테스"에 만족하지 못하고 "만족한 돼지가 된다"[10]는 것을 뜻한다. 이것은 인간이 하는 철학 자체의 부정이고 동시에 철학하는 인간 자신의 지양이다. 인간은 그저 동물이 아니라 '형이상학적 동물*homo metaphysicum*'이고, 이 동물을 다른 동물과 구별해 주는 본질적인 차이는 '형이상학을 한다는 것'이다. 형이상학이 해체되고 형이상학의 문제들이 해소의 방식으로 제거되면, 인간과 동물 간의 종적 차이도 소멸되고 그와 더불어 동물 이상인 인간, 철학하는 인간도 사라진다.

물론 인간도 일차적으로는 '동물'이다. 그런 한에서 경험적 현상계를 벗어날 수는 없다. 그러나 인간은 경험 세계에 빠져 있고 그 안에 몰입해 있을 뿐인 동물들과 달리 이 세계를 넘어 이 세계 저편을 향하는 초월의 충동을 갖는다. 바로 이 충동이 인간을 다른 동물과 구별된 동물, '형이상학적' 동물로 만들어 준다. 이 충동을 칸트는 "자연의 소질로서의 형이상학*metaphysica naturalis*"[11]이라 불렀다. 자연*Natur*은, '동물이지만 동시에 동물 이

---

10 밀, 『공리주의』, 서병훈 옮김(책세상, 2018), 32쪽.

상이어야 하는 인간'의 내적 본성Natur 안에, 경험계 저편에 놓인 초경험적 대상들을 향하는 충동을 자연스러운 소질로 심어 두었다. 바로 이 소질이 인간을 형이상학으로 이끌고, 반복되는 실패와 성과 없음에도 불구하고 늘 다시 해결할 수 없는 형이상학의 물음과 대결하게 만든다. 이 소질은 우리의 본성 안에 자연이 심어 준, 따라서 "자연스럽고",[12] "필연적인",[13] 그리고 "피할 수 없는"[14] "성벽"[15]이고, 이 소질의 발현은 철학하는 인간의 의무이다. 형이상학이란 확정된 사실 인식으로 주어지는 것이 아니라, 인간 이성에 "과제로서"[16] "부과되는"[17] 것이다. 이것은 말하자면 형이상학적 동물, 동물이지만 동물 이상이기를 원하는 인간이 끝까지 ─죽음이 그를 이 의무로부터 방면해 주는 그 순간까지─ 매달려야 할 숙제이고 짊어져야 할 십자가다. 형이상학의 물음들은 해결되지도 않고 해소될 수도 없는, 인간의 영원한 과제이고, 이 과제에 몰입함은 '철학하는 인간'의 인간적인, '철학할 필요가 없는 신'도 아니고 '철학을 할 수 없는 동물'도 아니라는 의미에서 인간적인 의무이다.

④ 형이상학자는 '어떻게' 경험을 넘어서는가?

인간은 그의 본성의 명령에 따라 형이상학을 하지 않을 수 없다. 여기서 이 학문의 '방법'에 대한 물음이 제기된다. '어떻게' 형이상학을 할 것인가?

---

11 칸트, 『순수 이성 비판』, B 21.
12 같은 책, B 670.
13 같은 책, B 310.
14 같은 책, B 311.
15 같은 책, B 670.
16 같은 책, B 380.
17 같은 책, B 384.

물론 경험과학자가 자연학의 물음에 답하는 방법, 감각 경험을 통한 관찰은 여기서는 무력하다. 경험의 한계를 넘어서 있는 형이상학의 대상들은 감각과 경험의 접근을 불허하기 때문이다. 이제 감각과 경험이 무장해제 당한 곳에서 형이상학자는 무슨 사유의 무기를 가지고 초경험적 대상들에 대한 물음에 답할 것인가?

형이상학자는 경험과 관찰이 아니라 형이상학적 추리와 사변을, 지각 경험이 아니라 지각에 덧붙이는 사유, 통각의 사유를 전개한다. 사유의 필연성에 따르는 추리와 높은 곳에서 전체를 개관하는 봄으로서의 사변에 대해서는 이미 다각도로 논의한 바 있다. 여기서는 통각$^{ap(d)-perceptio}$의 의미만 간단히 설명하자. 통각은 '덧붙임'을 뜻하는 '애드^{ad}'와 '지각'을 뜻하는 '페르켑티오^{perceptio}'가 합쳐진 말이다. 따라서 그 의미는 '지각에 덧붙여'이다. 우리가 어떤 대상을 직접 지각할 수는 없지만 우리가 가진 여러 지각 내용에 덧붙여 그 대상을 사유한다면, 그것이 바로 통각의 사유다. 우리말 '통각統覺'도 '지각覺들을 통統틀어 봄'이라는 의미를 갖는다. 자아를 예로 드는 것이 좋겠다. 특수 형이상학의 하나로서의 영혼론의 대상인 자아는 그 자체 결코 지각되지 않는다. 그러나 우리는 누군가의 사랑함, 미워함, 기뻐함, 절망함 등의 활동은 지각할 수 있다. 이렇게 우리가 지각한 여러 활동에 '덧붙여' 또는 이 지각 내용들을 '통틀어' 보면, 우리는 이 지각된 활동들의 배후에 이 활동의 주인으로서의 '자아'가 있어야 한다고 사유의 필연성을 가지고 추리하게 된다. 모름지기 활동이란 누군가'의' 활동이어야 하기 때문이다. 이렇게 지각 경험을 초월한 형이상학적 대상으로서의 자아가 다양한 지각 경험에 덧붙여, 그리고 지각들을 통틀어 사유된다. 즉 통각된다.[18] 사변적 추리도 마찬가지다. 숲속에서 육의 눈으로 경

---

[18] 바로 이 이유로 칸트는 지각되지 않는 정신적 실체로서의 자아를 '통각'이라 부른다. (8장의

험하고 관찰할 때는 볼 수 없던 것이 망대 위에서 전체를 개관하는 혼의 눈에는 사유의 필연성을 가지고 드러난다. 이것이 바로 형이상학적 사유다. 통각, 추리, 사변 등의 방법이 무엇인지를 독자들은 실은 이미 이해하고 있을 것이다. 3장에서 설명한, 철학자의 끝에로의 상상적 사유 실험이 바로 이 같은 방법적 사유의 실천 과정이기 때문이다. 간단히 회고해 보자.

우리는 지금 여기에 있는 이것, 저것, 요것, 조것 등의 존재자들을 지각한다. 그리고 이 존재자들은 무에서 생겨난 것은 아니라고 추리한다. 무에서는 아무것도 생겨나지 않고 존재하는 모든 것은 자신의 근거를 가져야만 하기 때문이다. 이 추리의 근거는 물론 사유의 필연성이다. 우리는 계속 이 필연성에 기대어 추리한다. 우리가 지각한 여러 존재자의 생성의 계열, 원인에서 결과로 내려오는 계열에는 시작이 있어야 하고, 그 반대의 계열, 결과에서 원인으로 올라가는 계열에도 끝이 있어야 한다. 그리고 시작과 끝은 같은 것이다. 우리는 물론 이 끝 자체를 지각할 수는 없다. 그러나 우리가 지각한 여러 존재자에 덧붙여 사유하고 우리의 사변의 눈으로 이 계열 전체를 관조하며 그 끝이 어떤 것일지를 내다볼 수는 있다. 우리가 지각하는 것은 전부 '…한 것들'이다. '…한 것들'의 계열은 '…함'의 부정에서만 끝난다. 따라서 '…한 것들'의 계열의 끝은 '…하지 않은 것'이지 않으면 안 된다. 바로 이것, '…한 모든 것을 …하게 해 주면서, 스스로는 …하지 않은 것', 이것이 끝에로의 상상적 사유 실험을 행하는 철학자의 사변의 눈이 본 '…한 것들'의 최후의 원인이다. 그런데 이 원인은 계열의 끝이기에 계열에 속하지 않는다. 즉 경험 가능한 존재자들의 마지막 원인은 경험적 세계의 외부에 있어야 한다. 이것이 형이상학자가 통각과 사변

주 103 참조)

으로 전체를 개관하고, 사유의 필연성에 따라 추리하면서 경험 가능한 것들의 세계의 끝과 그 끝 저편을 사유하는 방식이다.

이렇게 형이상학자는 끝에로의 상상적 사유 실험을 통해 경험 가능한 것들의 세계를 넘어 초경험적인 것들의 세계로 초월한다. 경험 가능한 것들의 최종 원인은 초경험적인 것이고 이 초경험적인 것은 경험 가능한 것들의 세계 저편에 있어야 하기 때문이다. 즉 '…한 것들'의 세계의 배후에는 '…한 모든 것'을 '…하게' 해 주면서 스스로는 '…하지 않은 것'이 머물러 있는 또 하나의 세계가 있어야 한다. 그러므로 두 개의 세계가 있다. 물론 두 번째 세계가 첫 번째 세계의 원인이라는 의미에서 참된 세계고, 첫 번째 세계는 두 번째 세계가 경험계에 감성화되어 나타난 그림자에 불과하다는 의미에서 거짓된 세계다. 모든 형이상학은 두-세계-이론이고, 거짓 세계를 버리고 참된 세계로 초월함을 그 지상 목표로 한다.

1.2 두-세계-이론과 실체 형이상학

두 세계의 구분과 초월의 정신을 가장 전형적, 인상적으로 전개한 형이상학을 우리는 플라톤에서 발견한다. 이것은 인류 최초의 체계적이고 세련된 실체 형이상학이다. 그리고 이것은 가장 오래도록, 가장 열광적으로 수용되고 전승되어 온 형이상학이다. 물론 이 형이상학은 지금 이 순간에도 열렬한 찬성과 반대 속에 ─긍정적으로건 부정적으로건─ 계승되고 있다. 플라톤과 플라톤주의의 형이상학의 역사는 곧 형이상학 자체의 역사인 셈이다. 그런 의미에서 화이트헤드는 이렇게 말한 적이 있다. "서양 철학사의 반을 플라톤이 혼자 썼다. 나머지 반은 플라톤 철학에 대한 주석서일 뿐인데, 이 주석서의 반을 아리스토텔레스가 혼자 썼다." 『초대』는 당분간 '서양철학사의 반'을 홀로 썼다는 플라톤의 철학을 공부할 것이다.

과제는 둘이다. 첫째는 그의 실체 형이상학의 정신을 이해하는 것이고, 둘째는 그의 『국가』에 서술된 '동굴의 비유'를 통해 타자화로서의 초월의 철학적 의미를 이해하는 것이다.

① 현상과 실체, 즉 가짜와 진짜

모든 형이상학자는 '근거의 사유'의 철저한 실천가다. 그는 경험 가능한 현상의 근거에 대한 물음을 던진다. 물론 경험과학자도 똑같은 물음을 던진다. 그러나 둘 간에는 물음을 던지고 답하는 철저함의 차이가 있다. 과학자는 하나의 현상을 '다른 현상'으로 설명하지만, 형이상학자는 현상을 '현상과는 다른 어떤 것'으로 설명한다. 그리고 '현상과는 다른 어떤 것'은 현상의 근거들의 계열 끝에 위치해 있다는 점에서 ―계열은 계열의 부정에서만 끝나기 때문이다―, 형이상학자는 현상의 근거에 대해 '끝까지' 사유한 것이고 이 점에서 과학자에 비할 수 없이 철저하다. 우리는 형이상학자가 그렇게 하지 않을 수 없는 이유를 잘 알고 있다. 현상의 근거가 다시 현상이고 이 현상의 근거 또한 현상이라면, 결국 근거 물음의 계열은 무한소급에 빠지고 그 결과 마지막 근거와 최초의 근원은 '무'가 되어 버린다. 나아가 우리가 경험한 현상, 지금 여기에 있는 것이 없음에서 생겨났다는 부조리 또한 피할 수 없게 된다. 그래서 형이상학자는 사유의 필연성을 가지고 경험적 현상의 근거는 '다른 경험적 현상'이 아니라 '경험적 현상과는 다른 어떤 것'이어야 하고, 이 다른 것은 경험적 현상계의 외부에 있어야만 한다는 결론을 도출한다. 경험적 현상의 근거이면서 이 현상과는 다른 어떤 것, 따라서 스스로는 경험되지 않는 것을 철학의 언어로 '실체'라 부른다. 실체는 근거 지어진 현상이 아니라 현상의 '밑sub, hypo'에 서 있는 stantia, keimenon' 근거, '현상들을 현상으로 있게 해 주면서 스스로는 현상이 아닌 것'이다. 물론 근거는 근거 지어진 것과는 '다른' 어떤 것이어야 하기 때문에, 근거로서의 실체의 세계와 근거 지어진 현상들의 세계는 다른 두 세계다.

바로 이 사유가 플라톤의 두-세계-이론에서도 반복된다. 그는 다만 경험적 현상을 '가시성', '봄'으로 쉽게 풀어 설명할 뿐이다. 그 이유는 나중에 다시 설명할 텐데, 그의 이데아설이 근본적으로는 '봄의 이론'이기 때문이다. 플라톤은 육의 눈으로 어떤 것을 보고 그것을 볼 수 있게 해 준 원인을 묻고, 그 원인도 다시 보이는 것이라면 그 원인의 원인도 물어 나간다. 물음에 대한 답변이 끝까지 '보이는 어떤 것'이고 따라서 물음의 계열이 무한 소급에 빠진다면, 철학은 방금 언급한, '근거율과 근거의 사유의 부정'이라는 부조리에 봉착하게 된다. 따라서 이성은 사유의 필연성을 가지고 '보이는 모든 것을 보이게 해 준 것 자체는 보이지 말아야 한다'는 결론을 도출한다. '보이는 모든 것을 보이게끔 해 주면서 스스로는 보이지 않는 것', 바로 이것이 플라톤이 사유했던 실체, 모든 보이는 현상의 근거다. 근거 지어진 현상들은 눈에 보이지만, 그 현상을 보이게 해 준 근거, 실체는 눈에 보이지 않는다. 눈에 보이는 현상을 거부하고 그 현상의 배후에 숨은, 눈에 보이지 않는 실체를 추구하는 철학이 바로 '실체 형이상학'이다. 따라서 이 형이상학은 우선은 감각을 통해 경험할 수 있는 대상, 가시적 현상들에 대한 불신과 거부에서 출발한다. 보이는 것, 경험 가능한 것의 배후에는 보이지 않고 경험되지 않는 참된 것이 있고, 이 참된 것이 거짓된 감각의 옷을 걸치고 가시화된 것이 바로 현상이기 때문이다. 보이는 현상은 거짓된 그림이고 진짜 존재는 그 '뒤' 또는 '안'에 숨어 있다.

가시적 현상을 부정하고 비가시적 존재로의 초월을 요구하는 이 형이상학은 본래 전문 학술적인 것이지만, 실은 철학하지 않는 일상인들에게도 생소한 것은 아니다. 사람들은 감각적 현상이 주어지면 이 현상은 가짜고 그 내면에 진짜가 숨어 있다고 생각하는 습관을 가지고 있기 때문이다. 예를 들어 사람들은 이렇게 말한다. '겉으로만 잘해 주면 뭐 해, 속마음이 중요하지', '외모가 다냐, 마음이 아름다워야지', '육체의 사랑은 허망하고 정신적 사랑이 진정한 사랑이다.' 당신 역시 이렇게 말한다거나 또는 이런 말을 듣고 이해하는 데 아무런 어려움을 겪지 않는다면, 당신도 이미 실체 형이상학적 사고를 하고 있는 것이다. 또는 일상적으로 흔히 사용되는 위선, 겉치레, 겉치장, 허울, 허식, 심지어 앙꼬 없는 찐빵과 같은 표현 안에도 실체 형이상학이 들어 있다. 또는 우리가 "알맹이만 남고 껍데기는 가라!"라는 시인의 외침에 동감한다면, 그것은 시인의 언어뿐 아니라 우리의 미의식도, 외적인 것에 대한 내적인 것의 우위를 인정하는 실체 형이상학의 지배를 받고 있다는 사실을 의미한다. 철학의 출범기를 장악했던 실체 형이상학은 긴 역사를 통해 우리의 삶 안에 이식되었고 우리의 사고방식, 언어적 표현, 가치관과 미의식까지도 규정했다. 그것이 바로 우리 '안'에 살아 있는, 내면과 외면, 정신과 감성, 마음과 육체, 진짜와 가짜 간의 차등의 이분법이다. 이미 우리에게 고정관념 또는 자명한 전통처럼 굳어 버린 이 정신주의적 이분법의 철학적 기원이 바로 실체 형이상학적 두-세계-이론이다. 이 기원을 찾아가 보자.

실체 형이상학의 창시자로서의 플라톤은 두 가지 존재자를 구분한다. 그 하나는 진짜로 있는 것이고 다른 하나는 가짜로 있는 것이다. 진짜는 '원상paradeigma', 가짜는 '상ikon'이라 불린다. 원상原像은 '원래의 상', '그림의 원본'이고, 상像은 문자 그대로 '원상을 그린 그림'이다. 그러므로 이 둘의 관계는 존재와 그림, 원본과 사본의 관계다. 쉽게 말해 떡 한 덩이를 모델로 삼아 떡 그림을 그리는 화가 또는 1만 원짜리 지폐 한 장을 열심히 복사하는 위조화폐범의 상황을 떠올리면 된다. 화가가 아무리 그림을 잘 그려도 그림의 떡을 먹을 수 없고 복사기의 성능이 아무리 좋아도 카피가 돈은 아니다. 그리기 또는 복사란 실재하는 "사물을 만드는 것이 아니라" 실재하는 사물의 그림, "모상을 만드는 것"[19]이다. 즉 존재가 그림으로, 진짜가 가짜로 바뀌는 과정이다. 내가 거울 앞에 서 있다고 생각해 보자. 거울 안에는 나와 꼭 같이 생긴 또 하나의 '나'가 있다. 꼭 같게 생겼지만 이 두 나는 다르다. 거울 앞의 나는 진짜 나, 존재하는 나이고, 거울 안의 나는 가짜 나, 나의 그림이다. 원상과 상의 관계는 이 두 나의 관계와 같다. 실물과 그림의 관계다.

이렇게 설명하면 상식에 머무는 독자는 먹을 수 있는 떡, 떡 살 수 있는 돈, 거울 앞의 나는 진짜, 존재, 실체이고, 그림의 떡, 복사된 돈, 거울 안의 나는 가짜, 그림, 현상이라고 생각할지 모르겠다. 이 경우, 존재와 그림의 관계 자체는 올바르게 이해되었다. 그러나 이 관계는 지금 가짜 세계 안으로 한 단계 밀려나 있다. 따라서 실체 형이상학의 주장을 이해하기 위해서는 이 관계를 한 단계 씩 되밀어야 한다. 어디로? 하늘로! 진짜들의 세계를 향해서다. 즉 아래 표에서 상식이 'B→C'의 관계라 여기는 것을 'A→B'의 관계로 밀어 올리면, 그것이 곧 원상과 상, 존재와 그림 간의 실체 형이상학적 관계다.

	이상적인 나	거울 앞의 나	거울 안의 나
상식		진짜 나(B)	나의 그림 (C)
실체 형이상학	진짜 나(A)	나의 그림(B)	그림의 그림
	나의 이데아	나의 현상	

그러면 거울 앞에 서 있는 이른바 '진짜 나'(B)는 '나의 그림'이 되어 버리고, 그 그림이 살고 있는 이 세계의 저편에, 그림의 원본이 되었던 진짜 '진짜 나'(A)가 따로 있게 된다. 이 나는 거울 앞에 또는 이 세계 안에 실재하

19 플라톤, 『소피스트』, 이창우 옮김(EjB, 2011), 265b.

지는 않지만, 나의 지성이 사유할 수 있는 한에서 최대한 이상적인 나, 이른바 나의 이데아다. '실재의 나'는 '나의 이데아'의 가시화된 그림일 뿐이다. 그 당연한 결과로 거울 안에 비추인 나 또한 그냥 '나의 그림'이 아니라 '나의 그림의 그림'이다. 결국 우리가 지금 눈으로 보고 그 안에 살고 있는 '실재하는real' 세계 전체가 한 권의 그림책이 되어 버리고, 이 그림책의 저편에 눈에 보이지는 않지만 '이념상ideal' 사유해 볼 수 있는 진짜들의 세계가 있다. 두 세계의 관계는 그림과 존재의 관계다. 이념들의 세계는 실재하는 세계라는 그림을 그릴 때 본으로 삼았던 것, 원상, 이데아이고, 실재하는 세계는 눈에 보이지 않는 이념들의 세계에 색을 칠하고 형태를 부여하는 등 감각의 옷을 입혀 눈에 보이게 만든 것, 그림, 현상이다. 극단적인 의미에서의 실체 형이상학적 두-세계-이론을 수용한다는 것은 지금 내가 보고 있는 '실재 세계'를 헛된 그림, 거짓된 세계로 간주하고 그 배후에 있는, 육의 눈으로는 볼 수 없지만 사유로 접근할 수 있는 이데아의 세계를 참된 세계로 긍정한다는 것을 의미한다.

② 기하학적 개념의 현존과 두 세계의 구분

여기서 상식은 묻지 않을 수 없다. 도대체 왜 두 개의 세계인가? 나는 분명히 지금 내가 보고 있는 이 실재 세계 안에 살고 있는데, 그 배후에 보이지도 않는, 그저 생각만 해 볼 수 있다는 이데아의 세계가 또 있어야 하는 이유는 무엇인가? 플라톤 역시 우리 보통 사람과 꼭 마찬가지로 실재 세계 안에서 먹고, 자고, 살았을 것이고, 그가 철학을 한 것도 바로 이 세계 안에서일 것인데, 그는 왜 인간 플라톤이 살고 있는 인간적 세계를 부정하고 그 배후에 참된 세계가 따로 있다고 말하는가? 그는 인간이 아니고 신이라도 된다는 말인가?

물론 신은 아니다. 하지만 최소한 "신적인"[20] 인간이다. 육의 눈으로는 볼 수 없는 신들의 세계를 들여다보는 특별한 눈을 가지고 있으니까. 자, 그러면 "신적인"[21] 플라톤으로 하여금 눈에 보이는 현상의 세계와 사유로만 접근할 수 있는 이데아의 세계를 구분하지 않을 수 없게 만들었던 것이 무엇이었는지 한번 생각해 보자. 가장 결정적이고 직접적인 동인은 '기하학적인 것'의 현존이었다. 플라톤은 "눈에 보이는 도형"과 "이런 도형들"이 "닮아 보이는 원래의 것"[22]의 관계에 대해 말한다. 눈으로 볼 수 있게 '현상'으로 나타난 삼각형과 삼각형의 '개념'의 관계다. 경고 삼각대, 정교하게 만 삼각 김밥, 예쁘게 빚은 삼각 만두 등 삼각형의 가시적 현상들은 모두 외관상 삼각형의 모양을 갖추고 있지만, 정확히 측정해 보면 내각의 합이 $180°$라는 기하학적 조건을 충족시키지는 못한다. 마찬가지로 종이 위에 아무리 얇게 그은 선도 돋보기로 보면 엄청난 두께를 가지고 있고, 찍는 둥 마는 둥 살짝 찍은 그 어떤 작은 점도 현미경으로 들여다보면 가공할 넓이를 갖는다. 그러나 수학자의 지성 안에는 내각의 합이 정확히 $180°$인 삼각형의 개념, 두께를 갖지 않는 선의 개념, 넓이는 갖지 않고 위치만을 갖는 점의 개념이 있다. 이 개념들이 진짜 삼각형, 진짜 선, 진짜 점이다. 즉 기하학자들의 사유의 대상으로서의 '기하학적인 것들'이다. 이것들은 분명히 있다. 그러나 삼각 김밥이 존재하는 방식과는 다르게 있다. 그렇다면 개념으로서의 삼각형과 현상으로서의 삼각형 중에서 어떤 것이 참되게 있는 것인가?

진짜 삼각형은 시간과 공간이 아니라 지성으로만 다가갈 수 있는 이념의 세계 안에 있다. 이 삼각형의 개념이 현상이 되어 실재 세계로 내려오

---

20 같은 책, 216b.

21 딜타이, 『세계관론』, 『전집』, 8권(슈투트가르트, 1960), 222쪽.

22 플라톤, 『국가』, 510d.

기 위해서는 감각 경험의 옷을 입어야 하는데, 이 맞지 않는 옷을 입는 순간 이념적 존재자로서의 삼각형의 기하학적 본질은 훼손되고 만다. 가시화를 위해 자신의 본질을 잃어버린 삼각형은 더 이상 삼각형이 아니다. 잃어버린 그 본질이 바로 삼각형을 삼각형으로 만들어 주는 것인 까닭이다. 예를 들어 내각의 합이 200°가 넘는 뚱뚱한 삼각 김밥이나 뚱뚱하다 못해 옆구리 터진 삼각 김밥이 여전히 삼각형이라고 말할 기하학자가 있겠는가? 그럼에도 사람들은 식탁 위에 놓인 이 삼각 김밥이야말로 실재하는 것이라고 말한다. 볼 수 있고, 만질 수 있고, 먹을 수 있기 때문이다. 이들에게 삼각형의 개념은 문자 그대로 '그림 속의 김밥'처럼 볼 수도, 만질 수도, 먹을 수도 없는 내실 없는 표상에 불과하다. 이들에 의하면 지금 여기의 실재는 머릿속의 개념이 아니고 머릿속 개념은 지금 여기 실재하지 않는다.

플라톤이 보기에는 정반대가 참이다. 진짜 실재하는 것은 감성화 이전의 삼각형, 이념의 세계 안에 자신의 훼손되지 않은 기하학적 본질을 순수하게 유지하고 있는 삼각형의 개념이다. 이 '진짜로 실재하는 개념'으로서의 삼각형이 가시화되면 그것은 감성적 외양으로 인해 내적 본질이 훼손된 '가짜 실재 삼각형'이다. 그래서 플라톤은 실재와 개념의 대립이라는 상식적 고정관념을 깨고 이렇게 말한다. 시간과 공간 안의 실재는 가짜 실재고, 이념의 세계에 존재하는 개념이 참된 실재다! 후자만이 자신의 내적 본질을 감성화의 오염으로부터 순수하게 지킬 수 있기 때문이다. 이 맥락에서 우리는 플라톤의 철학을 '개념 실재론'이라 부른다. 물론 삼각형의 개념은 우리 지성이 사유하는 가장 '이상적인ideal' 삼각형이고 그런 의미에서 삼각형의 '이데아idea'이다. 이 이데아가 현상으로서의 삼각형의 원본, 원상이라는 의미에서 진짜이고 현상은 원상의 그림, 가짜라는 의미에서 플라톤의 철학은 다시 이데아설, 원상주의 형이상학이라 불린다. 그리고

'사유로만 접근할 수 있는 이데아, 개념의 세계'와 '육의 눈으로 볼 수 있는 현상, 그림의 세계'는 다른 두 개의 세계이기 때문에, 이 철학은 두-세계-이론이라 불린다.

정리해 보자. 플라톤에게는 두 개의 세계가 있다. 하나는 육의 눈에 보이는 세계, '가시계ho horatos topos'이고 다른 하나는 지성nous으로 다가갈 수 있는 세계, '예지계ho noetos topos'이다.[23] 전자의 세계는 감각 경험에 열려 있으므로 외적, 감성적 현상의 세계이고, 후자는 지성의 눈으로만 다가갈 수 있으므로 내적, 정신적 이데아의 세계다. 두 세계는 분리되어 있고 서로 대립한다. 정신적 이데아와 감성적 현상이 섞일 수 없고 '그림의 본으로서의 존재'와 '존재를 그린 그림'이 같을 수는 없기 때문이다. 그러므로 일단 이렇게 말할 수 있다. 이데아와 현상, 존재와 그림은 다르다. 그런데 여기서 조금 조심해야 한다. 다르다? 완전히 다른가? 그렇지는 않고 또 그럴 수도 없다. 그림은 물론 '존재의 그림'이고 그 점에서 존재는 아니지만, 그렇다고 그려진 존재와 완전히 다른 그림은 '존재의 그림'이라 말할 수도 없기 때문이다. 그렇게 완전히 다른 가짜 그림을 우리는 가상 또는 허상이라 부른다. 그림이 무엇의 그림이기 위해서는 그려진 무엇과 비슷한 구석을 조금이라도 가지고 있지 않으면 안 된다. 그래서 옆구리 터진 삼각 김밥에도 삼각형의 이데아와 유사한 면이 조금은 들어 있는 것이다. 존재에 대한 그림의 관계는 같음과 다름의 중간, 같지는 않아서 비슷할 뿐이고 비슷하기에 다를 수도 없음, 즉 "닮음"[24]이다. 현상은 이데아를 닮았다. 그러니 완전히 같아질 수는 없다. 그리고 완전히 달라질 수도 없다.

---

23 같은 책, 508c, 509d, 517c 참조.
24 플라톤, 『소피스트』, 240b.

③ 모방과 관여

이데아의 세계와 현상의 세계는 일단 분리, 단절되어 있지만, 이 단절이 완전한 절연은 아니다. 두 세계는 같지 않기에 단절되어 있지만 비슷하기에 연결되어 있기도 하다. 이데아와 현상이 완전히 단절되어 있다면 둘의 관계는 '단적인 다름'일 것이고 완전히 연결되어 있다면 그 관계는 '단적인 같음'일 것이다. 그러나 둘은 부분적으로 단절되어 있고 또 —같은 말이지만— 부분적으로 연결되어 있다. 따라서 이 둘의 관계는 다름도 같음도 아닌 '닮음'이다. 이데아와 현상의 닮음이라는 이 흥미로운 관련을 플라톤은 한편 '모방mimesis'의 관계로, 다른 한편 '관여methexis'의 관계로 설명한다. 현상은 이데아를 모방하고 이를 통해 이데아의 이념적 본질에 관여한다. 그러나 모방은 본성상 불완전할 수밖에 없기에 —그 이유는 이내 설명될 것이다— 모방을 통한 이데아에의 관여 또한 부분적일 수밖에 없다. 모방과 관여의 최대 성과는 닮음이다. 좀 더 깊이 들어가 보자. 그러면 플라톤에서 이데아에 대한 현상의 지위가 분명히 드러날 것이다. 모방에서 시작한다.

이데아와 현상 사이에는 모방의 관계가 성립한다. 여기서 이데아는 '모방되는 존재'이고 현상은 '존재의 모방으로서의 상'이다. 모방하는 자는 존재와 닮은, 더 닮은, 조금 더 닮은 상을 만들기 위해 애쓴다. 모방은 일단 닮아 가고 가능한 한 같아지려는 노력이기 때문이다. 모방이 최적의 방식으로 이루어져 모방의 닮음이 닮음을 지나 같음에 이를 수 있다면, 모방과 모방되는 것의 차이가 완전히 지양될 것이고 이는 모방의 최대한의 성취일 것이다. 그래서 사람들은 모방하는 자는 모방되는 것을 완벽하게, 즉 모방되는 것에서 아무것도 더하지도 빼지도 않고, 어떤 변경도 없이 있는 그대로 그려 내야 한다고 생각하곤 한다. 그것이 이상적인 모방이라는 것이다. 그런데 그렇게 완벽한 모방이 과연 가능할까? 가능하다 해도, 그런 것을 우리가 과연 모방이라 불러도 좋은 것일까?

『크라튈로스』라는 대화편에 보면 이 물음에 대한 플라톤의 답변이 나온다. 이른바 '두 명의 크라튈로스 논증'이라 알려진 구절에서 소크라테스는 완벽한 모방, 모방과 모방되는 것의 같음을 결과할 수 있는 이상적인 모방이 가능하다고 주장하는 크라튈로스에게 이렇게 묻는다.

어떤 신이 자네의 빛깔과 모습을 마치 화가들처럼 재현할 뿐 아니라 속의 것들까지도 모두 자네의 것과 똑같게 만들어서, 부드러움도 따뜻함(체온)도 똑같이 배정하고, 운동도 혼도 분별도 자네에게 있는 것과 똑같게 해서 넣는다면, 한마디로 자네가 가진 모든 것의 복제를 자네 곁에 놓는다고 해 보세. 이때 크라튈로스와 크라튈로스의 상이 있는 걸까, 아니면 두 크라튈로스가 있는 걸까?[25]

모방이란 이미 있는 것을 베껴서 '있는 것의 상'을 만드는 일이지 '있는 것과 꼭 같은 것'을 하나 더 만드는 일이 아니다. 그렇게 존재를 만드는 일은 모방이 아니라 창조라 불린다. 그런데 크라튈로스를 모방하여 두 명의 크라튈로스가 존재하게 된다면, 즉 크라튈로스와 크라튈로스의 상의 구분이 없어져 버린다면, 모방이 반복될 때마다 모방되는 "모든 것은 둘씩 있게 되고" 우리는 "어떤 것이 사물이고 어떤 것이 상인지를 말할 수 없는" 그야말로 "우스꽝스러운"[26] 상황에 빠지게 될 것이다. 이 부조리를 직시한 소크라테스는 이른바 완벽한 모방은 금지되어야 한다고[27] 분명히 말한다.

---

25 플라톤, 『크라튈로스』, 432b-c.
26 같은 책, 432d.
27 같은 책, 432b 참조.

이 금지는 상이 존재와, 현상이 이데아와 같아지는 일은 결코 허용하지 않겠다는, 이데아의 사상가 플라톤의 강한 의지의 표현이다.

모방이란 본디 존재의 창조가 아니라 존재의 그림의 제작이다. 모방의 결과가 완벽해서 모방되는 원본과 모방의 구분이 없어진다면, 그것은 존재와 상의 구분이 지양되고 상이 존재가 되어 버린다는 것을 의미한다. 피그말리온의 조각상이 생명의 기운을 얻어 전능한 모방자의 아내가 되고, 화폭 안의 리자 부인이 살아나 빈 액자만 남기고 루브르를 탈출한다. 이 정도는 유도 아니다. 김밥 집의 '신적인' 주방장이 숙련된 손놀림으로 삼각 김밥을 마는데, 그 모방이 완벽해서 상으로서의 삼각 김밥과 이데아로서의 삼각형의 개념의 차이가 없어진다고 하자. 이 주방장이 김밥을 하나 말면 말 때마다 세상에서 먹을 수 있는 김밥은 하나씩 사라지고 기하학 시험에 외워서 써야 할 삼각형의 개념은 하나씩 늘어 간다. 이걸 역사의 진보라 할 수 있을까? 이데아의 사상가가 아니라 누구라도 완벽한 모방은 금지하지 않을 수 없다.

모방하는 자는 존재가 아니라 존재의 상을 만든다.[28] 그래서 우리는 그의 작업을 창조가 아니라 모방이라 부른다. 모방의 결과는 존재의 그림이고, 이것이 그림인 한에서 그려진 존재와 같을 수는 없다. 존재와 그림의 같음은 거부된다. 그런데 그림이라는 개념 안에는 같음뿐 아니라 다름의 거부도 포함되어 있다. 무엇을 그린 그림이 그려진 무엇과 완전히 달라서 그 무엇을 전혀 보여 주지 못한다면, 그건 그림이 아니라 가상, 가짜 그림이기 때문이다. 따라서 존재와 그림의 다름도 거부된다. 그러므로 존재의 상으로서의 현상에게 지정된 존재론적 위치는 (원상과의) 같음과 다름의 중간, 원상(존재)과 가상의 중간이다. 상은 이 중간에서 벗어나 어느 한쪽 극

---

28 플라톤, 『국가』, 596e 참조.

단과도 같아져서는 안 된다. '존재의 그림'이 원상(존재)과 같아지면 그 상은 '존재의 그림'이 아니라 존재 자체일 것이고, 가상과 같아지면 '존재의 그림'이 아니라 가짜 그림일 것이기 때문이다. 존재와 그림의 같음을 부정하여 현상이 '존재의 그림'으로 남게 하는 것이 모방의 관련이라면, 존재와 그림의 다름을 부정하여 현상을 '존재의 그림'일 수 있게 해 주는 것은 관여의 관련이다. 이제 이 두 번째 관련에 대해 생각해 보자.

관여라고 옮긴 그리스어 메텍시스는 '함께, 같이'를 의미하는 메타^{meta}와 '가지다, 소유하다'는 의미의 '에코^{echo}'의 합성어로 직역하면 '함께, 나누어 가짐'이다. 함께 나누어 가지니 온전히 가질 수는 없다. 이 말에 대응하는 영어 단어 '파티시페이션^{participation}'이나 독일어 단어 '타일하베^{Teilhabe}'에도 '부분'을 의미하는 단어 '파트^{part}', '타일^{Teil}'이 들어 있다. 이로부터 추정해 볼 수 있는 관여의 의미는 전체를 온전히 소유함이 아니라 부분만을 나누어 가짐이다. 그래서 우리말로도 관여, 참여, 나누어 가짐, 분유 등으로 번역된다. 현상은 이데아에 관여 또는 참여함으로서 이데아의 본질성을 나누어 소유하고, 이를 통해 가상과 달라지고 이데아를 닮아 가지만, 이 소유는 부분적일 뿐이기에 결코 이데아와 완전히 같아질 수는 없다. 그럼에도 반복되는 관여는 이데아와의 닮음이 늘어나는 과정이므로, 관여가 현상을 예지계로 이끄는 초월의 길임은 분명하다.

플라톤은 관여를 '…한 것들'과 '…임 자체'의 관계로 설명한다.[29] '…한 것'은 '…임 자체'가 '것' 안으로 들어가 감성의 옷을 입고 현상계에 '…한 것'으로 나타난 것이기 때문이다. 그러므로 '…한 것들'은 '…임 자체'에 관여 또는 참여하며 '…임 자체'를 나누어 갖고, '…임 자체'는 자신에게 참여하는 '…한 것들' 안에 부분적으로 현존한다. 예를 들어 좋은 것 또는 "아름

---

29 같은 책, 490a-b 참조.

다운 것"이 좋거나 아름다울 수 있는 것은 좋음 자체, "아름다움 자체에 관여하여" 이들을 나누어 가지기 때문이고, 거꾸로 표현하면 좋음 자체, "아름다움" 자체가 좋은 것, 아름다운 것 안에 부분적으로 "현존하기"[30] 때문이다. 여기에 주의를 기울일 점이 두 가지가 있다. 첫째 '…한 것'은 스스로의 힘에 의해서가 아니라 '…함' 자체에의 관여를 통해서만 '…할' 수 있다는 것이고, 둘째 '…함'은 '…한 것' 안에 부분적으로만 현존하므로 '…한 것' 안에는 '…함'과 '…하지 않음'이 섞여 있을 수밖에 없다는 점이다. 이제 이 두 측면을 각각 좋은 것과 좋음 자체의 관계, 아름다운 것과 아름다움 자체의 관계를 예로 설명해 보자. 이렇게 구분해서 설명하는 것은 예화의 편의 때문이지 다른 이유는 없다. 플라톤에서 좋음 자체와 아름다움 자체는 같은 것이다. 그러므로 아래서 좋은 것과 좋음에 대해 말해진 모든 것은 아름다운 것과 아름다움에도 말해질 수 있고 그 반대도 마찬가지다.

공부를 열심히 하는 것은 좋은 일이고 철학 공부를 열심히 하는 것은 더욱 좋은 일이다. 공부뿐 아니라 운동을 열심히 해서 몸을 가꾸는 것도 좋은 일이고, 열심히 술 마시며 친구 사귀는 것도 좋은 일이다. 다 좋은 것들이지만, 어느 하나 그 자체 좋은 것은 아니다. 좋은 모든 것은 더 좋은 어떤 것을 이루기 위해 좋을 뿐이다. 공부는 실력 쌓기에 좋고, 실력은 취업에 좋고, 취업은 부자 되기에 좋고, 부자는 돈 걱정 안 해서 좋고, 운동은 신체 건강에 좋고, 건강한 몸은 술 많이 마시기에 좋고, 술은 사교적 삶을 위해 좋고, 사교적 삶은 스트레스 해소에 좋고, 이는 다시 정신 건강에 좋고, 정신 건강은 공부하기에 좋을 뿐 아니라 신체 건강에도[31] 좋고 …. 이

30　플라톤, 『파이돈』, 100c-d.
31　이 예는 순환논법에 빠져 있다. 칸트는 이런 종류의 "순환"(칸트, 『순수 이성 비판』, A 251)의 "부조리함"(같은 책, B XXVII)을 지적한 적이 있다. 나는 의도적으로 순환을 범했는데, 그것은 나의 독자들에게 이 순환의 철학적 의미에 대한 물음에 답해 보라고 권하기 위해서였

렇듯 현상계 안의 모든 좋은 것은 그보다 더 좋은 어떤 것을 이루는 수단으로서 좋은 것이지 그 자체로 좋은 것은 아니다. 여기서 우리가 ―앞서 테지스와 히포테지스의 피라미드를 상승해 갔던 것처럼― 좋은 것에서 더 좋은 것으로, 한결 더 좋은 것으로 이행하며 좋은 것들의 피라미드를 상승해 간다고 하자. 이 피라미드의 정점, 좋은 것들의 계열의 끝에는 궁극의 좋음, 상위의 다른 어떤 것 때문이 아니라 스스로 좋은 것이 있을 것이다. 이것을 플라톤은 '좋음의 이데아', '좋음 자체'라 부른다. 이것이 관여의 궁극의 대상이고, 모든 좋은 것에 좋음을 나누어 주는 것이다. 즉 모든 좋은 것을 좋게 해 주면서 스스로는 다른 어떤 것 때문이 아니라 스스로 좋은 것이다. 이것이 관여를 통해 이데아를 닮아 가는 삶을 사는 자가 궁극적으로 향해야 할 것, 초월의 궁극의 목표지.

경험계 안에는 또한 많은 가시적인 아름다운 것들이 있다. 이들도 스스로의 힘이 아니라 단지 아름다움 자체에의 관여를 통해서만 아름다울 수 있는 한에서 좋은 것들과 같은 처지에 놓여 있다. 이들 안에는 아름다움 자체가 현존하고 바로 그 때문에 이들이 아름다워 보이는 것인데, 문제는 이 현존이 부분적일 뿐 온전할 수는 없다는 것이다. 그 결과 아름다운 것들 안에는 필연적으로 아름다움과 그 반대, 추함이 공존하지 않을 수 없다. 세상에는 많은 아름다운 몸이 있지만 그 몸의 어느 구석에는 추함이 숨어 있다. 팔등신의 눈부신 몸짱이 대머리인가 하면, 빛나는 머릿결을 휘날리지만 똥배가 가관일 수 있다. 이렇게 아름다움과 추함이 뒤섞여 있는 각각의 몸에서 아름다움만 뽑아내서 합치면, 말하자면 팔등신 대머리에게 빛나는 머릿결을 이식하면, 이 몸이 갖는 아름다움의 순도는 한결 높아

다. 나중에 만나 답을 알려 줄 기회가 없을 것이니, 답만 공개한다. 그것은 '끝이 없다'는 부조리를 피해야 한다는, 즉 '끝은 있어야 한다'는 철학의 요청이다.

질 것이다. 만일 빛나는 머릿결에 팔등신인 자의 피부가 심하게 얽어 있다면, 똥배 대머리의 고운 피부를 이식해 주면 이 새로운 몸 안에 현존하는 아름다움의 순도는 한결 더 높아질 것이다. 플라톤은 이렇게 "하나에서부터 둘로, 둘에서부터 모든 아름다운 몸들로 … 올라가라"[32]고 말한다. 그 의미는 두 개의 몸이 갖는 아름다움의 공통성에서 세 개의 몸이 갖는 아름다움의 공통성으로, 그리고 모든 몸이 갖는 아름다움의 공통성으로 상승하라는 것이다. 그러면 이 각각의 몸들 안의 아름다움과 추함의 비율은 예를 들어 '1:9', '2:8', '3:7'로 변할 것이다. 우리가 이렇게 아름다운 것들 안의 추함은 추상적으로 제거하고 여러 아름다운 것이 갖는 공통성만 추출해서 모으고 개념화해 나간다면, 우리는 아름다운 것들의 피라미드의 정상에서 모든 추함이 완전히 제거된, "순수하고 정결하고 섞이지 않은 아름다움 자체"[33]를 만나게 될 것이다. 바로 이것이 플라톤이, 아름다운 것들의 계열의 끝, '아름다움의 이데아'라 부르는 것이다. 바로 이것이 모든 아름다운 것을 아름답게 해 주면서, 스스로는 다른 어떤 것 때문이 아니라 스스로 아름다운 유일한 것이다. 이 역시 ―좋음의 이데아와 꼭 마찬가지로― 모든 관여, 관여를 통한 초월의 궁극의 목표지이다. 왜냐하면 아름다움의 이데아와 좋음의 이데아는 같은 것이기 때문이다.

여기서 모방과 관여의 관계를 정리해 보자. 플라톤은 이 관계를 『국가』 10권에서 침대의 비유로 설명한다.[34] 이야기 자체는 간단하다. 목수가 침대의 이데아를 모방하여 침대를 만들면, 화가가 나타나 이 침대를 모방하여 침대의 그림을 그린다. 이것은 모방의 과정인데, 이를 거꾸로 보면 관

---

32 플라톤, 『향연』, 211c.
33 같은 책, 211d.
34 플라톤, 『국가』, 596b-598c 참조.

여의 과정이 된다. 조금만 더 깊게 들어가 보자. 목수의 지성 안에는 이상적인 침대, 침대의 이데아가 있다. 현실 안의 침대, 아름다움과 추함이, 좋음과 나쁨이 섞여 있는 침대들에는 만족하지 못하는 목수는 이 불완전한 침대들을 보던 그의 육의 눈을 감고 마음속으로 무엇이 이상적인, 가장 좋고 가장 아름다운 침대인지를 그려 본다. 현실 안의 침대들이 갖는 나쁨과 추함은 상상적으로 제거하고 좋음과 아름다움은 역시 상상적으로 강화한다. 이렇게 지우고 덧칠하는 이념의 사유를 반복한 후, 마침내 그의 혼의 눈이 '본idein' 침대의 '보임새eidos'가 바로 침대의 '형상eidos', '이데아idea'다.[35] 목수는 그의 혼의 눈이 본 침대의 이데아를 모방하여 현실 안의 침대를 만든다. 그러면 화가가 다시 현실 안의 침대를 모방하여 침대의 그림을 그린다. '침대의 이데아'가 '시간과 공간 안의 침대'로, 그리고 다시 '침대의 그림'으로 바뀌는 과정이 모방이다. 이는 진짜가 가짜로, 존재가 상으로 추락하는 과정, 그 반복에 따라 존재는 줄어들고 상의 속성은 늘어나는 과정이다. 이 과정을 반대의 방향에서 보면 그것이 곧 관여다. 침대의 그림은 현실 안의 침대에 관여하며 침대의 본질을 나누어 그 약간을 소유한다. 그림이 관여하는 현실 안의 침대는 다시 침대의 이데아에 관여하며 좀 더 많은 침대의 본질을 소유한다. 관여는 가짜가 진짜에, 상이 존재에 다가가는 과정, 그 반복을 통해 존재가 늘어나고 상의 속성이 줄어드는 과정이다.

모방은 원상과 달라짐이고 관여는 원상을 닮아 감이다. 이 둘은 마치 산

---

35 이데아란 '보다'를 의미하는 '위데인(idein)'에서 유래한 말이다. 그러므로 이데아란 본 것을 의미한다. 그러나 육의 눈이 아니라, 나쁨을 제거하고 좋음을 강화하는 이념적 사유의 끝에 혼의 눈이 본 것이다. 플라톤이 이데아의 동의어로 사용하는 에이도스도 원래 의미는 '보임새, 외양'이다. 즉 혼의 눈이 보았던 바로 그것이다. 이 의미에서 플라톤의 이데아설은 '봄의 이론'이다.

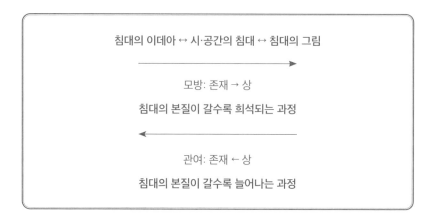

침대의 이데아 ↔ 시·공간의 침대 ↔ 침대의 그림

모방: 존재 → 상

침대의 본질이 갈수록 희석되는 과정

관여: 존재 ← 상

침대의 본질이 갈수록 늘어나는 과정

정상을 향하는 오르막길과 정상을 떠나는 내리막길과 같다. 두 길은 물론 하나의 길이지만, 걷는 자에 따라서는 이데아를 향하는 상승의 길일 수도 있고 이데아에서 멀어지는 하강의 길일 수도 있다. 이데아의 형이상학자 플라톤이 던지는 물음은 하나다. 모방을 반복하며 이데아에서 멀어지는 삶을 살 것인가, 아니면 관여를 시도하며 이데아에 다가가는 삶을 살 것인가? 관여와 관여의 반복을 통해 이데아에 다가감! 플라톤에 의하면 철학, 애지란 이 다가감의 시도 이상 다른 것이 아니다.

④ 초월의 목표점으로서의 좋음의 이데아와 아름다움의 이데아

관여를 실천하며 이데아에 다가가는 삶을 살라는 플라톤의 메시지는 이해 못할 것이 없다. 그러나 여기에는 의아한 구석이 약간 있다. 방금 공부한 침대의 비유에 의하면 관여의 끝은 침대의 이데아인데, 그렇다면 목수의 혼의 눈이 본 이상적인 침대가 우리의 철학하는 삶의 궁극의 목표인가? 침대의 이데아, 주전자의 이데아, 막걸리의 이데아를 갖기 위해 우리가 철학하는 것은 아니지 않은가? 물론 아니다. 침대의 비유는 본디 '모방의 한계를 보여 주고 이를 통해 모방 활동으로서의 예술을 비판하기 위해

고안된 비유'이기 때문에, 여기서는 플라톤 존재론의 존재의 질서가 완벽하게 드러나지는 않았다. 이 비유가 거론한 존재의 삼 단계, 그림, 실물, 개별적인 이데아들 위에 존재의 단계가 하나 더 있다. 그것은 이 좋고 아름다운 침대를 좋고 아름답게 만들어 주는 것, 그러나 스스로는 다른 어떤 것 때문이 아니라 그 자체로 좋고 아름다운 것, 즉 좋음의 이데아, 아름다움의 이데아다. 이것이 좋은 것들과 아름다운 것들의 계열의 진짜 끝이고, 이른바 애지자가 추구하는 것이다.

소크라테스에게 애지로서의 철학의 본질을 알려 주었던 여 사제 디오티마는 다시 그에게 애지자, 아름다운 것을 사랑하는 자라면 누구나 걷지 않으면 안 될 하나의 길을 소개한다. 이른바 '에로스의 길'이라는 것인데, 덜 그리고 더 아름다운 것들의 다양한 단계를 거쳐 마침내 이 모든 아름다운 것을 아름답게 해 주는 아름다움의 이데아에 이르는 길이다. 애지자는 "마치 사다리를 이용하는 사람처럼"[36] 하나하나의 아름다운 것들을 지나 이 길의 끝, 아름다움 자체에 도달하지 않으면 안 된다. "시작"은 "하나의" 아름다운 "몸"에 대한 "사랑"이고, 여기서 두 개, 세 개의 아름다운 몸에 대한 사랑을 지나 "모든 아름다운 몸들"에 대한 "사랑"으로 나아간다. 그리고 "영혼들에 있는 아름다움"에 대한 사랑과 "행실들과 법들에 있는 아름다움"에 내한 사랑을 거쳐 "앎들의 아름다움"[37]에 대한 사랑으로 나아간다. 이 단계들은 물론 앞서 소개했듯 각각의 아름다운 것들 안에 피할 수 없이 섞여 있는 추함을 제거하여 아름다움의 순도를 높여 가는 과정이다. 물론 이 과정의 끝에는 모든 추함이 완전히 제거되고 오직 아름다움만 남은, 순도 100%의 아름다움이 있어야 할 것이다.

---

36 플라톤, 『향연』, 211c.
37 같은 책, 210a-c.

아름다운 것들을 차례차례 올바로 바라보면서 에로스 관련 일들에 대해 여기까지 인도된 자라면 이제 에로스 관련 일들의 끝점에 도달하여 갑자기 본성상 아름다운 어떤 놀라운 것을 직관하게 될 겁니다. 소크라테스, 앞서의 모든 노고들의 최종 목표이기도 했던 게 바로 이겁니다.[38]

이것이 다양한 아름다운 것을 디디고 거쳐 지나는 애지자가 마침내 이르고자 하는 것, 철학하는 우리의 관여의 시도가 궁극적으로 향하는 것이다. 말하자면 우리의 철학적 삶의 최종적이고도 유일한 지향점, 철학하는 "인간에게 삶이 살 가치가 있게"[39] 해 주는 것, 아름다운 것들의 계열의 끝으로서의 아름다움 자체다. 여기서 흥미로운 것은 디오티마의 화법이다. 여 사제는 "끝점에 도달하여 갑자기" 아름다움의 이데아를 "직관한다"고 말한다. 그래서 마치 아름다운 것들의 계열을 상승하던 철학자가 그 끝에 이르러 거기 서 있던 아름다움의 이데아를 '실재로서' 발견한다는 가상이 생겨난다. 그러나 실제의 사태가 그렇지 않음은 이미 여러 차례 설명한 바 있다.[40]

아름다운 것들의 계열의 끝은 계열에 속하지 않고, 따라서 계열 안에 서 있는 인간에게 발견될 수 없다. 계열의 끝에 도달함은 곧 철학하는 인간의 죽음을 의미하기 때문이다. 따라서 철학자는 —그가 살아 있는 한— 그 끝에 이를 수 없고, 끝에 있다는 아름다움 자체를 발견할 수 없다. 아름다움의 이데아는 철학자가 몸소 끝에 가서 실재적으로 발견하는 것이 아니라, 사유 실험을 통해 상상적으로 끝에 다가간 철학자가 '실재적으로는real' 결

---

38 같은 책, 210e.
39 같은 책, 211d.
40 3장 2.1 참조.

코 끝나지 않을 아름다운 것들의 계열에 찍은 '이념적ideal' 종지부이다. 철학자는 아름다운 것들의 계열 전체를 개관하는, 망대 위의 사변가의 눈으로 —육의 눈으로는 결코 볼 수 없는— 계열의 저 끝을 내다보며 이렇게 말한다. '계열은 계열의 부정에서만 끝난다. 따라서 아름다운 것들의 계열의 끝은 아름다운 것이 아니라 아름다움 자체다. 이것은 아름다움에 관여함의 끝이고 아름다운 것들이 생겨나는 계열의 시작이다. 따라서 이것은 아름다운 모든 것을 아름답게 해 주면서 스스로는 다른 어떤 것 때문이 아니라 바로 자신에 관여함을 통해 아름답다.' 이것이 실재하는 아름다운 것들의 절대적 타자로서의 아름다움의 이데아, 아름다움 자체이다. 아름다운 것들의 이념적 끝, 그리고 끝 저편에 대한 디오티마의 설명을 들어 보자. 이것은 애지자로서의 우리들의 타자, 우리가 실재적으로는 아직 아닌 것 그러나 이념적으로는 결국 되어야 할 것에 대한 설명이다.

> 그것은 늘 있는 것이고, 생성되지도 소멸하지도 않고, 증가하지도 감소하지도 않는 것입니다. (…) 그것은 그것 자체가 그것 자체로 그것 자체만으로 늘 단일 형상으로 있는 것이며, 다른 모든 아름다운 것들은 다음과 같은 방식으로 바로 저것에 관여합니다. 다른 것들이 생성되거나 소멸할 때 바로 저것은 조금도 많아지거나 적어지지 않으며 아무 영향도 받지 않는 방식으로 말입니다.[41]

아름다운 꽃은 피어나고 만개하다가 점차 시들어 완전히 사라진다. 하나의 '것'으로서의 꽃은 생성하고 소멸하고, 있는 동안에도 같은 상태로 있지 못하고 변화를 겪는다. 반면 아름다운 '것'의 타자로서의 아름다움 자체에는 어떤 생성도 소멸도, 증감과 같은 변화도 있을 수 없다. 이것은 없

---

41 플라톤, 『향연』, 211a-b.

다가 있게 된 것이 아니고 있다가 없게 될 것도 아니고, 지금보다 더 또는 덜 있을 수도 없다. 이것은 단적으로 있으며 이 있음의 상태와 달리 있을 수 없다. 이 같은 있음이 곧 있음, 존재라는 말의 본래적인 의미이고, 바로 이것이 '있는 것'들과의 본질적 차이이다. '…한 것'들은 생기고 바뀌고 사라지지만 '…임'에는 생성, 변화, 소멸이 없다. 정확히 말해 생성하고, 변화하고, 소멸하며 있는 '것', 그런 존재'자'의 정반대 상태, 절대적 타자를 철학의 언어로 '있음', '존재'라 칭한다.

플라톤에서 이데아와 현상의 관계는 바로 존재와 생성의 대립이다. 이데아는 있고 현상은 되어 간다. 되어 가는 것은 가짜로 있는 것이지 있음이 아니고, 있음은 되어 가는 것이 아니라 그저 있을 뿐이다. 그러므로 플라톤에게는 두 개의 세계가 있다. 그 하나는 눈에 보이는 것들이 부단히 생기고 변하고 사라지는, 생성의 세계다. 다른 하나는 사유로만 다가갈 수 있는 것들이 단적으로 있는, 존재의 세계다. 두 세계 간에 겹침은 없고 경계만 있다. 이 경계에서 하나의 세계가 끝나고 다른 하나의 세계가 시작된다. 이 경계를 넘어섬, 경계 이쪽에서 저쪽으로의 이행, 이것이 『초대』의 네 부제 중의 첫 번째, '초월'이다. 초월은 —형이상학이 자연과 자연학을 초월하는 학문인 한에서— 형이상학의 처음이자 마지막, 말하자면 유일무이한 주제다. 이제 우리는 초월에 대해, 우리가 살고 있는 이 세계를 버리고 우리의 타자들의 세계로의 이주 가능성에 대해 사유한다. 플라톤은 초월이라는 형이상학의 가장 어려운 문제를, 비유로 풀어 설명하고 있다. 이것이 저 유명한 '동굴의 비유'다. 동굴은 물론 우리가 실재하는 곳, '…한 것들'의 세계다. 동굴 저편은 우리가 이념상 가야 할 곳, '…임 자체'의 세계다. 애지자라면, 즉 좋은 것들, 아름다운 것들, 있는 것들이 아니라, 좋음 자체, 아름다움 자체, 있음 자체를 사랑하는 자라면 생성, 변화, 소멸하는 것들의 세계의 끝을 지나 존재의 세계로 초월해야 한다.

2 동굴의 비유와 타자화로서의 초월

우선 동굴의 비유가 실린 『국가』라는 책에 대해 생각해 보자. 제목이 『국가』이다 보니 여느 정치학자의 국가 이론을 서술한 책일 거라 생각할 수도 있겠다. 그러나 분명한 것은 플라톤은 한 사람의 정치학자가 아니라 정치철학자로서 이 책을 썼다는 점이다. 정치학자와 정치철학자는 그 관심과 과제가 모두 다르다. 경험과학자로서의 정치학자는 현실 안에 실재하는 사실로서의 국가 또는 정치 체제를 다루며, 이 사실을 사실의 숲 안에서 설명해야 한다. 어떤 경우에도 그는 사실의 경계를 벗어나서는 안 된다. 반면 정치철학자는 사실로서의 국가, 정치 체제에는 아무 관심이 없다. 그는 숲속의 경험과학자가 아니라 망대 위의 사변가이고 그의 눈은 '실재하는 사실'이 아니라 '사실들의 끝, 이념상의 실재'를 향하기 때문이다. 그는 아름다운 것들의 계열을 거슬러 아름다움 자체에 도달하는 애지자처럼, '이 또는 저 아름다운 그러나 동시에 추한 나라들'을 거쳐 지나 이 나라들의 계열의 끝에서 '이들의 추함이 완전히 제거된, 순수하게 아름다운 나라'를 보아야 하고, 그가 본 것을 경험의 숲에 거주하는 사람들에게 설명해 주어야 한다. 왜냐하면 이 사람들은 눈앞에서 생성, 변화, 소멸하는 사실로서의 나라들만을 볼 수 있고 그 나라들 외에는 아무것도 없다고 생각하기 때문이다. 이데아의 사상가는 이렇게 믿고 있는 사람들에게 숲속에 실재하는 나라들의 저편에 이상적인 나라, 나라의 이데아가 있고, 이 나라가 상으로서의 나라들이 닮아 가야 할 본, 원상임을, 따라서 이 "아름다운 나라kallipolis"[42]로의 이주의 노력은 아름다움 자체를 사랑하는 인간의 의무임을 설명하고 설득해야 한다. 물론 타인을 설득하기 위해 그 자신이

---

42 플라톤, 『국가』, 527c.

먼저 설득되어야 하고 그러기 위해 스스로 이 이념상의 나라를 보아야 한다. 『국가』라는 책은 이데아의 사상가 플라톤이 본 이상적인 나라에 대한 서술이고, 철학자가 철학하지 않는 사람들에게 던지는, 실재를 떠나 이상으로 초월해 가라는 요청이다.

물론 이 이상 속의 나라는 경험의 숲 저편에 놓여 있기에 숲속의 경험에만 몰두하는 육의 눈으로는 볼 수 없다. 플라톤 역시 그의 육의 눈이 아니라 현실적인 나라들의 계열의 끝을 주시하는 사변의 눈, 이른바 "혼의 눈"[43]으로 이 나라를 보았다. 바로 이 의미에서 나는 『국가』의 저자는 플라톤이 아니라 플라톤의 상상력想像力이라고 말하곤 한다. 상상력이란 대상이 현존하지 않아도 그에 대한 상像을 생각해想 내는 능력力인데,[44] 『국가』의 저자 역시 현실 안에 존재하지 않는 이상적인 나라의 상을 그려 내었기 때문이다. 그렇다면 왜 플라톤은 지금 여기의 현실적인 나라들을 버리고, 현실 안에 있지도 않은 나라의 그림을 그리고, 그 그림책 안으로 들어가야 했을까? 그것은 현실 안의 나라들이 로고스와 철학을 죽이고, 본능과 욕망, 말하자면 우리 안의 짐승의 지배를 받고 있기 때문이었다. 예를 들어 플라톤의 조국 아테네는 소피스트들이, 그리고 이들에 의해 사육되는 대중들이 지배하는 나라였다. 이들은 로고스의 화신인 소크라테스를 모함하여 법정에 세우고, 회유와 협박을 거듭하다 결국에는 독살한 자들이었다.[45] 플라톤 자신도 시라쿠사 방문 중에 그곳 참주의 미움을 받아 사형을 당할 뻔도 했고 노예로 팔릴 뻔도 했는데, 노예시장에서 그를 알아본 어떤 이가 그의 몸값을 치러 주어 구사일생으로 아테네로 돌아올 수 있었

---

43 같은 책, 540a.

44 아리스토텔레스, 『영혼에 관하여』, 유원기 옮김(궁리, 2011), 428a 참조; 칸트, 『순수 이성 비판』, B 151 참조.

45 1장 2.2의 ② 참조.

다.[46] 그러나 아테네는 그의 스승에게 독배를 건넨 바로 그 나라였다. 현실 안의 나라들을 나쁨과 추함이 지배했고 이 나라들은 로고스와 철학을 거부했다. 좋음과 아름다움을 사랑하는 철학자 역시 이 나라들을 거부하지 않을 수 없었다.

그래서 작동한 것이 플라톤의 상상력이다. 그는 현실 안의 추하고 나쁜 나라들에서 눈을 떼고 이상 속의 아름답고 좋은 나라로 향하는 상상의 여행을 떠난다. 상상의 여행이란 혼의 눈으로 나라의 이데아를 봄이다. 혼의 눈이 이상을 보기 위해 우선 육의 눈이 감겨야 하고 육의 눈이 보던 현실이 거부되어야 한다. 아름답고 좋은 나라로의 여정의 첫걸음은 지금 여기의 추하고 나쁜 현실에 대한 부정이다. 그래서 플라톤도 우선 현실 안의 "나라들에서 잘못되고 있는 것이 무엇인지"를 묻고, 그 다음으로 "무엇이" 어떻게 변해야 이 추한 나라들이 아름다운 나라로 "옮겨 갈 수 있는지"[47]를 물었다. '나쁨과 추함의 부정', '좋음과 아름다움에로의 초월'은 구분된 두 과정이 아니라 연속적인 한 과정의 두 단계다. 초월은 부정을 전제하고 부정은 초월로 완성되어야 한다는 의미에서다.

이것은 말하자면 차근차근 밟아 가야 하는 단계다. 마치 에로스의 길을 걷는 애지자가 아름다우며 동시에 추한 것들의 단계를 거쳐 가며 아름다움의 순도를 높이고 천천히 아름다움 자체에 다가가듯, 좋은 나라를 꿈꾸는 정치철학자 역시 나쁜 나라에 대한 부정에서 출발해서 조금 덜 나쁜 나라, 조금 더 좋은 나라를 거쳐 순수하게 좋은 나라로 접근해 가야 한다. 신적 지혜를 소유하지 못해 철학의 길을 걷는 우리 인간은 저 이상 속의 나라에 한걸음에 이를 수는 없다. 우리는 그저 한 걸음, 한 걸음을 옮기며 천

---

46 라에르티오스, 『그리스 철학자 열전』, 186쪽 참조.
47 플라톤, 『국가』, 473b.

천히 그러나 쉬지 않고 나쁨에서 멀어지고 좋음으로 다가갈 뿐이다.

　실제로 우리의 현실은 좋기만 한 것도 나쁘기만 한 것도 아니다. 좋을 뿐이라면 그건 철학하지 않는 신들의 나라일 것이고 그 경우 우리는 아무 일도 할 필요가 없을 것이다. 나쁠 뿐이라면 그건 철학할 수 없는 짐승들의 나라일 것이고 그 경우 우리가 할 수 있는 일은 아무것도 없을 것이다. 그러나 철학하는 우리의 나라에는 피할 수 없이 좋음과 나쁨이 섞여 있다. 그래서 로고스의 인도를 받아 철학하는 사람이 있는가 하면 그를 법정에 세워 겁박하고 죽이는 사람들도 있고, 노예시장에 나온 철학자의 몸값을 대신 치르는 사람이 있는가 하면 그 돈을 챙기고 입이 귀에 걸리는 사람도 있다. 여기서 우리가 할 일이 무엇인지는 자명하다. 우리 안의 나쁨은 축소하고 좋음은 확대하여 나쁨과 좋음의 비율을 개선해 나가는 것이다. 그리고 궁극적으로 모든 추함과 나쁨을 완전히 제거하여 오로지 아름답고 좋기만 한, "신들의 마음에 드는"[48] 나라로 이주해 가야 한다. 이 이주가 바로 형이상학의 유일무이한 주제인 초월이다. 그리고 이 이주의 첫걸음은 지금 여기의 나쁜 현실에 대한 부정이다. 현실 부정은 이상향과 유토피아를 꿈꾸는 모든 상상적 사유의 출발점이자 원동력이다. 지금 여기의 현실이 싫기 때문에 이와는 다른 이념상의 현실을 상상하지 않을 수 없다. 이것이 실재와는 다른 이념, 이데아라는 말의 본래적인 의미이다. 그래서 이데아의 사상가는 실재 안에 머물러 있는 우리에게 이렇게 말한다. 지금 여기의 너를 부정하고 이상 속의 너를 향해 초월하라. 네가 실재로는 아직 아닌 것, 그러나 이념상으로는 되어야 할 것, 너의 타자가 되어라. 반복해서 강조하지만 철학은 타자 사랑이다.

48　같은 책, 501c.

2.1 동굴의 비유

① 동굴 속의 죄수들의 "밤과도 같은 낮"

소크라테스는 『국가』 7권에서 어두운 동굴 안에 억류된 어떤 죄수들의 이야기를 들려준다. 이 죄수들은 동굴에서 태어나 그 안에서만 자랐기에 동굴을 자신의 집이라 생각하지, 그 집이 실은 감옥이고 자신이 그 옥에 갇힌 죄수임은 모른다. 이들은 동굴 밖으로 나가 본 일이 단 한 번도 없어서 동굴이 유일한 세계라 믿고 있고, 도대체 그 바깥에 또 다른 세상이 있을 수 있다는 것은 생각조차 할 수 없다. 또한 평생을 어둠 속에서만 보낸 이들은 동굴 속의 어둠을 어둠으로 인지하지도 못한다. 그들에게는 어둠을 어둠이라 부르기 위해 꼭 필요한 밝음의 경험이 없기 때문이다. 밝음을 모르니 밝음의 부재로서의 어둠의 개념도 없다. 이들에게 동굴과 어둠은 지극히 정상적인 삶의 조건이다. 이런 이야기를 듣고 있던 소크라테스의 대화 상대자, 글라우콘이 "이상한 비유와 이상한 죄수들"이라고 말하자 소크라테스는 바로 이렇게 답한다. "우리와 같은 사람들일세."[49]

그렇다. 어둠 속에 갇힌 죄수들의 이야기는 바로 우리들 이야기다. 철학을 하지 않거나, 하더라도 충분히 잘하지 못하는 우리 자신이 바로 어둠 속의 죄수들이다. 우리는 다만 우리가 죄수임을 그리고 우리가 밝다 여기는 이 집이 어두운 감옥임을 모르고 있을 뿐이다. 이 의미에서 철학은 "전도된 세계"다. 우리가 쾌적하다 느끼는 이 세계가 세계의 끝을 내다보는 철학자에게는 숨 막히는 감옥이고, 우리가 밝은 낮이라 여기는 이 시간이 동굴의 끝 저편의 태양을 주시하는 철학자의 눈에는 칠흑 같은 밤이다. 철학하지 않는 우리는 감옥을 감옥으로, 어둠을 어둠으로 인지하지 못함은

---

[49] 같은 책, 515a.

물론이고, 그렇게 인지하지 못함도 인지하지 못한다. 그래서 소크라테스는 어둠에 익숙해져 철학하지 않는 또는 철학하지 않기에 어둠과 무지에 익숙한 우리에게 말한다. "너 자신을 알라!" 네가 무지해서 철학해야 하는 인간이지 지혜로워 철학할 필요가 없는 신이 아님을 알라![50] 여기서 철학, 플라톤의 강조된 표현에 따라 "진정한 철학"은 어둠을 부정하고 빛으로 향함, "밤과도 같은 낮에서 진짜 낮으로 향하는 혼의 전환",[51] 초월이다.

우선 우리의 현실적인 거처, 동굴 속의 상황을 조금 더 자세히 묘사해 보자. 동굴의 한 쪽 끝은 태양을 향하고 있고, 동굴 입구에서 가장 멀리 떨어진 안쪽에는 사람들이 동굴 입구를 등지고 있다. 주목할 것은 그들은 뒤를 돌아볼 수 없도록 묶여 있어서 동굴 안쪽만을 바라볼 뿐이지 고개를 돌려 자신의 등 뒤와 동굴 밖을 볼 수 없다는 점이다. 동굴 벽을 향하고 있는 죄수들의 뒤에는 얇은 휘장이 쳐 있고 그 뒤로 다른 사람들이 여러 조각상을 들고 오간다. 그리고 동굴의 입구에는 커다란 불이 타오르고, 이 불의

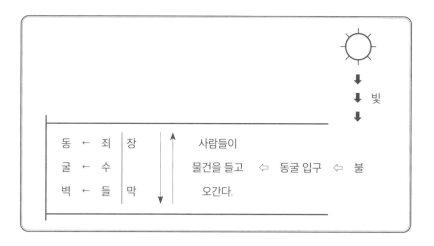

50 이 말의 의미에 대해서는 1장 2.2의 ① 참조.

51 플라톤, 『국가』, 521c.

뒤쪽 하늘 저편에는 태양이 떠 있다. 대략 위 그림과 같은 상황이다.

우리 철학하지 않는 사람들이 어떤 처지에 놓여 있는지를 직접 철학자의 언어로 들어 보자. 분명하고도 명확하게 플라톤은 동굴의 비유의 주제가 '교육'임을 지적하면서 시작한다. 나중에 다시 설명하겠지만 여기서 교육은 이론적 지식의 주입이 아니라 철학 교육, 사람들에게 철학적인 태도로 훌륭하게 잘 살 수 있도록 가르침을 말한다. 이른바 진정한 철학, 어둠에서 빛으로의 전향을 강요함이다. 그리고 전향이 강요된다는 것은 지금 여기 우리의 처지가 적어도 철학자의 눈에는 버리고 떠나야 할 정도로 추하고 나쁘다는 것을 뜻한다. 철학자가 본, 우리의 추함과 나쁨은 어떤 것일까?

"그러면 다음으로는 교육paideia 및 교육 부족과 관련된 우리의 성향을 이런 처지에다 비유해 보게나. 이를테면, 지하의 동굴 모양을 한 거처에서, 즉 불빛 쪽으로 향해서 길게 난 입구를 전체 동굴의 너비만큼이나 넓게 가진 그런 동굴에서 어릴 적부터 사지와 목을 결박당한 상태로 있는 사람들을 상상해 보게. 그래서 이들은 이곳에 머물러 있으면서 앞만 보도록 되어 있고, 포박 때문에 머리를 돌릴 수도 없다네. 이들의 뒤쪽에서는 위쪽으로 멀리에서 불빛이 타오르고 있네. 또한 이 불과 죄수들 사이에는 위쪽으로 [가로로] 길이 하나 나 있는데. 이 길을 따라 담(흉장)이 세워져 있는 걸 상상해 보게. 흡사 인형극을 공연하는 사람들의 경우에 사람들 앞에 야트막한 휘장(칸막이)이 쳐져 있어서, 이 휘장 위로 인형들을 보여 주듯 말일세." 내가 말했네.

"상상해 보고 있습니다." 그가 말했네.

"더 나아가 또한 상상해 보게나. 이 담(흉장)을 따라 이 사람들이 온갖 인공의 물품들을, 그리고 돌이나 나무 또는 그 밖의 온갖 것을 재료로 하여 만들어진 인물상像들 및 동물상들을 이 담 위로 쳐들고 지나가는 걸 말일세. 또한 이것들을 쳐들고 지나가는 사람들 중에서 어떤 이들은 소리를 내나, 어떤 이들은 잠자코 있을 수도 있네."

"이상한 비유와 이상한 죄수들을 말씀하시는군요." 그가 말했네.

그래서 내가 말했네. "우리와 같은 사람들일세. 글쎄, 우선 이런 사람들이 불로 인해서 자기들의 맞은편 동굴 벽면에 투영되는 그림자들 이외에 자기들 자신이나 서로의 어떤 것인들 본 일이 있을 것으로 자네는 생각하는가?"

"실상 이들이 일생을 통해서 머리조차 움직이지 못하도록 강제당했다면, 어떻게 볼 수 있었겠습니까?" 그가 반문했네.[52]

동굴 벽만을 향하고 있던 죄수들이 본 것은 ─흡사 그림자극을 보는 상황이다─ 자신의 등 뒤에서 오가던 사람들, 그들이 들고 있던 인물'상', 동물'상'이 아니라, 그 뒤에서 빛이 비추어 벽면에 생겨난 이것들의 그림자, '상의 상'이다. 이들은 말하자면 거울 앞에 서서 거울 안에 비춘 자신, 역시 거울 안으로 들어온 피그말리온의 조각상과 리자 부인의 초상화 등 '그림의 그림'만을 보고 있는 것이다. 그러면서도 이 그림의 그림을 진짜로 존재하는 "실물들"로 간주하고, 등 뒤에서 무슨 소리라도 나면 이 소리 또한 동굴 벽의 "그림자가 내는 것"이라 여긴다. 그러니 이들이 눈으로 보고 귀로 들을 수 있는 이 "그림자들 이외의 다른 것을 진짜라 생각하는 일은" 결코 있을 수 "없다."[53] 물론 이해는 간다. 고개를 돌릴 수 없으니 등 뒤의 실물들을 볼 수 없고, 이들에게 보이지 않는 것은 곧 없는 것이기 때문이다. 그렇다면 이들이 뒤를 돌아볼 수 없는 이유는 무엇인가? 포박 때문이다.

---

52 플라톤, 『국가』, 514a-515b. 여기부터 이 장이 끝날 때까지 『국가』 인용문의 각진 괄호[] 안의 내용은 옮긴이의 추가이고 괄호() 안의 내용은 옮긴이의 부연 설명이다.
53 같은 책, 515b-c.

포박은 물론 비유다. 이것은 '감각'을 의미한다. 이들은 태어날 때부터 육체의 감관이라는 동아줄에 결박되어 육의 눈으로만 볼 수 있고 혼의 눈은 사용할 줄 모른다. 감관에만 의지할 뿐, 사유하지 않는다. 즉 철학하지 않는다. 그런 그들이 육의 눈으로 그림자를 보았고 그렇게 본 그림자가 거기에 있다고 믿는다. 그뿐이다.

그러나 세상의 모든 떡보에게, 실재의 떡과 그림의 떡도 구별하지 못하는 이 죄수들은 정말 "이상한" 사람들일 것이다. 그럼 당신은 —떡 좋아하세요?— 어떤가? 당신은 이 죄수들과 근본적으로 다른가? 혹 당신도 스스로는 정상이고 죄수들만 이상하다고 생각하는 것은 아닌가? 그렇다면 죄수들은 어떤 점에서 이상한가? 당신은 할 수 있는, 실물과 그림자의 구별에 실패해서? 아마 죄수들의 등 뒤에서 조각'상'을 들고 오가던 사람들이 바로 그 논거로 죄수들의 소박함을 비판할 것이다. 그렇다면 죄수들은 이상하고 등 뒤의 사람들은 정상인 것인가? 그러나 소크라테스는 죄수들이 바로 "우리와 같은 사람들"이라고 말하지 않았던가? 철학자의 눈으로 보면 그렇다. 철학자는, '상을 존재로 착각한다고 죄수들을 비판하는 사람들'을 바로 그들의 논거로 다시 비판할 것이다. 왜냐하면 이들 역시 자기 손 안에 들린 인물'상'과 동물'상'을 실물로 잘못 간주하고 있기 때문이다. 이미 설명했듯이[54] 플라톤의 철학에서 존재와 그림의 관계는 하늘을 향해 한 단계 밀려나 있다. 철학자가 보기에는 거울 속의 나뿐 아니라 거울 앞의 나도 '상'이다. 모나리자의 그림이나 그 그림의 그림이나 —모방과 관여의 정도 차이가 없지는 않겠지만[55]— 근본적으로는 모두 상이다. 둘 모

---

54 1.2의 ① 참조.

55 이 차이는 앞서(1.2의 ③) 설명한 침대의 비유에서 목수가 만든 침대와 그 침대를 그린 그림의 차이와 같다. 즉 '모방'과 '모방의 모방'의 차이이다. 이 차이가 물론 크지 않은 것은 아니지만, 둘 다 모방의 결과로서 상이지 모방의 본으로서의 이데아가 아니라는 점에서는 같다.

두 혼의 눈이 아니라 육의 눈에만 보이는, '가시계可視界'의 대상들이라는 점에서 그렇다. 죄수들과 꼭 마찬가지로 그 등 뒤의 사람들도 감각이라는 동아줄에 결박되어 육의 눈으로 상만을 볼 뿐, 혼의 눈으로 이데아를 보지는 못한다. 그러니 넓은 의미에서는 동굴 안쪽뿐 아니라 동굴 전체가 감옥이고, 벽면을 향하는 사람들뿐 아니라 그 등 뒤의 사람들도 죄수들이다. 그들 역시 '철학하지 않음'이라는 죄를 지었고 그 대가로 '어둠과 감각의 포박'이라는 벌을 받고 있다.

문제는 이 벌이 벌로 인지되지 않는다는 점이다. 누구도 이 벌을 피하려 들기는커녕 달갑게 받아들인다. 징벌이 선호되는 세상, 그것은 철학이 보기에 전도된 세계다. 철학자는 죄수들을 그 거꾸로 된 세계에서 해방하여 올바로 된 세계로 초대하려 한다. 강제적으로라도.

"그러면 생각해 보게. 만약에 이들에게 다음과 같은 식으로 사태가 자연스레 진행된다면, 이들이 결박에서 풀려나고 어리석음에서 치유되는 것이 어떤 것이겠는지 말일세. 가령 이들 중에서 누군가가 풀려나서는, 갑자기 일어서서 목을 돌리고 걸어가 그 불빛 쪽으로 쳐다보도록 강요당할 경우에, 그는 이 모든 걸 하면서 고통스러워할 것이고, 또한 전에는 그 그림자들만 보았을 뿐인 실물들을 눈부심 때문에 볼 수도 없을 걸세. 만약에 누군가가 이 사람에게 말하기를, 전에는 그가 엉터리를 보았지만, 이제는 진짜(실재)에 좀은 더 가까이 와 있고 또한 한결 더한 실상을 향하여 있어서, 더욱 옳게 보게 되었다고 한다면, 더군다나 지나가는 것들 각각을 그에게 가리켜 보이며 그것이 무엇인지를 묻고서는 대답하도록 강요한다면, 그가 무슨 말을 할 것으로 자네는 생각하는가? 그는 당혹해하며, 앞서 보게 된 것들을 방금 지적받은 것들보다도 더 진실된 것들로 믿을 것이라 생각하지 않는가?"

"훨씬 더 진실된 것들로 믿을 겁니다." 그가 말했네.

"또한, 만약에 그로 하여금 그 불빛 자체를 보도록 강요한다면, 그는 눈이 아파서, 자신이 바라볼 수 있는 것들로 향해 달아날 뿐만 아니라, 이것들이 방금 지적받은 것들보다도 정말로 더 명확한 것들이라고 믿지 않겠는가?"[56]

철학에로의 초대는 이렇게 거부된다. 전도된 세계의 죄수들은 철학자의 세계야말로 전도된, 이상한 세계라며 죄를 '사'하고 벌을 '면'한다는 사면의 초대장을 찢어 버린다. 스스로가 죄인임을 모르고 그 죄로 벌을 받고 있다는 사실도 모르는 이들에게 사면은 아무런 유혹도 아니기 때문이다. 게다가 마지못해 기웃거려 본 철학의 축제에서 이들이 볼 수 있는 것은 아무것도 없었고, 멀쩡하던 눈에는 이해할 수 없는 눈부심과 아픔만 가득하게 되었다. 이들은 이 생소한 고통의 탓을 자신의 '이상한' 눈이 아니라 저 '이상한' 불빛에 돌린다. 그리고 말한다. 이상한 축제는 끝났다. 정상으로 돌아가자!

② 빛에로의 전향과 태양으로의 등정

동굴 안에서 철학은 거부된다. 동굴이 우리가 살고 있는 이 세계라는 점에서 죄수들은 이상한 사람들이 아니라 '철학을 하지 않거나 하더라도 충분히 잘하지 못하는 우리와 같은 사람들'이다. 그럴 경우 철학자가 우리와는 다른, 이상한 사람들이고 철학이 전도된 세계일 것이다. 반대로 철학의 세계가 올바른 세계라면 우리가 정상이라 여기는 동굴이 이상한 세계가 될 것이다. 어느 세계가 옳건, 두 세계가 거꾸로 된 것만큼은 분명하다. 두 세계에서는 정상임과 이상함이 교체된다. 한 세계에서 낮과 밤인 것이 다른 세계에서는 밤과 낮이고, 밝음과 어둠, 진리와 허위도 세계가 바뀌면

---

56 플라톤, 『국가』, 515c-e.

자리를 바꾼다. 동굴과 철학은 모든 면에서 완벽하게 전도된 두 세계다. 따라서 한 세계에서 다른 세계로의 이주에는 물구나무서는 고통이 따른다. 이 고통은 고통을 피하려는 이에게는 철학에로의 초대를 거부해야 할 이유이지만, 철학에로, 철학이 추구하는 것으로 다가가려는 이에게는 감내하며 익숙해져야 할 것이다.

"그러나 만약에 누군가가 그를 이곳으로부터 험하고 가파른 오르막길을 통해 억지로 끌고 간다면, 그래서 그를 햇빛 속으로 끌어내 올 때까지 놓아 주지 않는다면, 그는 고통스러워하며 또한 자신이 끌리어 온 데 대해 짜증을 내지 않겠는가? 그래서 그가 빛에 이르게 되면, 그의 눈은 광휘로 가득 차서, 이제는 진짜들이라고 하는 것들 중의 어느 것 하나도 볼 수 없게 되지 않겠는가?" 내가 물었네.

"적어도 당장에는 볼 수 없겠죠." 그가 대답했네.

"그러기에 그가 높은 곳의 것들을 보게 되려면, 익숙해짐이 필요하다고 나는 생각하네. 처음에는 그림자들을 제일 쉽게 보게 될 것이고, 그 다음으로는 물속에 비친 사람들이나 또는 다른 것들의 상들을 보게 될 것이며, 실물들은 그런 뒤에야 보게 될 걸세. 또한 이것들에서 더 나아가, 하늘에 있는 것들과 하늘 자체를 밤에 별빛과 달빛을 봄으로써 더 쉽게 관찰하게 될 걸세. 낮에 해와 햇빛을 봄으로써 그것들을 관찰하는 것보다도 말일세."

"어찌 그렇지 않겠습니까?"

"마지막으로는 그가 해를, 물속이나 다른 자리에 있는 해의 투영으로서가 아니라 제자리에 있는 해를 그 자체로서 보고, 그것이 어떤 것인지를 관찰할 수 있게 될 것이라고 나는 생각하네."[57]

---

[57] 같은 책, 515e~516b.

여기에는 다각도로 해석될 수 있는 ─이 모든 해석은 결국 한 점으로 수렴한다!─ 단계가 서술되어 있다. 이 단계는 어둠 속에 머물던 눈이 밝음에 익숙해지는 단계이고, 익숙해지면서 새로 보게 되는 것들, 즉 플라톤 존재론에서 네 가지 존재의 단계이고, 이들 각각에 대한 봄(인식)의 원인의 계열이다. 이는 결국 동굴 속의 죄수가 빛을 향해 전향하고 태양을 향해 등정하며 좋음의 이데아를 관조하여 철학자가 되는 과정이다. 이 단계를 정리해 보자.

어둠 속의 죄수가 처음 보았던 것은 동굴 벽의 그림자, 일상인들의 언어로 표현하면 실물의 그림이고 플라톤의 언어로 표현하면 그림의 그림이다. 고개를 돌려 그 다음으로 본 것은 등 뒤의 사람들과 그들이 들고 다닌 동물상과 인물상이다. 이것은 시간과 공간 안에 존재하는 것들, 일상인들의 언어로 실물이고 플라톤의 언어로 현'상'이다. 그림자와 현상은 플라톤의 존재의 질서의 첫 두 단계를 이룬다. 물론 현상은 그림자의 원인이고 동시에 그림자를 봄의 원인이기도 하다. 현상이 없다면 현상'의' 그림자는 있을 수 없고 또 보일 수도 없기 때문이다. 그런데 그림자만을 보던 죄수가 등을 돌려 '그림자를 볼 수 있게 해 준 현상'을 보았다면, 이 봄의 원인은 무엇인가? 그것은 비유에서는 동굴 입구의 불빛으로 표현되었던 것, "하늘"의 "별빛과 달빛" 등의 ─햇빛은 아직 아니다!─ 여러 빛이다. 동굴 입구에서 안쪽을 비춰 주던 불빛이 없었다면 따라서 동굴 안이 완전한 어둠으로 뒤덮여 있었다면, 죄수들은 어떤 현상도 볼 수 없었을 것이고 또한 동굴 벽에 현상의 그림자도 생기지 않았을 것이다. 그러므로 빛은 눈에 보이는 모든 것을 ─현상뿐 아니라 그 그림자도─ 보이게 해 주는 것, 모든 봄의 원인이다. 그런데 이 빛 자체는 눈에 보이지 않는다. 그러므로 빛은 '보이는 모든 것을 보이게 해 주면서 스스로는 보이지 않는 것'이다. 빛은 보이는 현상이 아니라 보이지 않는 실체, 보이는 것들을 보이게 해 주는 원인들을 물어 가는 계열의 끝이다.

　빛은 '육의 눈에 보이는 것들의 세계의 끝'이고 '혼의 눈으로만 볼 수 있는 것들의 세계의 시작', 두 세계의 경계다. 이제 이 경계에서 한 발짝만 더 내디디면 동굴 속의 죄수는 밝은 사유와 철학의 세계로 이주하게 된다. 그러기 위해, 달빛과 별빛을 보는 데 가까스로 익숙해진 그의 동공은 더욱 작아져야 한다. 이제 그는 플라톤 존재 질서의 세 번째 단계, 빛을 지나 그 마지막 단계, '모든 빛과 밝음의 근원'을 보아야 하기 때문이다. 그것은 달, 별, 물 등 다른 것에 비추인 해가 아니라, "낮"에 "하늘"에 "있는 해 그 자체"이다. 이 해가 '동굴 입구의 불빛, 육의 눈이 보았던 모든 그림자와 현상을 볼 수 있게 해 주는 힘으로서의 빛'의 원천이다. 태양은 '모든 것에 봄의 힘으로서의 빛을 제공해 주면서 스스로는 이 힘을 다른 어떤 것에서가 아니라 자신 안에서 길어 내는 유일의 발광체'이다. 그래서 플라톤은 이 태양이 동굴 안의 죄수들이 "보았던 모든 것의" 마지막 "원인"[58]이라고 쓰고 있다. '그림자를 봄'의 원인은 현상이고, '그림자와 현상을 봄'의 원인은 빛이고, 이 빛의 최종적인 근원이 태양이기 때문이다. 이제 물구나무섬의 고통을 감내하며 빛을 향해 전향하고 더 밝은 곳으로 다가가던 죄수의 등정도 끝난다. 그는 존재자의 최고 단계, 봄의 원인의 계열의 끝에 이르렀고, 철학의 '이상함'에도 끝까지 익숙해져서 이상함은 정상으로 온전히 전도되었고, 그 전도된 눈으로 비로소 태양, 세상에서 "가장 밝은 것",[59] 좋음의 이데아를 보았기 때문이다.

58　같은 책, 516b.

59　같은 책, 518c, 532d.

③ 동굴로 되돌아옴

여기까지가 비유의 전반부, 어두운 동굴을 떠나 밝음에 적응해 가던 죄수가 태양의 빛을 보고 철학자가 되는 과정에 대한 서술이다. 이제 후반부에서는 밝음의 나라로 이주한 철학자가 동굴 속에 남은 죄수들에게 무슨 일을 해야 하는가, 대중에 대한 철학자의 사회적 의무의 문제가 논의된다. 물론 철학자 자신에게는 좋음의 이데아를 관조하고 이를 본으로 하여 자신의 혼과 삶을 형성하는 데 매진하는 것이 가장 중요하고 "훌륭한" 일이다. 그러나 이에 못지않게 중요한 또는 "불가피한"[60] 과제가 스스로 관조한 태양의 진리를 동굴 속의 죄수들도 보게 하여 그들 역시 이 진리를 본받는 삶을 살게 하는 것이다. 철학하는 나만 고매하게 살 것이 아니라 나와 함께 사는 모든 이가 철학적으로 좋은 삶을 살 수 있도록 도와야 한다. 이것이 동굴의 비유를 시작하며 플라톤이 거론했던 이른바 "교육 및 교육 부족"의 문제, 철학하지 않는 몽매한 대중에 대한 철학적 교화의 문제이고 또 실제로 소크라테스가 자신의 목숨을 걸고 실천했던 일이기도 하다. 이제, 높은 곳에 올라 최고의 밝음을 경험한 철학자는 소크라테스가 아테네 시민들에게 해 주었던 일을 전도된 세계의 "불쌍한"[61] 죄수들에게 해 주어야 한다. 그들의 전도된 세계가 다시 전도되어 올바른 세계가 될 수 있도록 말이다. 그는 다시 어두운 지하 동굴로 "내려가야" 하고, 태양으로 등정하면서 밝은 것들을 보는 데 익숙해진 그의 눈은 다시 "어두운 것들을 보는 데 익숙해져야"[62] 한다. "빛에서 어둠으로 옮길 때"에도 "어둠에서 빛으로 옮길 때"[63]와 꼭 마찬가지로 하나의 세계가 정반대의 세계로 전도되기

---

60 같은 책, 540b.
61 같은 책, 516c.
62 같은 책, 520d.
63 같은 책, 518a.

때문이다. 올라오며 눈이 아팠던 철학자는 이제 내려가며 아무것도 보지 못한다. 과연 이 눈먼 철학자에게 옛 동료 죄수들은 어떤 태도를 취할 것인가?

> "그러면 이 점 또한 생각해 보게. 만약에 이런 사람이 다시 동굴로 내려가서 이전의 같은 자리에 앉는다면, 그가 갑작스레 햇빛에서 벗어 나왔으므로, 그의 눈은 어둠으로 가득 차 있게 되지 않겠는가?"
> "물론 그럴 것입니다." 그가 대답했네.
> "그렇지만, 만약에 그가 줄곧 그곳에서 죄수 상태로 있던 그들과 그 그림자들을 다시 판별해 봄에 있어서 경합을 벌이도록 요구받는다면, 그것도 눈이 제 기능을 회복도 하기 전의 시력이 약한 때에 그런 요구를 받는다면, 어둠에 익숙해지는 이 시간이 아주 짧지는 않을 것이기에, 그는 비웃음을 자초하지 않겠는가? 또한 그에 대해서, 그가 위로 올라가더니 눈을 버려 가지고 왔다고 하면서, 올라가려고 애쓸 가치조차 없다고 하는 말을 듣게 되지 않겠는가? 그래서 자기들을 풀어 주고서는 위로 인도해 가려고 꾀하는 자를, 자신들의 손으로 어떻게든 붙잡아서 죽일 수만 있다면, 그를 죽여 버리려 하지 않겠는가?"[64]

아테네의 무지한 시민들에게 끝없는 물음을 던지며 그들을 무지의 지로 인도하려던 소크라테스가 바로 그들이 건네는 독배를 받아야 했던 것처럼, 어둠을 밝음으로 잘못 알고 있는 죄수들에게 진짜 밝음을 보여 주어 어둠을 어둠으로 깨닫게 해 주려던 철학자 또한 그가 깨우치려던 사람들의 손에 죽었다.

철학자는 왜 죽임을 당했어야 했는가? 그것도 그가 가르치려던 사람들

---

[64] 같은 책, 516e-517a.

의 손에. 그는 무지한 죄수들을 교육하려 했는데, 무지는 교육을 거부했기 때문이다. 도대체 어떤 '무지', 어떤 '교육'이 문제인가? 여기서 무지는 단순히 이론적 지식의 결핍 또는 부족이 아니다. 그런 것이 문제라면 필요한 지식을 제공 또는 보충해 주면 될 일이고 그렇게 고마운 교육자를 죽이는 사람은 없다. 무지는 훨씬 더 심각한 것을 말한다. 그것은 죄수의 세계 이해와 자기 이해, 즉 '나의 세계, 나의 삶의 무대는 무엇이고 그 안에 살고 있는 나는 누구인가?' 하는 물음과 관련된 것이다. 그는 자신의 세계가 밝음이 전도된 어둠의 동굴이고 자신은 그 안에서 물구나무선 채로 살고 있는 이상한 죄수라는 사실을 모르고 또 이 사실을 모르고 있다는 사실도 모른다. 그리고 두 번째 무지(무지의 무지)가 첫 번째 무지(자신과 세계에 대한 무지)에 대한 반성과 회의의 가능성까지 근절해 버린다. 그는 확신한다. 자신은 정상 세계의 정상인이라고.

이 같은 무지를 교정할 교육 역시 단순히 전문 지식의 전달과 보충일 수는 없다. 교육자는 훨씬 더 심각한 일을 행한다. 무지한 자의 무지를 폭로하여 '무지와 무지의 무지에 근거한 잘못된 확신'을 흔들어 대며 이 확신과 정반대의 것을 긍정하라고 요구한다. 이것은 이론적 인식의 가르침과 배움의 문제가 아니라, 올바른 세계 이해와 자기 이해를 가지라는 촉구이고, 이 이해에 따라 올바른 삶을 살라는 강압이다. 플라톤은 분명히 말한다. 철학 교육이란 "혼 안에 지식이 있지 않을 때" 외부에서 "지식을 넣어 주는" 것이 "아니라", 동굴 벽만을 향하고 있는 죄수들로 하여금 "혼 전체와 함께 생성계에서" 이데아계를 향하여 "전환하게" 하되, 이 혼이 "좋음", "실재 중에서도 가장 밝은 것을 관상하면서도 견디어 낼 수 있을 때까지"[65] 전환하게 강제함이다. 철학자는 눈부심에 괴로워하고 있는 죄수를 높고

─────
65 같은 책, 518b-d.

밝은 곳으로 끌고 가며 묻는다. '너는 누구이고 어디에 살고 있는가?' 그는 죄수에게 지금 네가 살고 있는 어두운 동굴이 올바른 세계임을 계속 주장할 것인지 아니면 지금 너에게 전도되어 보이는 저 밝은 바깥이 올바른 세계임을 인정할 것인지를 선택하라고 다그친다. 교육자는 밝음에 적응하지 못하는 죄수를 더 높고 더 밝은 곳으로 끌고 가, 여기서 눈을 크게 뜨고 잘 보고 답하라고 닦아세운다. 답하지 않고 끌려가면 갈수록 눈의 고통은 그만큼 더 커진다. 교육은 고통을 키우고 견딜 수 없을 만큼 커진 고통은 급기야 교육을 거부하고 자신의 무지에서 진통의 묘책을 발견한다. 저 '이상한' 철학자가 나와는 달리 눈부심의 고통에 시달리지 않는 것은 필경 그의 눈이 멀었기 때문일 것이다. 고로 나의 눈은 정상이다!

하나의 세계가 참되기 위해 그와 반대되는 세계는 거짓이어야 한다. 정확히 거꾸로 된 두 세계가 모두 참일 수는 없기 때문이다. 그러므로 죄수와 철학자의 만남은 모르기에 배워야 하는 자와 알기에 가르쳐야 하는 자 간의 교화적인 만남이 아니라, 정확히 전도된, 그러나 오로지 자신만이 유일하게 참된 세계라고 믿고 있는 두 세계의 만남, 그리고 그 두 세계의 시민들의 만남이다. 이 만남은 애초부터 치열한 싸움이다. 나를 긍정하기 위해선 너를 부정해야 하고 너를 긍정한다면 나를 부정해야 하기 때문이다. 그래서 한 현대철학자는 동굴 속의 죄수들과 이들을 동굴 밖으로 이끌어 가려는 철학자의 만남을 "생사를 건 투쟁"[66]이라 표현했던 것이다. 분명한 것은 이 둘이 같이 있을 수는 없다는 것, 그리고 같이 있게 되면 둘 중 하나는 죽어야 한다는 것이다. 그런데 교육은 무지의 허위를 폭로하려 한다. 무지한 자는 말한다. 너의 참은 나의 거짓이고 너의 삶은 나의 죽음이니, 네가 너의 참을 증명하기 전에 내가 너를 죽여야 한다. 철학자의 죽

---

66 하이데거, 「플라톤의 진리론」, 『이정표』(프랑크푸르트, 1976), 224쪽.

음, 철학 교육의 중단과 더불어 어두운 동굴, 전도된 세계는 정상의 세계, 유일하게 올바른 세계, 따라서 유일한 세계로 간주되고, 죄수들은 자신이 이상한 사람이 아니라 정상적인 자유인임을 확신하게 된다. 그들은 전도된 세계에서 물구나무선 채로 '슬기로운' 수감 생활을 이어 나간다. 거꾸로 매달린 자신을 '슬기롭다' 여기는 이들이 당신의 눈에는 이상한 사람들로 보이는가? 천만의 말씀! 바로 "우리와 같은 사람들"이다.

2.2 비유의 해석: 존재와 인식의 단계

비유에 따르면 두 개의 세계가 있다. '어두운 동굴, 가시계'와 '밝은 지상, 예지계'다. 전자는 우리가 거주하는 곳이고 후자는 이주해 가야 할 곳이다. 이 두 세계에는 각각 두 개의 존재 단계가 있다. 가시계에는 두 개의 "가시적인 것", 동굴 벽의 그림자와 그 그림자의 주인들이 있고, 예지계에는 두 개의, "지성에 의해 알 수 있는 것",[67] 빛과 태양이 있다. 두 세계에 걸쳐 상승하며 점점 참된 존재에 다가가는 네 존재 단계 각각에 역시 두 세계에 걸쳐 상승하며 점점 참된 진리에 다가가는 네 인식의 단계가 대응한다. 이제 동굴의 비유를 다루는 마지막 순서로 플라톤 철학에서 존재와 인식의 상승하는 질서, 그리고 이 상승이 우리의 삶에 대해 갖는 의미에 대해 생각해 보자.

① 그림과 그림의 그림, 이들에 대한 '독사'

동굴 안에는 '휘장 뒤를 오가던 사람들과 그들이 들고 다니던 물건들', 그리고 '동굴 벽에 반사된 이들의 그림자'가 있다. 사람들과 물건들은 시

---

67 플라톤, 『국가』, 532b.

간과 공간 안에 존재하는 '것', 우리가 흔히 존재자 또는 실물이라 부르는 것이다.[68] 플라톤의 용어로는 상 또는 현상이다. 그러니 죄수들이 보았던 동굴 벽의 그림자는 '상의 상', '그림의 그림'인 셈이다. 여기서 현상과 그림자의 관계는 리자 부인과 리자 부인의 초상화의 관계와 같다. 이것이 바로 우리가 살고 있는 세계다. 우리는 리자 부인과 담소를 나누며 식탁 위에 차려진 떡과 술을 나눠 먹고 배불리 취하는가 하면, 리자 부인을 화폭 안에 부동자세로 가두고 떡과 술의 그림을 그려 그림의 떡, 그림의 술을 만들기도 한다. 그리고 어떤 이들은 이 그림의 그림들을 주인공으로 한 시와 비극을 써 재미나기 짝이 없는 가상의 현실성을 만들어 낸다. 그러면 "생각 없는 사람들"[69]이 —이들도 물론 우리와 같은 사람들이다!— 그 가짜 세계 안으로 들어가 '진짜보다 더 진짜 같은 가짜'에 몰입하고 열광한다. 그러나 이들이 '진짜라고 여기는 것'은 '진짜'가 아님은 물론이요, '진짜의 모방'도 아니고 오로지 '진짜(이데아)의 모방(현상)의 모방', 그러니까 진짜에서 "세 단계나 떨어져 있는 것"[70]이다. 어둠에 익숙한 육의 눈이 볼 수 있는 그림, 그 그림의 그림으로 가득한 이중의 그림책이 우리의 세계, 가시계, 동굴 속이다. 철학하지 않고 그림 속에 살고 있는 우리, 그리고 그 그림을 다시 말, 색, 형태, 음 등으로 모방하여 그림'의' 그림을 만들어 내는 예술가들이 이 세계의 시민들이다.[71]

---

68 플라톤이 여기에 인물'상', 동물'상'을 포함시키는 이유는 이 실물들이 실제로는 '상'이기 때문일 것이다.

69 플라톤, 『국가』, 598c.

70 같은 책 599a, cf. 597e, 602c.

71 『국가』 10권의 전반부에는 플라톤의 신랄한 예술 비판이 전개된다 (596d-608a 참조). 이 비판은 물론 현대인의 관점에서는 액면 그대로 수용하기 어려운 것이지만, 플라톤의 존재론을 공부하고 있는 우리의 입장에서는 예술가적 현실성은 이중의 모방, 이데아의 모방의 모방이라는 점에 주목할 필요가 있다. 모방이 존재가 그림으로, 진짜가 가짜로 바뀌는 과정

있는 듯이 보이지만 실재하지 않는 그림자, 즉 '현상의 그림'에 대한 지성의 상태는 "상상eikasia"이고, 시공 중에 실재하는 '현상'에 대한 지성의 상태는 "믿음pistis"이다. 이 둘을 합쳐 "의견doxa"[72]이라 한다. 통상 음차하여 '독사'라 칭한다. 독사는 "생성에 관련된 것"이기에 모든 시간에 대해 보편적으로 타당한 인식은 아니다. 생성된 것은 시간의 흐름에 따라 변화하고 소멸되기 때문이다. 우리는 특정 시간 내에 존재하는 현상에 대해 특정 시간 내에서만 참인 독사를 가질 수 있다. 그러나 이 참은 시간의 흐름을 견뎌 내지 못한다. '소크라테스는 젊다'라는 독사는 그의 늙음으로 인해 거짓이 되고, '소크라테스는 살아 있다'라는 독사는 그의 죽음으로 인해 거짓으로 된다. 모든 시간에 대해 보편적으로 참일 수 있는 것, 이른바 보편타당성을 지닐 수 있는 인식은 생성이 아니라 오직 "존재에 관련된 것"뿐이다. 존재는 생겨나지도 없어지지도 바뀌지도 않는 있음 그대로의 상태이기 때문이다. 이 존재에 대한 인식을 "지성에 의한 앎noesis"[73]이라 한다. 이 앎은 두 개의 "지성에 의해 알 수 있는 것", 빛과 태양에 대해 각기 달리 규정될 것이다. 예지계로 올라가서 우선 이 두 존재의 단계, 그리고 이 각각에 대응하는 두 인식의 단계를 살펴보자.

② 빛, 빛에 대한 '사유'

동굴 입구에 불이 타오르고 있다. 여기가 현상계와 이데아계의 경계다. 경계 이쪽에선 어둠 속의 죄수들이 동굴 안으로 비춰 든 약간의 빛 아래서

임을 고려하면, 플라톤의 예술 비판도 그의 철학 체계 내에서는 나름의 의미를 지닌다. 예술가들의 모방의 본은 이데아가 아니라 이데아의 모방이라는 것이 이 비판의 핵심이다.

72 같은 책, 511d-e, 533e-534a.

73 같은 책, 534a. 나는 '존재에 대한 인식'을 '노에시스'가 아니라 '에피스테메'라 칭하고자 한다. 이유는 뒤에서 설명한다. (아래 주 102 참조)

그림들과 그 그림의 그림들을 "판별한다." 이 판별은 ─철학자는 이 판별에 무능하다는 이유로 죽었다─ 어둠에 익숙한 육의 눈이 한다. 경계 저편에서는 철학자들이 태양에서 발원한 빛 아래서 이데아들을 판별한다. 이 판별은 혼의 눈이 한다. 어느 경우건 ─육의 눈이 현상을 보건 혼의 눈이 이데아를 보건─ 봄은 차이를 봄이고, 이 차이에 따라 구별함이 곧 인식이다. 희미한 빛 아래서 나는 삼각 만두와 원통 김밥을 구별하고 환한 빛 아래서 삼각형의 이데아와 원통의 이데아를 구별한다. 그리고 만두를 김밥이 아닌 만두로, 삼각형을 원통이 아닌 삼각형으로 인식한다. 이 두 인식은 ─희미하건 환하건─ 빛 아래서만 가능하다. 인식함이란 이것과 저것의 차이를 보고 이 둘을 구별하여 이것을 저것이 아닌 이것으로 알아냄이기 때문이다. 그러므로 빛이 없으면 차이를 볼 수 없고, 차이를 볼 수 없는 곳엔 인식도 없다.

언젠가 헤겔은 이렇게 어둠의 장막이 모든 차이를 뒤덮어 구별로서의 인식이 불가능한 상태를 "모든 소가 검게 보이는" 어두운 "밤"[74]이라 표현한 적이 있다. 이 밤에는 검은 소뿐 아니라, 하얀 소, 누렁이, 얼룩소도 모두 검게 보인다. 빛이 없어지면서 색깔도, 색깔들 간의 차이도 전부 사라졌기 때문이다. 이 밤에는 단 "하나의 색"[75], 검은 색만 존재한다. 그러나 이 검은 색은 하얀 색의 반대로서의 검은 색이 아니라, 색 일반의 부정, 색들 간의 차이의 부정, 이 차이를 봄으로서의 인식 자체의 부정으로서의 암흑이다. 빛이 없는 곳에는 아무런 인식도 없다. 그러므로 빛은 모든 인식이 가능하기 위한 조건이다. 그래서 플라톤도 이렇게 말한다.

---

[74] 헤겔, 『정신 현상학』, 19쪽.
[75] 같은 책, 18쪽.

아마도 눈 속에 시각이 있고 이를 가진 자가 이를 이용하려고 꾀할지라도, 그리고 그 대상들(보이는 것들)에 색깔이 있을지라도, 만약에 성질상 특이하게 바로 이 목적을 위한 것인 제3의 부류가 없게 되면, 시각 또한 아무것도 보지 못하게 되고 색깔들 또한 보이지 않게 될 것이라는 걸 자네는 알고 있네. (…) 그건 바로 자네가 빛이라 부르는 것일세.[76]

비유는 이 빛을 동굴 '입구'의 —입구는 동시에 '출구'다!— 불로 표현했다. 흥미로운 것은 불의 위치다. 불은 가시계의 '끝', 그리고 예지계의 '시작', 두 세계의 '경계'에서 탄다. 이 사실은 최소한 다음 세 가지 점에서 주목과 추가적 설명을 요한다.

첫째는 두 세계의 경계에서 타는 불은 과연 어느 세계에 속하는가의 문제다. 불빛은 가시계가 아니라 예지계에 속하고, 따라서 현상이 아니라 이데아다. 가시계의 끝에 서 있는 것은 더 이상 가시계에 속할 수 없다. 현상들의 세계의 끝에서는 —그것이 진짜 끝이라면— 모든 현상은 이미 끝났어야 하기 때문이다.[77] 보이는 것들이 완전히 끝난 곳에 이들을 봄의 원인, '보이는 모든 것을 보이게 해 주면서 스스로는 보이지 않는 것'이 있다. 보이지 않는 이 빛이 가시적인 것에 대한 모든 봄의 원인이다! 이는 다음을 뜻한다. 가시계의 모든 현상 인식의 원인은 예지계에 속한다. 바로 이것이 나의 책이 반복했던 주장, '경험은 경험만으로는 설명될 수 없고, 경험적 현상의 마지막 원인은 경험적 세계의 외부에 있다'는 말의 의미이다.

---

76 플라톤, 『국가』, 507d-e.
77 경계는 본디 —논리적으로는— 이 경계에서 구분되는 두 세계 중 어디에도 속하지 않거나 둘 모두에 속해야 한다. 그러나 두 세계 중의 하나에 속한 우리가 이 경계를 사유할 경우, 경계는 적어도 우리의 세계에 속할 수는 없다. 그것은 우리 세계의 '끝'이기 때문이다. 세계의 끝은 세계에 속하지 않는다.

이데아가 현상의 원인이고, 이데아의 인식이 현상 인식의 근거다.

둘째는 두 세계의 관계 문제다. 사람들은 플라톤의 두-세계-이론을 너무 극단적으로 해석해서 동굴 속을 완전한 어둠과 무지의 세계로 간주하고 여기에 지상, 완전한 빛과 진리의 세계를 단적으로 대립시키는 경향이 있다. 그러나 불은 동굴과 지상의 '경계'에서 타고 따라서 불빛은 동굴 안으로도 비춘다. 죄수들은 그 빛 아래서 현상들, 현상의 그림들 간의 차이를 보고 구별을 한다. (물론 이 판별함이 모든 시간에 대해 보편적으로 타당한 인식은 아니고 그저 이 또는 저 시간 안에서 한시적으로 타당한 독사일 뿐이지만…) 플라톤에서 두 세계의 관계는 단적인 다름이 아니다. 두 세계는 모방과 관여를 통해 연결되어 있고 그 관계는 다름이 아니라 닮음임은 이미 설명되었다. 물론 플라톤은 반복해서 두 세계는 '같지 않다'고 강조하고, 이 말에는 현상계에 대한 이데아계의 부정할 수 없는 우위가 함축되어 있다. 그러나 이 '같지 않음'에서 '다름'을 도출해 낸다면, 그것은 결코 플라톤적 사유가 아니다. 플라톤이 생각하는 것은 '같지도 다르지도 않음', '닮음'이기 때문이다. 두 세계의 관계가 같음이 아니라 닮음일 수밖에 없는 것은 불이 가시계가 아니라 예지계에 속하기 때문이고, 다름이 아니라 닮음일 수 있는 것은 불이 두 세계의 경계에서 타며 가시계 안으로도 빛을 보내 주기 때문이다.

그렇다면 이 빛은 플라톤 철학에서 구체적으로 무엇을 의미하고 그에 대해서는 어떤 인식이 가능한가? 이것이 세 번째 요점이다. 일단 빛은 육의 "눈에 보이지 않고" 따라서 현상이 아니라 "이데아"[78]임은 분명하다. 그런데 이 빛은 현상계 안으로 비추어 현상들을 볼 수 있게 해 준다. 그러니 예지계에 속하는 빛은 현상계 시민들의 인식 활동에 열려 있고 그들의 지

---

[78] 플라톤, 『국가』, 507b-c.

성에도 접근 가능한 것이다. 이것은 경험적 세계와 단절되어 저 세계에 머무는 초월적 실체가 아니라 이 세계에 '대해' 서 있는 이데아, 이 세계와 맺는 모종의 관계 안에서 사유된 이데아다. 우리는 이런 이데아에 대해 이미 두 차례(1.2의 ②, ③ 참조) 논의한 바 있다. 그 하나는 개별적 이데아, 가시계 내부의 현상들 "각각에" 대해 본으로 "있는 한 이데아", 따라서 각각의 현상이 그 현상으로 "실재할" 수 있게 만들어 주는 각각의 "이데아"[79]이고, 다른 하나는 산술과 기하학의 대상들, 수학자의 지성 안에 존재하는 수학적 개념으로서의 이데아이다. 현실 속의 불완전한 침대에 만족할 수 없는 목수가 자신의 이념의 세계에 '실물 침대들의 불완전함이 상상적으로 제거된 이상적인 침대의 상'을 그려 냈다면, 그것이 바로 개별적 이데아로서의 침대의 이데아다. 목수는 이 이데아를 본으로 삼아, 즉 모방하여 실물 침대를 만든다. 술도가의 장인이 술을 빚고 떡집 주인이 떡을 만들 때에도, 그 과정을 이끄는 것은 이들이 지성 안에 그려 낸 술의 이데아와 떡의 이데아라는 본이다. 침대건 술이건 떡이건, 현상계에 존재하는 모든 것은 그에 상응하는 개개의 이데아를 본으로 한 모방의 산물이기 때문이다. 수학적 대상도 마찬가지다. 삼각 만두와 원통 김밥이 각기 기하학적 도형으로서의 삼각형, 원통의 모양새를 갖는 것은 기하학적으로 숙련된 주방장이 자신의 지성 안에 존재하는 삼각형의 이데아, 원통의 이데아에 관여하며 이 이데아를 모방하여 만두를 빚고 김밥을 말기 때문이다. 기하학적 실재로서의 이데아들은 동굴 안의 식당과 주방에까지 자신의 빛을 보내고 있다.

　이제 이 빛, 동굴 속 죄수들의 지성이 모방과 관여의 관련을 맺고 있는 개별적 이데아 또는 수학적 실재들에 대해 우리는 어떤 인식을 가질 수 있

79　같은 책, 507b.

는지에 대해 생각해 보자. 이 인식을 플라톤은 '사유', 정확히는 "추론적 사유dianoia"[80]라 부르고, 이를 "영혼 안에서 음성 없이 생겨나는, 영혼 자신과의 대화"[81]로 규정한다. 스스로 묻고 스스로 답하는 자기 대화, 바로 이것이 인간의 사유가 진행되는 방식이다. 이 대화는 모르는 자가 묻고 아는 자가 답을 주어 종결되는, 정보 전달의 문답이 아니라, 물음과 답변의 오고 감을 통해 진행되는 사유'함' 자체의 과정이다. 몰라서 묻고 알아서 답하는 것이 아니라 묻고 답해 보면서 비로소 알아 가는 과정이다.

현실 안의 어떤 침대에도 만족하지 못하는 나는 무엇이 이상적인 침대인지를 나에게 묻는다. 물음을 받은 나라고 —이 나는 몰라서 물었던 바로 그 나다— 답을 가지고 있지는 않다. 그러나 물음을 받은 이상 나는 답변을 강요당하고 따라서 가능한 여러 답을 훑어보며 그중 무엇이 적절한 답인지를 '생각'해 보지 않을 수 없다. 다양한 가능성 중에 어떤 것이 나름의 이유를 가지고 선택된다. '이런 침대' 또는 '저런 침대!' 이 답을 들었기에 묻는 자의 문제의식도 한결 구체화된다. 그는 이런 침대의 이런 문제, 저런 침대의 저런 문제를 지적하며, 원래의 물음을 다시 던진다. 지적을 곁들인 두 번째 물음으로 인해 나는 '내가 지성 안에 그리고 있는 침대 그림'에서 이런 면과 저런 면은 지워 버리고 그 대신 요런 면과 조런 면을 덧칠해 넣는다. 이런, 저런 침대라는 나의 최초의 답변, 그 답에 대한 묻는 자의 지적이 없었더라면 나의 '사유'는 결코 이 같은 지움과 덧칠함에 이를 수는 없었을 것이다. 한 번 더 묻고 답한다면, 나는 더 많은 가능적 침대들을 살펴보고 그 침대들의 나쁘고 추한 면은 지워 나가고 좋고 아름다워 보이는 면을 더 그려 넣어 물음이 묻고 있는 것, 나의 생각에 가장 이상적인

---

80 같은 책, 510e, 533d.
81 플라톤, 『소피스트』, 263e.

침대에 조금 더 가까이 다가갈 것이다. 이것이 현상계의 실물 침대에 만족하지 못하는 우리가 이념의 화폭 안에, 가장 좋고 가장 아름다운 침대의 그림을 그려 가는 '사유'의 과정이다.

이 사유는 물음과 답변, 언어적 대화를 통해 진행된다. 우리는 문제가 되는 사태를 ─예를 들면 이상적인 침대, 떡, 술 등을─ 언어적 대화 안에 던져 놓고, 오가는 물음과 답변이 이 사태를 어떻게 규정하는지 그 방식을 따라가 본다. 이것이 인간적 사유의 길이다. 사유란 판단함인데, 여기서 판단은 문제가 되는 사태를 주어 자리에, 특정 속성을 술어 자리에 놓고 이 둘을 연결사 '…이다'로 결합한 문장이다. 예를 들어 '침대는 딱딱하다', '떡은 몰랑몰랑하다', '술은 달다'는 문장은 모두 판단이다. 이런 판단을 스스로에게 물음으로 던지고 그 판단의 주어·술어 결합의 타당성에 대한 판단을 또한 스스로에게 답변의 형식으로 제시한다면, 그것이 바로 영혼이 자신과 나누는 소리 없는 대화, 인간의 사유다. 당신이 '침대는 푹신한가?', '떡은 딱딱한가?', '술은 쓴가?' 하고 당신에게 묻는다. 이 묻는 판단들에 당신이 긍정 또는 부정하는 판단으로 답한다면, 이 물음과 답변의 오고 감, 판단에 판단이 이어짐이 바로 사유다. 인간은 묻고 답하면서만 생각할 수 있다. 이것이 인간은 언어적으로 사유한다는 말의 의미이다.

우리가 수학 문제를 풀 때에도 같은 일이 일어난다. '2+3'과 같은 간단한 문제는 한 손으로 가볍게 풀 수 있지만 '4+5'만 해도 벌써 두 손의 도움이 필요하다. 더 복잡한 문제들은 더 복잡한 계산과 추론을 요구한다. 가능한 문제 해결의 길이 여럿 보일 때, 어떤 것이 우리를 정답으로 인도할지 길을 가 보기 전에 우리는 모른다. 일단 가 보고 안 되면 그 길은 과제 목록에서 제거해야 한다. 문제 해결의 길이 보이지 않는 경우도 있는데, 그때에는 우리의 관점을 바꾸어 이전 관점에서는 볼 수 없던 새로운 길을 찾아내지 않으면 안 된다. 분명한 것은 수학 문제 해결에 기계적 절차는 없다는 것이다. 우리는 스스로에게 '이건가 저건가 아니면 요건가 조건가?' 하고 끝없이 물으며 문제 해결을 위한 다양한 길, 이 여러 길을 보여주는 다양한 관점을 섭렵한다. 그리고 섭렵한 길들과 관점들을 비교하고, 대조하고, 대립시켜 부적절한 것은 탈락시키고, 결합하여 새로운 것을 만들어 내기도 한다. 시행착오를 포함하는 지루한 섭렵, 그 섭렵의 반복을 통해 우리의 추론적 사유가 진행된다.

이것이 바로 '단번에, 일격에 모든 것을 알 수는 없는 인간'의 사유다. 그러나 이 언어적, 추론적, 단계적 사유가 인간이 가질 수 있는 유일한 앎, 최상의 인식은 아니다. 이런 정도의 사유는 '인공ᄉᄀ지능'도 할 수 있고 실은 '신공神工지능'보다 더 잘 할 수 있다. 그렇다면 좀 이상하지 않은가? '신이 만든 지능'보다 '신이 만든 지능이 만든 지능'이 더 똑똑하다면…. 신공지능과 인공지능 간에는 뭔가 분명한 차별성이 있지 않으면 안 될 것 같다. 인간은 신을, 따라서 인간이 만든 것은 신이 만든 것을 능가할 수 없다는 우리의 확신이 틀린 것이 아니라면 말이다.

③ 좋음의 이데아로서의 태양, 이에 대한 '직관'

지금까지 우리는 세 단계의 존재와 그 각각에 대한 역시 세 단계의 인식을 살펴보았고 이를 통해 존재와 인식의 단계의 '끝'에 도달했다. 이 끝은 비유의 언어로는 '태양'이고 철학의 언어로는 '좋음의 이데아'다. 이것은 진정한 의미에서의 끝, 그 뒤에 더 이상 아무것도 있을 수 없는 끝이다. 이는 단지 눈에 보이는 존재자들의 끝, 가시계의 끝이 아니라 "지성에 의해 알 수 있는 것들"의 끝, 가시계 뒤의 예지계의 끝, 따라서 세계 전체와 존재 일반의 "끝"[82]이다. 따라서 이에 대한 인식은 모든 가능한 인식의 역시

---

[82] 플라톤, 『국가』, 532b.

진정한 끝이다. 유일한 발광체로서의 태양에서 햇빛이 방사되어 나왔고, 이 빛의 투영이 동굴 안을 비추어 비로소 보이는 모든 것에 대한 봄이 가능해졌기 때문이다. 태양은 모든 인식의 유일한 시원이고 따라서 태양을 향해 등정하는 인간의 입장에서는 인식의 길의 참된 끝이다.

봄, 즉 인식의 계열의 끝으로서의 태양, 존재 질서 전체의 끝으로서의 좋음의 이데아를 플라톤은 일단 '생성'과의 대비를 통해 설명한다.

> 태양은 보이는 것들에 '보임'의 '힘'을 제공해 줄 뿐만 아니라, 또한 그것들에 생성과 성장 그리고 영양을 제공해 준다네. (⋯) 그것 자체는 생성되는 것이 아니면서 말일세. (⋯) 그러므로 인식되는 것들의 '인식됨'이 가능하게 되는 것도 '좋음'으로 인해서일 뿐만 아니라, 그것들이 '존재하게' 되고, 그 '본질'을 갖게 되는 것도 그것에 의해서지.[83]

인용문은 좋음의 이데아를 생성의 '원인' 그리고 '타자'로 규정한다. 이 이데아는 생성하는 모든 것을 생성하게 해 주기에 생성의 원인이지만, 생성하는 것들의 계열의 끝으로서 스스로는 생성하지 않기에 생성의 타자다. 일단 좋음의 이데아의 존재론적 의미는 '생성의 끝, 부정'으로 보인다. 다른 대화편에서도 플라톤은 좋음 자체를 "순수하고 영원히 존재하며 죽지 않고", "한 가지 보임새로 해체되지 않으며", "아무런 변화도 받아들일 수" 없는 것, 따라서 "언제나 똑같은 방식으로 한결같은 상태로 있는 것"[84]으로 규정한다. 이는 앞서[85] 인용된 아름다움의 이데아에 대한 디오티마

---

83 같은 책, 509b.
84 플라톤, 『파이돈』, 78d-79d; 플라톤, 『크라튈로스』, 439d-e 참조.
85 1.2의 ④의 주 41이 지시하는 인용문 참조.

의 설명과도 일치한다. 거기서도 아름다움 자체는 생성과 변화의 거부, 단일 형상으로 '있음'으로 규정되었다.

여기 인용된 플라톤 자신의 문장들에 근거하여 우리는 좋음의 이데아의 가장 중요한 본질은 '생성의 부정'이라고 이해해야 할 것 같다. 더구나 이 두-세계-이론가가 현상과 이데아의 관계를 설명할 때면 늘 꺼내 드는 도식이 바로 '생성과 존재의 대립'임을 고려하면, 이 해석에는 원칙적인 타당성이 더해진다. 이는 물론 원칙적으로(는) 타당한 해석이다. 좋음의 이데아는 생성에 대한 단적인 거부의 방식으로 존재하는 것이 맞고, 플라톤 스스로도 그렇다고 말하니까! 그러나 여기서 조금은 조심해야 할 필요가 있다. 좋음의 이데아는 물론 생성을 거부한다. 그러나 좋음의 이데아만 생성을 거부하는 것은 아니다. 개별적, 수학적 이데아들도 생성하지 않고 생성을 넘어서지만,[86] 좋음의 이데아는 생성을 넘어서는 이 이데아들도 넘어선다. 바로 여기에 조심해야 할 이유가 있다. '생성의 부정'은 '불빛도 포함하는 예지계'의 본질 규정이지 '태양, 예지계의 끝'의 본질 규정이 아니다. 지금 우리의 과제는 가시계에 대비한 예지계의 본질을 드러내는 것이 아니라 ―그렇다면 당연히 생성과 존재의 대립이 우리의 접근 도식이 되어야 할 것이다―, '가시계와 예지계를 포함한 세계 전체'와 '그 세계의 끝으로서의 좋음의 이데아'의 관계를 해명하는 것이다. 따라서 논의의 초점도 당연히 '생성의 부정'이 아니라 '존재하는 모든 것들, 모든 존재 질서의 끝'에 맞춰져야 한다. 그래서 플라톤은 위 인용문의 이어지는 구절에서 "좋음" 자체는 그 "지위와 힘에 있어 '존재'를 초월하여 있는 것"[87]이라고 분명히 말한다. 여기서 "존재"는 생성에 대립된 존재가 아니라, 지금까지 우리

---

86 플라톤, 『국가』, 527b 참조.
87 같은 책, 509b.

가 거쳐 온, '그림자', '현상', '개별적, 수학적 이데아' 등 세 단계의 존재 질서 전체를 의미할 것이다. 이 존재 단계의 끝, 끝으로서 이 존재 질서 전체를 초월하는 것이 바로 좋음의 이데아다.

인식의 단계와 관련해서도 사정은 다르지 않다. 좋음 자체는 독사와 추론적 사유 등 모든 인식을 가능하게 하는 것이지만, 동시에 인간이 가질 수 있는 이 모든 인식의 단계의 단적인 끝으로서 이 계열 전체를 근본적으로 넘어선다. 계열의 끝은 계열의 타자로서 계열 안에 서 있는 것과 같을 수는 없기 때문이다.

> "인식되는 것들에 진리를 제공하고 인식하는 자에게 그 '힘'을 주는 것은 '좋음의 이데아'라고 선언하게. 이 이데아가 인식과 진리의 원인이라네, (…) 반면에 이 둘이, 즉 인식과 진리가 마찬가지로 훌륭한 것들이기는 하지만, 이 이데아는 이것들과도 다르며 이것들보다 한결 더 훌륭한 것이라 믿는다면, 자넨 옳게 믿게 되는 걸세. (…) 이들 둘을 '좋음'을 닮은 것으로 간주하는 것은 옳으나, 어느 쪽 것도 [바로] '좋음'이라 믿는 것은 옳지 않다네. 오히려 '좋음'의 처지(상태)를 한층 더 귀중한 것으로 존중해야만 하네."
>
> "굉장한 아름다움을 말씀하고 계시군요. 그것이 인식과 진리를 제공하지만, 그것 자체는 아름다움에 있어서 이것들을 넘어선다면 말씀입니다."[88]

유일한 발광체로서 모든 빛의 근원인 '태양', 그 '태양을 봄'은 햇빛의 투영으로서의 별빛과 달빛, 그 빛 아래서 본 현상들, 그 현상의 그림자들, 그리고 이 모든 것을 봄과는 근본적으로 다르다. 모든 좋은 것의 좋음의 원인이면서 자신의 좋음에 대해서는 자기 원인인 '좋음 자체'는 (목수의 혼의

---

88 같은 책, 508e-509a.

눈에는 더 없이) 좋은 침대의 이데아, 이 이데아에 관여하기에 부분적으로 좋은 실물 침대, 그리고 다만 좋아 보일 뿐인 침대 그림과는 근본적으로 다르다. 태양은 빛과 그 아래서 보이는 것들의 질서를, 좋음 자체는 좋은 것들의 질서를 근본적으로 넘어서기 때문이다. 그러므로 좋음의 이데아는 존재하는 모든 것의, 그에 대해 우리가 가질 수 있는 모든 인식의 단적인 끝이고, 동굴 입구의 불빛에 이른 죄수가 도달한 존재와 인식의 단계, 즉 '개별적, 수학적 이데아'와 그에 대한 '추론적 사유'의 저 너머이다.

우리를 이 끝, 끝 저 너머로 이끄는 것이 바로 변증술이다. 이미 설명했듯이[89] 변증술은 전제를 전제로 볼 줄 아는 학문이다. 다른 기술과 학문들이 모종의 전제 위에 서 있고 그 전제를 전제가 아니라 최초의 원리로 간주한다면, 변증술은 어떤 테지스를 대해도 그 '밑에hypo' 또 다른 '전제 hypothesis'가 '놓인thesis' 것은 아닌지를 살핀다. 이것이 빛에 대한 학문과 태양에 대한 학문의 차이다. 현실 안에 좋은 침대를 만들기 위해 침대 제작의 본을 필요로 하는 목수는 침대 사용자의 편리라는 전제 위에 서 있고,[90] 수학자 역시 "홀수와 짝수, 도형들, 세 종류의 각" 등의 수학적 개념들을 "명백한 것들"로 "전제하고"[91] 이 "전제들을 이용은 하되" 이에 대한 "설명은 해 주지 못한다." 이들은 원리가 아닌 전제를 원리로 사용하고 그 전제에 멈춰 서기에 전제들의 계열의 끝에는 도달할 수 없다. 반면 변증가는 이 소박한 이들이 자명한 것으로 여기는 "전제들을 [하나하나] 폐기하고서, 확실성을 확보하기 위해 원리 자체로", 즉 전제들의 계열 끝에로 "나아간다."[92] 이렇게 전제에서 전제의 전제를 거쳐 전제들의 계열의 끝, 모든 전

---

89 3장 1.1의 ② 참조.

90 제작자에 대한 사용자의 우위에 대해서는 다음을 참조: 플라톤, 『국가』, 601c-602a; 플라톤, 『크라튈로스』, 390b-d.

91 플라톤, 『국가』, 510c.

제의 전제이면서 스스로는 전제를 갖지 않는 무전제자에로 향하는 상승을 플라톤은 "변증술적 여정"[93]이라 부르는데, 이 "여행의 끝"[94]에서 우리는 다름 아닌 좋음 자체를 만나게 된다. 마지막 전제로서의 무전제자와 모든 좋은 것의 마지막 원인으로서의 좋음 자체는 다른 것이 아니기 때문이다.

이 관계는 앞서 '관여'의 문제와 관련하여 설명한[95] '…한 것'과 '…임'의 관계와 같다. 그러므로 전제의 계열을 거슬러 올라가는 변증술적 여정은 지금 우리의 관점에서는 '좋은 것'에서 "좋음 자체"로 "향하는"[96] 길로 서술될 수 있다. 모든 '좋은 것'은 '더 좋은 것'을 전제로 하고, '더 좋은 것'은 다시 '한결 더 좋은 것'을 전제로 한다. 이렇게 모든 좋은 '것'의 밑에는 더 좋은 '것'이 놓여 있고, 앞의 '것'은 뒤의 '것' 때문에만 좋을 수 있다. 이 길은 '좋은 것'을 좋게 해 주는 '더 좋은 것', 더 좋은 것을 더욱 좋게 해 주는 '한결 더 좋은 것'을 거쳐 결국 '모든 좋은 것을 좋게 해 주면서 자신은 상위의 어떤 것 때문이 아니라 스스로 좋은 좋음 자체'에 이른다. 모든 좋은 것의 계열의 '이념적' 끝, '생각할' 수 있는 한 최대한의 좋음, 모든 나쁨이 '상상적으로' 제거된 순수한 좋음 자체, 바로 이것이 좋음의 '이데아'다.

디오티마가 설명했던, 아름다운 것들의 단계를 거쳐 '모든 아름다운 것을 아름답게 해 주면서 자신은 스스로의 힘으로 아름다운, 아름다움 자체'에 이르는 에로스의 길도 이와 다르지 않은 길이다. 이 길도 아름다운 것들의 계열의 '끝'으로서의 아름다움의 이데아를 향한다. 또한 결박에서 풀

---

92 같은 책, 533c.
93 같은 책, 532b.
94 같은 책, 532e.
95 위 1.2의 ③ 참조.
96 플라톤, 『국가』, 532a.

려난 죄수가 걸었던 길, 보이는 것들의 계열을 거슬러 '모든 보이는 것에 빛(봄의 힘)을 제공해 주면서 스스로는 이 빛을 자신 안에서 길어 내는 태양'에 이르는 등정의 길도 같은 길이다. 이 길 역시 봄의 계열의 '끝'을 향한다. 이 모든 길은 —변증가의 길, 에로스의 길, 죄수의 등정의 길 등 무어라 부르건— 하나의 길, 같은 길이다. 그것은 인간이기에 소유할 수 없는, 그리고 소유할 수 없기에 사랑할 수밖에 없는 신적 지혜로의 길, 철학자의 길이다. 이 길의 끝에 서 있는 것이 좋음의 이데아. 우리는 이것을 알기 위해 철학을 하고 이것에 이르기 위해 철학의 길을 걷는다. 이것은 철학하는 "모든 혼이 추구하는" 것, 그리고 바로 "그것 때문에" 이 혼이 "모든 것을 행하게 되는 것",[97] 철학의 유일한 목표요 철학적 실천의 유일한 동인이다.

　좋음의 이데아는 애지의 길의 끝이고 이 길 위에서 만나는 모든 존재, 그에 대한 모든 인식의 끝이다. 여기서 두 개의 흥미로운 물음이 호기심과 의구심을 자극하며 제기된다. 그것은 '존재의 끝은 존재할 수 있는가?'와 '인식의 끝은 인식될 수 있는가?'이다. 첫 번째 물음에 답하기는 어렵지 않다. 앞선 논의 안에 답이 포함되어 있기 때문이다. 존재의 끝이 존재한다면, 그 끝은 애지의 길 위에서 만나는 존재'자'들, 즉 '현상의 그림', '현상', '개별적, 수학적 이데아' 등의 '것'들과는 다른 방식으로 있어야 한다. 그것은 말하자면 '있는 것'이 아니라 '있음 자체'이고 따라서 있는 것들이 끝나는 곳에 '있다.' 두 번째 물음은 조금 어렵지만 우리는 이에 답해야 한다. 애지의 길의 끝에 대한 인식이 과연 애지자에게 허용될 수 있을 것인가? 길을 걷는 자에게 길의 끝이 경험될 수 있을까? 그가 걷고 있다면 아직 길의 끝에 이른 것이 아니고, 끝에 이르렀다면 이미 걷는 자가 아닌데 말이

---

[97] 같은 책, 505e.

다. (삶의 길을 걷는 우리 중 누구도 아직 삶의 끝, 죽음을 경험해 보지 못하지 않았는가? 그리고 그 끝을 경험한 자가 있다면 그는 이미 산 자가 아니지 않은가!) '길을 걷는 자'와 '길의 끝에 대한 인식'은 그 말의 의미에 따라 충돌한다. 따라서 '애지자'에게 '애지의 길의 끝에 대한 인식'의 가능성은 원리적으로 닫혀 있어야 할 것 같다. 그러나 플라톤은 분명히 말한다. 모든 "인식과 진리의 원인"으로서의 좋음의 이데아 자체도 하나의 "인식되는 것"[98]이다. 그렇다면 이 인식은 어떤 것일까?

분명한 것 하나는 길의 끝에 대한 인식은 우리가 이미 걸어온 길 위에서 얻었던 인식들과는 달라야 하고 그중에서도 특히 마지막 것을 넘어서는 것이어야 한다는 점이다. 이제 '것들'의 계열의 끝으로서의 있음 자체에 대한 인식을 위해 개별적, 수학적 이데아와 같은 '것들'을 인식하던 방식, '추론적 사유'는 폐기된다. 이 사유는 인간의 언어를 매개로 한, 물음과 답변의 오고 감, 특정한 '것'에 특정 속성을 부가하는 판단, 그 판단들의 연쇄다. 이 연쇄를 통해 우리는 이것, 저것 등의 '것들'을 이러함, 저러함 등의 속성으로 규정한다. 언어적, 추론적 사유란 '것들'을 규정하고 이 규정성을 통해 '것들'을 인식하는 지성의 작업이다.[99] 그런데 '것들'의 계열의 '끝'으로서의 좋음의 이데아는 이 계열 자체를 넘어서고, 이 이데아에 대한 인

---

[98] 같은 책, 508e.

[99] 판단은 하나의 '있는 것'을 주어 자리에, 이 주어에 속하는 것으로 여겨지는 속성을 술어 자리에 놓고 이 둘을 결합하는 문법적 단위이고, 판단들로 이루어지는 사유는 이 결합의 타당성에 대해 스스로 묻고 답하며 주어에 속하는 규정성을 찾으려는 언어적 시도이다. 사유하는 자가 '이것'(술)을 '이러함'(달달함)으로 '저것'(떡)을 '저러함'(몰랑몰랑함)으로 규정함은 옳고, '이것'(술)을 '저러함'(몰랑몰랑함)으로 '저것'(떡)을 '이러함'(달달함)으로 규정함은 옳지 않다고 판정했다면, 그는 '이것'은 '이러함'이라는 속성으로, '저것'은 '저러함'이라는 속성으로 규정한 것이고, 이 규정성들로 '이것'과 '저것' 등의 '것들'을 인식한 것이다. 이것이 길 위의 '것들'을 인식하는 최상의 방식, 추론적 사유다.

식 역시 '것들'을 규정하는 언어의 한계, 이 언어적 규정성에 따라 '것들'을 인식하는 사유의 한계를 초월해 있다. '것들'을 규정하고 파악하는 언어와 사유로는 '것들'의 계열의 '끝'으로서의 좋음의 이데아를 인식할 수 없다. 그렇다면 우리는 언어와 사유 외에 어떤 지성적 도구를 더 가지고 있는가?

이 물음에 대한 답을 우리는 이미 들은 적이 있다. 아름다운 것들을 거치는 에로스의 길에 대해 설명하던 여 사제 디오티마는 이 길의 끝으로서의 아름다움의 이데아와 관련하여 이렇게 말했다. 애지의 길을 걸으며 아름다운 것들을 거쳐 지나간 자는 "에로스 관련 일들의 끝점에 도달하여 갑자기 본성상 아름다운 어떤 놀라운 것을 직관하게 될 겁니다."[100] '것들의 끝'에 대한 인식을 주는 것은 '것'에 대한 '사유'가 아니라 '것들의 끝'을 내다봄, '직관'이다. 직관은 문자 그대로 '직直접 보고觀' 앎이다. 여기에는 이리저리 오가며 이 가능성 저 가능성을 따져보고 모색한 다양한 길들을 비교, 대조, 결합하는 지루하고 단계적인 사유의 과정이 없다. 직관이란 그야말로 척 보면 딱 아는 과정이다. 보자마자 모든 것이 한꺼번에 직접적으로, 언어의 매개와 사유의 노동 없이 알려진다. 그래서 우리가 '나는 직관적으로 알았다'라고 말한다면, 그 의미는 '나는 사유하지 않고 알았다'이다. 여기서는 언어적 규정, 특히 판단을 형성하며 주어를 술어로 규정하는 방식의 사유가 무력해진다. 왜냐하면 '것들의 끝'을 판단의 주어로 삼고 그 주어를 '이러함', '저러함' 등의 술어로 서술하면, 이는 '것'이 아닌, '것들의 끝'을 다시 '이러한 것', '저러한 것'으로 규정하는 꼴이 되어 버리기 때문이다. 우리가 좋음의 이데아를 '것들'을 규정하는 우리의 언어로 표현하려 드는 순간, '어떤 것도 아닌 좋음 자체'는 '이러저러하게 좋은 것'으로 변

---

[100]　플라톤, 『향연』, 210e (강조는 필자).

질되어 버린다. 이것이 좋음의 이데아는 언어, 것들을 표현하고 규정하는 언어를 넘어선다는 말의 의미이다. 그래서 플라톤도 이렇게 쓴다.

> 그것은 [좋음의 이데아는] 다른 학문들처럼 결코 말로 옮길 수 있는 것이 아니라, 주제 자체와 관련하여 이루어진 오랜 교유와 공동생활로부터, 예컨대 튀는 불꽃에서 댕겨진 불빛처럼 갑자기 혼 안에서 생겨나서 비로소 자기 자신을 스스로 길러 낸다.[101]

이 신비로운 문장은 —물론 앞서 인용된 디오티마의 문장도— 이해하기 어렵다. 그것은 아마 이 문장들을 이해하기 위해 우리가 '이 문장은 이런 뜻인가 아니면 저런 뜻인가?' 하고 스스로에게 물으며 다시 '것의 언어'로 사유하려 들기 때문일 것이다. 언어와 사유를 초월하는 것을 다시 언어를 통해 사유할 수밖에 없다는 문제는 당신뿐 아니라 나도, 그리고 우리뿐 아니라 어떤 인간도, 언어를 사용하고 언어적으로 사유하는 인간이라면 누구도 벗어날 수 없는 근본 문제이다. 그래서 플라톤이 "갑자기 보았다"는, 그의 영혼 안에 "갑자기 불빛처럼 생겨났고" 혼자서 "스스로를 길러 냈다"는 좋음의 이데아에 대한 인식이 어떤 것인지 나는 모르고, 이것이 무엇인지 궁리할 사유의 방법도 그것을 표현할 언어도 가지고 있지 않다. 플라톤 스스로도 이 이상의 설명을 주지는 않았다. 그 이유도 아마 그가 혼의 눈으로 보고 얻은 이 특별한 인식은 말이나 글로 옮길 수 있는 것이 아니기 때문일 것이다. 그러나 내가 보기에는 이 '언어로 사유할 수 없음, 표현할 수 없음'과 더불어 인간이 할 수 있는 일도 끝난다. 여기서는 '언어의 길도 끝나고言語道斷', '글도 쓸 수 없기不立文字' 때문이다. 말과 글의 경계를 넘어서

---

101 플라톤, 『편지들』, 강철웅 외 옮김(EjB, 2009), 341c-d.

면? 철학하는 인간이 언어도 사유도 필요로 하지 않는 신이 되어 자신의 철학을 완성한다? 그걸 쉬운 말로 죽음이라 한다.[102]

좋음의 이데아는 언어와 사유의 '끝', 존재와 인식의 '끝', 우리의 세계와 철학하는 우리가 걷는 길의 '끝'이다. 이 '끝' 위에는 더 이상 아무것도 없다. 애지로서의 철학도 여기서 '끝'나고, 철학자의 상승과 초월을 서술하는 동굴의 비유도 여기서 '끝'난다. 당연히 동굴의 비유에 대한 나의 설명도 여기서 '끝'나야 한다. 이제 비유에 대한 플라톤 자신의 해석을 들어 보며 진짜 '끝'내자. 주목할 것은 플라톤이 이 해석을 어떤 철학적 메시지로 '끝'내는가이다.

"그러면 여보게나 글라우콘! 이 전체 비유를 앞서 언급된 것들에다 적용시켜야만 하네. 시각을 통해서 드러나는 곳을 감옥의 거처에다 비유하는 한편으로, 감옥 속의 불빛을 태양의 힘에다 비유함으로써 말일세. 그리고 위로 '오름'과 높은 곳에 있는 것들의 구경을 자네가 '지성에 의해서[라야] 알 수 있는 영역'으로 향한 혼의 등정으로 간주한다면, 자네는 내 기대에 적중한 셈이 될 걸세. 자네는 이걸 듣고 싶어 하니 말일세. 그렇지만 그게 진실인지 어쩐지는 아마도 신

---

102 위의 주 73)에서 제기한 인식의 질서에 대한 문제를 정리해야 하겠다. 플라톤의 용어 사용이 일관적이지는 않지만 (플라톤, 『국가』, 511d, 533d-534a 참조), 가시계에 대한 앎을 '독사'라 하고 여기에 현상에 대한 '믿음'과 현상의 그림에 대한 '상상'을 포함시키고, 예지계에 대한 앎을 '에피스테메'라 통칭하고 여기에 좋음의 이데아에 대한 '직관(noesis)'과 개별적, 수학적 이데아에 대한 '추론적 사유'를 포함시키면, 전체적으로 큰 문제는 없을 것 같다. 참고로 ─앞에서 한 번 언급했으니까 마무리하자면─, 인공지능은 추론적 사유까지만 할 수 있다. 직관은 인간의 한계를 넘어선, 거의 신적인 인식 방식이기 때문이다. 만약 직관할 수 있는 인공지능이 있다면, 이를 만든 자는 인간이 아니라 신일 것이고 따라서 그 기계는 인공지능이 아니라 신공지능일 것이다. 그럴 경우 우선은 인간과 신의 경계가, 그리고는 기계와 인간의 경계가 무너질 것이다. 나는 그런 불행한 일이 일어나지 않을 것임을 '직관적으로' 확신한다.

이나 알 걸세. 아무튼 내가 보기에는 이런 것 같으이. 즉 인식할 수 있는 영역에 있어서 최종적으로 그리고 각고 끝에 보게 되는 것이 '좋음의 이데아'이네. 그러나 일단 이를 본 다음에는, 이것이 모든 것에 있어서 모든 옳고 아름다운(훌륭한) 것의 원인이라고, 또한 '가시적 영역'에 있어서는 빛과 이 빛의 주인을 낳고, '지성에 의해서[라야] 알 수 있는 영역'에서도 스스로 주인으로서 진리와 지성을 제공하는 것이라고, 그리고 또 장차 사적으로나 공적으로나 슬기롭게 행하고자 하는 자는 이 이데아를 보아야만^{idein} 한다고 결론을 내려야만 하네." 내가 말했네.

"저로서 할 수 있는 한은 저 역시 생각을 같이합니다." 그가 말했네.

"자, 그러면 이 점에 대해서도 의견을 같이하여, 놀라는 일이 없도록 하게. 즉 이 경지에 이른 사람들은 인간사에 마음 쓰고 싶어 하지 않고, 이들의 혼은 언제나 높은 곳에서 지내기를 열망한다는 사실을 말일세."[103]

해석에는 등정의 끝으로서의 태양, 좋음의 이데아가 무엇인지에 대해서는 일언반구 언급이 없다. 물론 이를 위한 언어가 없는 탓이겠지만, 지금 길을 걷는 우리에게 길의 끝은 목적지면 충분히 굳이 그 이상 구체적인 규정은 필요하지 않기 때문이라고 보면 어떨까? 해석은 이 세계의 끝에 대한 형이상학적, 이론적 설명은 주지 않고 그 끝을 본 사람이 취해야 할 실천적 태도와 삶의 방식에 대한 언급만으로 끝난다. 그 사람은 이 세계를 떠나 세계의 끝에 머물기를 열망해야 한다고! 이것이 플라톤이 비유를 시작하며 말했던 '교육'의 본래적 의미일 것이다. 지식의 제공이 아니라, 우리가 태양을 향해 등정하는 동안, 즉 철학하는 동안 어떤 태도를 가지고 철학의 길을 걸어야 하는가를 늘 다시 묻도록 하는 것! 이것이야말로

---

[103] 같은 책, 517a-d.

참된 교육일 것이다. 플라톤은 분명히 말했다. 철학의 마지막 문제는 하나뿐이라고. 우리는 우리의 삶을 어떻게 형성할 것인가?[104] 이 물음은 삶의 끝에 대해서가 아니라 그 끝에 이르는 과정에 대해서만 묻고 있다. 그는 또 이렇게 말했다. "혼이 하데스로 가면서 지니고 가는 것"은 "교육과 생활 방식"[105]뿐이라고. 교육의 본질은 끝에 대한 이론적 인식의 주입이 아니라, 이 끝, "좋음"의 이데아를 "보게끔 그 오르막을 오르지 않을 수 없도록" 요구하고, 촉구하고, 강제하는 것이다. 이것이 비유의 가르침, 이른바 "가장 큰(중요한) 배움"[106]이다. 비유는 말한다. 동굴 속의 어둠을 떠나 빛과 태양의 세계를 향해 초월하라고.

2.3 끝에로의 초월: '네가 아닌 그것'이 되어라!

이것이 태양을 직관한 자가 어두운 동굴 속의 죄수들에게 던지는 메시지다. 벗어나라! 초월하라! 초월이란 여기서 벗어나 저기로 넘어감이다. 여기와 저기는 어디인가? 비유는 이를 어두운 동굴과 밝은 태양의 나라로 표현한다. 이는 물론 비유적 표현이고 따라서 단순한 공간적 의미는 아니다. 초월의 '여기서'는 '좋은 것', '아름다운 것', '있는 것' 들의 세계이고, '저기로'는 이 '것들의 계열의 끝'으로서의 '…임 자체', 즉 '좋음 자체', '아름다움 자체', '있음 자체'의 세계다. 있는 것이 있음으로, 존재자가 존재로 넘어감이 초월이고, 이렇게 초월하려는 자를 이끄는 것이 바로 철학의 길이다. 철학하는 우리는 이 길을 걷는다. 길을 걷는 한 우리 역시 걷는 '자', 하

---

104 플라톤, 『고르기아스』, 492d 참조.
105 플라톤, 『파이돈』, 107d.
106 플라톤, 『국가』 519c-d; 같은 책, 505a 참조.

나의 존재'자'일 뿐이다. 따라서 우리의 초월의 '여기서'는 지금 여기 우리가 걷는 길이고, '저기로'는 이 길의 끝, 철학하는 자로서의 우리의 타자, 철학할 필요가 없는 신들이 머무는 곳이다. 있는 것들은 있는 것들의 계열의 끝으로서의 있음에 도달해야 하고, '존재가 아닌 존재자'는 '존재자가 아닌 존재'가 되어야 한다. 그래서 비유는 이렇게 말한다. '네가 이르기를 원하되 아직 이르지 못한 곳으로 가고, 네가 되기를 원하되 아직 되지 못한 것이 되어라!'

이 의미에서 철학은 '여기와 자기의 부정'이고 '저기와 타자를 향한 사랑'이다. 부정과 사랑의 이유는 자명하다. 여기 있는 좋은 것들, 아름다운 것들, 있는 것들 치고 나쁨, 추함, 생성이 섞여 있지 않은 것은 없고, 오직 저기에만, 하고많은 것들의 계열의 끝에만 좋음 자체, 아름다움 자체, 있음 자체가 거하기 때문이다. 우리는 이 모든 '것들' 안의 나쁨, 추함, 생성이 온전히 제거된 순수한 좋음 자체, 아름다움 자체, 있음 자체의 세계로 이주하기를 원한다. 철학하는 우리들의 처지도 이와 꼭 같다. '철학하는 나'의 내면에는 '철학할 수 없는 짐승 같은 나'가 아직 함께 있고, 오직 철학의 길의 끝에서만 나는 내 안의 동물적인 자기를 완전히 제압하여 '온전히 신적으로 된, 따라서 철학할 필요가 없는 나'가 될 수 있다. 철학함, 철학의 길을 걸어감, 초월이란 '철학하는 나와 철학할 수 없는 나의 공존 상태'에서 벗어나 '철학할 필요가 없는 나'에로의 ―이 나는 지금의 나에게는 타자이고, 내가 철학의 길을 걷는 한 영원한 타자로 남는다― 이주이다.

초월은 부단한 자기 부정과 타자화의 과정이다. 나로부터의 탈출이고 나 아닌 것으로의 초월이다. '여기의 나'는 '내가 아니어야 하는 나'이고 '저기의 나'는 '내가 되어야 하는 나'이다. 그렇다면 우리는 왜 '여기의 나'를 버리고 '저기의 나', '지금은 내가 아닌 것(타자)'을 향해 가야 하는가? 철학하는 나는 이렇게 생각하기 때문이다. '여기의 나'가 아니라 '저기의 나'

가, '지금의 나'가 아니라 '지금의 나의 타자'가, 즉 내가 '되어야 하는 나'가 '본래의 나, 참된 나'이다! 이 '나'가 나를 나로 있게 해 주는 것, 나의 근거이다!

우리는 자신의 힘으로 존재하는 실체가 아니라 어떤 근거에 힘입어서만 존재하는, 근거 지어진 존재자다. 그렇다면 근거 지어진 우리의 근거는 무엇인가? 그것은 '모든 근거 지어진 것을 근거 지어 주면서 스스로는 근거 지어지지 않는 따라서 자신의 힘으로 존재하는 자기 근거', 모든 근거 지어진 것의 타자다. 근거지어진 것들의 계열의 끝으로서의 이 타자만이 우리 근거 지어진 것들의 최후의 근거 ―그리고 같은 말이지만 최초의 근거― 이기 때문이다. 같은 논리로 우리를 철학하게 하는 근거도 철학하지 않는 자여야 한다. '모든 철학하는 자를 철학하게 해 주면서 스스로는 철학하지 않는, 철학자의 타자'가 우리의 철학함의 근거, 우리가 걷는 철학의 길이 궁극적으로 향하는 곳이다.

우리가 이 길의 끝, 초월의 최종 목적지에 도달하면 어떤 일이 일어날까? 나의 자기 부정과 타자화가 종결될 것이다. 나는 내가 더 이상 '내가 늘 부정하고 넘어서 왔던 나, 철학하는 나'가 아님을, 그리고 '철학하는 나에게는 늘 타자였던 철학할 필요가 없는 나'가 이제는 나로 되었음을 발견하게 될 것이다. 내가 진정 철학의 길의 끝에 도달한다면 말이다. 이것이 모든 애지자가 추구하는 것, 신적 지혜의 최종적인 소유, 철학의 완성이다. 그런데 이런 일을 과연 철학하는 인간이 '인간'으로서 이룰 수 있을까?

철학의 길의 끝은 이 길을 걷는 모든 자가 이르기 원하는 목적지다. 그러나 문제는 그 끝에 이르면 길도 끝나고 걷는 자로서의 '나' 자신도 끝난다는 점이다. 우리가 이 길을 걸어온 것은 이 길의 끝을 알고자 했기 때문인데, '끝난 우리'가 과연 '우리를 끝낸 그 끝'을 알 수 있을 것인가? 끝을 사랑하여 끝을 향해 달려오던 '나' 자신이 이미 없는데 말이다. 바로 여기에 길 위에서 철학하는 우리 애지자들의 번민이 있다. 철학의 길을 걷는 자는 걷는 중에는 자신이 원하는 것을 가질 수 없다. 그는 갖기를 원하는 것을 길의 끝에서만 얻을 수 있기 때문이다. 그러나 길의 끝에 이르면 원하던 것을 가질 '나'가 없다. 철학의 길의 끝에서는 우리의 타자화의 노력이 완성되어 철학하는 인간은 철학할 필요가 없는 신이 되어 버리기 때문이다. 그러므로 철학의 길에 들어선 인간에게는 단 두 개의 선택지밖에 없다. '끝을 미루며 철학을 계속하거나 끝에 이르러 철학을 다해 버리거나', '신적 지혜를 갖지 못한 나로 남거나 신적 지혜를 손에 넣고 그 지혜를 가진 나를 없애거나', '살거나 죽거나'다!

철학의 완성은 철학하는 자의 죽음을 의미한다. 철학이란 본디 인간에게는 그 소유가 허락되지 않은 신적 지혜의 추구이기 때문이다. 철학을 완성한 자, 신들의 지혜를 얻은 자는 인간이 아니라 신이다. 그리고 신은 인간적인 의미에서는 산 자가 아니다. 여기서 심각한 물음이 제기된다. '왜 철학을 해야 하는가? 죽기 위해서?' 나는 플라톤이 아니고 플라톤 전문가도 아니지만 조심스럽게 이 물음에 답한다. '아니다. 살기 위해, 잘 살기 위해서다. 철학함은 우리의 죽음이 아니라 삶을 위한 것이다.' 그리고 이 답에는 인간은 삶을 끝내고 신이 될 수 있을 만큼 철학을 잘할 수 있지는 않다는 사실도 포함되어 있다.[107]

철학의 길을 걸어감이란 철학자의 두 자기, '여기의 나'와 '저기의 나' 간에 영원히 반복되는 유혹과 좌절의 변증법이다. 저기, 길의 끝에 서 있는

---

[107] 나의 답에 모든 플라톤 전문가가 동의하지는 않으리라는 점을 나는 잘 알고 있다. 철학의 완성 가능성은 워낙 논란의 여지가 많은 문제여서 전문적인 플라톤 연구가들 사이에서도 의견의 일치가 이루어지지 않는다. 나는 나름의 이유를 가지고 나의 답을 제시한다. 물론 이것이 유일하게 옳은 답은 아닐 것이다. 그러나 터무니없는 해석도 아닐 것이다.

나는 철학할 필요가 없는 나이고 여기 길을 걷는 나는 철학하는 나이다. 나는 여기의 나를 버리고 저기의 나에게 가려 한다. 그래서 철학의 길을 걷는다. 그런데 '철학하는 나' 안에는 나를 철학할 수 없게 만드는 짐승이 한 마리 들어 있다. 이 짐승은 몸으로서의 나, 욕망의 노예로서의 나, 철학이 불가능한 나이다.[108] 내 안의 짐승은 철학하는 나를 따라다니며 몸의 본능과 욕망으로 나의 철학함을 방해한다. 그러므로 철학함이란 단순히 철학만 함이 아니라 철학하는 나의 혼으로 철학할 수 없는 나의 몸을 다스리고 억누르며 철학함이다. 이것은 "영혼과 육체가 결합된 전체", 즉 "생명체"로서의 인간에게는 피할 수 없는 일이다. 그래서 철학의 길을 걸어감, 철학하는 나와 철학할 수 없는 나의 동행은 "어쩔 도리 없이 어렵고 불만스러울 수밖에 없다."[109] 늘 같은 일이 반복된다. 신적 지혜를 사랑하는 나는 철학의 길을 걷는다. 이 길의 곳곳에 철학할 수 없는 나가 심어 둔 본능과 욕망의 돌부리가 있고 나는 늘 이에 걸려 넘어진다. 그러면 철학할 필요가 없는 저기의 나가 빨리 일어나 자기에게 오라며 넘어져 있는 나를 유혹한다. 마음 바쁜 나는 걸음을 재촉하지만 그때마다 철학할 수 없는 내 안의 짐승이 늘 다시 나의 발목을 붙잡는다. 저기의 나는 포기할 수 없을 만큼 매력적이고 유혹적이다. 나는 늘 다시 저기를 향한다. 하지만, 여기 나 안의 짐승도 근절하기에는 너무도 강하고 질기다. 나는 늘 다시 여기서 주저앉는다. 유혹과 좌절이 교체되며 지속된다. 철학함은 끝에 이르지 못하고 '끝'없이 반복된다. 언제까지? 우리의 철학하는 혼이 "몸"에서 "해방되는" 순간, "죽음"에 이르기까지다. 그래서 소크라테스도 말한다. "우리

---

108 '철학하는 인간'의 내면에는 '철학을 할 수 없는 대중의 얼굴'과 '철학할 필요가 없는 신의 얼굴'이 공존하고 있음을 기억하라. 철학자의 양면성에 대해서는 1장 2.2의 ④ 참조.

109 플라톤, 『파이드로스』, 조대호 옮김(문예출판사, 2004), 246b-c.

가 열망하는 (…) 지혜는 (…) 우리가 죽게 되었을 그때에야 우리의 것이 되지, 살아 있는 동안은 아닌 것 같아."[110]

산 사람은 물론 신적 지혜를 얻을 수 없다. 그럼, 바로 삶을 접고 죽음을 택하면? 그건 그냥 죽음일 뿐이다. 철학의 완성은 죽음을 전제하지만, 모든 죽음이 철학의 완성을 수반하는 것은 아니다. 소크라테스의 위의 말은 죽음에 이르러, 즉 철학하는 나의 혼이 철학할 수 없는 나의 몸에서 최종적으로 해방되는 순간, 철학의 완성을 가로막던 걸림돌이 비로소 제거된다는 의미이지, 모든 죽는 자가 지혜로운 신이 될 수 있다는 뜻은 아니다. 그렇다면 죽음의 순간에 철학을 완성할 수 있는 또는 있으리라 기대되는 사람은 누구인가? "생시에 자신을 죽은 것과 최대한 가까운 그런 상태로 살아가는 준비를 한 사람", "죽음을 연습하며"[111] 살아온 사람이다. 죽음은 삶의 타자다. 따라서 죽음을 연습하는 삶이란 삶의 타자의 관점에서 사는 삶을 뜻한다. 말하자면 철학하는 나는 철학할 필요가 없는 신의 관점을 가지고 철학할 수 없는 나를 제압하는 연습을 해야 하고, 몸과 함께하는 혼도 마치 몸에서 분리된 듯한 태도로 몸을 통제하는 훈련을 해야 한다. 이 모든 것이 철학하는 자가 '살면서', '혼과 몸의 공존 상태에서' 해야 하는 일이다. 그러므로 죽음에 이르러서만 신적 지혜를 얻을 수 있다고 말하는 소크라테스는 죽음 예찬론자가 아니다. 그의 가르침은 '지혜를 얻기 위해 죽어라!'가 아니라 '지혜를 원한다면, 죽음을 연습하라!'이다. 그런데 이 연습은 죽음의 방식이 아니라 삶의 한 방식이다. 소크라테스는 철학의 완성으로서의 죽음을 논하며 다시 '우리는 어떻게 살아야 할 것인가?'라는 물음에 답하고 있기 때문이다.

---

110 플라톤, 『파이돈』, 66e-67a.
111 같은 책, 67d-e.

철학과 초월은 죽음이 아니라 삶을 위한 것이다. 우리는 죽기 위해, 신이 되기 위해 철학하고 초월하려는 것이 아니다. 우리는 인간으로서 잘 살기 위해 철학한다. 즉 우리가 사랑하는 타자의 —삶의 타자로서의 죽음의, 길의 타자로서의 길의 끝의, 철학자의 타자로서의 철학하지 않는 신들의— 관점에서 몸과 혼이 함께하는 삶을 살고, 철학하는 인간의 길을 걷기 위해서다. 우리는 삶과 철학의 길을 걸을 뿐이다. 우리는 이 길의 '끝'이 무엇이고 또 어디에 있는지도 모른다. 당연하다. 아직 살아 있어 죽음을 경험하지 못했고, 아직 걷고 있어 길의 끝에 이르지 못했으니 말이다. 물론 우리는 그 끝에서 우리의 철학이 완성되고 우리의 손에 신들의 지혜가 주어지리라 기대한다. 그러나 이것은 우리의 많은 노고 끝에 비로소 이루리라 상상하는 '이념상의^{ideal} 목표이지, 우리가 진짜로 도달해야 하고 또 도달할 수 있는 '실재의^{real} 목적지는 아니다. 우리는 아직 그 끝에 가 본 적이 없고 따라서 끝에 대해 아는 것은 아무것도 없다. 심지어 그 끝이 걷는 우리에게 허락될 수 있는 것인지도 모르고 있다. (아마 아닐 것이다.) 걸으며, 그저 우리는 길에는 끝이 있어야 하고 걸어가면 걸어갈수록 그 끝에 가까워져야 한다고 생각할 뿐이다. 우리가 이 길 위에서 내딛는 한 걸음, 한 걸음이 '철학하는 나'를 '철학할 수 없는 나'에서 조금씩 멀어지게 하고 '철학할 필요가 없는 나'에게는 그만큼 다가가게 해 준다는 믿음, 이 접근의 확신만으로 우리가 철학할 이유는 충분하다. 이를 통해 우리는 설혹 좋음 자체, 아름다움 자체, 있음 자체에는 도달하지 못할지라도, 우리 안의 나쁨, 추함, 생성을 조금씩이나마 줄여 갈 수 있을 것이기 때문이다. 이것만으로도 삶에 대한 철학의 의미는 충분하다.

철학은 신이 되기 위해서가 아니라 신을 닮기 위해 하는 것이고, 초월은 끝에 이르기 위해서가 아니라 끝에 다가가기 위해 하는 것이다. 철학의 위안은 끝에의 도달이 아니라 끝에로의 접근이고, 지혜의 소유가 아니라 지혜를 향한 사랑이다. 스스로 철학의 길의 끝에 이르러 철학할 필요가 없는 신과 같아지기를 바란다면, 이는 우리 인간에게는 과욕이다. 마치 신과의 단적인 다름, 철학할 수 없는 짐승과 같아짐이 우리 인간에게 치욕인 것과 같다. 인간이 인간적인 것은 그가 철학을 한다는 것, 철학할 필요가 없는 신도 철학을 할 수 없는 짐승도 아니라는 데에 있다.

신

  '초월'에 이어지는, 『초대』의 두 번째 부제는 '신'이다. 이 신은 지금까지 초월이라는 주제 아래 함께 논의되어 온 신, 모든 초월이 거기로 향하고 거기서 끝나는 '거기', 애지의 길의 이념상의 끝으로서의 신이 아니다. 우리는 이 철학자들의 신이 철학사 안으로 들어오게 된 배경, '…한' 존재자들이 자신의 마지막 근거로서의 '…하지 않은' 신을 상정하는 사유 과정을 상세히 논의한 바 있다. 이 신은 말하자면 우리에게 친숙하다. 이 신은 우리가 초월에 대해 사유하는 내내 우리가 걷는 초월의 길의 끝으로 함께 사유되어 왔기 때문이다. 그런데 친숙하다는 그 신에 대해 우리는 ─그 상정의 필연성 외에─ 과연 무엇을 더 알고 있는가? 아무것도 없다. 아는 것이라곤 단지 '…한' 것들의 계열의 끝으로서의 신은 '…하지 말아야 한다'는 것뿐이다. 신은 '…한' 우리 인간의 '…하지 않은' 타자라는 것과 이 타자가 있지 않으면 안 된다는 부정할 수 없는 필연성이 우리가 이 신과 관련해 확인한 전부다. 상정을 강제하는 사유의 필연성이 그토록 자명한 한에서 이 신은 이념적으로 매우 가까운 신이지만, 그 신에 대해 우리가 아는 것이 전무하다는 점에서 실재로는 아주 먼 신이다. 그 먼 곳의 신이 『초대』의 첫 번째 부제, '초월'의 목표지, 철학자들이 사유해 낸 신이었다.

『초대』의 두 번째 부제, 지금부터 우리가 논의해야 할 신은 철학자들의 신이 아니라 모든 인간의 신이다. 이 신은 이념적 사유 안의 신이 아니라, 우리의 삶 안에 실재하고 우리에게 실질적인 영향력을 행사하는, 그리고 그런 한에서 실재로 우리에게 가깝고 친숙한 신이다. 이 신은 우리의 신앙과 종교 생활의 중심에 서 있는 신, 우리의 기도와 희망이 향하는 신, 우리에게 말하고 명하고 약속하는 신, 우리가 일주일에 한 번씩 교회에 가서 만나는 또는 만나야 한다고 말해지는 바로 그 신이다. 이 신은 지성의 세계 안의 이데아가 아니라, 우리가 살고 있는 이 세계 안의 현실적 실재다. 이 신은 특정 시간과 공간 안에서, 즉 2,000년 전 예루살렘에서 인간의 몸을 하고 우리 인간들에게로 와 "우리 가운데에 거했고"(요한복음, 1:14), 우리의 죄값을 대신하기 위해 죽기까지 했던, 그야말로 인간 세계에 실존했던 신, '역사歷史 안에서 역사役事하는 신'이다. 이 신은 철학자들이 사유하며 상정했던 신이 아니라 신을 상정하는 철학자까지 포함하여 모든 인간을 창조한 신, 자신이 창조한 모든 것을 구원하거나 징벌하는 신, 우리의 종교적 희망과 두려움의 대상으로서의 신이다. 『초대』는 이제 이 신에 대해 사유하려 한다.

물론 우리는 이 신 자체에 대해 사유할 수는 없다. 그것은 불가능한 일이다. 신 자체는 모든 인간적 경험 및 사유 가능성을 초월하는 존재이기 때문이다. 그래서 우리는 '신은 존재하는가?'라는 물음에도 답할 수 없다. 그러나 '신과 인간의 관계'에 대해서는 사유할 수 있다. 우리 자신이 이 관계 안에 서 있고 우리 스스로가 그 두 관계항 중 하나이기 때문이다. '인간을 창조한 신'과 '신의 피조물로서의 인간'의 관계는 우리 인간의 입장에서 보면 신앙 또는 불신이다. 그러므로 신의 문제 앞에서 인간이 스스로에게 던지는 첫 번째 물음은 '나는 신을 믿어야 하는가?'이다. 이렇게 해서 '신의 존재에 대한 물음'은 '신에 대한 나의 믿음의 문제'로 바뀐다. 그리고 이 물음에 대한 답에 따라 나는 삶과 죽음, 천국과 지옥 사이를 오가게 된다. 당신이라면 어떻게 하겠는가? 당신을 창조한 신, 자신을 믿는 피조물에게는 내세와 구원을 약속하고 자신을 믿지 않는 피조물에게는 심판과 형벌을 준비한 신, 당신은 그 신을 믿을 것인가?

언젠가 파스칼은 이 결단의 상황을 "도박"에 비유하며 신을 믿어야 할 필연성을 이렇게 증명한 적이 있다. 내가 신을 믿는 쪽에 "패를 건다" 치자. 이 경우, 신이 존재한다면 나는 "모든 것을 얻고", 신이 존재하지 않는다 해도 "아무것도 잃는 것이 없다." 반대로 내가 신을 믿지 않는 쪽에 패를 건다 치자. 이 경우, 신이 존재한다면 나는 모든 것을 잃고, 신이 존재하지 않는다 해도 얻을 것이 아무것도 없다. "아무것도 잃는 것이 없는 동시에 무한한 것을 얻을지도 모르는 일"과 '아무것도 얻을 것이 없는 동시에 무한한 것을 잃을지도 모르는 일' 중 어디에 우리의 "삶"을 "걸어야"[1] 할지는 자명한 일이다.

물론 재미 있는 논리이지만 신자들이 예상되는 이익과 손실을 비교해서 신을 믿는 것은 아니고 또 불신자들도 이 비교, 계산을 할 줄 몰라서 신을 믿지 않는 것은 아니다. 종교적 믿음의 문제는 확률적 손익 계산, 합리적 의사결정의 문제가 아니라, 우리가 우리의 창조자, 우리에게 내세를 허락하는 구원자, 우리를 징벌하는 심판자와 맺는 직접적이고도 인격적인 관계의 문제이기 때문이다. 믿음이란 우리의 창조자, 우리에게 내세를 약속하는 구원자에 대한 '긍정'이고 또 우리를 징벌하는 심판자에 대한 두려움으로부터의 '긍정'이다. 불신은 물론 이 모든 것의 '부정', 나의 근원은 무이

---

1 파스칼, 『팡세』, 정봉구 옮김(육문사, 2019), 잠언 233.

고, 구원과 같은 것은 없고 그 의미에서 삶은 어차피 불가피한 고난이라는 사실의 수용이다. 인생을 도박하듯 사는 사람이 아니라면 이 무시무시한 '긍정'과 '부정'의 가능성 앞에서 계산기나 두드리고 있지는 않을 것이다. 신, 신에 대한 나의 결단은 곧 나의 삶과 죽음, 구원과 형벌의 교차로인 까닭이다. 이 교차로 앞에 선 모든 '삶의 운전자'는 ─철학적인 운전자까지 포함하여─ 진지해지지 않을 수 없다.

『초대』역시 지금 가장 큰 진지함을 요구하는 교차로 앞에 서 있다. 이 신에 대해 철학은 무엇을 할 수 있고, 해야 하는가? '초월'이라는 주제를 통해 철학자들의 신에 대해 많은 것을 사유한 『초대』는 왜 다시 믿음의 대상으로서의 신에 대해 ─그저 믿거나 말거나 하지 않고─ 철학적 논의를 시도하는가? 학문으로서의 철학이 신앙의 대상으로서의 신의 문제를 다루는 것이 과연 가당키나 한 일인가? 아니라면 철학은 이 최고의 진지함을 요구하는 문제에 대해 그저 침묵만 지키고 있어야 하는가? 그도 아니라면 철학은 어떤 태도로 이 문제에 다가가야 하는가? 믿음의 대상으로서의 신은 철학하는 우리에게 무엇이고 또 무엇이어야 하는가? 이 장은 이런 문제들에 대해 숙고하려 한다. 숙고의 직접적인 유인 동기는 특정 시대의 철학의 역사, 그 시대를 풍미했던 하나의 문제, 이른바 '신 존재 증명'이 제공해 주었다.

1 신 존재 증명

1.1 중세적 문제로서의 신 존재 증명

종교와 믿음의 신이 철학자들의 신을 몰아내고 철학적 사유의 중심에

섰던, 철학사의 한 시기가 있었다. 중세이다. 철학사가들은 이 시기를 '암흑시대', 이 시대의 철학을 '신학의 시녀'라 부른다. 그것은 사유하며 자신의 신을 상정하던 철학자들이 특정 종교의 하수인이 되어 이 종교의 참을 증명해 주는 봉사 활동에 자신의 직분을 한정했기 때문이다. 이제 신이 '철학자의 신'인 것이 아니라 철학자들이 '신의 철학자'들로 된다. 이들의 과제는 신앙의 한계 안에서 자신이 속한 종교의 교리를 철학의 개념과 논리로 합리화하고 자신의 믿음의 참을 이성을 통해 증명하는 것이다. 이 노력의 응축물이 바로 중세를 풍미했던 신 존재 증명이라는 시도이다. 이는 본디 중세적인, 다시 말해 학문에 대한 종교의 철저한 우위 속에서 제기되고 탐구되었던 문제이다. 나는 본격적인 논의에 앞서 이 문제 특유의 중세적 면모를 드러내어 보이려 한다. 이를 통해 이 문제가 제기되고 다루어졌던 맥락, 이 시도 자체의 근원적인 한계가 함께 드러날 것이다. 두 가지만 언급한다. 하나는 '종교와 철학의 불평등한 결합'이고 다른 하나는 '믿음과 이해의 전도'이다.

첫째, '신' 존재 '증명'은 그 자체 자기모순적 시도이다. 이미 이 명칭 안에서 '증명의 대상(신)'과 '증명의 주체(이성)'가 충돌하기 때문이다. '신'은 이성의 한계를 넘어선 초월자이기에 이성적 증명의 대상이 아니라 종교적 믿음의 대상일 뿐이고, '증명'은 본디 이성의 사안이기에 이성의 한계를 넘어설 수 없다. 그럼에도 중세인들은 초이성적인 '신'의 존재를 이성을 사용하여 '증명하려' 했다. 말하자면 이 시도는 '학문 외적 과제에 대한 학문적 시도'이고 그런 한에서 자기모순적이다.

이 모순적 시도가 정당화될 수 있었던 것은 신 존재 증명의 기획 안에서 시대의 종교와 철학이 주종 관계를 맺으며 결합했기 때문이다. 이 결합은 '학문이 아닌 종교'와 '종교가 아닌 철학'의 결합이 아니라 ―그런 결합은 본디 불가능하다!―, '신의 존재에 대한 믿음을 학문적으로도 증명하기를 원하는 종교'와 '종교의 이같은 요구에 기꺼이 부응하는 철학'의 결합이었다. 이 결합에서 종교와 학문 간의, 믿음과 이성 간의 경계가 무너졌고, 이를 통해 스스로 신을 탐구하던 제일 철학은 신의 존재를 증명하라는 종교의 명을 받드는 종이 되었다. 그 놀라운 충성과 열정에도 불구하고 이 종은 자신에게 부과된 과업을 이행할 수 없었는데, 그것은 철학은 이성의 학문이고 이성은 자신의 한계 너머의 신의 존재를 알 수도 없고 증명할 수는 더욱 없기 때문이었다. 이 같은 원리적인 증명 불가능성에도 불구하고 신 존재 증명의 시도는 멈추지 않았다. 이를 설명해 주는 것이 바로 믿음과 이해(=인식) 간의 주종 관계다. 이것이 신 존재 증명의 시도가 갖는 두 번째 중세적 면모다.

본디 증명이란 우리가 모르던 사태가 참으로 밝혀져 이를 알게 되고 이것이 참임을 믿게 되는 과정을 말한다. 즉 증명을 통해 인식과 이해를 얻고 여기에 믿음이 수반된다. 신 존재의 증명이라는 중세적 기획에서는 이 순서가 전도되어 있다. 여기서는 모르던 것을 증명하여 알게 되고 이 앎에 믿음이 수반되는 것이 아니라, 믿음이 이 기획 자체의 출발점을 이룬다. 즉 신의 존재를 증명하기를 원하는 자들은 이미 신의 존재를 믿고 있고, 이 믿음이 거짓일 가능성은 고려하지 않는다. 이들은 자신이 믿는 바가 참일 뿐 아니라 그 참이 증명도 될 수 있어야 한다고 생각한다. 믿음이 인식과 이해를 요구하고, 이 요구에 증명이 뒤따른다. 그리고 최후의 과제, 증명은 개념과 논리의 천재들인 철학자들에게 위탁된다. 만일 철학자가 이 증명에 성공한다면 그는 큰 칭찬을 받을 것이지만, 성공하지 못한다 해도 그것이 신의 존재를 믿지 말아야 할 이유는 아니고 증명의 시도를 폐기해야 할 이유도 아니다. 그는 성공할 때까지 증명의 시도를 반복해야 한다. 인식에 대한 믿음의 우위가 그렇게 요구하기 때문이다. 분명한 것은 신 존재 증명의 기획에서 증명의 실패 가능성은 애당초 배제되어 있다는 점이다. 증명의 성패와 무관하게 믿음은 계속되고, 증명되지 않은 믿음은 반복해서 증명을 시도한다. 믿음은 기정사실이지 증명의 결과가 아니기 때문이다. 증명은 기껏해야 이미 확실한 믿음에 이성적 완성을 기할 수 있을 뿐이다.

그래서 중세의 다종다양한 신 존재 증명 방식들 중에서도 가장 대표적이고 영향력이 컸던 증명의 논리를 개발한 —주 직업은 켄터베리의 대주교였고 부직이 철학자였던— 안셀무스라는 사람은 "신앙의 [이성적] 근거에 대한" 자신의 "명상"[2]을 담은 한 권의 책에 "이해를 추구하는 신앙*Fides quaerens intellectum* "[3]이라는 제목을 붙였다. 그리고 자신은 "믿기 위하여 이해하려고 노력하는 것이 아니라, 이해하기 위해서 믿는다"[4]고, 즉 이해해서 알기에 믿게 된 것이 아니라 믿는 것을 이해하기도 원한다고 썼다. 이해에 대한 믿음의 우위는 물론 방금 논의한, 중세의 근본 특징으로서의 '철학에 대한 종교의 근본적 우위'의 반복이다. 철학이 신의 존재를 증명해서 종교가 신의 존재를 믿게 된 것이 아니라, 종교가 이미 믿고 있는 신의 존재를 철학이 증명도 해 주는 것이다. 이것이 중세적 문제로서의 신 존재 증명이다.

따라서 나의 독자들은 『초대』가 소개하는 신 존재 증명이 성공하면 신을 믿고 실패하면 믿지 않겠다는 경솔한 생각을 가져서는 안 된다. 믿는 자라면 신의 존재가 증명되지 않아도 믿어야 하고, 믿지 않는 자라면 증명이 성공해도 —물론 그럴 가능성은 없다!— 믿지 말아야 한다. 믿음이란 본디 학술적 증명에 의해 좌우되는 사안이 아니기 때문이다. 이 사실을 분

---

2   안셀무스, 『프로슬로기온』, 『모놀로기온 & 프로슬로기온』, 박승찬 옮김(아카넷, 2002), 169쪽. (추가는 옮긴이에 의함)

3   같은 책, 172쪽.

4   같은 책, 182쪽.

명히 하고 시작하자.

1.2 세 가지 증명 방식: 자연신학적, 우주론적, 존재론적 증명

중세의 기독교적인 철학자들은 너 나 할 것 없이 신 존재 증명에 열광적으로 몰두하여, 우스갯소리로 그 증명의 종류가 108가지라는 말도 있고 3,000가지에 이른다는 설도 있다. 정말 그토록 많은 증명 방식이 있었는지는 알 수 없지만, 후대의 철학사(칸트)는 그 모든 증명 방식을 '경험에 의존하는가'의 여부, '의존한다면 어떤 경험에 의존하는가?'의 기준을 가지고 단 세 개의 증명으로 압축, 정리했다. 그 셋이 자연신학적, 우주론적, 존재론적 신 존재 증명이다.

신 존재 증명은 경험에 의존하거나 경험에 의존하지 말아야 한다. 제3의 가능성은 없다. 경험에 의존하는 방식이 자연신학적 증명과 우주론적 증명이고, 경험에 의존하지 않는 방식이 존재론적 증명이다. 후자는 모든 경험을 배제하고 오로지 신의 "개념"에서 신의 존재를 "경험 독립적으로 추리하는" 증명 방식인 반면, 전자 둘은 신적이지 않은 경험에서 출발해서 초경험적 존재자로서의 신에게로 상승해 가는 증명 방식이다. 경험이 신 존재 증명의 출발점을 이룬다면, 그 경험은 "특정 경험"이거나 "불특정 경험",[5] 즉 '현실적인 이 또는 저 경험'이거나 '가능한 경험 일반'이다. 여기에도 제3의 가능성은 없다. 전자의 경험에서 출발하는 것이 자연신학적 증명이고, 후자의 경험에서 출발하는 것이 우주론적 증명이다. 신의 존재에 대한 학술적 증명의 원리적 불가능성을 입증하고 이에 관한 모든 논쟁에 종언을 고한 칸트에 의하면 이 셋 이외의 증명은 "있지도 않고 또 있을 수

---

5 칸트, 『순수 이성 비판』, B 618.

도 없다."⁶ 가능한 증명의 길이 모두 검토되었기 때문이다. 우리도 이 셋만
다룬다.

자연신학적 증명은 자연신학자들, 특정 자연사를 뒤로 하고 있는, 그리
고 지금 우리가 살고 있는 이 자연 안에 신의 흔적이 발견된다고 생각하는
자들이 즐겨 사용하는 증명 방식이다. 이들이 발견하는 자연 안의 신의 흔
적은 "현재 세계 안의 사물"에 대한 "특정한 경험"⁷이 보여 주는 합목적적
구조이다. 예를 들면 이 한우의 양과 천엽의 융털 구조, 감염력을 높이는
방향으로 변이를 거듭하고 있는 저 코로나19 바이러스 등이다. 이렇게 자
연의 합목적성을 지시하는 구체적인 경험적 현상에서 출발해서 이 현상
의 목적, 그 목적의 목적을 물어 이 모든 목적의 계열의 끝으로서 최종 목
적을 향해 상승한다. (바로 이 점에서 이 증명은 목적론적 증명이라고도 불린다.) 그
리고 이 "합목적적인 질서" 자체는 이 자연 안의 개개의 합목적적인 사물
들이 "만들어 낼 수는 없다"는 이유를 들어 이 모든 합목적적 자연을 창조
한 "숭고하고 지혜로운 원인의 현존"⁸을 증명한다.

칸트에 의하면 이 증명 방식은 결코 충분하지 않다. 이 자연 안의 합목
적적인 특정 경험에서 출발하는 증명이 상승에 상승을 거듭해서 궁극적
으로 도달할 수 있는 것은 지금 여기의 우리의 자연을 만든 자, 이 "세계의
목수"의 현존이지, "자신의 이념 아래 모든 것을 종속시키는 세계 창조자
의 현존"은 "아니기"⁹ 때문이다. 현실적인 이 세계가 유일하게 가능한 세
계는 아니고 '이' 세계를 합목적적으로 설계하고 제작한 자연의 목수가 모
든 가능한 세계의 창조자는 아니다. 따라서 만물의 근원, 모든 것의 창조

─

6 　같은 책, B 619.
7 　같은 책, B 648.
8 　같은 책, B 654.
9 　같은 책, B 655.

자로서의 신의 현존을 증명하려는 자는 이 세계 안의 이 또는 저 특정 경험이 아니라 '불특정 경험', '가능한 경험 일반'에서 출발해야 한다. 이렇게 해서 자연신학적 증명은 "우주론적 증명에로 이행한다."[10]

가능한 모든 대상에 대한 불특정 경험에서 출발하는, 두 번째 경험적 증명 방식은 "우주론적 증명이라 불린다". 그것은 "모든 가능한 경험의 대상"이 곧 "세계",[11] 우주이기 때문이다. 이 증명 방식은 신이 창조한 모든 경험 세계를 지배하는 규칙으로서의 근거율, 존재하는 어떤 것도 무에서 생겨나지 않았으며 따라서 자신의 존재 원인을 가져야 한다는 규칙에 입각해 있다. 이 맥락에서 칸트는 우주론적 논증을 다음과 같이 간략하게 정리한다.

> 뭔가가 현존한다면, 하나의 단적으로 필연적인 존재 또한 현존해야 한다. 그런데 최소한 나 자신은 현존하고 있다. 그러므로 하나의 절대적으로 필연적인 존재가 현존해야 한다.[12]

우연적인, 즉 필연적이지 않은 어떤 것, 다시 말해 자기 원인으로 존재하지 않는 어떤 것이 존재한다면, 이는 그것을 존재하게 한 상위의 원인이 있다는 뜻이다. 그리고 이 상위의 원인도 우연적인 것이라면 이 역시 다시 상위의 원인을 가져야 한다. 이렇게 우리는 결과에서 원인, 그 원인의 원인을 물어 원인의 계열을 거슬러 올라갈 수 있다. 그런데 이 배진적 상승은 무한 소급에 빠져서는 안 된다. 즉 계열에 끝이 '없어서는'(=무여서는)

10 같은 책, B 657.
11 같은 책, B 633.
12 같은 책, B 632.

안 된다. 만일 그렇다면 계열 안에 서 있는 모든 우연적 존재자의 최종 원인이 '없음'(=무)이어야 하는데, 이는 근거율에 어긋나기 때문이다. 따라서 계열은 어디에선가 반드시 "끝나야만 한다."[13] 이 끝, 우연적인 것들의 계열의 "우연적이지 않은"[14] 끝, 절대적으로 필연적인 존재는 있어야만 한다. 그렇지 않으면 우주 안의 모든 우연적인 것의 존재를 설명할 수 없기 때문이다. 따라서 '절대적으로 필연적인 존재'로서의 신은 현존한다.

이 논증 방식은 우리가 이미 상세히 논의했던(3장 2.1 참조), 끝에로의 상상적 사유 실험을 펼치던 철학자들이 '…한' 것들의 계열을 상승해 가며 이 계열의 끝으로서의 '…하지 않은' 신을 상정하던 방식과 다르지 않아 보인다. 여기서 중요한 물음이 하나 제기된다. 철학자들이 신을 상정하는 과정과 우주론적 신 존재 증명 사이에 도대체 무슨 차이가 있는가? 미묘하지만 놓치지 말아야 할 중요한 차이가 있다. 원인의 계열을 상승해 가던 철학자는 이 상승이 끝없이 이어져서는 안 된다는 필연성을 깨닫고 계열에 상상적인 종지부를 찍는다. 철학자가 찍은 이 종지부가 바로 '상정된 신'이다. 반면 우주론적 증명을 행하는 자는 동일한 필연성에서 신의 실재성을 추리하고 이를 통해 신의 존재가 증명되었다고 주장한다. 상정과 증명 간에는 작아 보이지만 결코 작지 않은 차이가 있다. 상정하는 자는 '신은 있어야만 한다'라고 말하지만, 증명했다고 주장하는 자는 '신은 있다'라고 말한다. 전자는 신을 상정해야 할 필연성에 머물러 있지만, 후자는 이 필연성에서 신의 실재성에로 비약을 행한다. 우리가 우리의 철학적 세계상의 빈틈을 메우기 위해 우리의 입장에서 필연 존재를 "가정하는 일은 물론 허용된다." 그러나 이 가정된 존재가 "필연적으로 현존한다라고 말하

---

13 같은 책, B 633, 주.
14 같은 책, B 612.

는 것"은 "뻔뻔스러운 월권"[15]이다. 경험 세계 안에 머무는 우리로서는 경험 세계 저편의 신 자체의 현존 여부에 대해 아무것도 알 수 없기 때문이다. '있어야만 할 필연성'과 '있다는 실재성' 사이에 결코 넘어설 수 없는 간극이 있음에도 불구하고 전자에서 후자를 추리해 내는 것이 바로 우주론적 증명이다.

칸트는 '상정과 증명의 혼동'을 '경험적 세계에서 초경험적 세계에로의 비약'으로 설명한다. 이는 자연신학적 증명과 함께 오직 경험에만 의존하는 것으로 알려진 우주론적 증명에 초경험적 요소가 섞여 있다는 뜻이다. 이 문제는 좀 더 깊숙이 들여다볼 필요가 있다. 우주론적 증명은 두 단계로 나뉜다. 첫째 단계는 우연적인 것에서 출발해서 그 원인들의 계열의 끝으로서의 필연 존재에, 즉 경험에서 출발해서 경험 세계의 끝에 이르는 과정이다. 이 과정에 초경험적인 것은 섞여 있지 않다. 경험 세계의 끝에 이르러 신의 상정의 필연성을 확인할 뿐이지, 결코 그 끝을 넘어서지는 않기 때문이다. 이 단계에서는 상정과 증명의 차이가 드러나지 않는다. 둘째 단계는 상정된 신에서 실재하는 신을, 즉 경험 세계의 끝에서 이 세계 저편의 신을 추리해 내는 과정이다. 이 과정은 명백히 초경험적이다. 신의 상정의 필연성은 경험 세계의 끝에서 드러나지만, 신의 실재성은 경험 "세계 외부"[16]에서만 승명될 수 있기 때문이다. 그러므로 '우주론적'으로 신의 존재를 증명하려는 자는 '우주의 끝'을 지나 '우주 저편'으로 넘어가지 않으면 안 된다. (그런데, 이렇게 우주 저편으로 넘어가 버린 증명을 계속 우주론적 증명이라고 불러도 좋은 것일까?) 이 두 단계를 합쳐서 우주론적 증명이라 한다. 이 증명은 그 첫째 단계에서는 경험 세계 안에 머물지만, 둘째 단계에서는 그

---

15 같은 책, B 640.
16 같은 책, B 646.

세계를 벗어난다. 이 두 단계가 갈라지는 곳, 경험적 우주가 끝나고 우주 저편이 시작되는 경계에서 상정은 증명으로 둔갑한다.

이는 두 가지를 의미한다. 경험에 의존한다는 우주론적 증명은 경험의 한계 내부에만 머물 수 없다. 왜냐하면 경험 "세계 안에서는 결코" 신에 "도달할 수 없기"[17] 때문이다. 따라서 경험적이라는 우주론적 증명은 경험의 원인을 물어 가며 상승하다가 경험적 세계의 끝에 이르면 초경험적 세계에로 초월해야 한다. 이른바 우주론적 증명은 '초'우주적 증명인 셈이다.[18] 이것이 첫째 의미다. 그리고 여기서 둘째 의미가 도출된다. 이렇게 초경험적 세계에 진입하는 순간 경험에서는 더 이상 아무런 도움도 기대할 수 없기 때문에 우주론적 증명은 모든 "경험과 작별을 고하고",[19] 신의 개념에 대해 경험 독립적인 사유를 진행한다. 그러고는 "가장 실재적인 존재야말로 단적으로 필연적인 존재라고 추리한다."[20] 분명한 것은 이 추리는 경험의 도움 없이, 순수 사유를 통해 진행된다는 점이다. 그런데 이

---

17 같은 책, B 645.

18 같은 문제가 자연신학적 증명에서도 드러난다. 이 증명도 경험에서 시작하지만 경험의 세계와 초경험적 신 사이에는 "넓은 틈"(같은 책, B 657)이 벌어져 있기 때문에, 경험계 안에 머무는 한 결코 신에 이를 수 없다. 이 틈을 메우는 길은 하나뿐이다. 우주론적 증명에 편승해 "자연과 경험의 지반"을 "떠나", "순전한 가능성의 왕국", 초경험적 세계에로의 "힘찬 비약"(같은 책, B 658)을 수행하는 것이다. 경험에서 출발하는 모든 신 존재 증명의 끝은 초경험적 세계로의 비약이다. 신이 경험의 세계로 내려오지 않는 한, 인간이 올라가야 한다. 당연한 귀결이다.

19 같은 책, B 634.

20 같은 책, B 635. 칸트는 이 추리를 다음과 같이 정리한다. "이른바 절대적으로 필연적인 존재 일반은 어떤 속성을 가져야 하는가? 모든 가능한 사물들 중에서 절대적 필연성을 위한 필요조건을 자신 안에 갖춘 것은 어떤 것일까? 이제 이성은 가장 실재적인 존재의 개념 안에서만 유일하게 이 조건이 충족된다고 믿는다. 그러고는 가장 실재적인 존재야말로 단적으로 필연적인 존재라고 추리한다." (같은 책, B 634-635)

렇게 "모든 경험을 추상적으로 사상하고 순전한 개념들에서 최고 원인의 현존을 온전히 경험 독립적으로 추리하는"[21] 증명 방식을 우리는 앞서 존재론적 증명이라 불렀다. 결국 경험에서 시작한 우주론적 증명은 경험이 무장 해제를 당하는 초경험적 영역에 발을 들여놓으면서 은근슬쩍 존재론적 증명으로 변신한다. 우주론적 증명은 —최소한 그 두 번째 단계에서는— "은폐된 존재론적 증명"[22] 이상 다른 것이 아니다.

정리하자. 세 가지 신 존재 증명이 있다. 자연신학적 증명은 우주론적 증명으로 소급된다. 신은 '이' 자연의 목수일 뿐 아니라 온 우주의 창조자이기 때문이다. 그런데 우주론적 증명은 실은 '초'우주적 증명이고 우주 저편으로의 가능한 통로는 경험이 아니라 개념이라는 점에서, 이 증명은 실은 '개념'에 의한 경험 독립적 증명, 존재론적 증명일 뿐이다.

> 자연신학적 증명의 근거에는 우주론적 증명이 있고, 우주론적 증명의 근거에는 존재론적 증명이 있다. 이 세 개의 길 외에 사변적 이성에게 열려 있는 길은 더 이상 없다. 그러므로 순전한 이성 개념에 의한 증명, 존재론적 증명이 유일하게 가능한 것이다.[23]

이제 우리의 관심도 남은 단 하나의 증명, 존재론적인 신 존재 증명으로 향한다.

---

21 같은 책, B 619-620.
22 같은 책, B 657.
23 같은 책, B 658.

1.3 존재론적 신 존재 증명

존재론적 신 존재 증명은 중세와 근세를 통해 신의 현존을 증명하려던 많은 철학자가 사용했던 논증 방법이지만, 그 대표자 내지 시원으로는 켄터베리의 안셀무스의 이름을 들게 된다. 안셀무스는 신이 "존재한다"는 사실과 신의 "본질에 대해 우리가 믿는 모든 것을 증명하기" 위해 "다른 아무것도 필요로 하지 않고" 오직 자신만으로 "충분한 단 하나의 증명"[24]을 찾으려 했고 또 찾았다고 생각했는데, 이것이 후대가 존재론적 증명이라 칭한 신 존재 증명 방식이다. 앞서 다룬 두 증명 방식과 달리 이는 어떤 경험의 도움도 없이 오직 신의 개념의 분석을 통해서만 진행되는 논리적 증명이다. 따라서 이 증명은 경험계에서 초경험계로의 비약을 할 필요도 없고, 또 스스로 경험을 증명의 논거로 삼지 않기 때문에 경험에 근거한 어떤 반박도 우려할 필요가 없다. 즉 논리 자체의 힘만으로 타당한 논증이고 따라서 논리적으로만 완벽하면 결코 논박당하지 않을 증명이다. 바로 여기에 이 증명의 매력이 있는 것이지만, 이 매력은 동시에 어떤 논리적 하자도 포함해서는 안 된다는 부담을 의미하기도 한다.

이해를 돕기 위해 그 논증 과정을 간략히 선취하면 다음과 같다. 신은 완전한 존재자이다. 신의 완전성의 개념에는 그 실재도 포함된다. 신이 실재하지 않는다면, 그 신은 실재하는 신보다 덜 완전할 것이고 따라서 완전성의 조건도 충족시킬 수 없을 것이다. 이는 신의 완전성이라는 전제에 어긋한다. 그러므로 완전한 존재자로서의 신은 실재해야 한다.

보시다시피 아주 짧은 논증이고 추리의 과정에 특별한 모순이나 비약도 눈에 띄지 않는다. 고개만 몇 번 끄덕이며 따라가다 보면 어느새 신의 존

---

24 안셀무스, 『프로슬로기온』, 170쪽.

재가 증명되어 있다. 그래서 신의 존재를 인정해야 할 것 같기는 한데…, 그래도 뭔가 영 개운치 않다는 것이 이 증명을 처음 접하는 초학자들의 한결같은 반응이다. 어디에 문제가 있는 걸까? 물론 이 논증 과정은 더 상세하게 소개될 것이고 그 타당성도 더 비판적으로 검토될 것이지만, 지금 단계에서 분명히 말할 수 있는 것은 이 논증은 신의 개념에 대한 논리적 분석을 통해 신의 존재를 도출해 낸다는 점이다. 결국 신이라는 '개념' 자체가 신의 '존재'의 필연성을 포함하고 있다는 것인데, 일단 나는 나의 독자들에게 이 주장에 무슨 논리적인 문제가 있는지를 찾아볼 것을 권한다. 논리적인 반격이 논리적인 증명에 대항할 수 있는 유일한 길이기 때문이다.

안셀무스는 처음에는 『이해를 추구하는 신앙』이라 불리다가 후에 『프로슬로기온』이라는 새로운 제목을 갖게 된 책의 2-5장에서 이 증명의 논리를 상당히 정교하게 전개했다. 여기서는 그 핵심적인 내용이 포함된 2장의 몇 구절을 함께 읽어 본다. 언급한 대로 그는 완전자로서의 신의 개념에 대한 분석에서 시작한다. 그리고 이 개념에서 신의 존재를 도출한다.

당신께서 이롭다는 것을 아시는 한 저에게 우리가 믿는 것처럼 당신이 존재하시며, 당신이 바로 우리가 믿는 그분임을 이해하게 해 주십시오. 바로 우리는 당신께서 '그것보나 더 큰 것이 아부것도 생각될 수 없는 어떤 것'임을 믿습니다. 그러므로 '어리석은 자가 자기 마음속으로 하느님은 존재하지 않는다라고 말했기' 때문에 그러한 실재가 존재하지 않을 수 있겠습니까? 그러나 확실히 이 어리석은 자도 내가 '그것보다 더 큰 것이 아무것도 생각될 수 없는 어떤 것'이라고 말하는 것을 들으면, 그가 들은 것을 이해합니다. 그리고 그가 이해한 것은 그의 지성 속에 존재합니다. 비록 그가 그것이 [실제로] 존재한다는 것을 이해하지 못했다고 할지라도. (⋯) 그러므로 어리석은 자도 '그것보다 더 큰 것이 생각될 수 없는 어떤 것'이 적어도 지성 속에 존재한다는 것을 확신하게 됩니다. 그는 이것을 들을 때 이해하고, 이해된 것은 무엇이든지 지성 안에 존재하기 때문입니다. 그리고 확실히 '그것보다 더 큰 것이 생각될 수 없는 어떤 것'은 단순히 지성 속에만 존재할 수는 없습니다. 왜냐하면 만일 이것이 지성 속에만 존재한다면, 실제로도 존재하는 것이 생각될 수 있고, 이것은 [지성 속에만 존재하는 것보다] 더 큰 것이기 때문입니다. 만일 '그것보다 더 큰 것이 생각될 수 없는 어떤 것'이 단지 지성 속에만 존재한다면, '그것보다 더 큰 것이 생각될 수 없는 어떤 것'이라는 것에 대해 [사실] 그것보다 더 큰 것이 생각될 수 있을 것입니다. 그러나 이것은 확실히 불가능합니다. 그러므로 아무 의심 없이 '그것보다 더 큰 것이 생각될 수 없는 어떤 것'은 지성 속에뿐만 아니라 실제로도 존재합니다.[25]

논증을 단계별로 정리해 보자. 출발점은 완전자로서의 신의 개념이다. 완전자의 의미는 "그것보다 더 큰 것이 아무것도 생각될 수 없는 어떤 것"이다. 우리는 완전자로서의 신의 개념을 가지고 있고, 이는 신이 "지성 안에 존재한다"는 사실을 의미한다. 여기서 안셀무스는 '신이 지성 안에만 존재한다면'이라는 가정을 한다. 이 가정이 참일 경우, 우리는 단지 지성 안에뿐 아니라 "실제로도 존재하는" 신을 사유할 수 있는데, 후자의 신이 전자의 신보다 더 완전할 것이다. 따라서 우리는 "그것보다 더 큰 것이 아무것도 생각될 수 없는 어떤 것"보다 더 큰 것을 사유할 수 있게 된다. 이는 분명 모순이다. 이 모순은 위의 잘못된 가정에서 비롯된 것이므로 그 가정의 반대가 참이다. 즉 신은 지성 안에뿐 아니라 현실 안에도 존재한다. 이것은 이른바 귀류법이라는 논증 방식이다. 증명하고자 하는 테제의 반대를 가정하고 그 가정에서 모순을 도출해 내어 가정이 거짓임을 입증

25 같은 책, 186-187쪽. (추가는 옮긴이에 의함.)

한 후, 논리의 '흐름流'을 타고 '되돌아오면서歸' 그 가정의 반대, 원래 증명하려던 테제가 참임을 논증하는 방식이다. 여기서도 신이 '지성 안에만 존재한다면'이라는 가정이 거짓임이 입증되었으므로 그 반대, '신은 지성 안에뿐 아니라 현실 안에도 존재한다'가 참임이 논증된다. 이렇게 해서 신의 존재가 증명된다.

앞서 살펴본 자연신학적 증명과 우주론적 증명은 경험에서 출발하기 때문에 그 마지막 단계에서는 피할 수 없이 초경험적 세계로의 부당한 비약을 요구받는다. 반면 존재론적 증명은 우리가 경험에 앞서 이미 가지고 있는 신의 관념에서 신의 실재를 논리적으로 도출해 내기 때문에, 경험에서 경험 외부로의 비약을 할 필요가 없다. 증명은 철두철미 개념과 논리의 세계 안에서 진행되기 때문이다. 이것은 앞의 두 증명에 대해 존재론적 증명이 갖는 분명한 장점이다. 그런데 이 증명 방식을 마지못해 인정은 하면서도 썩 개운하지는 않다고 느끼는 사람이라면, 여기서 다음과 같이 묻는 것도 가능할 것 같다. 신 관념의 분석에서 신의 실재를 증명하는 이 방식은 '관념과 논리의 질서'에서 '실재와 현실의 질서'로의 부당한 비약을 행하고 있는 것은 아닌가? 생각의 세계와 실재의 세계가 같지 않다면 말이다.

이것이 안셀무스의 최초의 비판적 독자였던, 동시대인 수사 가우닐로가 제기한 물음의 핵심이었다. 그는 안셀무스의 논리를 그대로 채용하면서 '신'이라는 개념만 '섬'으로 바꾸어 존재론적 논증을 비틀며 비판한다. "다른 모든 땅을 능가하는" 가장 완전한 섬, 다시 말해 그보다 "더 뛰어난" 땅을 생각할 수 없는 섬은 물론 "지성 안에 존재한다." 그런데 이 섬이 현실 안에 존재하지 않는다면, "실제로 존재하는 땅은 무엇이든 그 섬보다 더 뛰어날 것이며", 이에 따라 모든 땅보다 "더 뛰어난 것으로 이해된 그 섬은 더 이상 더 뛰어난 섬이 아닐 것이다." 따라서 이 섬은 현실 안에도 "필연적으로 존재해야 한다." 가우닐로는 이런 논리로 "저 섬이 참으로 존재한다는 것은 더 이상 의심의 여지가 없다는 사실을 증명하려"는 사람이 있다면, 그건 다음 두 가지 경우 중 하나일 뿐이라고 말한다. 그는 "농담을 하고" 있거나 아니며 "어리석은"[26] 자이다. 꼭 같은 이유로 완전한 신의 개념에서 그 신의 실재를 도출하는 존재론적 증명도 농담 아니면 어리석음의 결과다.

이 비판에 대해 안셀무스는 섬과 신은 본성상 다른 것이고 신 이외에 '그보다 더 큰 것이 생각될 수 없는 어떤 것'은 결코 존재하지 않는다고, 그리고 만약 신 외에 그런 것이 "존재한다는 것을" 자신에게 "일깨워 주는" 사람이 있다면 기꺼이 완전한 "섬을 찾아서" 그에게 선물로 "주겠다"고 말한다. 안셀무스는 섬은 우연적으로만 존재하지만 신은 필연적으로 존재한다는 차이에 주목한다. 우연적인 존재자에게는 그 존재의 "시작과 끝"이 있다. 그래서 그 존재자는 존재하지 않다가 존재하기를 '시작'하고 또 존재하다가 존재하기를 '끝'내기도 한다. 이 존재자는 시작과 끝 사이에 존재하고 시작 이전과 끝 이후에는 존재하지 않는다. 즉 시작과 끝으로 한정된 유한한 시간 내에서 우연적으로 존재한다. 그러나 신의 존재에는 시작과 끝이 없기에 신은 모든 시간에 대해 필연적으로 존재한다. 따라서 신이 존재하지 않으면 이는 모순이지만, 섬, 땅, 산 등 모든 우연적 존재자는 존재하지 않아도 아무런 모순이 발생하지 않는다. 신은 "그것보다 더 큰 것이 생각될 수 없는", 따라서 이것이 "존재하지 않는다"[27]라고 생각하는 순간 모순이 발생하는 유일무이한 존재자이다. 따라서 신과 섬 사이에는 어떤 유비추리도 허용되지 않는다.

---

26 가우닐로, 『어떤 사람이 어리석은 자를 위해 이에 대해 무엇이라고 대답할 것인가?』, 『모놀로기온 & 프로슬로기온』, 244-245쪽.

27 안셀무스, 『이 반론에 대한 답변』, 『모놀로기온 & 프로슬로기온』, 259-260쪽.

안셀무스의 이 답변이 가우닐로의 비판을 완전히 무력화시킬 수 있는 것인지는 전문가가 아닌 나로서는 판단할 수 없다. 그러나 나에게 가우닐로의 비판은 최소한 관념의 세계와 실재의 세계의, 논리적 질서와 존재론적 질서의 구분을 촉구했다는 점에서 문제의 본질을 드러내는 것으로 보인다. 존재론적 증명의 불가능성을 증명하고 이를 둘러싼 모든 어지러운 논란에 최종적인 마침표를 찍은 칸트의 비판 역시 이 구분에 기초하고 있기 때문이다.

1.4 존재론적 증명에 대한 칸트의 비판

칸트에 의하면 존재론적 논증이 의존하는 "절대적으로 필연적인 존재의 개념"은 "순수한 이성 개념"[28]이다. "순수"는 "경험적인 것이 전혀 섞여 있지 않음"[29]을 뜻한다. 따라서 순수 이성 개념이란 이성이 경험과 뒤섞임 없이 순전한 사유를 통해 만들어 낸 개념이다. 그렇다면 존재론적 증명의 받침대로서의 '필연 존재의 개념' 안에 경험 세계의 실재성은 전혀 들어 있지 않다. 이것이 이 증명에 대한 칸트의 비판의 핵심이다. 순수한 개념에 대한 논리적 분석은 결코 이 개념의 경험적 실재성을 보장해 주지 않는다. 이세 이 관점을 큰 틀로 삼아 칸트의 비판의 세부 내용을 살펴보자.

존재론적 증명은 완전자로서의 신이 존재하지 않는 것은 모순이고 이 모순을 피하기 위해 신은 존재해야만 한다고 말한다. 물론 모순은 피해야 한다. A가 A이면서 동시에 ~A일 수는 없다는 모순율은 논리학의 기본 법칙이기 때문이다. 그러나 모순율은 사고의 소극적 규칙이지 적극적 규칙

---

28 칸트, 『순수 이성 비판』, B 620.
29 같은 책, B 3.

이 아니다. 즉 어기지 말아야 하는 규칙이지 지킨다고 뭔가가 ―예를 들면 신의 존재가― 증명되는 것은 아니다. 모순은 논리의 사안이고 존재는 실재의 문제다. 과연 논리상의 오류를 피하기 위해 실재의 사태가 바뀌어줄까?

이 물음에 답하기 위해 우선 '논리, 논리적'이라는 말의 의미부터 생각해 보자. 이미 논의한 바 있지만(4장 1.2 참조), 논리, 형식논리란 모든 경험적 내용이 배제된 순수한 사유 형식의 체계이다. 그러므로 형식논리적 실재들은 논리적 가능성은 갖지만 경험적 현실성을 갖지는 않는다. 즉 논리적 실재에 대응하는 경험적 실재가 있는 것은 아니다. 따라서 경험적으로 지시하는 바가 없는 공허한 개념에 대해서도 논리적으로 유의미한 판단과 추리를 형성할 수 있다. 예를 들어 '모든 인간은 죽는다', '소크라테스는 인간이다'라는 판단이 가능한 것과 꼭 마찬가지로 '모든 인간은 죽지 않는다', '뿔이 셋 달린 소크라테스는 인간이다'라는 판단도 가능하다. 그리고 다음과 같은 추리도 물론 가능하다.

대전제: 모든 인간은 죽지 않는다.

소전제: 뿔이 셋 달린 소크라테스는 인간이다.

결 론: 뿔이 셋 달린 소크라테스는 죽지 않는다.

이 삼단논법은 타당하고 그 진리치는 참이다. 그러나 이 참은 '추리, 추리를 구성하는 판단들'과 '실재의 사태' 간의 일치가 아니라 추리 내부의 무모순성, 판단들 간의 정합적 일치 위에 존립한다. 따라서 이 추리의 참은 '뿔이 셋 달린 불멸자 소크라테스'가 존재한다는 사실과는 아무런 상관이 없다. 또는 우리가 위의 추리의 전제들에서 '뿔이 셋 달린 소크라테스

는 죽는다'라는 결론을 도출했다고 하자. 이 경우 결론은 전제와 모순되고 삼단논법의 진리치는 거짓이다. 그러나 이 거짓도 결론과 실재의 불일치가 아니라 추리 내부에서 판단들이 빚은 모순에서 생겨난 것이다. 하지만 이 모순을 피하기 위해 현실 세계에 '뿔이 셋 달린 불멸자 소크라테스'가 존재해야 하는 것은 아니다. '뿔이 셋 달린 불멸자 소크라테스'건 '뿔이 셋 달린 필멸자 소크라테스'건 단지 논리적 실재일 뿐 경험적 실재성은 갖지 않는다. 여기서 논리적 판단의 주어, 술어 등 논리적 실재들의 지위에 대한 물음이 제기된다.

판단을 예로 이 문제에 대해 생각해 보자. 판단은 개념들로 이루어진다. 개념은 각각의 사태에 대한 이름이다. 예를 들면 존재, 신, 인간, 소크라테스, 뿔이 셋 달린 소크라테스 등이다. 하나의 개념이 주어 자리에, 다른 개념이 술어 자리에 들어가고, 이 둘이 '이다'라는 계사로 연결되면, 그것이 판단이다. 그러므로 판단의 기본 형식은 'A는 B이다'이다. 이 판단은 원래, 즉 정확히 표현하면 '(ㅌ)A는 B이다'인데, 통상 '(ㅌ)'가 생략된다. '(ㅌ)'는 현존, 실존을 의미하는 단어, 엑시스텐티아*existentia*의 첫 철자 E를 거꾸로 쓴 것이다. 의미는 '존재한다면'이다. 따라서 논리적인 판단 '(ㅌ)A는 B이다' 또는 '(ㅌ)'가 생략된 'A는 B이다'의 의미는 'A가 "존재한다는 조건 아래서",[30] A는 B이다'이다. '(ㅌ)뿔이 셋 달린 소크라테스는 죽지 않는다'라는 판단도 '뿔이 셋 달린 소크라테스가 존재한다는 전제 아래서, 이 소크라테스는 죽지 않는다'를 의미한다. 이렇게 형식논리에서는 실재하는 존재자만이 판단의 주어 자리에 들어올 수 있는 것이 아니라, 주어는 말하자면 "정립된다."[31] 즉 사유하는 자에 의해 거기에 있는 것으로 세워진다. 그리

30 같은 책, B 622.
31 같은 책, B 627.

고 주어가 존재한다는 단적인 전제 아래 논리적 사유가 진행된다. 논리적 실재는 '실재하는 것'이 아니라 '실재하는 것으로 정립된 것'이다.

이 관점에서 존재론적 신 존재 증명의 주장, '완전한 존재자는 존재한다'라는 판단도 정확히 표기하면 '(ㅋ)완전한 존재자는 존재한다'이고, 그 의미는 '완전한 존재자가 존재한다면, 그 존재자는 존재한다'이다. 그러나이 판단은 "아무것도 말한 것이 없고" 따라서 "빈곤한 동어반복"[32]일 뿐이다. 주어 안에 이미 전제된 완전한 존재자의 존재를 술어가 반복해서 말하고 있기 때문이다. 바로 이 맥락에서 존재론적 신 존재 증명에 대한 칸트의 비판은 한 문장으로 요약된다. "존재는 명백히 실재적 술어가 아니다Sein ist kein reales Prädikat."[33] 이 의미심장한 문장을 이해하기 위해서 우리는 먼저 칸트의 판단 이원론을 이해해야 한다.

칸트에 의하면 주어와 술어의 포함 관계에 따라 판단은 두 가지로 나뉜다. 그 하나는 주어 안에 술어가 포함되어 있는 판단, 분석판단이고, 다른하나는 주어 안에 술어가 포함되어 있지 않은 판단, 종합판단이다.

> 술어 B가 주어 A에 포함된 것으로서 주어 A에 속하는 경우의 (⋯) 판단을 분석판단이라 한다. (⋯) 분석판단에서 술어는 주어와 동일성에 의해 결합된다. (⋯) 이를 설명적 판단이라고도 부른다. 왜냐하면 술어는 주어의 개념에 아무 것도 덧붙이지 않고 단지 분화를 통해, 주어 안에서 이미 사유된 부분 개념들로 나뉠 뿐이기 때문이다.[34]

---

32 같은 책, B 625.
33 같은 책, B 626.
34 같은 책, B 10-11.

칸트의 예는 "모든 물체는 연장을 갖는다"[35]이다. 물체치고 연장을 갖지 않는 것, 공간을 채우지 않는 것은 없기 때문이다.[36] 즉 '연장을 가짐'이라는 술어는 물체라는 주어 안에 이미 포함되어 있다. 따라서 술어는 주어에 아무것도 더하지 않고 주어의 내용을 그저 반복할 뿐이다. 더 쉬운 예를 들자면 '아저씨는 남자이다', '아줌마는 여자이다'이다. 이 판단들의 술어도 모두 주어 안에 포함되어 있다. 따라서 우리는 경험에 호소할 필요 없이 단지 개념의 분석만으로 이 판단들이 참임을 알 수 있다. 그러나 이 참인 판단들은 동어반복적이므로 주어에 대한 새로운 인식을 주지 않는다. 반면 술어가 주어의 개념에 뭔가 새로운 것을 덧붙이고 이를 통해 주어의 범위와 주어에 대한 우리의 인식을 확장시켜 주는 판단도 있다.

> 술어가 주어와 결합되기는 하지만, 술어 B가 온전히 주어 A의 외부에 놓여 있는 판단을 종합판단이라 한다. (…) 주어와 술어의 결합이 동일성 없이 사유된다면, 그것이 종합판단이다. (…) 이를 확장 판단이라고도 부른다. 왜냐하면 여기서는 주어 안에서 전혀 생각될 수 없었던, 따라서 주어의 분화를 통해 도출되지 않는 술어가 주어의 개념에 덧붙여지기 때문이다.[37]

칸트의 예는 "모든 물체는 무게를 갖는다"[38]이다. 물체의 개념 안에는 무게의 개념이 포함되어 있지 않음에도 둘은 하나의 판단 안에서 주어와 술어로 결합되었다. 주어에는 무게라는 새로운 술어가 덧붙여졌고 따라서 주어의 범위는 확장되었다. 다른 예로 '철학은 재미 없다', '칸트 철학은 더

---

35 같은 책, B 11.

36 연장(*extensio*)의 철학적 의미에 대해서는 7장 2.3의 ③ 참조.

37 칸트, 『순수 이성 비판』, B 10-11.

38 같은 책, B 11.

재미 없다'는 판단, '고래는 생선이다', '지구는 돈다' 등의 자연과학적 명제들도 모두 종합판단이다. 이 모든 판단에서 주어는 술어에 의해 새롭게 규정된다. 이 규정의 참, 거짓을 결정하기 위해 우리에게 요구되는 것은 주어 개념의 분석이 아니라 경험적 확인이다. 물론 참인 종합판단은 주어에 대한 우리의 인식을 확장시켜 준다. 이 판단들을 통해 우리는 철학은 재미 없고, 고래는 생선이고, 지구는 돈다는 새로운 사실을 배우기 때문이다. 그렇다면 '신은 존재한다'라는 판단을 통해 우리는 신이 존재한다는 사실을 새롭게 알게 되었는가? 이 판단에서 '존재한다'라는 술어는 종합판단의 술어인가?

칸트는 두 개의 술어를 구분한다. 그 하나가 "논리적 술어"이고 다른 하나는 "실재적 술어"이다. 논리적 술어는 "모든 경험적 내용이 추상적으로" 제거된 논리적 실재에 대한 규정, '(ㅋ)A는 B이다'에서 실재하는 것으로 정립된 주어 A에 대한 술어 B이다. 반면 실재적 술어는 논리적 실재로서의 주어가 아니라 실재하는 "사물에 대한 규정"이다. 이 술어는 "주어 개념 안에 포함되어 있지 않은" 따라서 주어에 "덧붙여져" 주어의 범위를 "더 크게 하는 술어",[39] 한마디로 종합판단의 술어이다. 그렇다면 존재론적 신 존재 증명의 판단, '신은 존재한다'에서 '존재'라는 술어는 실재적 술어인가, 논리적 술어인가? 이 물음에 대한 답이 방금 인용한 칸트의 문장이다.

존재는 명백히 실재적 술어가 아니다. 즉 한 사물의 개념에 더해질 수 있는 어떤 것의 개념이 아니다. 존재는 단지 하나의 사물 또는 어떤 규정들 그 자체의 정립Position일 뿐이다. (…) '신은 존재한다Gott ist'라는 (…) 판단에서 나는 신의 개념에 [존재라는] 새로운 술어를 정립한 것이 아니고 자신의 모든 술어를 가진

---

39 같은 책, B 626.

[존재하는 신이라는] 주어를 정립하였을 뿐이다.[40]

존재론적 신 존재 증명이 '신은 존재한다'라는 판단을 내세운다면, 이 판단의 주어는 '(ㅋ)신', '존재하는 신', '판단의 술어 존재한다를 이미 자신 안에 포함하고 있는 신'이다. 따라서 이 판단의 술어, '존재한다'는 실재적 술어, 종합판단의 술어가 아니다. 우리는 신이 존재한다는 사실을 모르고 있던 상태에서 이 술어화를 통해 신의 존재를 새롭게 알게 된 것이 아니고, 신의 존재는 이미 주어, '(ㅋ)신' 안에 포함되어 있었다. 따라서 이 술어, '존재'는 논리적 술어이고, 이 판단, '존재하는 신은 존재한다'도 동어반복적 분석판단일 뿐이다. 존재론적 신 존재 증명은 '(ㅋ)신'이라는 주어를 말함과 동시에 주어를 존재하는 것으로 정립하고 그 존재하는 주어가 존재한다고 술어를 통해 반복하고 있기 때문이다.

무엇이 새롭게 말해졌고, 무엇이 새롭게 증명되었는가? 아무것도 없다. 존재론적 논증은 신이라는 "주어 그 자체를 그것의 모든 술어와 함께 정립했을" 뿐이며, 그것도 경험적 실재성이 추상적으로 제거된 논리적 공간 안에 정립했을 뿐이다. 그러므로 '신이 존재한다면 신은 존재한다'라는 판단은 '뿔이 셋 달린 소크라테스가 존재한다면 그 소크라테스는 존재한다'라는 문장과 마찬가지로 공허하다. 왜냐하면 논리적인 판단에서는 '존재하지 않음이 모순을 불러오는 신'이나 '뿔이 셋 달린 소크라테스'나 모두 존재하는 것으로 정립된 주어, 논리적 실재일 뿐이기 때문이다. 형식논리적 공간에 ―바로 여기서 존재론적 신 존재 증명이 이루어진다!― 경험적 실재성은 전혀 없다.

이 맥락에서 칸트는 "현실적인", 즉 논리적인 판단 안에서 실재한다고

---

40 같은 책, B 626-627.

정립된 "100탈러"는 내 상상 속의 "가능적인 100탈러보다 조금도 더 많은 것이 아니다"[41]라고 말한다. 결국 '존재하는 것으로 정립된 신은 존재한다'라고 말하는 존재론적 논증은 "논리적 술어와 실재적 술어를 혼동한"[42] 것이고, 이 논증이 신의 실재를 증명했다고 믿는 사람은 "자신의 재정 상태를 좀 나아지게 할 요량으로" 금전출납부의 "현금 잔고액에 0을 몇 개 덧붙이는", 욕심이 이성을 앞질러 간 "상인"과 조금도 다를 바가 없다. 결국 논리적 공간 안에서 신의 존재를 정립하고 그 객관적 실재를 증명했다고 주장하는 존재론적 신 존재 증명은 공허하기에 "허망할"[43] 뿐이다.

2 철학적 문제로서의 신

신 존재 증명에 대한 긴 논의의 최종 결론은 인간 이성은 신의 존재를 결코 증명할 수 없다는 것이다. 경험적 사실의 문제도 아니고 지성적 인식의 대상도 아닌 신은 본디 인간 이성의 모든 능력 저편에 있다고 여겨지는 존재자이기 때문이다. 우리의 감성이 신의 존재 증거를 찾아내기 위해 경험 세계 구석구석을 아무리 이 잡듯 뒤지고 다닌다 한들 또는 우리의 지성이 개념과 논리의 세계 안에서 신의 존재 증거를 찾기 위해 아무리 명민하고 기발한 논증을 펼친다 한들, 인간은 신의 존재를 입증할 그 어떤 증거도 찾아낼 수 없다. 설령 찾아낸다 해도, 그 증거가 경험적 증거라면 경험적 세계에서 초경험적 세계로의 비약이 요구될 것이고 논리적 증거라면

---

41 같은 책, B 627.
42 같은 책, B 626.
43 같은 책, B 630.

논리적 질서에서 존재론적 질서로의 비약이 요구될 것이다. 그러나 이 두 비약이 모두 불가능함을 우리는 이미 살펴본 바 있다. 오랜 그리고 열광적인 신 존재 증명의 시도에도 불구하고 여전히 인간은 신의 현존에 대해 "온전한 무지"[44]에 빠져 있고 신은 우리에게 "진짜 심연"으로 남아 있다.

그러나 또한 분명한 것은 이 철저한 무지와 증거 없음에도 불구하고 인간 이성은 신의 존재에 대한 사유를 멈출 수도 없다는 것이다. 세상에는 많고도 많은 사물들이 현존하고 있는데, 그 우연적 만물의 필연적 근원으로서의 신이 없다면(=무라면), 이성 자신을 포함하여 존재하는 "모든 것", 신의 피조물이라 여겨지던 모든 것은 '아무것도 아닌 것'이 되어 무의 어둠 속으로 흩어져 버릴 것이기 때문이다. 자신의 근거를 추구하는 이성은 무의 지배를 두려워한다. 자신은 '아무것도 아닌 것'이 아니라 '어떤 것'이어야만 한다고 생각하기 때문이다. 그래서 지금 여기 존재하는 "모든 사물의 원근거"[45]에 대한 물음이 철학하는 이성을 마치 그림자처럼 따라다닌다. 이 물음을 인간 이성은 "막아 낼 수도 없고" "견뎌 낼 수도 없다."[46] 막을 수 없는 한 물어야 하고, 답 없이 견딜 수 없다면 답해야 한다. 이것은 인간이 "대답할 수 없지만" 또 "거부할 수도 없다"[47]는 바로 그 물음이다. 신의 문제를 해결하지 못하면 무가 등장한다. 무의 등장을 거부하려면 신의 문제를 해결해야 한다. 이 의미에서 답할 수 없는 신의 물음에 결실 없이 집착하는 것은 인간 이성의 "자연스러운 행보"[48]이다. 그러나 반복되는 시도에도 답을 찾아내지는 못한다. 이 역시 인간 이성의 자연스러운 한계

━━
44 같은 책, B 607.
45 같은 책, B 615.
46 같은 책, B 641.
47 같은 책, A VII.
48 같은 책, B 614.

이다. 그렇다면 답할 수 없지만 외면할 수도 없는 이 물음은 철학하는 우리에게 도대체 어떤 종류의 물음인가?

'신 자체'에 대해 인간은 아무것도 알 수 없다. 어차피 신은 인간이 알 수 없는 존재로 사유된 것이기 때문이다. 그러나 그 알 수 없는 존재를 향하는 철학의 열정은 식지 않는다. 이 열정의 동인은 필연적 존재자로서의 신 자체가 아니라, 자신의 근거로서의 신을 궁금해하는 인간의 마음이다. 이 문제는 본디 신학적 문제가 아니라 인간학적 문제다. 이 문제를 제기한 자도 인간이고, 제기한 문제를 풀지 못하는 자도 인간이고, 풀지 못하는 문제를 포기하지 못하는 자도 인간이기 때문이다. 결국 철학적 문제로서의 신은 '그 자체로서의 신'이 아니라 '우리에 대한 신God for us'이다. 신이 아닌, 신을 알 수 없는 인간이 신을 사유하는 한, 신의 문제는 신 자체의 현존의 증명 문제가 아니라, '신과 인간의 관계', '자신의 근거로서의 신에 대한 인간의 태도', 신에 대한 인간의 긍정 또는 부정의 문제일 뿐이다.

2.1 사실로서의 유신론과 무신론

통상 신의 존재를 긍정하는 입장을 유신론, 부정하는 입장을 무신론이라 한다. 유신론자는 신은 존재'한다'라고 말하고, 무신론자는 신은 존재하지 '않는다'라고 말한다. 그래서 신의 창조, 그 신이 섭리한 역사의 증거를 찾아 경험 세계 방방곡곡을 수색하고 다니다가 노아의 방주의 흔적을 찾아냈다고 호들갑을 떠는 자가 있는가 하면, 돌덩이 안에 새겨진 도태와 진화의 기록(화석)을 땅속에서 발굴하고서는 흥분에 겨워 신이 없다는 증거가 여기에 있다고 온 세상을 향해 외치는 자도 있다. 한쪽은 신은 '있다'고, 그 '있음의 사실'을 증명할 수 있다고 말하고, 다른 쪽은 신은 '없다'고, 그 '없음의 사실'을 증명할 수 있다고 말한다. 신의 존재에 대한 긍정과 부정의 입장은 물론 정면으로 충돌한다. 그러나 여기에는 주목할 만한 공통점이 하나 있다. 두 입장 모두 신을 긍정하고 부정하는 논거를 '사실'에서 찾고 신의 존재 또는 부재를 '사실'에 근거해 증명할 수 있다고 주장한다는 점이다. 나는 이 두 입장을 각기 '사실로서의 유신론', '사실로서의 무신론'이라 부르고자 한다.

이 장의 앞선 논의를 통해 신 존재 증명의 불가능성이 드러났으니, 어떤 독자는 무신론이야말로 신의 존재에 대해 정당화될 수 있는, 유일하게 남은 철학적 입장이라고 생각할지도 모르겠다. 그러나 신의 있음의 증명 불가능성은 인간이 이 증명의 시도에서 실패했다는 것만을 의미하지, 신이 없다는 사실에 대한 증거가 되는 것은 아니다. 우리는 신이 있는지도 모르지만 없는지도 모른다. 도대체 아무것도 모른다. 그 의미에서 유신론뿐 아니라 무신론도 철학적으로 부당하기는 마찬가지다. 사실에 근거한 신 존재 증명이 불가능한 것과 꼭 마찬가지로 사실에 근거한 신 부재 증명도 불가능하기 때문이다. 신은, 따라서 신의 존재와 부재도 경험적 사실이 아니라 경험의 배후에 속하는 개념이다. 칸트는 분명히 말한다. 신의 존재는 "증명될 수도 없지만 또한 반박될 수도 없다."[49] 신의 존재가 "증명될 수 없다"면 신의 부재도 반박되지 않는다. 그리고 신의 존재가 "반박될 수 없다"면 신의 부재도 증명되지 않는다. 그러므로 유신론자와 무신론자는 정반대의 방향에서 동일한 오류를 범하고 있는 셈이다. 이들은 모두 사실의 문제가 아닌 신의 존재에 대해 사실판단을 ─그 판단이 긍정적이건 부정적이건 그것은 중요하지 않다!─ 내리고 있기 때문이다. 신 존재의 증명뿐 아니라 부재의 증명도 경험적 사실에 근거해 이루어질 수는 없다. 신은 초경험적 존재이고, 경험은 신의 존재뿐 아니라 부재에 대해서도 침묵하기

─
[49] 같은 책, B 669.

때문이다.[50] 신은 단적으로 사실 이상이다. 그 신 '자체'에 대해 할 수 있는 말이 우리에게는 아무것도 없다. 모르는 것에 대해 말하는 것은 월권이기 때문이다. 그러나 그 신에 대한 '우리'의 관계와 태도에 대해서는 권리를 갖고 할 수 있는 말이 있다.

경험 저편의, 따라서 사실의 문제가 아닌 신에 대해 인간이 할 수 있는 말은 '신은 존재한다' 또는 '신은 존재하지 않는다'라는 사실판단이 아니라, '신은 존재해야 한다' 또는 '신은 존재하지 말아야 한다'라는 당위의 요청이다. 이 두 요청 안에도 물론 신의 긍정과 부정 같은 것이 들어 있다. 그러나 여기서는 사실로서의 신의 존재가 긍정되고 부정되는 것은 아니다. 여기서 긍정과 부정이란 신의 존재를 희망하고 거부하는 인간 자신의 태도의 표현이다. 이렇게 요청의 방식으로 신의 존재를 긍정하거나 부정하는 입장을 나는 '요청으로서의 유신론', '요청으로서의 무신론'이라 칭하고자 한다.

2.2 요청으로서의 유신론과 무신론

요청으로서의 유신론의 상징적인 대표자는 '신은 존재한다'라는 사실의 증명 불가능성을 천명한 칸트이다. 증명이 불가능한 근본 이유는 신은 인간의 경험 세계 저편의 존재라는 점이다. 칸트는 ―가시적 현상계와 예지적 이데아계를 구분하던 플라톤과 마찬가지로― 두 개의 세계를 구분한다. 그 하나는 경험 가능한 사실의 세계, '현상계phaenomena'이다. 현상계의

---

50 신의 '존재와 부재'의 개념은 각기 앞서 논의한 '필연과 우연'의 개념에, 마찬가지로 '유신론과 무신론' 역시 각기 '목적론적 형이상학과 우연적 자연도태설'에 거의 정확히 대응한다. (2장 2.2의 ④ 참조)

배후에 '모든 현상을 현상으로 있게 해 주면서 스스로는 현상이 아닌 것', 즉 현상들의 근거가 거주하는 세계가 있다. 경험적 현상들의 계열의 끝에서 시작되는 이 세계를 경험 세계에 발을 디디고 있는 인간 이성은 결코 "인식할 수 없다." 그러나 "적어도" 그런 세계가 있지 않으면 안 된다고 "생각하는想 것은 가可능하다."[51] 그래서 이 세계는 '가상可想계noumena'라 불린다. 모든 경험 가능한 우연적 사물은 현상계에 속하고 우연적 현상 일반의 필연적, 초경험적 최종 근거로서의 신은 가상계에 속한다.

현상계는 인간의 경험 및 인식에 열려 있는 세계이다. 이 세계의 끝에서 인간의 인식 가능성은 끝나고 오직 생각만이 허용되는 세계, 가상계가 열린다. 가상계의 존재에 대해서는 어떤 인식도 가능하지 않다. 모든 경험 가능성이 이미 종식되었기 때문이다. 그것은 말하자면 인간으로서는 "아무것도 알 수 없는 x"[52]일 뿐이다. 그렇다면 그 알 수 없는, 그러나 생각해 볼 수는 있다는 존재에 대해 인간은 어떤 관계를 맺을 수 있고 어떤 태도를 취해야 하는가? 여기서 인간에 대한 두 세계의 차이 또는 두 세계에 대한 인간의 관계 및 태도 방식의 차이가 드러난다. 현상계는 경험 가능한 사실의 세계이고 이에 대해서는 사실판단이 내려질 수 있지만, 가상계는 초경험적 존재의 세계이고 이에 대해 인간은 오직 당위의 요청만을 표명할 수 있다. 인간 이성은 현상계의 경험 가능한 사물에 대해 '학문적 인식'의 관련을 맺지만, 가상계의 초경험적 존재에 대해서는 '도덕적 당위와 종교적 희망'의 관련을 맺는다. 두 세계의 경계에서 '…이다'라는 사실 인식의 영역이 끝나고 '…이어야만 한다'라는 당위와 요청의 영역이 열린다.

현상계 안의 사실로서의 유신론이 '신은 존재한다'라고 말한다면, 가상

---

51 칸트, 『순수 이성 비판』, B XXVI.
52 같은 책, A 250.

계를 향하는 요청으로서의 유신론은 '신은 존재해야 한다', '나는 신이 존재하기를 바란다', '인간은 신이 존재한다고 생각해야 한다'라고 말한다. 후자의 말들은 신의 존재에 대한 사실판단이 아니라, 신에 대한 인간의 요청과 기대, 신을 사유하는 그의 의무의 표현이다. 모든 경험적 사실의 초경험적 근거로서의 신은 인간에게 사실의 문제가 아니라 도덕적 의무의 문제이고 동시에 종교적 희망의 문제이기 때문이다. 이 맥락에서 칸트는 신을 "실천 이성의 요청"[53]이라 규정한다. 여기서 실천 이성은 인간의 실천적 행위와 도덕적 의무를 관장하는 이성이다. 즉 도덕적 존재자로서의 인간의 이성이 자신이 해야 할 바에 대해 물을 때, 필연적으로 요청되는 것이 바로 신의 현존이다.

현상계, 경험적 자연에 속한 존재자로서 인간은 일단 자연의 논리, 본능과 욕망의 지배에서 벗어날 수 없다. 그러나 동시에 자연 이상이기를 원하고 또 자연 이상이어야 하는 인간은 도덕법칙에 대한 존경, 최고선의 실현이라는 초자연적 의무도 숙지하고 있다.[54] 그러나 자연을 넘어서려는 그의 발목을 늘 강력한 자연 본성이 붙잡고 있기에, 자연의 힘을 능가하는 뭔가 더 강력한 강제가 없다면 인간은 자연 안에 그저 자연으로 주저앉을 수밖에 없을 것이다. 그래서 최고선의 실현이라는 의무의 이행을 "강제하는 힘의 가능성의 조건"으로서의 신이 "요청되어야 한다."[55] 이 요청이 충족될 때, 그래서 우리가 자연적 성향에도 불구하고 선의 실현이라는 가상계의 과제에 부합할 수 있을 때, 우리는 신의 선물도 희망할 수 있을 것이다.

---

53 칸트, 『실천 이성 비판』, 학술원판(베를린, 1913), 12, 124 참조.
54 같은 책, 124-125, 133, 138 참조.
55 칸트, 『순수 이성 비판』, B 662.

종교가 도덕에 더해지는 경우에만 우리가 언젠가 [우리] 행복의 몫을 누리게 되리라는 (…) 희망도 나타날 것이다. (…) 행복에 대한 희망은 오로지 종교와 더불어 최초로 시작된다.[56]

이 의미에서 신은 사실과 존재의 문제가 아니라 요청과 당위의 문제이고, 인식과 증명의 대상이 아니라 믿음과 희망의 대상이다. 인간은 신을 알고 신의 존재를 증명해야 하는 것이 아니라, 신과 신의 존재를 믿고 희망해야 한다. 이것이 현상계의 인간이 가상계의 신과 맺는 관계이고 신에 대해 취할 수 있는 태도이다.

그래서 칸트는 감히 신을 인식하려는 모든 철학자에게 "어떤 경우에도 경험의 한계를 넘어서려 들지 말라"[57]고 경고한다. 이 금지의 이유는 하나다. 넘어서는 순간 "스스로도 이해하지 못하고" 또 "이 세상 누구도 들여다볼 수 없는" 신에 대한 "거리낌 없는 궤변"[58]이 횡횡할 것이기 때문이다. 칸트에 의하면 형이상학적 인식을 가장한 이 궤변과 주제넘음은 "독단"이야말로 "도덕성에 어긋나는 모든 불신의 진짜 근원"이다. 인간에게는 신을 알 수 없다는 것이 치욕인 것이 아니라, 신을 믿고 희망할 수 있다는 것이 축복이다. 그래서 칸트는 "신앙에 자리를 마련해 주기 위해 지식을 지양한다"[59]고 선언한다. 현상계가 끝나는 곳, 경험적 사실 인식이 폐하고 인간이 더 이상 '…이다'라고 말할 권리를 잃어버리는 곳이 곧 인간이 신을 요청하는 지점이다.

인식을 지양해 가면서까지 신앙의 자리를 마련하는 것은 이른바 "모

---

56 칸트, 『실천 이성 비판』, 131-132.
57 칸트, 『순수 이성 비판』, B XXIV.
58 같은 책, B XXXI.
59 같은 책, B XXX.

든 손님 중에서 가장 섬뜩한", 그래서 꺼림칙한 "손님", 니힐리즘의 방문을 막기 위해서다. 니힐리즘이란 '무^{nihil}'의 사상, 있다고 여겨지는 모든 것이 '무'라고 말하는 사상이다. 현상계 안의 모든 것이 무일 뿐 아니라 그 현상계 전체를 창조했다는 가상계의 신 역시 무다. 손님은 말한다. 신은 없다고.[60]

니힐리즘은 근거율에 대척되는 철학적 입장이다. 근거율이 '근거 없이 존재하는 것은 없고 무에서는 아무것도 생겨나지 않는다'라고 말한다면, 니힐리즘은 '근거를 갖고 존재하는 것은 없고 모든 것은 무에서 생겨났다'라고 말한다. 이것은 존재자와 신에 대한 가장 극단적인 부정의 말이다. 이 말은 현상계 안의 만물뿐 아니라 그 만물의 근거로서의 가상계의 신 또한 무라고, 거꾸로 ―실은 정확히― 표현해서 신이 무이기에 거기서 생겨난 모든 것 역시 무라고 말하기 때문이다. 현상계와 가상계 전체가 붕괴된다. 지금 여기 분명히 현존하고 있는 나와 당신, 우리 주변의 만물은 신의 작품이 아니라 무에서 생겨난 것, '아무것도 아닌 것'이다. 우연적으로 존재하는 만물의 배후에 '우연적인 모든 것을 우연적으로 존재하게 해 주면서 스스로는 우연적이지 않은', 즉 필연적인 최종 근거와 같은 것은 없다. 니힐리즘은 모든 우연적인 것의 필연 근거 자체의 부정이고, 이에 따른 당연한 결과이지만 그 근거에서 생겨난 모든 우연적인 것의 존재도 부정한다. 모든 것이 무다. 만물의 근거로서의 신의 자리에 무가 들어섰기 때문이다. 만물은 어떤 근거에 의해 근거 지어진 것이 아니라 무에서 온 것이고 따라서 '어떤 무엇'이 아니라 '아무것도 아닌 것'이다.

이렇게 현상계의 존재자가 거기서 생겨나온 곳, 그 근원이 부정되면서 이 존재자들이 그리로 되돌아가야 할 곳, 모든 도덕적, 신앙적 노력의 목

---

[60] 니힐리즘이 지배하는 세계에 대해서는 이미 상론한 바 있다. (3장 2.2.의 ② 참조)

표점도 함께 사라진다. 만물의 창조자일 뿐 아니라 구원자이기도 한 신이 무이기 때문에, 무가 한 구원의 약속과 그에 대한 인간의 희망도 아무것도 아닌 것으로 되어 버린다. 우리에게는 갈 곳이 없다. 아니 갈 곳은 많지만 그중 어느 곳도 우리 희망의 최종적 지향점은 아니다. 우리가 어떤 노고를 통해 어디로 가건 그곳에는 우리가 믿고 희망하던 신이 있는 것이 아니라, 갈 곳을 찾지 못해 우왕좌왕하고 있는 우리 '아무것도 아닌 자들'처럼 '아무것도 아닌' 인간들이 우리와 꼭 같이 갈 곳을 찾지 못해 방황하고 있을 뿐이다. 세상에는 "천 개나 되는 목표"[61]가 있지만, 그 모든 목표가 다 고만고만한 목표, 정작 가서 보면 아무것도 아닌 목표일 뿐이다. 아무것도 아닌 것이 아닌 목표, 모든 인간이 가야 할 곳, 그 하나의 목적지, 그런 곳은 더 이상 없다. 도덕적 노고와 종교적 희망의 지향점으로서의 신이 죽었기 때문이다. 꺼림칙한 손님의 방문과 더불어 목표로서의 신이 사망했고, 신의 죽음으로 인해 갈 곳을 잃은 우리가 어떤 길을 통해 어디로 가건 그것은 목적지를 향한 '희망적인 접근'이 아니라 무목적적인, 그리고 그 의미에서 '절망적인 배회'일 뿐이다.

니힐리즘은 우리의 근거를 제거하고 우리의 희망도 삭제한다. 이제 아무것도 아닌 인간은 무에서 생겨나 무로 되돌아간다. 모든 것은 "무의 심연 안으로 가라앉는다."[62] 당신은 이 사실을 견뎌 낼 수 있는가? 신은 무이고 신의 손에서 생겨났다는 모든 것은 우연의 자식이다. 법칙적 질서로서의 자연, 조화롭고 아름다운 우주, 합목적성을 과시하며 전개되어 온 자연사는 모두 우연의 쓰레기통이고, 내가 추구하는 진리, 존경하는 도덕법칙, 소망하는 구원의 약속도 아무것도 아닌 망상일 뿐이다. 나의 존재의 근거

---

61 니체, 『차라투스트라는 이렇게 말했다』, 100쪽.
62 칸트, 『순수 이성 비판』, B 650.

는 무고 내가 걷는 길의 목적지도 무다. 나의 현재를 무의미, 무가치가 휘감고 있고 나의 과거와 미래는 무의 어둠 속으로 사라진다. 무에서 생겨나 무를 향하는 인간, 그의 존재와 삶에서 모든 근거와 희망이 삭제된다. 당신은 이 사실을 이겨 낼 수 있는가?

그러나 꺼림칙한 손님의 방문을 거부하고 신의 존재를 요청하는 순간 모든 것이 달라진다. 요청된 신은 ─실재하는 신이 아니다!─ 나의 존재에 근거를 주고, 나의 현재에 가치와 의미를 주고, 나의 미래에 희망을 준다. 우연의 쓰레기통 같던 자연과 자연사는 질서와 조화를 회복하고 필연의 면모를 띤다. 철학, 도덕, 종교 등 인간이 하는 모든 일도 더 이상 헛된 배회가 아니라, '접근'이라는 아름다운 단어를 사용할 권리를 갖는다. 모든 것은 무에서 나와 무 안으로 사라지는 '아무것도 아닌 것'이 아니라, 자신의 근원과 목표를 가진 '어떤 것'이다. 인간은 그렇게 생각해야 한다. 이것은 이성이 이성 자신에게 내리는 "명령"이다. "세계의 모든 결합을 체계적 통일의 원리들에 따라 관찰하고, 따라서 마치 이 세계 전체가 유일한, 모든 것을 포괄하는 존재, 최고의, 그리고 모든 것을 만족시키는 원인에서 생겨나기라도 한 듯이*als ob* 관찰하라는 명령",[63] 가상계의 신을 요청하고 그 신에 따라 현상계를 탐구하라는 명령이다.

이 문장은 무척 흥미롭다. 문장은 '신은 존재한다'라고 단언하는 것이 아니라 '신이 존재하는 듯이 사유하라'는 제안을 담고 있기 때문이다. 이렇게 명령하는 이성은 사실로서의 신의 존재에 대해서는 아무것도 말하지 않는다. 다만 이성은 "마치" 신이 존재하는 "듯이*als ob*"[64] 사유해야 한다는 의무만을 제시할 뿐이다. 왜 그렇게 사유해야 하는가? 그래야만 질서 잡

---

63 같은 책, B 714.
64 같은 책, B 699, 700, 701, 709, 716.

힌 자연, 조화로운 우주에 논리적 빈틈이 남지 않을 수 있고, 우리의 애지 활동, 최고선의 실현을 추구하는 의지, 구원을 향하는 종교적 희망이 니힐 리즘에 빠지지 않을 수 있고, 우리의 창조자와 구원자가 무가 아니고 따라 서 우리 또한 '아무것도 아닌 것'은 아니라고 믿을 수 있기 때문이다. 이것 은 신의 존재를 상정하기에 충분히 좋은 이유이다. 그럼에도 이것은 여전 히 우리의 기대와 희망에 이끌리는 상정이지 사실로서의 신의 "현존에 대 한 주장은 아니다."[65] 그래서 신의 문제에 대한 칸트의 입장은 단순한 유 신론이 아니라 신의 존재의 요청론이다.

물론 요청으로서의 유신론의 반대 입장도 생각할 수 있다. 그것은 단순 한 무신론이 아니라 요청으로서의 무신론, 신의 부재의 요청론, 니힐리즘 이고, 그 상징적인 대표자는 자칭 "유럽 최초의 완전한 니힐리스트",[66] 니 체이다. 그는 이렇게 말한다. "신은 죽었다." 그리고 이 말을 곧 다음과 같 이 새긴다. "우리가 신을 죽였다."[67] 이 말 역시 신의 죽음에 대한 사실판단 이 아니다. 거기에 실재하던 신이 죽어 무가 됐다는 것이 아니고 실재로 살아 있던 신을 인간들이 죽여 무로 만들었다는 것도 아니다. 그러나 신을 죽인 자가 인간인 한, 인간은 분명히 신의 죽음에 개입하고 있다. 어떻게? 신을 '거부함'을 통해서다. 신의 죽음이라는 사건은 신 자체의 죽음이 아 니라, 인간이 신을, 심지어 자신의 정신 안에 요청의 형태로 살아 있던 신 까지도 거부하기 시작했음을 의미한다. 바뀐 것은 신의 생사가 아니라 신 에 대한 인간의 태도이다. 신의 현존 여부와는 무관하게 인간이 신의 존재 는 물론이고 그 존재의 요청도 거부한다. 신의 죽음은 신의 부재의 직접적

---

65 같은 책, B 647.

66 니체, 『유고(1887년 가을-1888년 3월)』, 『니체 전집』, 20권, 백승영 옮김(책세상, 2000), 518쪽.

67 니체, 『즐거운 학문』, 200쪽.

표현이 아니라 신 없는 세계를 무와 함께, 무 속에서 살아가야 한다는 인간 운명에 대한 인간적 긍정의 비유적 표현이다.

이제 신의 죽음을 수용한 인간은 가장 꺼림칙한 손님에게 문을 열어 주고, 스스로를 기꺼이 무의 지배에 내맡긴다. 그리고 신 없는 세계, 창조 신화는 망각되고 구원의 약속도 잊혀진 세계를 자신의 힘만으로 살아간다. 이 근원도 없고 갈 곳도 없는 자, '아무것도 아닌 자'의 삶을 철저한 무의미, 무가치, 무근거, 무목적성이 휘어 감는다. 그래도 그는 숨 조여 오는 무를 피해 요청된 신의 우산 아래로 도피하지 않는다. 숨 막히지 않아서도 아니고 두렵지 않아서도 아니다. 섬뜩하고 끔찍하지만 그래도 인간은 신의 작품이 아니라 우연과 무의 자식이고, 신의 명령이 아니라 "스스로의 힘에 의해 돌아가는 바퀴"[68]여야 한다고 생각하기 때문이다. 그는 꺼림칙한 손님이 전해 준 소식, 신은 죽었고 모든 것은 무이고 자신은 무에서 나와 무 안으로 없어질 운명임을 긍정하고 사랑한다.

이 사랑과 긍정으로 삶을 사는 사람을 니체는 '위버멘쉬Übermensch'라 부른다. 위버멘쉬란 신 없는 세계, 무가 지배하는 시대에 무와 허무를 극복하는 인간 유형이다. 그러나 인간이 무를 극복해서 비로소 위버멘쉬가 되는 것이 아니고, 니힐리즘의 시대를 살아가는 인간들에게 니체가 위버멘쉬라는 이름으로 무를 극복하라는 요청의 메시지를 보내고 있다고 보아야 할 것이다. 그러므로 위버멘쉬는 실재하는 또는 실재해야 하는 인간이 아니라 신의 죽음, 무의 지배를 이겨내는 인간 삶의 방식에 대한 명칭이다.

위버멘쉬는 자기 '위Über'로 올라가는 '인간Mensch'이다. 지금의 자기를 극복하고 "자신 위"의 "춤추는 별"[69]을 향해 올라감이 이 인간이 삶을 긍정

---

68 니체, 『차라투스트라는 이렇게 말했다』, 41쪽.

하는 방식이고 무를 이겨 내는 방식이다. 그렇다면 그렇게 극복하고 올라가서 그는 무엇으로 되는가? 올라가도 그는 여전히 '아무것도 아닌 자'이고 "아직도 극복되어야 할 그 무엇"[70]일 뿐이다. 그는 또 다시 극복하고 올라가고 또 올라가야 한다. 그의 '위버'를 향해, 그 '위버의 위버', '위버위버위버'를 향해…. 위버들의 계열은 계속되고 인간의 높아짐에는 끝이 '없다.' 즉 끝은 '무다.' '모든 위버멘쉬를 위버멘쉬로 존재하게 해 주면서 스스로는 상위에 아무런 위버도 갖지 않는, 위버들의 계열의 끝'으로서의 신이 죽었기 때문이다. 높아지고, 높아지고, 더 높아져야 하되 끝없이, 즉 무에 이르기까지 그리해야 한다는 것, 이것이 "높이의 숙명이고 우리의 숙명"[71]이다. 위버멘쉬란 끝없는 극복과 상승에 지시된 인간, 무한한 극복과 상승을 기꺼이 반복하되 이를 통해 '아무것도 아닌 자신'이 '어떤 무엇'이 될 수 있다고 믿지 않는 인간, 이 극복을 통한 "상승"이 동시에 "몰락"[72]임을 아는 인간, 무를 이겨 내기 위한 상승의 길에 끝이 없다는, 이 길의 끝이 무라는 운명을 긍정하는 인간이다. 극복과 상승은 그때마다 인간이 무를 이겨 내는 방식이지만 또 동시에 자신을 무 안으로 던져 넣는 과정이기도 하다.

보다 지체 높은 인간들이여, 내게서 배워라. 시장터에서는 그 누구도 보다 지체가 높은 인간을 믿지 않는다는 것을. 그런데도 시장터에 나가 이야기하려는가. 좋다! 천민들은 눈을 깜박거리며 말하리라. "우리 모두는 평등하다"고. 천민들은 눈을 깜박이며 말하리라. "보다 지체가 높다는 인간들이여, 보다 지체

---

69 같은 책, 24쪽.
70 같은 책, 341쪽.
71 니체, 『즐거운 학문』, 377쪽.
72 니체, 『차라투스트라는 이렇게 말했다』, 21쪽.

가 높은 인간이란 존재하지도 않는다. 우리는 모두 평등하며, 사람은 사람일 뿐이다. 신 앞에서 우리 모두는 평등하다!" (…) 신 앞에서라니! 그런데 신은 죽어 없지 않은가! 보다 지체가 높은 인간들이여, 그대들에게 더 없이 큰 위험은 신이 아니었나. 그가 무덤에 든 후에야 비로소 그대들은 부활할 수 있었다. 이제야 위대한 정오가 다가오고 있으며, 이제야 비로소 보다 지체가 높은 인간이 주인이 되는 것이다! 오 나의 형제들이여, 내 말을 알아듣겠는가? 그대들은 경악하고 있구나. 심장에 현기증을 일으키고 있는가? 심연이 예서 그대들에게 입을 떡 벌리고 있기라도 하는가? 지옥의 개가 예서 그대들을 향해 짖어대고 있기라도 하는가? 좋다! 자! 보다 지체가 높은 인간들이여! 이제야 비로소 인류의 미래라는 산이 산통으로 괴로워하는구나. 신은 죽었다. 이제 **우리는** 소망한다. 위버멘쉬가 나타나기를. 오늘날 더없이 소심한 자는 묻는다. "어떻게 하면 살아남을 수 있을까?" 그러나 짜라투스트라는 이렇게 묻는 유일한 자이자 첫 번째 사람으로서 묻는 바이다. "어떻게 하면 사람은 **극복될** 수 있을까?" 내가 마음에 두고 있는 것은 위버멘쉬다. (…) 오, 형제들이여, 그대들은 용기가 있는가? 그대들은 담대한가? 사람들 앞에서의 용기가 **아니라**, 내려다볼 그 어떤 신도 두고 있지 않은 자의 용기, 독수리의 용기가 있는가? 나는 차디찬 영혼, 당나귀, 눈먼 자, 술 취한 자를 두고 담대하다고 말하지는 않는다. 오히려 두려움을 아는 자, 그러면서도 그 두려움을 **제어**하는 자, 긍지를 갖고 심연을 바라보는 자가 용기 있는 자렸다.[73]

이것이 신 없는 시대를 살아가는 인간의 용기, 두려워 떨면서도 무를 주시하고 자신을 무 안으로 던져 넣는 용기다. 이것은 두려움 없는 용기가 아니라, 두려움에도 불구한 용기, 두려움 때문에 더욱 빛나는 용기다. 무

---

73 같은 책, 472–475쪽.

의 시대의 인간에게 왜 이런 용기가 요구되는가? 신이 없음을 두려워하지 않아서도 아니고 신이 있으면 편안함을 몰라서도 아니다. 이것은 '이 세계의 삶'을 향한 용기다. "있는 그대로"의 "세계", 삶의 "가장 쓴 고통"까지도 "긍정하며",[74] 무가 지배하는 이 세계의 삶을 수용하는 용기다. 왜? 여기가 바로 우리가 살고 있고 또 살아야 하는 세계이기 때문이다. 우리에게 다른 세계는 없다. 어떤 사람들은 꺼림칙한 손님의 노크 소리에도 소스라쳐 이 세계와 인간을 창조한 신을 저 세계에 세우고 스스로도 저 세계로 줄행랑을 친다. 그리고 이 "고안된"[75] 신의 우산 아래서 속 편한 "안식"[76]을 취한다. 그러나 "비겁"[77]을 대가로 누리는 이 심리적 안정의 결과는 이 세계의 삶의 부정이다. 요청된 신은 이 세계는 저 세계를 위해, 삶은 죽음 이후의 구원을 위해 포기하라 명령하기 때문이다. 위버멘쉬는 이 삶을 지키려 한다. 이 "삶"이 "우리의 모든 것이고 우리가 빛과 불꽃으로 변화시키는 모든 것이며, 또한 우리와 만나는 모든 것"이기 때문이다. 설혹 개똥처럼 굴러다녀도 우리가 살아야 하는 것이지 "그밖에 다른 도리가 없기"[78] 때문이다.

삶을 살리기 위해 니체는 삶을 죽이는 신을 죽인다. 신이 죽고 없어지면 무가 삶을 장악하고 그 삶은 소름끼치게 섬뜩한 것이지만, 그래도 감내해야 한다. 무 안에서는 무의미하나마 삶이 지속되지만 신 아래서는 유의미한 삶도 죽기 때문이다. 무에의 용기는 삶에의 의지다. 삶에의 의지를 가진 자라면 누구나 신의 죽음을 말해야 하고 신의 요청을 거부해야 한다. 독특한 점 하나는 '신의 죽음'을 말할 때 니체는 실은 '인간의 삶'에 대해 말

---

74 니체, 『유고(1888년 초-1889년 1월 초)』, 『니체 전집』, 21권, 백승영 옮김(책세상, 2004), 77쪽.

75 니체, 『우상의 황혼』, 『니체 전집』, 15권, 백승영 옮김(책세상, 2002), 93쪽.

76 니체, 『도덕의 계보』, 『니체 전집』, 14권, 김정현 옮김(책세상, 2002), 451쪽.

77 니체, 『이 사람을 보라』, 325쪽; 니체, 『유고 (1888년 초-1889년 1월 초)』, 354쪽.

78 『즐거운 학문』, 28쪽.

하고 있고, 그 의미에서 그의 신의 부재의 요청론은 삶의 긍정의 요청론이라는 점이다. 그에게는 '인간의 삶'이 전부다. 그래서 그는 반복해서 삶을 죽이는 '신의 죽음'에 대해 말한다.

철학적 문제로서의 신, 여기서 정리하자. 지금까지 우리는 신의 문제에 대해 철학적으로 나쁜 입장 두 가지, 사실로서의 유신론과 무신론, 철학적으로 좋은 입장 두 가지, 요청으로서의 유신론과 무신론을 살펴보았다. 전자의 두 입장이 철학적으로 나쁜 것은 이 둘이 사실 이상인 신의 문제를 사실로 단정하여, 사실과학 이상인 철학을 사실과 경험의 세계에 묶어 두기 때문이다. 후자의 두 입장이 철학적으로 좋은 것은 이 둘이 모든 인간에게 가장 큰 진지함이 요구되는 신의 문제를 단순한 사실의 문제로 축소하지 않고 인간적 삶의 태도의 문제로 간주하기 때문이다. 철학은 경험 및 사실과학이 아니고, 철학자를 설득하는 것은 단순한 경험과 사실이 아니라, 인간의 인간적 필요, 그의 삶과 관련하여 인간이 가질 수밖에 없는 희망과 기대, 그리고 그의 어깨 위에 올려지는 인간으로서의 의무이기 때문이다. 신은 철학하는 우리 인간에게 단적으로 사실 이상의 무엇이다. 따라서 신의 존재 내지 부재를 주장할 논거로 경험과 사실의 증거는 가장 빈약한 것이다. 철학적 문제로서의 신은 칸트가 생각했듯이 우리의 희망과 기대의 지향점, 필연적 요청의 대상이거나 또는 니체가 주장했듯이 그 희망과 기대를 삭제하면서 함께 삭제해야 하는 이름, 인간의 삶을 위해 죽이지 않으면 안 되는 우상이다. 어떤 경우건 신은 단적인 사실이 아니고, 오로지 자신의 삶을 꾸려 가고 책임져야 하는 인간의 상정의 상관자이다. 이 상정이 긍정적 요청이건 부정적 거부이건, 그건 다음 문제다.

3부

인식론:
나는 안다.
따라서 나는 존재한다.

자아

1 자아와 인식의 문제

나의 책 『초대』의 부제는 '초월, 신, 자아, 인식'이다. 이 중 앞의 둘, '초
월과 신'이 지금까지 우리 논의의 주제였다. 말하자면 우리는 우리 자신이
아닌 것, 우리의 절대적 타자로서의 신을 향한 인간의 초월이라는 형이상
학적 문제에 집중해 왔다. 이제 남은 지면은 뒤의 둘, '자아와 인식'에 할애
된다. 이 두 문제는 인식론이라는 철학의 영역 안에서 서로 밀접하게 얽혀
있다. 왜냐하면 인식을 하는 자는 나이고 또 인식의 가능 근거에 대한 물
음도 자아의 인식 가능성에 대한 물음이기 때문이다. 이제 '저' 세계에 대
한 상상과 사변이 아니라 나 자신도 속해 있는 '이' 세계에 대한 경험과 인
식이 우리의 주제이다. 이 문제까지 다루고 나면 우리의 축제는 끝나고,
독자들은 철학의 가장 중요한 두 분야인 형이상학과 인식론으로의 첫걸
음을 내디딘 셈이 될 것이다.

고대 그리스의 수사학자로 알려진 레온티노이 출신의 고르기아스는 철

학이 해결할 수도 외면할 수도 없는 세 가지의 근원적인 아포리아를 제시했는데, 이는 철학의 분류와 관련해서도 의미하는 바가 적지 않다. 앎의 추구로서의 철학을 회의적 절망에 빠뜨리는, 따라서 철학이 그 해결을 위해 애쓰지 않으면 안 되는 세 개의 근원적인 난제가 있다. 첫째 아무것도 존재하지 않는다. 둘째 설령 뭔가가 존재하더라도 나는 그에 대해 아무것도 알 수 없다. 셋째 설령 무언가를 안다고 할지라도 나는 그 앎을 타인에게 전할 수 없다. 이상 세 가지가 회의주의자로서의 고르기아스가 무겁게 의문부호를 갖다 붙인 '존재', '인식', '전달'의 문제이다. 반면 애지로서의 철학은 '뭔가가 존재하고 있음', '그에 대해 뭔가를 알 수 있음', '그 앎을 타인에게 전달할 수 있음'을 증명하기 위해 노력해 왔고, 이 노력이 각기 '존재론', '인식론', '해석학'이라는 세 개의, 철학의 주된 분야를 형성해 왔다. 첫째 분야는 —철학자의 신이 존재하는 모든 것의 존재 근거이고 인간은 그 근거에로의 초월의 방식으로 존재한다는 점에서— 초월과 신이라는 주제 아래 지금껏 다루어 온 문제이고, 셋째 분야, 표현과 이해, 전달의 학문으로서의 해석학은 그 자체 흥미롭기는 하지만 이 입문서의 한계를 넘는 문제라 후일의 새로운 초대를 위해 유보하고, 남은 하나의 분야, 자아의 인식이라는 문제가 『초대』, 이 사유의 축제가 제공하는 마지막 프로그램이다. 우리의 문제는 원칙적으로 둘뿐이다. '자아는 어떻게 인식하는가?' '인식하는 자아는 존재하는가?' 앞의 물음은 8장이, 뒤의 물음은 7장이 다룰 것이다. 우선은 자아의 인식 가능성에 대한 입문 격의 짧은 소개를 앞세운다.

1.1 인식의 원천은 무엇인가?

우리는 이 세계 안에서, 존재하는 것들을 보고 만지고, 경험하고 사용하며 살면서 다음과 같은 물음들을 던지게 된다. 뭔가가 존재한다면, 나는 그것이 존재함을 어떻게 알 수 있는가? 이것은 인식의 가능성 및 가능 근거에 대한 물음이다. 도대체 내가 안다면, 나의 마음의 어떤 능력이 이 앎을 가지게 한 것인가? 이것은 인식의 기원에 대한 물음이다. 그리고 내가 사물과 세계에 대한 앎을 가지고 있되 이것이 완전한 것은 아니라면, 나는 도대체 어디까지 알고 또 어디부터 모르는 것인가? 이것은 인식의 한계와 범위에 대한 물음이다. 이 같은 물음들, 즉 '존재하는 것에 대한 우리 인식 가능성, 가능성의 조건, 기원, 그리고 이 인식의 타당한 범위에 대한 물음과 이에 대한 답변의 총체'가 인식론epistemology이다. 인식론은 인식episteme에 대한 학설logos이다. 이 명칭에는 이 학문이 다루는 대상이 무엇인지가 분명하게 드러나 있다. 인식론은 '존재하는 것'을 인식하려 하지 않고, '존재하는 것에 대한 인식'을 인식하려 한다. 즉 이 학문의 대상은 '인식하는 나'이고 또 '나의 인식'이다. 따라서 인식론의 물음은 '무엇이 존재하고 어떻게 존재하는가?'가 아니라, '존재하는 것은 나에게 어떻게 알려지고 또 나는 그것을 어떻게 알 수 있는가?'이다. 인식론은 인식 주체가 나라는 전제 아래서 '인식하는 나의 능력'에 대해 묻고 동시에 모든 인식은 무엇에 대한 인식이라는 의미에서 '인식 주체로서의 나와 인식 객체로서의 사물 간의 관계'에 대해 묻는다. 근본 물음은 다음이다: '도대체 나의 어떤 능력이 외부에 존재하는 또는 존재한다고 추정된 사물에 대한 인식을 가능하게 하는가?'

이것은 인간 인식의 원천에 대한 물음이다. 일찍이 아우구스티누스는 앎과 배움의 문제를 다룬 자신의 책, 『교사론』에서 이 근원적인 물음에 매우 상식적인 방식으로 답한 바 있다. 인간 인식은 상이한 두 개의 원천에서 생겨나는데, 그것은 '감각과 정신'이다.[1] 감각은 외부 세계로부터 다섯 개의 감각 기관을 통해 주어진 감각 자료 내지 정보들이다. 실제로 우리는 보거나, 듣거나, 만져 보지 않는 한 세계에 대해 아무것도 알 수 없다. 감관은 우리를 세계와 이어 주는 유일한 통로이기 때문이다. 감각이 없다면 어떤 인식도 있을 수 없다. 인식을 얻기 위해 감각은 필수적이다. 그러나 인식을 얻기 위해 감각만으로 충분한 것은 아니다. 외부 세계로부터 수동적으로 받아들인 감각 자료에 자발적이고 적극적인 정신의 가공이 더해져야 비로소 인식이 생겨나기 때문이다. 예를 들어 아인슈타인이 그의 물리학의 원리들을 발견하고 인식하기 위해 필요로 했던 것은 삼각자와 종이, 연필이었지, 망원경이 아니었다. 그는 감관의 단순 관찰이 아니라 이성의 사유를 통해 자연의 법칙을 발견한 것이다. 그러나 다른 면에서 보면 아인슈타인의 정신을 외부 세계와 연결해 주는 다섯 개의 통로가 완전히 차단된다면, 세계에 대해 아무 정보도 갖지 못한 그의 사유는 결코 작동할 수 없을 것이다. 왜냐하면 인식이란 세계에 대한 인식이고 세계에 대한 정보는 오로지 감각을 통해서만 주어지기 때문이다. 이것은 마치 건축 자재와 목수의 관계와 같다. 철근·목재·콘크리트 등의 재료는 가공 능력이 있는 목수를 만나 한 채의 집으로 태어날 수 있다. 이 집이 바로 감각과 정신의 공동 작업의 결과로서의 인식이다.

상식이 있는 사람이라면 당연히 '감각과 정신' 또는 '경험과 이성'을 인식의 필수불가결한 두 원천으로 인정해야 할 것 같다. 그런데 이 문제가 집중적으로 다루어졌던 근대의 철학사는 놀랍게도 이 같은 상식의 기대에 어긋나는 방향으로 전개되었다. 이 시대를 대표하는 두 개의, 서로 대립하는 인식론의 전통이 있었는데, 이 둘은 모두 감각과 정신 중 하나만을 인식의 타당한 원천으로 인정하는 매우 극단적인 방향으로 내달았다. 인식의 원천은 무엇인가? 이 물음에 한 전통은 '감각 경험'이라고 답하고 다른

---

1 아우구스티누스, 『교사론』, 성염 옮김(분도출판사, 2019), XII권 39장 참조.

전통은 '이성의 사유'라고 답한다. 이 둘이 이른바 영국의 경험론 그리고 대륙의 합리론이다. 경험론적 전통은 멀리는 홉스와 베이컨으로까지 되돌아가지만 나의 책은(8장) 존 로크, 조지 버클리, 데이비드 흄에 이르는 경험론적 인식론의 전개 과정만을 다룰 것이다. 합리론적 전통은 르네 데카르트에서 발원하여 스피노자, 라이프니츠에 이르는 긴 여정이지만 여기서는(7장) 데카르트에서 자아의 문제만을 논의할 것이다. 독자들은 우선 자아와 인식의 문제를 둘러싼 이 두 전통의 '대립의 철학적 의미'를 이해하기 위해 노력해야 한다.

1.2 경험론과 합리론의 대립, 이 대립의 철학적 의미

① 감각 경험 또는 이성의 사유?

경험론자들에 의하면 유일하게 믿을 만한 인식의 기원은 감각 경험이다. 나는 내가 감각으로 경험한 것만을 알 수 있다. 로크는 인간의 마음을 백지, 석판*tabula rasa* 또는 빈방에 비유했는데, 이 백지에 무엇이 쓰여질지, 이 빈방이 무엇으로 채워질지는 오로지 실제의 경험이 결정한다. 경험이 없으면 인식도 없다. 목수의 능력이 아무리 뛰어나다 한들 건축자재가 없으면 집을 지을 수 없기 때문이다. 우리는 감각 경험의 매개가 없는 한 아무것도 알 수 없고, 경험 중에 발견되지 않는 것은 정신 중에도 발견되지 않는다. 거꾸로 표현하면 우리가 정신 안에 가지고 있는 모든 관념은 결국 감각 경험에로 소급된다. 거기서 유래했기 때문이다. 이 의미에서 감각 경험은 인식의 유일하게 타당한 원천이다. 이 원천에 이성의 사유는 포함되지 않는다. 경험론자들이 보기에 이성의 사유는 경험의 한계 너머에 대한 형이상학적 추정일 뿐이기 때문이다.

합리론자들에 의하면 유일하게 믿을 만한 인식의 기원은 정신의 사유 능력이다. 이 능력은 경험을 통해 습득된 것이 아니라 경험에 앞서, 본구적으로 우리 정신이 갖추고 있는 ―합리론자들의 주장에 따르면 신이 우리의 정신에 부여한― 능력이다. 이 능력이 없으면 인식은 불가능하다. 철근·시멘트·목재·벽돌을 그저 빈터에 쌓아 놓는다고 해서 그것이 집은 아니기 때문이다. 건축 재료 자체는 맹목적이고 이 재료를 가공하는, 섬세한 목수의 손길을 통해서만 인식의 건축물이 건립될 수 있다. 인식은 이 능력의 소산이고 이 능력은 경험에 의해서는 결코 설명되지 않는다. 우리는 이 능력을 이미 경험에 앞서, 경험 독립적으로 *a priori* 가지고 있기 때문이다. 이 능력만이 맹목적인 감각 자료를 인식으로 고양시킬 수 있다. 이 의미에서 이성의 사유가 인식의 유일하게 타당한 원천이다. 이 원천에 감각 경험은 포함되지 않는다. 합리론자들이 보기에 감각은 자주 우리를 속이기 때문이다.

여기에 인식의 기원 문제를 둘러싼 대립이 있다. 인식의 원천에 대한 물음에 근대 인식론의 역사가 주었던 두 개의 답은 정면으로 충돌한다. 만약 이 물음이 사실 관계에 대한 물음이라면 충돌하는 두 개의 답이 모두 옳을 수는 없을 것이다. 그렇다면 경험론과 합리론 중 하나는 옳고 하나는 틀린 것인가? 그렇게 생각한다면, 당신은 사실과학 이상인 철학의 물음과 이에 대한 철학의 답의 의미를 이해하지 못한 것이다. 철학은 사실에 대해 묻지 않고 사실의 답을 요구하지도 않는다. 그러므로 철학에는 정답과 오답을 가르는 '사실의 시금석'이 없고, 그 의미에서 철학의 물음은 답이 없는 물음이다. 이는 다시 다음을 뜻한다. 하나의 철학적 물음에 두 개의 상반된 답이 제시되었다면, 이 둘은 ―그중 하나는 옳고 다른 하나는 틀린 것이 아니고― 모두 옳은 답이고 또 어느 것도 유일하게 옳은 답은 아니다. 이 둘은 '사실에 대해 묻지 않는 철학의 물음'에 대한 '사실로 답하지 않는 철학의 답'이기 때문이다. 철학은 사실이 아니라 사실 너머에 대해 묻고 답한다. 따라서 철학적 주장은 사실을 근거로 하여 자신의 참을 증명할 수도 없고 또 사실의 반례가 이 주장의 거짓에 대한 증거도 아니다. 이것이 앞서 언급했던[2] 철학자는 사실이라는 생선을 잡아 올리는 어부가 아니라, 그 생선을 잡아 올리는 그물을 제작하는 자라는 말의 의미이다.

② 물고기의 대립이 아니라 그물의 대립!

인식의 유일하게 타당한 원천은 경험 또는 이성이라는 철학의 주장은 사실이라는 생선에 대한 것이 아니라, 사실이라는 생선을 잡아 올리는 그물에 대한 것이다. 그러므로 경험론자와 합리론자는 자신의 주장이 단적으로 사실에 부합하고 그 의미에서 참이라고 말하고 있는 것이 아니다. 사실을 근거로 자신의 참을 주장할 수 있는 것은 사실에 대한 어부의 판단, 사실 인식이지 사실 잡는 그물이 아니다. 그물은 고기에 대한 인식이 아니라 인식의 대상으로서의 고기를 잡는 사유의 틀이다. 그물로 고기를 잡아 올린 연후에 비로소 사실 인식의 문제가 제기될 수 있다. 그러므로 고기 잡는 그물의 참, 거짓을 그 그물로 잡아 올린 고기와의 일치 여부로 판단하려 든다면, 그건 본말이 전도된 시도다. 고기를 잡아 올리는 한 그물은 항상 옳다. 사실과 일치해서가 아니라, 사실들, 그 사실들로 이루어진 세계를 보여 주기 때문이다. 그러나 모든 고기를 잡아 올릴 수는 없는 한 어떤 그물도 유일하게 옳은 그물은 아니다. 모든 사실과 온 세계를 보여 주지는 못하기 때문이다. 그러므로 '하나의 옳은 그물' 곁에 늘 '다른 하나의 역시 옳은 그물'이 있을 수밖에 없다. 경험론자의 그물과 합리론자의 그물은 그렇게 ─정면으로 충돌하며 그러나 서로를 배제하지는 않으면서─ 나란히 서 있다.

---

2 2장 2.1의 ③ 참조.

물론 경험론자의 그물과 합리론자의 그물은 다르다. 두 그물은 각기 다른 사실과 다른 세계를 잡아 올리기 때문이다. 그물의 다름은 ―사실 인식들 간의 다름이 아니라― '우리가 그 안에서 비로소 사실 인식을 획득하는 세계'의 다름이다. 우리가 단 하나의 그물만을 가지고 있다면, 우리는 매번 같은 고기를 잡아 올릴 것이고 그 고기들만 살고 있는 하나의 바다만을 볼 것이다. 우물 안의 개구리가 자신의 우물이 온 세계라고 믿듯, 하나의 그물만을 가진 어부는 자신의 바다가 온 세계라고 믿을 것이다. 그러나 다른 그물을 가지고 바다로 나간다면 어부는 다른 고기를 잡아 올리고 비로소 다른 고기들이 살고 있는 다른 바다를 보게 된다. 다른 철학은 다른 세계를 열어 준다. 여기서 우리는 인식의 원천에 대한 경험론과 합리론의 충돌이 철학적으로 무엇을 의미하는지를 깨닫게 된다. '감각 경험', '이성의 사유'의 충돌은 상반된 두 사실 인식의 충돌이 아니고, 다른 사실을 잡아 올리는, 따라서 다른 세계를 열어 밝히는 두 그물의 충돌이다. 감각 경험이라는 (또는 이성의 사유라는) 그물을 바다에 던지면 이성의 사유라는 (또는 감각 경험이라는) 그물로는 결코 잡을 수 없는 고기가 잡히고, 이 새로운 고기를 잡지 않으면 결코 알 수 없을 새로운 바다가 열린다. 분명한 점은 하나의 그물에만 집착하면 다른 그물로 잡을 수 있는 사실을 볼 수 없고 그 사실로 구성된 세계도 볼 수 없다는 것이다.

그러므로 철학자로서의 경험론자와 합리론자는 인간 인식은 감각 경험에서 또는 이성의 사유에서 유래했다는 단적인 사실을 말하는 것이 아니다. 반복해서 강조하지만 철학자는 사실과학자가 아니고 사실을 기술하는 사람들이 아니다. 이들의 작업은 사유 실험을 통한 새로운 그물의 제작이고, 이들의 주장은 이 그물을 사용해 보라는 제안이다. 철학자는 어부에게 이렇게 말한다. '이 새 그물을 가지고 바다에 나가 한번 고기를 잡아보라. 새 그물이 잡아 올린 새 고기들을 보며 ―그렇게 하지 않으면 결코 경험할 수 없을― 새로운 바다를 경험하라. 그리고 이 경험을 통해 하나의 그물, 하나의 고기, 하나의 바다만 존재한다는 소박한 믿음에서 벗어나라! 물론 이 제안은 사실의 구속력에 근거한 것은 아니다. 오히려 이 실험적 제안, 제안의 수용이 비로소 사실의 발견에 이르게 하고 그 사실에 구속력을 부여한다. 철학자가 만든 그물이 잡아 올린 사실의 구속력을 과학자는 존중해야 한다. 그러나 철학자는 아니다. 그는 어부가 아니라 그물의 제작자이기 때문이다. 바로 이것이 사실과학 이상인 철학이 사실 너머에 대한 물음에 답하는 방식의 독특성이다.

　철학의 이 같은 독특성이 사실과학에서는 허용되지 않는다. 실제로 인식의 원천에 대한 철학의 물음과 유사한 물음이 개별 과학에서도 제기될 수 있다. 예를 들어 교육학자는 교육과 학습의 성과가 경험, 환경적인 요인의 지배를 받는지 아니면 유전, 선천적 요인의 지배를 받는지를 물을 수 있다. 사실과학으로서의 교육학은 이 물음에 어떻게 답할까? 교육학에도 철학에서처럼 극단적인 경험론과 합리론이 있을까? 이 학문에 무지해서 잘은 모르겠지만 원리적으로 생각해 보면 그럴 가능성은 없다. 사실과학자로서의 교육학자가 줄 수 있는 답은 절충안일 것이다. 왜냐하면 인간의 학습 성과를 지배하는 요인으로 경험을 지목하는 실제의 사태도 있을 것이고 ⌐ 반대의 사태도 있을 텐데, 사실과학자는 이 사실들의 구속력을 존중하지 않을 수 없기 때문이다. 경험만으로 설명이 안 되고 유전적 요인만으로도 설명이 안 되면, 남는 길은 절충뿐이다. '선천적으로 유전되는데, 후천적으로 변경도 가능하다! 그러니 타고난 머리 좋다고 우쭐대지 말고 타고난 돌이라고 좌절하지 말고 열심히 공부하라!'

　그물 만드는 철학자의 상황은 고기 잡는 과학자의 상황과는 다르다. 철학자의 과제는 사실의 확정이 아니라 새로운 사실을 볼 수 있게 해 주는 사유의 실험이다. 철학자는 '그 자체 알 수 없는 미지의 바다'에 이 그물,

저 그물을 던져 보며 자신의 그물이 과연 어떤 고기를 잡아 올리고, 그 경우 저 바다가 어떤 바다로 드러나게 될지를 실험적으로 사유한다. 이것은 말하자면 새로운 현실성을, 최소한 세계의 새로운 국면을 보게 해 주는 새로운 관점의 제시이다. 철학자는 이렇게 말한다. '당신이 지금까지 끼고 있던 그 안경으로는 그 세계만을 볼 수 있다. 내가 실험적으로 사유하며 만든 이 새로운 철학의 안경을 끼고 이 안경만이 보여 줄 수 있는 새로운 세계를 보라!' 이 제안은 세계가 '사실상' 이런데 지금까지는 그릇된 안경을 끼고 거짓된 세계만을 보아 왔으니 이제 진짜 세계를 보여 주는 참된 안경을 끼라는 것이 아니다. 지금껏 보아 온 세계도 물론 옳다. 그러나 유일하게 옳은 세계는 아니다. 철학자의 요청은 지금까지는 이 안경을 끼고 이런 세계만을 보아 왔으니 지금부터는 다른 안경을 끼고 다른 세계도 보라는 것이다. 이 실험적인 사유의 놀이는 늘 보던 물고기 한 두 마리 더 잡게 해 주는 것이 아니라 지금껏 듣도 보도 못한 고기들로 가득한 새로운 바다를 열어 준다는 점에서 "과학의 엄밀성보다" 훨씬 "더 구속력 있는"[3] 것이다.

실제로 구속력 있는 철학의 주장들은 늘 이 같은 제안과 요청의 형태로 제기되어 왔다. 앞서(6장 2) 우리는 철학으로서의 유신론과 무신론이 실은 신의 존재와 부재의 요청론임을 지적한 바 있다. 이 입장을 대표하는 칸트와 니체는 신의 존재와 부재를 하나의 사실로 주장하지 않았다. 이들의 메시지는 ―신이 존재하건 존재하지 않건 그 사실 여부와는 무관하게― 신의 존재를 상정 또는 거부하라는 요청이었다. 이 요청은 말하자면 하나의 그물이다. 신의 존재의 요청이라는 그물을 던지면 바다는 '최고의 존재라는 근원에서 유출되어 나온, 따라서 아무것도 아닌 것은 아닌 것들의 합

---

3   하이데거, 『언어에로의 도상에서』(풀링엔, 1975), 121쪽.

목적적인 통일체'로 드러나고, 신의 존재의 거부라는 그물을 던지면 바다는 '무의 세계, 아무것도 아닌 것들이 영원히 회귀하는 세계'로 나타난다. 두 그물은 정면으로 충돌하지만, 둘 중 하나가 아니라 둘 모두 옳다. 신의 상정이라는 그물을 통해 바다를 접하며 존재하는 모든 것이 마치 신에 의해 생겨난 듯이 사유하는 것이 하나의 인간적인 세계 해석이듯이, 신의 죽음이라는 그물을 통해 바다를 접하며 신 없는 세계를 무(무의미, 무가치, 무목적)가 지배하는 니힐리즘의 공간으로 긍정함도 역시 하나의 인간적인 세계 해석이다. 이 둘은 모두 우리의 세계 또는 '그 하나의 세계'의 두 측면이다. 이 점에서 유신론의 그물과 무신론의 그물은 모두 옳고, 정면으로 충돌하지만 서로를 배제하지 않고 공존한다.

두 그물이 공존하는 이유는 이것들이 '신이 만든, 절대적으로 옳은 그 하나의 그물'이 아니라 '인간이 만든, 상대적으로만 옳은 여러 그물' 중 하나라는 데 있다. 인간이 하는 어떤 철학도 세계의 전부를 보여 줄 수는 없다. 그러나 인간이 하는 어떤 철학도 세계의 일부를 보여 주기는 한다. 그런 한에서 어떤 철학도 유일하게 옳은 철학은 아니고 또 어떤 철학도 완전히 그릇된 철학은 아니다. 헤겔은 그의 『철학사 강의』에서 철학의 역사에 등장했던 다양한 철학적 입장들에 대해 이렇게 말한다.

> 어떤 철학도 논박당하지 않았다. 논박당한 것은 이 철학의 원리가 아니라, 단지 '이 원리가 최후의 원리이고 절대적 규정이라는 주장'뿐이었다.[4]

어떤 철학도 —그것이 고기를 잡을 수 있는 그물인 한— 논박당하지 않는다. 세계의 부분은 보여 주기 때문이다. 그러나 어떤 철학도 —애지하

---

4 헤겔, 『철학사 강의』, 에바 몰덴하우어 편(프랑크푸르트, 1986), 1권, 56쪽.

는 인간이 만든 그물인 한— "최후의 원리", "절대적 규정"일 수는 없다. 세계 전체, 세계 자체를 보여 줄 수는 없기 때문이다. 이른바 철학사란 유한한 인간들이 만든 다양한 그물, 그래서 자주 정면으로 충돌하는, 상대적으로만 옳은 철학들이 등장하고 갈등하며, 이 갈등을 통해 유지해 온 역사였다. 우리는 왜 철학의 역사에 상반된 입장들이, 예를 들면 무신론과 유신론이, 성악설과 성선설이, 경험론과 합리론이 공존해 왔는지를 이해하게 된다. 세계의 일부를 보는 일리 있는 관점은 가지고 있되 세계의 전부를 보는 절대적 혜안은 갖지 못한 인간들이 그물을 짜고 있기 때문이다.

　지금부터 우리는 합리론과 경험론이라는 정면으로 대립하는 두 철학적 입장에 대해 공부하려 한다. 여기서, 대립하는 이 두 입장의 참, 거짓을 흔히들 말하는 '팩트 체크'를 통해서 확정하고 이를 통해 사실에 부합하는 하나는 취하고 그렇지 않은 하나는 버리러 든다면, 그보다 더 비철학적인 시도는 없다. 우리는 고기 잡는 과학이 아니라 그물 만드는 철학을 공부하고 있다. 따라서 우리에게 양자택일의 강요는 없다. 우리가 해야 할 일은 다양한 그물의 실험적 사용이다. 우리는 일단 경험론적 철학, 합리론적 철학의 사유의 전제들을 수용하고 '감각 경험이라는 그물', 그리고 '이성의 사유라는 그물'을 바다에 던져 보아야 한다. 그러고는 각각의 그물에 어떤 물고기가 걸려 들고 우리의 세계가 어떤 바다로 드러나는지를 확인해야 한다. 중요한 것은 경험론과 합리론의 학설 자체가 아니라, 이 그물로 인해 드러나게 될 우리의 세계, 그리고 그 세계를 바라보는 우리 눈의 변화이다. 다른 눈으로 보고 다른 그물을 던지면, 다른 고기가 잡히고 다른 세계가 열린다. 이제 경험론자의 그물과 합리론자의 그물이 각기 우리에게 허용하는 독특한 두 세계, 우리가 이 철학의 그물을 던지지 않았더라면 결코 경험하지 못했을 그 새로운 세계의 지적 도전을 실험적으로 경험해 보자. 사실과학자라면 사실의 이름을 들어 극단적이라 치부해 버릴, 이 새로운 세계관이 어떻게 자신을 철학적으로 정당화하는지를 향유해 보자. 철학은 이 같은 극단적 사유의 놀이, 사유의 실험이다. 물론 이 사유 실험은 사실의 발견보다 훨씬 더 중요한 것이다!

2 데카르트적 회의와 자아

지금부터의 주제는 자아, '나'이다. 나는 '나'의 문제에 대해 생각해 보려 한다. 그런데 이렇게 말하자마자 뭔가 예사롭지 않은 면이 눈에 들어온다. '나'는 방금 이렇게 말했다. '나'는 '나'에 대해 생각해 보려 한다! 이 문장은 두 나를 언급하고 있다. '나를 생각하는 나', '나에 의해 생각되는 나.' 그렇다면 나는 사유하는 자, 사유의 주체인가, 아니면 사유되는 자, 사유의 객체인가? 물론 둘은 같은 나라고 답하고 물음을 끝내 버릴 수도 있다. 그러나 그렇게 말하고 물음을 끝내려는 나는 또 누구인가? '사유되는 나(1)'와 '그 나를 사유하는 나(2)'는 같은 나라고 말하며 이 '나들(1, 2)'에 대해 사유하는 나(3)가 있고, 이 세 번째 나 역시 다시 사유의 대상이 될 수 있다. 나(4)는 '사유되는 나(1)를 사유하는 나(2)를 사유하는 나(3)'를 사유한다. 그리고 이 네 번째의 나가 다시 사유의 대상으로 되는 순간 다섯 번째 나의 등장도 피할 수 없다.

언젠가 『초대』와 같은 제목의 교양 강의의 강의실에서 실제로 있었던 일이다. 첫 시간 강의가 끝나고 약간의 자투리 시간이 남았다. 나는 시간을 좀 끌어 볼 요량으로 앞줄의 학생에게 질문을 하나 던졌는데, 이로 인해 예기치 못한 흥미로운 대화가 이루어졌다.

"학생은 무엇을 원하고 나의 철학 강의실에 들어왔나요?"

"잃어버린 자아를 찾기 위해서입니다!"

"잃어버린 자아를 찾아 헤매는 자는 자아가 아닌가요? 그러면 자아를 잃어버린 것은 아니네요."

"아뇨, 선생님. 잃어버린 자아를 찾아 헤매는 바로 그 자아를 잃어버린 겁니다."

나는 학생에게 여기에는 여전히 '잃어버린 자아를 찾아 헤매는 그 자아를 잃어버렸다고 말하는 자아'가 있다는 사실을 말해 주었다. 학생은 더 이상 대꾸하지 않았다. 그것은 아마 더 할 말이 없어서가 아니라 할 말은 분명 있었지만, 그 말을 하게 되면 내가 할 말이 또 생기게 되고 그러면 그날 강의는 결코 끝나지 않으리라는 사실을 알아챘기 때문이었을 것이다. 내가 보기에 '자아'란 우리가 결코 잃어버릴 수 없는 어떤 것이다. 자아를 잃어버리는 그 순간에도 '자아를 잃어버리는 자아'가 있고, 자아를 잃어버렸다고 말하는 순간에도 '자아를 잃어버려 아쉬워하는 자아'가 있지 않으면 안 되기 때문이다.

이것이 바로 철학적 문제로서의 '자아⁶⁰'이다. 이 문제는 본디 근대의 문제이고, 정확히는 근대를 대표하는 한 철학자, 르네 데카르트의 문제였다. 우리는 데카르트가 자아의 문제에 도달하기 위해 걸었던 사유의 길을 따라 걸으며 그의 철학적 사유 실험을 함께하고자 한다. 물론 그러기 위해 우리는 합리론이라는 철학의 그물을 사유의 바다에 던져야 한다. 이 그물이 열어 밝히는 세계는 자아가 없을 수 없는, 따라서 자아를 결코 잃어버릴 수 없는 세계다. 그러나 그 세계가 유일한 세계는 아니다. 만일 우리가 이 그물이 아니라 경험론의 그물을 던진다면 우리는 전혀 다른 세계를 만나게 된다. 그 세계는 자아가 현존하지 않는, 정확히는 자아의 현존을 주장하기 위한 경험의 근거가 전무한 세계다. 이제 나의 책의 종결부는 여러분을 이 정반대의 두 세계로 초대한다. 우선은 데카르트의 세계와 그물에 익숙해지기 위해 그가 누구인지에 대해 생각해 보자.

2.1 데카르트는 누구인가?

① 근대 철학의 아버지

17세기 프랑스의 철학자, 르네 데카르트는 통상 근대 철학의 아버지라 불린다. 이 명칭은 데카르트에서 근대 철학이 탄생했을 뿐 아니라 그 이후의 모든 근대 철학은 데카르트의 철학적 모태에서 성장해 나왔음을 의미한다. 그렇다고 근대의 모든 철학이 데카르트 철학의 후손 또는 파생태에 불과하다는 것은 아니다. 하지만 근대의 철학치고 데카르트적 세계를 전제하지 않았던, 또는 그 세계와 무관할 수 있었던 철학은 없었다. 데카르트의 철학적 그물은 고대인과 중세인은 볼 수 없었던 근대적 세계를 열어 주었고, 이 새로운 세계 안에서 비로소 근대 철학이 탄생하고 성장할 수 있었다. 이 점에서 데카르트는 말의 참된 의미에서 근대 철학의 아버지다.

근대의 철학적 세계상은 그 이전 철학의 세계상에 비해 다소 겸손하고 또 어떤 의미에서는 인간적이기도 했다. 근대 이전의 철학자들은 근본적으로 형이상학자들이었고, 이들이 추구했던 것은 먼 곳의 신에 대한, 존재하는 모든 것의 제일 원인에 대한 앎이었다. 철학이란 '신이 아니어서 신적 지혜를 사랑하는 인간'과 '그 인간, 유한한 정신을 창조한 신'이 등장하는 한 편의 형이상학적 드라마였다. 반면 근대의 철학적 드라마는 그렇게 거창하지 않았다. 신은 물론 죽지는 않았지만 철학의 드라마의 무대만큼은 인간과 유한한 사물들에게 양보하고 자신은 무대의 배후에 조용한 섭리자로 남는다. 그리고 무대 위에서는 정말 소박한 한 편의 드라마가 펼쳐진다. 인식의 드라마다. 존재하는 모든 것의 제일 원인에 대한 거창한 인식이 아니라, 한 유한한 정신이 자신에 대립해 서 있는 역시 유한한 사물을 인식한다. 오감과 사유의 능력을 가진 나 또는 당신과 같은 인간이 특정 색깔, 맛, 향, 모양, 굳기 등의 속성을 가진 짜장면 또는 짜장면이 놓여 있는 탁자와 같은 사물을 인식하는 것이다. 인식은 '인식하는 나'와 '인식되는 것'의, 근대 철학의 용어로 표현해서 '인식 주체로서의 정신'과 '인식 객체로서의 물체'의 만남이다. 이 두 주연 배우를 발탁하고, 이 둘을 축으로 하여 이루어진 새로운 세계를 열어 밝힌 것이 바로 데카르트의 철학적 그물이다. 그 그물을 우리는 회의skepsis라 부른다. 여기서 '회의', '인식이라는 근대의 철학적 드라마를 위한 무대가 마련되고 이 드라마의 두 주연 배우가 등장하는 과정'을 상론할 수는 없다. 이는 이내(2.2) 설명될 것이기 때문이다. 지금은 인식의 드라마가 가능하기 위한 근대적 세계의 구성이라는 관점에서 아주 간단하게만 정리하자.

회의는 회의되는 것에 우연적으로 속해 있는 속성은 제거하고 본질적으로 속해 있는 것, 실체만을 남기는 추상적 사유의 과정이다. 그러므로 회의의 최종 결과는 모든 속성을 털어 낸 실체여야 할 것이다. 그런데 회의는 이중의 회의다. 한편 정신이 회의의 대상으로 되고 그 결과가 '사유하는 나, 인식하는 주체'다. 다른 한편 물체가 회의의 대상으로 되고 그 결과가 '연장을 갖는 물, 인식되는 객체'다. 이 둘은 실체다. 회의는 본디 우연적 속성을 제거하고 실체만 남기는 과정인데, 이 둘은 모두 회의의 끝에 남은 것이기 때문이다. 이 두 실체, 정신적 실체로서의 인식 주체와 물리적 실체로서의 인식 객체가 두 개의 근본 축으로 자리하고 있는 세계가 바로 데카르트적 회의가 열어 밝힌 근대적 세계, 근대적 인식의 드라마가 공연되기 위한 무대였다.

데카르트적 회의가 마련한 무대 위에서 펼쳐지는, 정신과 물체라는 두 유한 실체의 이별과 만남의 드라마가 근대 전체를 두고 반복해서 공연되었다. 모름지기 근대의 철학자라면 누구나 이 드라마의 연출자다. 물론 각자의 철학적 입장에 따라 드라마의 구체적 내용과 결말은 달라진다. 예를 들어 인간의 인식 능력에 대해 근본적으로 회의적인 경험론자들은 두 실체의 분리를 고정하는 비극을 연출하고, 신의 형상에 따라 지어진 인간 정신의 힘을 신뢰하는 합리론자들은 해피엔딩의 드라마를 연출한다. 그러나 어떤 경우건 이 드라마 자체를 긍정하고 거기에 몰입한다는 점에서 이들은 모두 근대 철학자들이다. 근본적으로 근대 철학이란 인식 주체와 객체 간의 이항적 대립에서 출발하여 이 대립을 극복하려는 지적 노력, 인식론이다. 데카르트의 회의라는 그물은 이른바 '만학의 여왕*regina scientirum*'이 지배하고 있던 바다를 인식 주체와 객체가 대립하는 세계로 열어 밝혔고, 이 대립의 극복, 주객의 연결은 근대 철학사 전체를 관통했던 근본 문제였다는 점에서 데카르트는 근대 철학 자체를 가능하게 한 사람, 근대 철학의 아버지다.

이것은 '데카르트는 누구인가?'라는 물음에 대한 일차적이고 거시적인 답이다. 서양의 철학사 전체를 놓고 볼 때 데카르트는 물론 근대를 연 사람이고 근대 철학의 초석을 다진 사람이다. 그러나 동시에 그는 스스로도 한 사람의 근대인, 근대 철학자였다. '이' 데카르트는 누구인가? 이 물음은 ―철학사 전체가 아니라― 근대 철학사 내부에서, 다른 근대 철학자들과 비교해서 데카르트가 갖는 독자성에 대한 물음이다. 말하자면 이런 물음이다. 데카르트가 연출한 인식의 드라마는 어떤 점에서 데카르트적인가? 이미 암시했듯이 그는 해피엔딩의 긍정적인 드라마를 연출했는데, 이를 가능하게 했던 것이 바로 합리론자로서 ―경험론자들에 반대해서― 그가 가지고 있던 철학적 입장들이다. 무엇이 근대 철학자 데카르트의 데카르트적인 것인가? 많은 것이 거론될 수 있겠지만 나는 세 가지만 언급한다.

데카르트는 첫째 대륙 합리론의 선두 주자로서 '이성 개념의 신봉자'이고, 둘째 이성에 대한 신봉자로서 당연히 '체계적 철학의 창시자'이고, 셋째 이 체계적 철학의 마지막 근거를 사유하는 나에서 찾았다는 점에서 '근대적 자아 개념의 발견자'이다.

② 이성 개념의 신봉자

합리론자로서의 데카르트는 인식의 원천을 경험이 아니라 모든 경험에 앞서 인간이 본구적으로 타고난 사유 능력, 이성에서 찾았다. 이성은 경험의 기관이 아니라 경험을 통해 주어진 것을 가공하는 기관이고, 이성의 사유 능력은 경험을 통해 습득할 수 있는 능력이 아니라 경험을 가능하게 하는 조건으로 경험에 앞서 이미 구비되어 있어야 한다. 모든 인간은 이 능력을 가지고 있다. 이 능력이 없다면 그건 인간이 아닌 까닭이다. 그래서 데카르트는 그의 『방법 서설』을 시작하며 이성 혹은 "양식은 이 세상에서 가장 공평하게 분배되어 있는", 따라서 "모든 사람에게 천부적으로 동등한" 능력이라고 말한다. 말하자면 이것은 신에 의해 품부된 인간의 본질인데, 이것이 인간을 "인간으로 만들어 주고" 인간이 아닌 "짐승과 구별해 주는"[5] 종적 차이라는 의미에서 그렇다. 이 능력을 전제하지 않으면 우리는 짐승이 아니라 오직 인간에게만 나타나는 인식의 현상을 설명할 수 없다. 물론 짐승도 각 종에게 고유한 감각 기관을 가지고 있고 따라서 경험을 하지만 여기서 인식이 생겨나지는 않는다. 그것은 짐승에게는 '이성', '경험 내용을 가공하는 사유의 기관'이 없기 때문이다. 인간은 유일한 '이성적 동물animal rationale'이고 따라서 인식할 수 있는 유일한 동물이다. 이성이 인식의 유일한 원천이다.

---

5 데카르트, 『방법 서설』, 이현복 옮김(문예출판사, 2001), 146-147쪽.

반면 감각 경험을 인식의 유일한 원천으로 간주하는 경험론자가 경험의 가공이라는 문제를 설명하는 논리는 다소 궁색해 보인다. 이들에 따르면 우리가 지성 안에 가지고 있는 관념 중에 경험에서 유래하지 않은 것은 없다. 물론 탁자의 딱딱함, 짜장의 검은색, 면발의 부드러움은 모두 경험에서 유래한 관념들이다. 또한 짬짜면의 관념도 경험에서 왔다. 그렇다면 짬짜우울기스면은? 나는 이 관념에 대응하는 경험을 찾을 수 없는데, 도대체 이 관념은 어디서 유래한 것인가? 경험론자는 이른바 복합 관념, 경험을 통해 얻은 단순한 관념들의 복합을 통해서라고 답할 것이다. 짬짜우울기스면 자체는 경험하지 못했지만 각각의 면들은 경험했고 그 경험을 통해 얻은 단순한 관념들을 복합해서 이 복잡한 관념을 만들어 냈다는 것이다. 그러나 문제는 이 복합의 능력 자체는 경험만으로 ─이성을 전제하지 않으면─ 설명할 수 없다는 것이다. 복합 자체는 감각 경험의 문제가 아니라 이미 이성의 활동이기 때문이다. 물론 백번 양보해서 복합 관념에 의한 경험론자의 설명을 수용한다 하더라도, 경험은 물론이고 경험의 복합을 통해서도 설명할 수 없는 관념들이 우리의 정신 안에는 존재한다. 예를 들어 "신이 존재한다"[6]거나 "무로부터는 어떤 것도 나올 수 없다" 또는 "어떤 것이 존재하면서 동시에 존재하지 않는다는 것은 불가능하다"[7]는 관념들은 경험을 통해서는 물론이고 경험의 복합을 통해서도 설명되지 않는다. 말하자면 이런 관념들은 본유적*innatae* 관념, "신에 의해 내 속에 넣어졌고"[8] 따라서 내가 "본성으로부터 갖고 있는"[9] 것이다. 나의 이성은 이 관념들이 참임을 알고 있는데, 이 이성적 인식의 근거는 간단하다. 이

---

6 데카르트, 『철학의 원리』, 532쪽; 『성찰』, 이현복 옮김(문예출판사, 1997), 62쪽.

7 같은 책, 41쪽.

8 데카르트, 『방법 서설』, 187-188쪽; 『성찰』, 77-78쪽.

9 같은 책, 60-61쪽.

성은 인간 안의 신적인 기관이고 따라서 이성 안에는, '신이 인간을 창조할 때 본으로 삼았던 신의 형상*imago dei*'이[10] 거하고 있기 때문이다. 데카르트는 이를 "신이 우리에게 부여한 자연의 빛*lumen naturale*"[11]이라 부른다. 신의 빛이 우리의 정신을 비춰 주는 한에서 인간에게는 확실한 인식이 가능하다는 것이다.[12] 따라서 이성론자로서의 데카르트는 분명히 말한다. 우리인간은 "신의 계시와 모순되지 않는 한에서 자연의 빛을 신뢰해야 한다."[13] 데카르트는 '이성, 자연의 빛의 신봉자'이다.

③ 체계적 철학의 창시자

서양인들의 언어 사용에서 '자연'이 자주 '신'의 다른 이름으로 사용된다는 점은 이미 언급한 바 있다.[14] 이들은 비유적으로 '자연의 빛', '자연의 책' 등의 표현을 사용하는데, 전자는 신의 형상을 닮은 인간 이성을, 후자는 신이 창조한 합목적적 자연을 뜻한다. 이와 관련하여 데카르트도 흥미로운 일화를 하나 남겼다. 그는 동물 해부를 즐겨 했다고 하는데, 그의 서재를 보고 싶다는 한 방문객에게 그는 "반쯤 해부된 송아지를 가리키면서 '저것이 나의 책'이라고 말했다"[15]고 한다. 그렇다. 서양인들에게 신이 창조한 자연은 해석을 통해 그 의미를 발견해 내야 하는 한 권의 텍스트였다. 이 책의 저자는 신이고, 신은 이 책의 행간과 자간에 자신의 형상을 숨겨 두었다. 이 형상이 ─예를 들어 유기체로서의 송아지의 몸을 지배하고

---

10 창세기 1:26 참조.

11 데카르트, 『철학의 원리』, 28쪽

12 같은 책, 15, 21, 22쪽 참조; 『성찰』, 66, 68, 73쪽 참조.

13 데카르트, 『철학의 원리』, 28쪽.

14 2장 2.2의 ② 참조.

15 케니, 『데카르트의 철학』, 김성호 옮김(서광사, 1991), 16쪽.

있는— 자연의 질서, 합법칙성, 합목적성이다. 이것이 자연의 책의 의미이고, 이 의미의 발견이 이 책의 독자에게 부과된 과제이다. 그러므로 철학이란 신이 허락한 '자연의 빛'으로 신이 저술한 '자연의 책'을 해독하여 신이 창조한 조화로운 자연의 질서를 인식하는 작업이다. 신의 텍스트를 해석하는 이성은 마치 신이 자연의 책을 저술하듯, 즉 자연에 질서를 부여하듯 그렇게 이 책을 읽는다. 자연의 책이 질서 있는 체계라면 그 책에 대한 인식도 질서 있는 체계여야 하는 까닭이다. 이성은 자신의 독서, 자연 연구의 결과들을 조화로운 자연과 꼭 마찬가지로 하나의 조화로운 인식의 체계로 형성해야 한다. 이 과제를 위해 이성 이상의 적임자는 없다. 왜냐하면 이성은 자연의 빛 아래서 자연의 책을 읽고 따라서 이미 그의 눈길은 '자연스럽게' 자연 안의 신의 형상, 그 체계적 질서를 향하기 때문이다. 이성의 독서로서의 자연 연구는 신의 자연 창조의 모방이고, 이 독서의 결과로서의 자연 인식은 자연 자체처럼 체계적이어야 한다. 이 이성 인식의 체계화된 구조물이 곧 이성의 작품으로서의 학문이다.

이것이 데카르트에서 발원했고 그 후 근대의 이성론자들이 공유했던 이성과 학문에 대한 견해였다. 이성의 사유, 자연의 빛으로 자연의 책을 읽기란 근본적으로 체계화이고, 그 산물로서의 학문 역시 체계성을 본질로 한다. 그래서 데카르트도 학문을 제1원리에서 도출된 인식들의 체계로 간주했고,[16] 후대의 대표적인 이성의 사상가, 칸트 역시 이성은 "건축술적"[17]이고 이성이 이룬 학문은 "하나의 체계", "원리들에 따라 분류된 하나의 전체"[18]라고 말한 바 있다. 이 같은 체계적 철학의 이념의 시원에 바로 데카

---

16 데카르트, 『철학의 원리』, 531-532, 536-539쪽 참조; 데카르트, 『정신 지도를 위한 규칙들』, 이현복 옮김(문예출판사, 2001), 18쪽 참조.

17 칸트, 『순수 이성 비판』, B 502. 이 말의 의미에 대해서는 2장의 주 20 참조.

18 칸트, 『자연과학의 형이상학적 기초 원리』, 김재호 옮김, 한국칸트학회 편, 『칸트 전집』, 5권

르트가 서 있다. 이미 인용했던[19] '학문의 나무'의 비유는 이에 대한 훌륭한 증거 자료다. 나무의 뿌리, 줄기, 가지, 열매가 밀접하게 연관되어 나무라는 하나의 체계를 이루듯, 형이상학, 물리학, 의학, 기계학 등 다양한 인식 역시 상호 관련을 통해 내적 질서를 가진 체계를 이룬다. 그런데 체계는 '원리에 따른 통일'이다. 학문의 경우 다양한 인식들을 체계화하는 원리는 무엇일까? 나무의 원리는 뿌리이고, 학문의 나무의 뿌리는 형이상학이다.[20] 형이상학이란 물론 제일 철학, 제일 원인에 대한 학문이다. 이 맥락에서 데카르트의 다음 문장은 음미할 가치가 있다.

> 철학이란 말은 지혜에 대한 탐구를 뜻하며, 지혜란 일상생활에 있어서의 현명함을 의미할 뿐만 아니라 인간이 인식할 수 있는 모든 것들에 대한 완전한 지식을 의미한다. (⋯) 그러한 지식은 (⋯) 제1원인들로부터 이끌어 내어져야 하며, 따라서 그러한 지식을 획득하기 위해서는 (이것이 원래 철학한다는 의미인데) 그 제1원인들, 즉 원리들에 대한 탐구로부터 시작해야 한다. (⋯) 그러한 원리들은 두 가지 요건을 갖추어야 하는데, 명석하고 자명하여 주의 깊게 바라보는 인간 정신이 의심할 수 없는 것이어야 한다는 것이 그 하나이다. 다른 하나는 다른 것들에 대한 인식이 그것들에 의존되어 있어야 한다는 것이다.[21]

학문의 체계 또는 체계적 학문의 제일 원리는 의심의 여지없이 확실한 것이어야 하고 또한 제 이, 제 삼의 학문들이 거기서 도출될 수 있는 근원이어야 한다. 무엇이 이 두 요건을 충족시킬 수 있을까? 데카르트의 답변,

---

(한길사, 2018), 196쪽.
[19] 1장 1.1의 ④ 참조.
[20] 이에 대해서는 1장 1.1의 ③ 참조.
[21] 데카르트, 『철학의 원리』, 524쪽.

그가 생각했던 체계적 학문의 제일 근원은 '사유하는 나'이다. 데카르트는 이렇게 답할 수 있었던 최초의 사람이었다. 이렇게 해서 체계적 철학의 창시자는 동시에 '근대적 자아 개념의 발견자'로 된다.

④ 근대적 자아 개념의 발견자

물론 여기서 약간의 의아함이 들 수도 있겠다. 왜 제일 원인이 신이 아니고 사유하는 나인가? 사유하는 정신도 신의 피조물이고 신이라는 근원으로 소급되어야 하는 것이 아닌가? 물론 그렇다. 존재하는 모든 것의 제일 원인은 신이다. 그러나 주의해야 할 것은 지금 데카르트는 존재 질서의 제일 원인이 아니라 학문의 체계의 제일 원인, 존재하는 모든 것 중의 첫째가 아니라 우리가 인식하는 것 중의 첫째를 묻고 있다는 점이다. 다시 말해 물음은 '무엇이 가장 먼저 존재하는가?'가 아니라 '나는 무엇을 가장 먼저 인식하는가?'이다.[22] 이 물음에 대한 답, 인식론적인 제일 원인이 학문의 체계 또는 체계적 학문의 근원을 이루어야 하고, 이 근원에서 그 외의 모든 학문이 연역적으로 도출되어야 한다.

우리가 최초로 의심의 여지없는 확실성을 가지고 인식할 수 있는 것은 신이 아니라 인식하는 자기 자신이다. 왜냐하면 '인식한다'는 사실에는 이미 '인식하는 나가 있다'는 사실이 불가피하게 포함되어 있기 때문이다. '나'는 내가 나를 잃어버렸다고 말할 때에도, 그리고 정말 나는 존재하는가라는 물음을 제기할 때에도 전혀 의심할 수 없는 방식으로 거기에 있다. 왜냐하면 이 극단적인 경우에도 '나의 상실을 말하는 나'와 '나의 존재를 의심하는 나'가 있지 않으면 안 되기 때문이다. 우리는 이 사실을 아무런

---

22 이 문제에 대해서는 『성찰』의 우리말 옮긴이의 해설이 훌륭한 설명을 제공하고 있다. (이현복, 「데카르트 : 형이상학적 성찰의 구조와 이념」, 데카르트, 『성찰』, 281-284쪽 참조)

의심 없이, 확실하게 인식하고 따라서 이것이 우리 인식의 제일 근원을 이룬다. 데카르트는 이 근원적인 통찰을 이른바 코기토 명제로 정식화한다.

> '나는 생각한다. 고로 나는 존재한다'는 누구든 순서에 따라 [즉 존재의 순서가 아니라 인식의 순서에 따라] 철학하는 자가 만나는 최초의 인식이고 모든 것 중에서 가장 확실한 인식이다.[23]

이렇게 데카르트는 모든 확실성의 인식의 근거, 모든 지엽적 학문의 근원으로서의 자아라는 개념에 도달한다. '나'가 바로 모든 인식의 시원을 이룬다. 이 나를 학문의 체계의 "제1원리"로 하고, 여기서 "세계에 존재하는 모든 피조물을 창조한 신"에 대한 인식을 도출하고 다시 이로부터 "길이와 너비와 깊이로 연장된 물체들의 존재"에 대한 인식을 이끌어 낸다. 이 학문의 체계의 근원에 서 있는 "사유의 존재"[24]로서의 나, 이 '나'를 발견한 자가 바로 데카르트다. 물론 고대인이나 중세인들은 전혀 모르던 '나'를 데카르트가 처음 발견했다는 것은 아니다. 근대 이전의 사람들도 '나는…'이라고 말했을 테고 그런 한에서 '나'를 모르지는 않았을 것이다. 그러나 '모이라에 순응하는 고대인의 나', '신의 피조물로서의 중세인의 나'에 비해 '근대인의 나'는 좀 특별한데, 이 나는 확실성의 인식의 근원, 세계의 중심을 이룬다는 점에서 그렇다. 그래서 근대인들은 이 나를 세계의 '밑에*sub*', 근거에 '놓여 있다*iectum*'는 의미에서 '주체*sub-iectum*, subject'라 부른다. 그리고 주체 이외의 모든 존재자는 세계의 중심에 놓인 주체에 '대해*ob*' '서 있다*iectum*'는 의미에서 '객체*ob-iectum*, object'라 부른다. 주체가 모든

---

23 데카르트, 『철학의 원리』, 12쪽.
24 같은 책, 532쪽.

존재자를 자신에 대해 세우는, 관계의 중심점이 되는 것이다. 데카르트는 정신적 실체, 사유하는 나를 모든 인식 활동의 근거에, 그리고 온 세계의 중심에 놓은 첫 번째 사람이라는 의미에서 '근대적 자아의 발견자'이다. 지금부터는 데카르트가 이 자아를 발견하는 사유의 여정을 따라가 보자. 그것이 이른바 회의이다.

2.2 회의

회의란 철학의 한 방법이고, 회의주의는 추정적으로만 확실한 것, 확실해 보이고 따라서 많은 사람이 인정하지만, 엄밀히 보면 그 확실성의 근거가 충분치 않은 모든 것을 의심에 붙여 수용을 거부하는 철학적 입장을 말한다. 이 입장은 조금이라도 의심스러운 것이라면 모두 거부하고, 온전히 확실한 인식만을 추구한다. 바로 여기에 회의주의의 건강성이 있다. 이같은 회의적인 태도를 철저하게 견지하면 우리는 충분히 확실하지 않은 주장을 확실한 인식으로 간주하는 오류에서 벗어날 수 있다. 그러나 여기에 회의주의의 한계가 있는 것 또한 사실이다. 회의주의자는 100% 확실한 것이 아니면 아무것도 수용하지 않는데, 우리 유한한 인간에게 그런 확실성은 채워지지 않는, 그리고 채워지지 않을 바람일 뿐이기에 100%를 원하는 극단적 회의주의자가 현실적으로 가질 수 있는 것은 0%뿐이다. 이런 이유에서 나는 극단적 회의주의는 올바른 철학의 길이 아니라고 여긴다.

하지만 나는 철학의 방법으로서의 회의의 생산성은 인정하고 또 어떤 의미에서 회의는 철학의 생명이라고까지 생각한다. 왜냐하면 철학적으로 충분히 훈련받지 않은 일상인의 상식과 생활 태도는 올바른 이성 사용을 가로막는 수많은 선입견에 사로잡혀 있는데, 이 선입견의 허위를 폭로하는 데 회의보다 더 좋은 지적 수단은 없기 때문이다. 데카르트가 회의를 자신의 철학적 방법으로 취한 것도 이런 이유에서다. 그는 자신의 회의의 온 과정을 기술한 책의 서문에서 이 책을 "이해할 수 있는 사람은 많지 않을 것 같다"고 말하고, 이어 이 책의 독서를 위해 "선입견에서 벗어난 정신, 감각의 속박을 쉽게 끊어 버릴 수 있는 정신이 요구"[25]되기 때문이라고 적는다. 감각은 선입견의 가장 중요한 원천이고,[26] 우리의 이성이 아니라 감각을 신뢰해야 한다는 믿음이야말로 가장 흔하고 강하고 해로운 선입견이다. 이런 종류의 선입견은 "오류의 최초의 그리고 주된 원인"인데, 이것이 "우리의 정신을 어려서부터 물들여 왔기" 때문에 우리는 이 친숙한 그러나 잘못된 믿음을 "참되고 명백한 것으로 간주한다."[27] 이것이 문제다. 확실성의 인식을 얻기 위해서는 자연의 빛의 올바른 사용이 필수적인데, 선입견은 "우리 자연의 빛을 흐리게" 하고 우리로 하여금 "이성의 소리를 듣지 못하게 하여"[28] 감각에 의존하게 만들기 때문이다. 따라서 데카르트의 회의는 선입견에 대한 철저한 파괴로 일관한다. 확실한 인식의 획득은 올바른 이성 사용을 요구하고, 올바른 이성 사용은 다시 선입견으로부터의 자유를 요청하기 때문이다.

① 확실성의 추구로서의 회의

데카르트 철학의 궁극의 목표는 확실성의 인식이다. 모름지기 인식이란 확실해야 한다. 여기서 인식의 확실성은 모든 시간, 모든 공간에 대해 보편적으로 타당함을 의미한다. 예를 들어 고대인에게는 타당했는데 지금 나에게는 그렇지 않고 미래의 사람들에게는 다시 타당하다거나 또는

---

25 데카르트, 『성찰』, 20쪽.
26 데카르트, 『철학의 원리』, 39-40, 69쪽 참조; 『성찰』, 28쪽 참조.
27 데카르트, 『철학의 원리』, 58-59쪽.
28 데카르트, 『방법 서설』, 158쪽.

유럽 사람에게는 타당한데 아시아 사람에게는 그렇지 않고 다시 아프리카 사람들에게는 타당하다면, 그건 보편적으로 타당한 인식이 아니다. 확실한 인식은 신이 준 자연의 빛을 가진, 모든 시대와 장소의 인간들에게 보편적으로 타당해야 한다.

어떻게 하면 이 의미에서 확실한 인식을 얻을 수 있을까? 이 물음에 대해 앞서 논의한 학문의 체계성과 관련하여 한 가지는 분명하게 말할 수 있을 것 같다. 학문이란 인식의 제1원리를 토대로 하여 세워진 조직화된 체계, 하나의 건축물이다. 그런데 만약 이 건축물의 토대에 오류가 포함되어 있다면, 이 토대 위에 세워진 건물의 어디에서나 같은 오류가 반복해서 발견될 것이다. 반면 그 토대가 정말 확실한 것이라면, 거기에서 연역적으로 도출된 제2, 제3의 학문들에서도 이 확실성은 유지될 것이다. 학문의 체계 전체의 확실성은 이 학문의 제일 원리의 확실성에로 환원된다. 그러므로 우선적인 추구의 대상은 확실한 원리이고, 이를 추구하는 과정이 회의이다. 이 문제를 다룬 데카르트의 저서,『성찰』의 정확한 제목은『제일 철학에 관한 성찰』이다. 제일 철학이 확실하게 기초에 세워지면, 그 위에 제이, 제삼의 지엽적 철학들이 연속적으로 건립될 것이기에, 데카르트는 일단 제일 철학에 대한 성찰을 진행하는 것이다. 따라서 이 확실성의 기초를 찾아가는 회의는 철저하고 전면적인 것일 수밖에 없다. 철저한 회의를 견디어 내는 것만이 진정 확실한 것이고, 그렇게 확실한 것만이 학문의 체계의 토대가 될 수 있기 때문이다.

회의의 장도에 오르는 데카르트의 태도는 자못 진지하고 조심스럽다. 그는 마치 "어둠 속을 홀로 걸어가는 사람처럼 천천히", 어둠에 가려 보이지 않는 돌부리에 걸려 "넘어지지 않기" 위해 "세심한 주의를 기울이며"[29] 회의의 걸음을 내딛는다. 당연하다. 회의는 자연의 빛을 오도하는 모든 선입견을 타파해야 하는데, 통상 선입견의 지배는 은밀해서 눈에 띄지 않기 때문이다. 마치 어두운 길 위의 작은, 그러나 큰 사람을 넘어뜨리기에도 충분히 깊게 박힌 돌부리가 눈에 잘 띄지 않는 것과 같다. 다음은 제1성찰에서 취한, 회의의 길을 떠나는 데카르트의 다짐이다.

> 유년기에 내가 얼마나 많이 거짓된 것을 참된 것으로 간주했는지, 또 이것 위에 세워진 것이 모두 얼마나 의심스러운 것인지, 그래서 학문에 있어 확고하고 불변하는 것을 세우려 한다면 일생에 한 번은 이 모든 것을 철저하게 전복시켜 **최초의 토대에서부터 다시 새로 시작해야 한다는 것을 이미 몇 해 전에 깨달은 바가 있다.**[30]

회의는 의심스러운 것은 물론이고 의심의 여지를 약간이라도 포함하고 있는 모든 것을 전복시키는 철저하고도 전방위적인 회의다. 그렇게 하지 않으면 안 되는 이유는 이미 설명했다. 선입견의 돌부리는 눈에 잘 띄지 않지만, 우리를 넘어뜨리기에 충분히 강력하다는 것이 그 이유다. 제2성찰에서도 다시 길의 비유를 들며 같은 이야기를 반복한다.

> 그렇지만 힘을 내서 어제 들어선 길을 다시 따라가 보자. 즉, 조금이라도 의심의 여지가 있는 것을 명백히 거짓된 것으로 확실하게 경험한 것인 양 모두 멀리하자. 그리고 확실한 어떤 것을 만날 때까지, 아니 하다못해 확실한 것은 아무것도 없다는 것만이라도 확실히 인식할 때까지 계속 나아가자. 아르키메데스가 지구를 그 자리에서 움직이기 위해 확고부동한 일점밖에 찾지 않았듯이, 나 역시 확실하고 흔들리지 않는 최소한의 것만이라도 발견하게 된다면 큰일

---

29 같은 책, 167쪽.

30 데카르트, 『성찰』, 34쪽.

을 도모할 수 있다고 희망할 수 있지 않을까.[31]

데카르트가 "도모"하려는 "큰일"은 학문의 체계의 건립이다. 이것이 궁극의 목표다. 이를 실현하기 위한 수단 내지 방도가 바로 회의다. 여기서 회의의 의미가 밝혀진다. 회의는 회의를 위한 회의가 아니라 방법적 회의다. 방법이란 원하는 목적지에 도달하기 위해 걸어야 하는 길이다. 방법을 의미하는 그리스어 '메토도스methodos'는 뒤를 의미하는 '메타meta'와 길을 의미하는 '호도스hodos'의 합성어다. 방법이란 '뒤따라 걷는 길', 이 길을 따라가면 원하는 목표에 도달할 수 있는 길을 뜻한다. 여기서 왜 데카르트가 회의를 논하며 길의 비유를 들었는지, 그 이유가 분명해진다. 그는 많은 돌부리가 박힌 어두운 밤길을 걷는다. 그는 이 길이 "아무런 방법도 없이" "배회하는" 자들이 걷는 "미지의 길"이 아니라, 방법이 인도하는 길, "인식으로 나아가는 길"[32]이어야 한다고 생각한다. 이 길은 『방법 서설』의 저자를 그가 당도하기를 원하는 곳, 학문의 원리의 확실성이라는 목표로 데려다 주어야 한다.

데카르트는 회의가 방법의 인도를 받아야 한다는 사실에 한 가지를 덧붙인다. 회의는 원리에 대한 회의다. 원리 위에 세워진 무수히 많은 의견 하나하나를 전부 회의할 필요는 없다. 그럼 끝이 없기 때문이다. 원리가 무너지면 이 원리에 의존하는 모든 것이 함께 무너진다. 그러므로 회의는 원리만을 겨냥하면 된다.

내 정신은 모든 근심에서 벗어나 있고, 은은한 적막 속에서 평온한 휴식을 취

---

31 같은 책, 42쪽.
32 데카르트, 『정신 지도를 위한 규칙들』, 29-31쪽.

하고 있으므로, 내가 지금까지 갖고 있던 모든 의견을 진지하고 자유롭게 전복시켜 볼 참이다. 그러나 이를 위해 모든 의견이 거짓임을 증명해 보일 필요는 없다. 이것은 내가 도저히 해 낼 수 없기 때문이다. 오히려 이성이 설득하고 있는 바는 아주 확실하지 않은 것 그리고 의심할 수 없는 것이 아닌 것에 있어서도 명백히 거짓인 것에서처럼 엄격하게 동의해서는 안 된다는 것이므로, 의견들 각각에 의심할 만한 이유가 조금이라도 있다면 그 의견들 전체를 충분히 거부할 수 있는 것이다. 그렇다고 의견들을 일일이 검토해야 하는 것은 아니다. 이것은 끝이 없는 일이기에 말이다. 이보다는 오히려 토대가 무너지면 그 위에 세워진 것도 저절로 무너질 것이기에, 기존의 의견이 의존하고 있는 원리들 자체를 바로 검토해 보자.[33]

이것은 이미 논의한, 확실성의 기초를 추구한다는 회의의 이상과 상통하는 이야기다. 의심스런 의견들 하나하나를 다 회의하지 않고 그 근거만을 회의하겠다는 것이다. 즉 회의는 원리에 대한 회의이고 논의는 가장 근원적인 차원에서 진행된다. 왜냐하면 원리에 대한 회의, 이런 철저한 회의를 견디어 내는 것만이 학문의 원리로 사용될 수 있기 때문이다.

② 감각 경험, 경험과학에 대한 회의

데카르트의 회의의 예봉이 향하는 첫 번째 원리는 감각 경험이다. 감각 경험이 사물과 세계 자체의 상태를 있는 그대로 보여 주지 않는다는 따라서 인식의 타당한 원천이 아니라는 사실을 우리는 일상생활을 통해서도 익히 알고 있다. 내 눈에 보이는 바에 따르면 나의 엄지손가락은 멀리 보이는 남산을 가릴 수 있지만, 나의 이성은 손가락이 산보다 크지는 않다는

---

[33] 데카르트, 『성찰』, 34-35쪽.

사실을 알고 있다. 마찬가지로 지금 이 "등잔불은 하늘의 별보다 밝지만" 나의 이성은 등잔불이 별보다 "크고" 밝은 것은 "아니라"[34]는 사실을 알고 있다. 더 이상의 예는 필요 없다. 실은 둘도 많았고, 하나만으로도 충분했다. 왜냐하면 감각의 거짓말에 대한 단 하나의 예는 '감각은 늘 참을 말한다'는 명제를 반박하기에 충분하기 때문이다.

> 내가 지금까지 아주 참된 것으로 간주해 온 것은 모두 감각으로부터 혹은 감각을 통해서 받아들인 것이다. 그런데 감각은 종종 우리를 속인다는 것을 이제 경험하고 있으며, 한 번이라도 우리를 속인 것에 대해서는 전적으로 신뢰하지 않는 편이 현명한 일이다.[35]

여기서 논리가 조금 과하다고 느끼는 독자가 있을지도 모르겠다. 단 '한 번' 속였다고 '전적으로' 안 믿는다? 그건 좀 가혹하지 않은가? 평생 참말만 하고 살다가 딱 한 번 거짓말을 했는데, 누군가 나에게 '너는 거짓말쟁이, 이제 너의 말은 전부 믿지 않겠다'라고 한다면, 당하는 입장에선 물론 좀 억울할 것이다. 그러나 분명한 것은 그렇게 철저하게 회의적인 태도로 남을 대하는 사람은 속지 않고 살 수 있다는 점이다. 이건 물론 논리적으로도 타당한 전략이다. 단 한 번의 거짓말에서 '네가 하는 모든 말은 거짓말이다'라는 결론은 도출되지 않지만, '네가 하는 모든 말이 참인 것은 아니다'라는 결론은 도출되고, 이는 다시 내가 너를 신뢰하지 말아야 할 충분한 이유가 된다. 내가 너에게 속을 수 있는 가능성을 완전히 배제하기를 원한다면 말이다. 이른바 전칭 명제, '모든'이라는 말로 시작하는 명제는

---

34 데카르트, 『철학의 원리』, 59쪽.
35 데카르트, 『성찰』, 35쪽.

단 하나의 반례만으로도 완벽하게 반박된다. '모든 까마귀는 검다'라는 명제의 진리치가 거짓임을 증명하기 위해 내가 필요로 하는 것은 두 마리도 아닌 한 마리의 검지 않은 까마귀다. 한 마리의 검지 않은 까마귀의 현존은 '모든 까마귀는 검다'라고 말해서는 안 될 충분한 이유가 된다. 바로 이것이 논리학자들이 '후건 부정식modus tollens'이라 부르는 추리인데 이는 '전건 긍정식modus ponens'과 더불어 논리적으로 늘 타당한 추리다.[36] 지금 데카르트도 같은 이야기를 하고 있다. 감각이 보여 준 단 한 차례의 참이 아닌 말은 '감각이 늘 참을 말하는 것은 아니다'라는 것을 의미하고, 이는 데카르트에게 감각 자체를 불신할 충분한 이유가 된다. 왜냐하면 지금 데카르트가 추구하는 것은 학문의 확실한 원리이고 이 원리는 보편적으로 타당한 것, 늘 참을 말하는 것이어야지 주로 참을 말하지만 종종 거짓도 말하는 것이어서는 안 되기 때문이다.

여기에 더해 데카르트는 감각 경험을 학문의 원리로 수용할 수 없게 만

---

[36] 자 여기에 네 개의 추리가 있다.

    ① $p \rightarrow q$,   ~q,   ∴ ~p,

    ② $p \rightarrow q$, q,   ∴ p,

    ③ $p \rightarrow q$, p,   ∴ q,

    ④ $p \rightarrow q$,   ~p,   ∴ ~q.

①이 위에서 언급한 후건 부정식이고 ③이 전건 긍정식이다. ②와 ④는 그릇된 추리다. 당신은 ②와 ④가 논리적으로 왜 부당한 추리인지를 설명할 수 있는가? 어렵다면 p에 '비가 온다'를, q에 '땅이 젖는다'를 대입해서 생각해 보라. 나아가, 내가 써 놓고 출판은 하지 않은 다른 글에서 던졌던 다음의 물음에도 답해 보라. "시험을 앞둔 학생들이 교수에게 시험 문제를 알려 달라고 집요하게 조른다. 웅성거리는 분위기에 수업 진행이 불가능하다고 판단한 교수는 이렇게 말한다. '여러분이 오늘 수업 시간 내내 조용한 수업 분위기를 유지하지 않는다면, 나는 결코 문제를 가르쳐 주지 않을 것이다.' 학생들은 문제를 알아 낼 생각으로 수업 시간 내내 정숙을 유지했다. 그럼에도 불구하고 교수는 문제를 가르쳐 주지 않고 강의실을 떠났다. 학생들이 항의할 논리적인 근거가 있는가? 그렇다고 생각한다면, 당신은 위의 그릇된 추리 중 어떤 것과 같은 오류를 범한 것인가?"

드는 또 하나의 논거를 제시한다. 이른바 꿈과 생시의 구분 불가능성이다. 그는 이렇게 묻는다. 나는 지금 "겨울 외투를 입고 난로 가에 앉아 있다"고 생각하지만, 실은 내가 "침대에 누워" "겨울 외투를 입고 난로 가에 앉아 있다고 잠 속에서 그려 내지"[37] 않았다는 보장이 있는가? 나비가 되어 날아다니는 꿈을 꾸다 깬 장자도 물은 적이 있다. 장자가 나비가 되는 꿈을 꾼 것인가, 나비가 장자가 되는 꿈을 꾸는 것인가? 나도 할 말이 있다. 지난밤 나는 '잠들지 못하고 뒤척이는 꿈'을 꿨다. 오늘 아침 잠에서 깨어나며 나는 지난밤 잘 잤다고 생각한다. 그렇다면 잘 잔 내가 잠 못 드는 꿈을 꾼 것인가, 잠들지 못하는 내가 잘 잔 꿈을 꾸는 것인가? 나아가, 도대체 지금 나는 이런 물음들을 깨어 있는 상태에서 던지는 것인가? 내가 꿈속에서 이 물음을 던지고 있다고 믿지 말아야 할 이유라도 있는가? 어떤 사람들은 '꿈이냐, 생시냐?' 하면서 바로 다리를 꼬집어 본다. 그런데 왜 생시에는 꼬집으면 아프고 꿈에서는 아프지 말아야 하는가? 우리 모두가 '다리를 꼬집으면 안 아픈 생시'를 살다가 지금 '꼬집으면 아픈 꿈'을 꾸고 있다고 생각해서는 왜 안 되는가?

이렇게 보면 내가 감각을 통해 경험한 모든 사태는 현실이 아닌 꿈에서도 그대로 나타날 수 있고 또 그 반대도 마찬가지다. 그래서 데카르트는 "깨어 있다는 것과 꿈을 꾸고 있다는 것을 확실히 구별해 줄 어떤 징표도 없다"[38]고 잘라 말한다. 결국 꿈일 수도 있는 현실에서 내가 감각을 통해 경험한 모든 개별적 사태에 대한 앎은 의심스러운 것이다. 그리고 이는 감각 경험이라는 동일한 인식 원천에 의존하는 경험과학에도 해당된다. 즉 꿈일 수도 있는 현실에서 ―또는 현실처럼 보일 뿐인 꿈에서― 내가 감각

---

37 데카르트, 『성찰』, 35-36쪽.
38 같은 책, 36쪽.

경험을 통해 관찰한, 굴러가는 하얀 당구공과 그 공에 맞아 움직이는 빨간 당구공의 관계, 그리고 그 관계에 대한 경험과학적 인식 역시 의심스러운 것이다. 이 또한 결국 감각 경험에 의존하기 때문이다. 꼬집어서 아프거나 아프지 않은 것이 꿈과 생시에서 뒤바뀔 수 있듯, 중력에 의해 사과가 떨어지고 지구의 자전에 의해 해가 동쪽에서 떠서 서쪽으로 지는 경험적 현상 역시 꿈속의 가상일 수 있다. 이는 물론 감각 경험을 통한 앎과 경험과학적 인식이 단적으로 틀렸다는 사실을 의미하는 것은 아니다. 그러나 최소한 이들이 틀릴 수 있는 가능성이 완전히 배제되지는 않았다는 사실은 의미한다. 그리고 이는 다시 이런 종류의 인식들은 이른바 철저한 회의를 견뎌 내지 못했고 따라서 학문의 체계의 확실한 기초, 아르키메데스적인 기점으로 사용될 수는 없다는 사실도 의미한다. 그래서 데카르트는 분명히 말한다. 경험 관찰에 의존하는 "자연학, 천문학, 의학" 등의 경험과학은 모두 "의심스러운 것이다."[39]

③ 수학적 진리에 대한 회의

꿈과 현실의 구분 불가능성을 근거로 경험적 인식의 타당성을 부정한 데카르트는 꿈이건 생시건 그와 무관하게 참일 수 있는 진리가 있는지를 탐색한다. 일단 그의 대답은 긍정 ―물론 이내 부정되는 긍정― 이다. 경험과학의 대상이 자연 안의 경험적 현상, 생시에서뿐 아니라 꿈에서도 나타날 수 있는 현실성이라면, "대수학, 기하학" 등의 학문은 경험 저편의 이념적 존재자를 다루기 때문에 감각, 경험과는 무관하게, "내가 깨어 있든 잠들어 있든 간에" 우리가 "의심할 수 없는 확실성을 담지한다"[40]는 것이

---

39 같은 책, 38쪽.
40 같은 곳.

다. 사유로만 접근할 수 있는 이념적 실재, 그 실재들 간의 이념적 관계를 다루는 수학이 감각과 경험을 초월해서 타당하다는 것은 개념 실재론자 플라톤의 근본 관점이었다. 데카르트도 일단은 이 관점을 공유하는 것처럼 보인다. 그러나 학문의 체계의 확고부동한 원리를 추구하는, 이 철저한 회의의 실천가는 이내 이념적 학문의 타당성까지 의심할 수 있는 가능성을 모색한다. 그 첫째는 신이 우리 인류 모두에게 수학적 착각을 강요했을 가능성이다. 물론 이 가능성은 제기되고 바로 부정된다.

> 그러나 내 정신 속에는 오래된 한 가지 의견이 새겨져 있다. 즉, 모든 것을 할 수 있고, 또 지금의 내 모습대로 나를 창조했을 신이 존재한다는 의견이다. 그렇다면 땅, 하늘, 연장적 사물, 형태, 크기, 장소는 존재하는 것이 아니라, 이것들을 지금 보는 그대로 있는 것처럼 생각하도록 저 신이 만들지 않았다고 어떻게 장담할 수 있는가? 심지어 또한 다른 사람들이 자기가 완전하게 알고 있다고 생각하는 것에서도 가끔 오류를 범하고 있듯이, 나 역시도 둘에 셋을 더할 때, 사각형의 변을 셀 때 혹은 이보다 더 쉬운 것을 할 때 잘못을 범할 수도 있지 않은가? 그러나 신은 아주 선하기 때문에 내가 속는 것을 원하지 않았을 것이다. 하지만 내가 항상 잘못을 저지르도록 신이 나를 창조했다는 것이 그의 선성과 어긋나는 것이라면, 내가 가끔 잘못을 저지르는 것을 신이 허용하고 있다는 것 또한 어느 정도는 신의 선성과 어긋나는 것처럼 보인다. 그렇지만 내가 가끔 잘못을 저지른다는 것은 분명한 사실이다.[41]

이 가정과 논거는 좀 허술하고 조잡하기까지 한데, 그래도 정리는 하자. 논의의 출발점은 나를 포함한 사람들이 때때로 수학적 오류를 범한다는

---

[41] 같은 책, 38-39쪽.

사실이다. 이 오류의 탓은 누구에게 있는가? 데카르트는 신이 나를 "지금의 내 모습대로" "창조했다"고 말한다. 그렇다면 신은 나를 "항상"은 아니더라도 "가끔 잘못을 저지르도록" 창조한 것인가? 여기서 등장하는 것이 '신의 선성'이라는, 데카르트의 회의의 온 과정을 통해 단 한 번도 회의의 대상이 되지 않았던 성스러운 대전제다. 신은 선하다. 선하기 때문에 내가 항상 오류를 범하도록 나를 창조했을 리는 없고 또한 가끔 오류를 범하도록 창조하지도 않았다. 신은 우리 인간에게 자연의 빛을 주었고, 이 능력을 "올바로 사용하기만 하면 내가 결코 잘못을 저지르지 않는다는 것은 확실하다."[42] 신은 인간의 수학적 오류에 탓이 없다. 그리고 신에게서 자연의 빛을 품부 받은 우리 인간에게도 탓은 없다. 선한 신과 선한 신의 피조물을 탓해야 할 가능성은 애초부터 진지하게 고려된 것은 아니었다. 이 가능성은 다음의 더 결정적인 물음을 던지고 모든 논의를 이 물음에 대한 답으로 이끌어 가기 위한 징검다리로 사용되었을 뿐이다. 그 물음은 현존하는 수학적 오류에 진정 탓이 있는 자는 누구인가의 물음이다. '신이 아니라면, 그리고 신에게 자연의 빛을 품부 받은 나도 아니라면, 도대체 누구의 탓인가?'

이 물음에 대한 답, 인간으로 하여금 수학적 오류를 범하게 하는 자, 데카르트로 하여금 수학적 인식의 타당성을 회의하게 하는 자가 이제 등장한다. 그것은 능력은 신에게 버금가되 선성은 갖추지 못한 악마다.

그래서 나는 이제 진리의 원천인 전능한 신이 아니라, 유능하고 교활한 악령이 온 힘을 다해 나를 속이려 하고 있다고 가정하겠다. 또 하늘, 공기, 땅, 빛깔, 소리 및 모든 외적인 것은 섣불리 믿어 버리는 내 마음을 농락하기 위해 악마가

---

42 같은 책, 81쪽.

사용하는 꿈의 환상일 뿐이라고 가정하겠다. 나는 또 손, 눈, 살, 피, 어떠한 감관도 없으며, 단지 이런 것을 갖고 있다고 잘못 믿고 있을 뿐이라고 생각하겠다. 나는 집요하게 이런 성찰을 견지하겠다. 이렇게 하면 비록 어떤 참된 것을 인식할 수는 없을지라도, 거짓된 것에 동의하지 않는 것, 또 저 기만자가 아무리 유능하고 교활하더라도 내가 속임을 당하지 않도록 조심하는 것은 적어도 내가 확실히 할 수 있는 일이다.[43]

단순한 논리다. 수학적 진리를 회의하기는 해야겠는데, 선한 신에게는 물론이고, 신의 형상에 따라 창조된 인간에게도 수학적 오류의 탓을 돌릴 수 없으니, "유능하고 교활한" 악마를 끌어들여 그 탓을 뒤집어씌우는 것이다. 즉 '2+3'은 원래 5가 아닌데 악마가 우리 모두를 속여 마치 '2+3=5'인 듯이 착각하게 만들었을 수도 있다는 것이다. 물론 꼭 그렇다고 단정하는 것은 아니고 그럴 가능성을 배제할 근거는 없다는 것이다. 그렇다면 수학적 진리가 틀릴 수 있는 가능성은 열려 있는 셈이고, 이 진리 또한 철저한 회의를 모두 이겨낼 정도로 확고한 것은 아니고, 따라서 확실성의 인식을 건립하기 위해 필요한 단 하나의 확고부동한 기점이 아니라는 사실만큼은 분명하다는 것이다. 물론 있을 법하지는 않지만 딱히 반박도 할 수 없는 논리다. 이런 논리가 설득력 있는 것인지는 독자가 스스로 판단할 일이다.

④ 회의의 끝: '완전한 성공' 또는 '실패의 시인'?
이른바 철저하고 전면적이라는 회의는 여기까지다. 감각 경험, 그에 의거한 경험과학적 인식, 이념적 학문이라는 수학적 진리의 참됨까지 모두

---

43 같은 책, 40-41쪽.

회의의 여과지에 걸러져 가능적 비진리의 영역으로 추방되었다. 그리고 회의는 끝난다. 이것은 무엇을 의미하는가? 회의는 확실성의 추구다. 확실성을 추구하던 자가 그 추구를 끝냈다면, 그건 다음 두 경우 중 하나일 것이다. 추구하던 확실한 인식을 얻었거나, 아니면 얻을 수 없다는 사실을 원리적으로 확인했거나. 즉 추구는 '완전한 성공' 또는 '실패의 시인'에서 끝난다. 이도 저도 아니라면 추구는 끝나지 않았을 것이다. 왜냐하면 회의를 시작하며 데카르트는 "확실한 어떤 것을 만날 때까지", 최소한 "확실한 것은 아무것도 없다는 것만이라도 확실하게 인식할 때까지"[44] 회의의 길을 계속 걷겠다고 다짐했기 때문이다. 그리고 지금 회의는 끝난다. 끝내는 이유는 확실한 것을 만났기 때문인가, 아니면 확실한 것은 아무것도 없다는 사실을 인지했기 때문인가? 악마의 가설에 의거하여 수학적 진리를 거부하고 난 직후, 데카르트는 "참된 것은" 오로지 "확실한 것은 아무것도 없다는 이 한 가지 사실뿐"[45]이라고 분명히 말했다. 이 말을 곧이곧대로 받아들인다면 데카르트는 확실성의 추구의 실패를 인정했다고 보아야 할 것 같다. 그러나 흥미로운 것은 데카르트가 "확실한 것은 아무것도 없다"는, 따라서 '그의 자아'는 모든 것을 부정해야 한다는 바로 그 사실에서 포기한 듯 보였던 확실한 인식을 발견해 낸다는 점이다.

2.3 자아

① 회의하는 나의 분명한 현존

모든 것을 의심하고 부정하는 회의를 통해 무엇이 얻어졌는가? 적극적

---

[44] 같은 책, 42쪽.
[45] 같은 책, 43쪽.

으로는 아무것도 없다. 소극적으로는 "확실한 것은 아무것도 없다는 이 한 가지 사실"뿐이다. 그러나 이 소극적 소득 안에 적극적인 어떤 것이 포함되어 있을 수도 있지 않을까? 내가 확실해 보이는 모든 것을 회의하며 "확실한 것은 아무것도 없다"는 결론에 도달했다면, 그 '나', 회의하며 부정하는 '나'가 있다는 사실은 이 모든 회의적 부정을 통해 오히려 긍정되고 있지 않는가?

그렇다면 불확실한 것으로 방금 열거한 것들과는 다른, 조금도 의심할 수 없는 것은 하나도 존재하지 않는다는 사실을 나는 도대체 어떻게 알고 있는 것일까? 혹시 어떤 신이 있어서, 혹은 어떻게 부르든 간에 이와 비슷한 것이 있어서 내 안에 이런 생각이 일어나도록 하고 있는 것은 아닐까? 그런데 나는 왜 이런 가정을 하고 있을까? 나 자신이 이런 생각의 작자일 수도 있지 않을까? 그렇다면 나는 적어도 그 어떤 것이 아닐까? 그러나 나는 이미 내가 어떤 감관이나 신체를 갖고 있음을 부정했다. 나는 여기서 잠시 주춤거리게 된다. 이로부터 무엇이 귀결되어야 할까? 나는 혹시 신체와 감관의 사슬에 묶여 이것 없이 존재할 수 없다는 것일까? 그렇지만 세계에는 하늘, 땅, 정신, 물체가 없다고 나 자신을 설득하지 않았던가? 이때 나는 또 나 자신도 없다고 설득한 것은 아니었을까? 그렇지는 않다.[46]

'나'의 철저한 회의는 모든 종류의 앎을 부정했고, 그 결과 틀리지 않을 수 있는 진리는 없다는 사실이 확인되었다. 데카르트의 '나'는 말한다. 모든 것은 부정되었다. 이와 더불어 모든 것은 부정되었다고 말하는 데카르트의 '나'도 부정되는가? 모든 것은 부정되었다는 주장이 참이기 위해, 모

──
46 같은 곳.

든 것을 부정하는 '그 나'는 오히려 긍정되어야 하는 것이 아닌가? 그렇다. 회의와 부정이라는 활동의 배후에는 그 활동의 주체, 회의하고 부정하는 나가 있지 않으면 안 된다. 그러므로 '누구'도, 모든 것을 회의하고 부정하는 나 자신이 모든 것에 대한 나의 회의와 부정을 통해 삭제된다고, 따라서 '나는 도대체 있을 수 없다'고 생각할 수는 없다. 만약 그렇게 생각한다면, 그 생각 또한 바로 그 '누구'의 생각이고, 따라서 이는 '나는 도대체 있을 수 없다고 생각하는 그 나'의 현존을 이미 함축하기 때문이다. 사유가 지속되는 한, 사유하는 나는 거기에 있어야 한다. 사유란 본디 사유하는 누군가'의' 사유이고 이 '누구'가 없는 한 사유는 있을 수 없기 때문이다. 모든 활동은 근원적으로 활동의 주체를 요청한다.

그래서 데카르트도 위 인용문의 끝에서 "나는 또 나 자신도 없다고 설득한 것은 아니었을까?"라고 묻고 바로 아니라고 답했다. 설령 내가 나 자신에게 나는 존재하지 않는다는 사실을 설득했고 또 내가 거기에 설득당했다 치자. 그렇다 할지라도 설득하는 나와 설득당하는 나는 설득에 앞서 이미 거기에 있지 않으면 안 된다. 설득이란 본디 '누구가 누구를 설득함'이기 때문이다. 그 설득하는 '누구'와 설득당하는 '누구'가 없다면 설득이라는 행위는 성립할 수도 없다. 따라서 '설득당하는 나는 존재하지 않는다'는 사실을 나에게 설득하려는 시도는 자기모순이다. 내가 '있는 나'를 설득하여 '나는 없다'는 사실을 믿게 한다 해도, 그렇게 '설득당해 믿는 나'는 다시 존재해야 하기 때문이다. 거꾸로, 어떤 악마가 존재하지 않는 나를 속여 나는 존재한다고 믿게 하려 한다고 치자. 이 악마 역시 자가당착에 빠져 있다. 그의 시도는 결코 성공할 수 없는데, 속임은 속는 자 없이는 이루어질 수 없기 때문이다. '존재하지 않는 나'를 속이기 위해 악마는 일단 '존재하지 않는 나는 존재한다'는 사실을 긍정해야 한다. 따라서 악마가 '없는 나'를 속일지라도 '속는 나'는 다시 존재해야 한다. 내가 '있는 나'에게 '나는 없다'고 설득하건 악마가 '없는 나'에게 '나는 있다'고 속이건, 나는 ―설득당하는 나와 속는 나는― 결코 존재하지 않을 수 없다. 인용은 이어진다.

> 내가 만일 나에게 어떤 것을 설득했다면, 확실히 나는 있었을 것이다. 그러나 누군지는 모르지만 아주 유능하고 교활한 기만자가 집요하게 나를 항상 속이고 있다고 치자. 자 이제, 그가 나를 속인다면, 내가 있다는 것은 의심할 수 없다. 그가 온 힘을 다해 나를 속인다고 치자. 그러나 나는 내가 어떤 것이라고 생각하는 동안, 그는 결코 내가 아무것도 아니게끔은 할 수 없을 것이다. 이렇게 이 모든 것을 세심히 고찰해 본 결과, 나는 있다, 나는 현존한다*ego sum, ego existo*는 명제는 내가 이것을 발언할 때마다 혹은 마음속에 품을 때마다 필연적으로 참이라는 결론에 이르게 된다.[47]

이렇게 해서 '데카르트의 나'는 회의의 최종 결론에 도달했다. 그 나는 감각과 경험, 그 경험에 의거해 외부에 존재한다고 믿었던 사물들, 그 사물들로 구성된 세계, 그 세계에 대한 경험과학적 인식, 이념적 실재로서의 수학적 존재자에 대한 초경험적 인식의 참까지, 한마디로 모든 것을 회의하며 부정했다. 그리고 이 모든 부정의 과정을 통해 더더욱 확실하게 긍정되는 것은 부정하고 있는 나의 현존이다. 이제 회의를 끝내도 좋다. 회의는 도저히 회의할 수 없는 것, 모든 회의를 견뎌 내는 것, 절대적으로 확실한 것에 도달했기 때문이다. 그것은 ―의심이건 신뢰건, 부정이건 긍정이건, 설득이건 속임이건― 사유가 진행되는 한, 그 사유를 하는 나는 존재한다는 것이다.

---

47 같은 책, 43-44쪽.

② 코기토, 에르고 숨

데카르트는 말한다. '나는 사유한다. 그러므로 나는 존재한다$^{Cogito, ergo}$ ^{sum}.' 내가 사유한다면 사유하는 나는 있다. 이것이 데카르트의 '코기토' 명제다. '코기토'를 우리말로 직역하면 '나는 사유한다'이다. 이것은 문법적으로 하나의 문장이지만 철학 용어로는 명사, '사유하는 나', '사유라는 활동성의 주체', '사유를 유일한 본질로 하는 정신적 실체'를 의미한다. 이것이, 철저한 회의를 통해 불확실한 모든 것을 제거해 나가던 데카르트가 회의의 끝에 도달할 수 있게 했던, 또는 그로 하여금 회의를 끝낼 수 있게 했던, 유일하게 확실한 것, '명증하게 현존하는 자아', '사유하기에 존재하는 나'이다.

사유하는 한, 그 사유의 주체로서 나는 존재한다. 이것은 확실하다. 왜냐하면 사유하는 자가 없다면 사유는 이루어질 수 없고, 사유가 이루어지고 있다는 것은 사유하는 자가 거기에 있다는 사실을 의미하기 때문이다. 그러므로 내가 사유하는 한, 그 사유의 주체로서 '사유하는 나'는 사유에 앞서 이미 존재해야 한다. 또는 내가 나의 존재를 회의하는 사유를 한다 해도, 그 회의적 사유의 주인으로서 '회의하는 나'는 —물론 지금 나의 존재가 회의되고 있는 것이지만— 나에 대한 회의에 앞서 이미 존재해야 한다. 내가 '나는 사유한다. 그러므로 나는 존재한다'라고 또는 '나는 사유한다. 그러나 나는 존재하지 않는다'라고 말한다면, 이 경우에도 —나의 말이 나의 존재를 긍정하건 부정하건— 그 말함의 주인으로서 '말하는 나'는 말함에 앞서 존재한다. 내가 나의 존재를 의심하며 나의 부재를 나에게 설득할 때에도, '의심하며 설득하는 나'와 '설득당하는 또는 당하지 않으려는 나'는 설득에 앞서 존재해야 한다. "유능하지만" 어리석은(!) 악마가 '없는 나'를 속여 내가 있다고 믿게 하려 들 때에도, 악마는 '속는 나'는 존재한다는 사실을 전제할 수밖에 없다. 속음이 가능하려면 그에 앞서 '속는 나'는 있어야만 하는 까닭이다. 이렇게 사유, 회의, 말함, 설득과 설득당함, 속임과 속음 등 어떤 활동성이 있는 곳이라면 어디에나 그 활동성의 주체로서의 사유하는 나, 회의하는 나, 말하는 나, 설득당하는 나, 속는 나가 존재하지 않으면 안 된다. 활동이란 활동하는 누군가의 활동이고, 활동이 있음은 그 활동의 누구, 주인이 있음을 함축하기 때문이다. 코기토 명제는 사유 활동이 있는 곳에 사유하는 나, 이 활동의 주체가 있어야 한다는 명증한 사실을 말한다.

나는 앞서 코기토 명제는 회의의 최종 '결과'라고 말했다. 여기서 결과라는 말의 의미를 오해해서는 안 된다. 데카르트는 회의라는 일련의 사유 과정을 전개했고, 그 사유의 최종 결론으로 코기토 명제를 논리적으로 도출해 내었다? 만약 그렇게 이해했다면, 그것은 데카르트에 대해 있을 수 있는 가장 비데카르트적인 이해다. '사유하는 나의 존재'는 논리적 추리의 결론이 아니라, 모든 종류의 사유함에 앞서 이미 요청된 명증한 전제, 도대체 사유 활동이 가능하기 위해서는 무조건 충족되어야 하는 조건이다. 이 조건이 채워지지 않으면, 사유 활동은 시작조차 할 수 없다. 거꾸로 사유 활동이 이루어지고 있다는 것은 이 조건이 이미 채워졌다는, 즉 사유 활동에 앞서 그 활동의 주체가 있다는 것을 의미한다.

회의라는 사유 활동을 예로 설명해 보자. 회의하는 나는 ―회의의 대상이 아니라― 도대체 회의가 가능하기 위해 이미 거기에 있어야 한다. 거기? 어디? 회의가 이루어지는 장소보다 한 단계 앞선 곳, 회의의 가능 조건이 충족되어야 하는 곳, '회의의 앞 또는 밑'이다. 이 '앞 또는 밑'에 회의하는 나가 있고 ―이로써 회의의 가능성의 조건이 충족된다―, 이 나가 모든 것을 회의한다. 그런데 모든 것을 회의하는 이 나를 다시 회의의 대상으로 삼는다고 생각해 보자. 그럼 어떤 일이 벌어질까? '모든 것을 회의하는 나'의 '앞에 또는 밑'에 '모든 것을 회의하는 나를 회의하는 나'가 있어야 한다. 그래야 두 번째 회의의 조건이 충족된다. 만약 우리가 이 두 번째 나의 존재도 회의하고자 한다면? '모든 것을 회의하는 나를 회의하는 나'의 '앞에 또는 밑'에 '모든 것을 회의하는 나를 회의하는 나를 회의하는 나'가 다시 존재해야 한다. 이것은 무엇을 의미하는가? 자아는 모든 것을 회의할 수 있되 회의하는 자기 자신을 회의할 수는 없다는, 아니 정확히 표현해서, 회의하는 자기 자신을 회의의 대상으로 삼을 수 있되 그런 자기 대상화는 늘 '자기를 회의하는 자기'의 '앞에 또는 밑'에 또 하나의 회의의 주체, '한결 더 근원적인 나'의 존재를 요청하지 않으면 안 된다는 사실을 의미한다. 이 '나'가 '사유하기에 존재하는 나', 정확히는 '사유하기에 앞서 이미 존재해야 하는 나', 사유 활동의 '앞 또는 밑', 그 '근거에^{sub}' 놓여 있는^{iectum}', 사유의 '주체^{subject}'이다. 이 주체는 사유 활동의 '밑에^{hypo}' 놓여 있다^{thesis}'는 의미에서 이 사유 활동의 '전제^{hypothesis}'이다. '활동들의 근거에 놓인 주체'는 곧 '활동들의 밑에 놓인 전제'다.

여기서 다시 '전제'라는 말을 형식논리의 의미로 이해하면 곤란하다. 사유하는 나의 존재는 사유 활동의 논리적 전제가 아니다. '나는 사유한다. 그러므로 나는 존재한다'라는 명제는 지금 일어나고 있는 '사유 활동'에 '사유하는 나의 존재'가 매번 논리적으로 전제된다는 뜻이 아니다.[48] 이 명제는 나의 사유의 앞과 밑, 그 근거에는 이미 항상 사유하는 나가 존재론적으로 수반되지 않으면 안 된다는 이성의 필연을 의미한다. 이 나가 '밑'에 있어야 그 '위'에서 비로소 나'의 사유함이 가능해지기 때문이다. 사유

---

[48] 거꾸로, 사유하는 나의 존재는 사유 활동에서 도출된 결론도 아니다. 다시 말해 '나는 사유한다'라는 전제에서 '나는 존재한다'라는 결론이 도출되고, 이것이 코기토 명제의 의미라고 생각하면, 그건 오해다. 이 같은 오해를 우려한 데카르트는 후에 '나는 사유한다. 그러므로 나는 존재한다(Cogito, ergo sum)'는 명제를 '나는 사유한다. 나는 존재한다(Cogito, sum)'로 재정식화했다. 논리적 추론의 문제가 아님을 보여 주기 위해서였다.

활동의 ―그것이 하나의 활동인 한― 밑에는 활동의 주체, 그 활동을 자신의 것으로 취하는 주인이 서 있어야 한다. 어떤 활동도 무의 활동일 수는 없기 때문이다. 바로 이 의미에서 사유하는 나는 사유라는 활동성의 존재론적 전제다. 이 '나'는 모순을 피하려는 추론적 지성의 논리적 강요에 의해 전제되는 것이 아니고, 모든 사유 활동은 이 활동의 주인, 활동의 밑에 서 있는 주체로 귀속되어야 한다는 직관의 명증한 통찰에 의해 형이상학적 이성이 존재론적으로 요청하는 것이다. 이 회의, 저 말함, 요 설득, 조 속임 등 다양한 사유 활동이 일어나고 있는데, 이 모든 활동이 누구의 활동도 아니고 그저 '활동으로서의 활동', '무의 활동'일 뿐이라면, 즉 활동은 경험되는데, 활동의 앞에 또는 밑에 이 활동을 자신의 것으로 취하는, 활동의 주인이 없다면, 이것은 논리적인 모순이 아니라 존재론적인 빈틈이다. '사유함의 주체로서 사유함에 앞서 존재하는 나'는 이 빈틈을 메우기 위한 존재론적 요청이고, 실은 신이 만든 이 세계에 도대체 빈틈이 있어서는 안 된다는 자연의 빛의 명증한 직관이 '보는' 바이다.[49]

---

49 이것은 전혀 논리적인 의미의 전제가 아니다. 즉 형식논리적 모순을 피하기 위해 전제된 것이 아니다. 위에 전개된 나의 논증에는 독자들의 논리적 지성에 거슬렸을 몇 개의 예가 등장했다. '나는 나를 포함한 모든 것의 존재를 부정한다는 주장', '있는 나를 없다고 설득함', '없는 나를 있다고 속임' 등이 그것이다. 이 예들은 모두 의도적으로 선택되었는데, 그것은 이들이 하나같이 형식논리적으로 자기모순을 포함하고 있기 때문이다. 나는 그 모순들을 피하려 하지 않았고 오히려 전면에 내세워 강조했다. 물론 셋 모두 말도 안 되는 문장이다. 첫째가 '나는 모든 것의 존재를 부정한다'라는 주장인데, 여기서 '부정되는 모든 것'에 '모든 것의 존재를 부정히는 나'도 포함된다면 형식논리적으로 역설이 발생한다. 모든 것이 부정되면서 나도 부정되고, 나의 부정과 더불어 나의 주장도 부정되고, 나의 주장이 부정되면서 다시 나를 포함한 모든 것은 부정될 필요가 없어지기 때문이다. 둘째는 '있는 나를 설득해서 없다고 믿게 함'인데, '설득당하는 나의 현존'과 '나는 존재하지 않는다는 설득의 내용' 사이에 모순이 숨어 있다. 셋째는 '없는 나를 있다고 속이려 드는 어리석은 악마의 시도'이다. 이 어리석은 능력자는 나가 없다면 나'의 속음도 있을 수 없다는 사실을 내

바로 이 의미에서 사유하는 나, 사유의 주체는 데카르트의 회의라는 활동이 가능하기 위한 조건으로 이미 거기에, 회의의 앞과 밑에, 회의가 시작도 하기 전에 존재론적으로 전제되어 있었다. 그런데 이 자아가 데카르트적 회의의 최종 결과라고 말한다면 ─앞에서 나는 그렇게 말했다─, 그 말은 회의의 활동이 막판에 이르러 이 자아를 논리적 사유 과정의 최종 결론으로 도출했다는 것이 아니라, 데카르트의 이성이 '이 회의가 가능하기 위해 회의하는 자아는 회의에 앞서 이미 거기에 있지 않으면 안 된다는 사실'을 회의의 끝에 비로소 깨달았다는 것만을 의미한다. 그래서 회의의 막바지에 아마 데카르트는 이렇게 말했을 것이다. "이제 회의를 끝내며 나는 '나는 생각한다. 그러므로 나는 존재한다'라는 사실을 깨달았다." 나는 여기에 덧붙인다. "당신이 깨닫는 한 그렇게 깨닫는 당신의 나는 그 깨달음 앞에 또는 밑에 이미 존재했다"고. 이렇게 덧붙이는 나에게 독자는 또 더 덧붙여도 좋다. "당신이 덧붙이는 한 그렇게 덧붙이는 당신의 나는 그 덧붙임 앞에 또는 밑에 이미 존재했다"고. 그렇다. 그래서 나는 이렇게 말할 수밖에 없다. "사유하는 한", "'사유하는 한 사유하는 자는 존재한다'고 깨닫는 한", "'깨닫는 한 깨닫는 자는 이미 존재했다'고 덧붙이는 한", "'덧붙이는 한 덧붙이는 자도 그 전에 이미 존재했다'고 또 덧붙이는 한", "사유하고, 깨닫고, 덧붙이고, 또 덧붙이는 '나'는 존재해야만 한다." 도대체 사유 활동이 있는 한, 그 '나'는 도저히 없을 수 없는 방식으로 있다. 이

다보지 못하고 있다. 이 세 가지 예에서 자기 부정, 설득, 속임이라는 활동의 '밑에(hypo)' 부정하는 나, 설득당하는 나, 속는 나를 '세우면(thesis)', 즉 논리적으로 '전제하면(hypothesis)' 바로 논리적인 모순이 발생한다. 바로 그렇기 때문에 내가 이 거북한 예들을 제시한 것이다. 나는 이 논리적 모순에도 불구하고 또는 이 논리적 모순과는 무관하게 활동성의 주체는 ─논리적으로가 아니라─ 존재론적으로 '밑에(hypo)' '세워져야(thesis)', 즉 '전제되어야(hypothesis)' 한다는 사실을 보여 주고 싶었다.

것이 바로 모든 정신 활동의 필연적 '주체'로서의 사유하는 나, 자아, 에고, 근대적 자기의식이다.

③ 근대적 세계상과 인식론으로의 이행

나는 앞서(2.1의 ①) 회의는 이중의 과정, 한편 정신에 대한 회의, 다른 한편 물체에 대한 회의이고 이 둘은 각기 정신과 물체에서 우연적 속성은 제거하고 실체성만을 남기는 과정이라고 말했다. 지금까지 데카르트는 정신에 대해 이런 일을 수행해 왔다. 그 결과 정신에 속하는 것으로 보이지만 실은 우연적으로 속해 있을 뿐인 속성들은 ―다종의 선입견, 감각과 경험을 통해 얻은 지식, 수학적 진리 등은― 전부 정신에서 분리, 제거되었다. 이제 데카르트는 '정신을 정신으로 만들어 주는 것, 정신에서 결코 분리될 수 없는 정신의 실체성은 무엇인가?'라는 물음에 비로소 답할 수 있게 되었다.

> 사유*cogitatio*가 바로 그것이다. 이것만이 나와 분리될 수 없다. 나는 있다, 나는 현존한다, 이것은 확실하다. 그러나 얼마 동안? 내가 사유하는 동안이다. 왜냐하면 내가 사유하기를 멈추자마자 존재하는 것도 멈출 수 있기 때문이다. (…) 그러므로 나는 정확히 말해 단지 하나의 '사유하는 것*res cogitans*', 즉 정신, 영혼, 지성 혹은 이성이다. (…) 그런데 나는 참된 것이며, 참으로 현존하는 것이다. 그러나 나는 어떤 것일까? 나는 말했다, 사유하는 것이라고.[50]

이것이 정신에 대한 회의의 마지막 말이다. 정신은 사유하는 것, 사유라는 활동성의 단적인 주체다. 내가 사유하기를 멈추면 내가 존재한다는 명

---

50 데카르트, 『성찰』, 46-47쪽.

중한 직관도 사라지고 그렇게 믿을 근거도 없어진다. 물론 나의 존재, 비존재를 논할 수도 없다. 존재에 대한 직관, 그 믿음의 명증한 근거가 없어져서 나의 존재가 사라지고 그 결과 존재에 대한 논의가 중단되는 것이 아니다. '직관', '믿음', '논함' 자체가 이미 사유의 형식들이기에 사유가 멈추면 이 모든 활동도 함께 정지하는 것이다. 사유의 중단은 말하자면 정신의 활동 자체, 활동 전체의 정지, 정신의 죽음이다. 거꾸로, 사유함은 정신이 살아 있다는 징표다. 살아 있는 한 정신은 사유하며 있고, 사유하는 한 정신은 살아 있다. 즉 있다. 데카르트는 사유의 개념을 아주 넓은 의미로 사용한다. 사유는 '도덕적 의意지', '쾌, 불쾌의 감정情'과 구분된 좁은 의미의 '지知성적 인식 활동'만을 뜻하는 것이 아니라, 정신 활동 일반, 정신이 깨어 있고 의식이 있는 상태를 말한다. 회의하고, 말하고, 설득하고 설득당하고, 속고 속이고, 깨닫고, 남의 깨달음에 뭔가를 덧붙이고, 그 덧붙임에 또 덧붙이는 등 인간 정신이 하는 모든 활동이 사유다.[51] 따라서 사유의 중단은 곧 정신의 부정, 정신 활동을 하는 나의 존재의 무화이다. 이 의미에서 사유는 곧 존재다. 즉 사유를 존재로 하는 실체가 있다. 그것이 바로 정신에 대한 회의의 긴 여정의 끝, 정신적 실체, '사유하는 것res cogitans'이다. 그렇다면 또 다른 회의, 물체의 우연적 속성을 제거하고 그 실체성을 찾아가는 길의 끝, 그리고 그 끝에 비로소 할 수 있는 마지막 말은 어떤 것일까? 제2성찰의 종결부는 이 물음에 답하고 있다. 우리는 철학적 문제로서의 자아를 다루는 마지막 순서로 이 문제에 대해 숙고해야 한다. 그래야만 우리는 데카르트가 제공했다는, 정신적 실체와 물리적 실체로 구성된

---

51 데카르트는 정신으로서의 인간, 그 정신의 사유를 이렇게 규정한다. "나는 무엇인가? 사유하는 것이다. 사유하는 것이란 무엇인가? 의심하고, 이해하고, 긍정하고, 부정하며, 의욕하고, 의욕하지 않으며, 상상하고, 감각하는 것이다."(같은 책, 48~49쪽, 56쪽; 『철학의 원리』, 13쪽 참조) 여기서 사유란 의지, 상상, 감각까지 포함하는 포괄적인 개념이다.

근대적 세계상을 이해할 수 있고, 오로지 이 세계상 안에서만 『초대』의 다음, 그리고 마지막 주제인 '인식'의 문제가 적절하게 사유될 수 있기 때문이다.

물체를 물체로 만들어 주는 것, 물체의 실체성은 무엇일까? 이 물음에 답하기 위해 데카르트는 회의가 정신에 대해 수행한 것과 같은 일을 물체에 대해 반복한다. 즉 물체에 속하는 것으로 보이지만 단지 우연적으로 따라서 분리 가능한 방식으로 속해 있는 속성들은 하나도 빠짐없이 제거해야 한다. 이 빈틈없는 제거에도 불구하고 물체에서 분리되지 않고 남아 있는 것이 있다면, 그것이 바로 물체를 물체로 만들어 주는 것, 물체의 실체성일 것이다. 우리는 물체에 다양한 속성들을 귀속시킨다. 물체는 특정한 맛, 향, 색깔, 형태, 굳기, 꺼칠꺼칠함 등을 자신'의' 속성으로 가진다고, 따라서 이 속성들은 물체 자체에 속해 있다고 생각한다. 데카르트는 묻는다. 그렇다면 이 속성들은 물체에 우연적인 방식으로 속하는가, 필연적인 방식으로 속하는가? 필연이라면 시간의 흐름, 상황의 변화에도 불구하고 속성은 변함이 없고 물체에서 분리되지 않을 것이다. 우연이라면 속성은 변화하고 ─하나의 속성이 다른 속성으로 대체되고, 대체된 속성은, 그리고 대체한 속성도 같은 이유로 이내─ 물체에서 분리될 것이다. 이렇게 우연적으로 물체에 속해 있는 속성을 물체에서 제거한다 해도 물체는 여전히 물체로 남는다. 하얀 당구공에 빨간색 칠을 해서 그 색깔이 변해도 당구공은 여전히 당구공이다. 하얀색임은 당구공에 있어도 그만 없어도 그만인 우연적 속성에 불과하기 때문이다. 이제 데카르트는 하나의 물체에서 상황의 변화에 따라 바뀌는 우연적 속성들을 모두 제거하여 그 실체성만을 남기는 상상적 사유 실험을 전개한다. 이른바 밀랍의 실험이다.

가장 판명하게 파악된다고 흔히들 믿는 것, 즉 우리가 만지고 보는 물체를 고찰해 보자. 그렇지만 물체 일반이 아니라 개별적인 물체, 예컨대 밀랍 한 조각을 고찰 대상으로 삼아 보자. 일반적인 지각이란 종종 아주 더 혼란스러운 것이기에 말이다. 이 밀랍은 방금 벌집에서 꺼낸 것이기에 아직도 꿀맛을 간직하고 있고, 꽃 향기도 약간은 지니고 있다. 빛깔, 모양, 크기도 뚜렷하다. 단단하고, 차갑고, 쉽게 쥘 수 있으며, 두드리면 소리를 낸다. 요컨대 어떤 물체가 가능한 한 판명하게 인식되기 위해 요구되는 모든 것을 이 밀랍은 갖고 있는 셈이다. 그런데 내가 이렇게 말하면서 밀랍을 불 가까이로 가져갔더니, 남아 있던 맛은 사라지고, 향기는 날아가고, 빛깔은 변하고, 형체는 사라지고 더 크게 액체로 되었으며, 따뜻해지고, 거의 잡을 수도 없으며, 때려도 소리를 낼 수가 없게 되었다. 그럼에도 여전히 동일한 밀랍으로 남아 있는가? 그렇다. 동일한 밀랍이다. 이것을 부정할 사람은 아무도 없다. 그렇다면 밀랍에 있어 그토록 판명하게 인식되었던 것은 과연 무엇일까? 그것이 감각에 의해 포착될 수 있는 것이 아님은 분명하다. 미각, 시각, 촉각, 청각에 의해 감지된 것은 모두 변했지만, 그럼에도 밀랍은 여전히 남아 있기에 말이다.[52]

이 사고 실험은 의미심장하다. 밀랍에 속한다고 여겨졌던 맛, 향, 빛깔, 모양 등의 속성들은 —감각 기관을 통해 지각했던 특성들은!— 상황이 바뀌면서 모두 변화되었다. 이들은 밀랍에서 분리되었고, 그 자리에 새로운 맛, 향, 빛깔, 모양이 들어섰다. 물론 새로운 맛, 향, 빛깔, 모양도 이내 같은 이유로 물체에서 분리될 것이고, 물체에는 또 다른 맛, 향, 빛깔, 모양이 속하게 될 것이다. 시간의 흐름, 상황의 변화에 따라 우연적 속성들은 끝없이 달라지고 교체된다. 그럼에도 물체는 여전히 물체다. 예를 들어 얼음이라고 물체이고, 물이라고 덜 물체이고, 수증기라고 물체가 아닌 것

___

52 데카르트, 『성찰』, 50-51쪽.

이 아니다. 고체임, 액체임, 기체임은 온도에 따라 가변적인 상태이고, 고체건, 액체건, 기체건 H_2O라는 물체는 변함없이 H_2O다. 그래서 밀랍을 불가에 갖다 대자, 밀랍에 속한다고 우리가 믿었던 대부분의 속성이 변화했고 밀랍에서 분리되었지만, 데카르트는 이 밀랍은 여전히 동일한 밀랍이라고 쓰고 있다. 그렇다면 상황의 변화에도 불구하고 변하지 않고 밀랍 안에 남아서 밀랍을 밀랍으로 만들어 주는 것, 밀랍에 본질적으로 속해 있어서 밀랍에서 결코 분리될 수 없는 것, 밀랍의 실체성은 무엇인가? 그것은 "연장extensio"[53]이다.

연장이라는 말의 철학적 의미는 하나뿐이다. 그것은 "길이, 넓이, 깊이를 지니고"[54] 있음, 기하학적으로 공간을 채우고 있음이다. 밀랍을 불가에 갖다 대면서 맛, 향, 색, 모양, 굳기 등 많은 것이 변했지만, 밀랍이 공간을 채우고 있다는 사실만큼은 변하지 않았다. 맛과 향이 있건 없건, 무슨 색깔 무슨 모양이건, 딱딱하건 물렁거리건, 밀랍은 여전히 공간을 채우고 있다. H_2O도 마찬가지다. 추우면 얼고, 따뜻하면 녹고, 뜨거우면 수증기가 되지만, 어떤 상태에서건 H_2O는 공간을 채우고 있다. 연장성을 가진 밀랍과 H_2O는 ―시간의 흐름, 상황의 변화, 우연적 속성들의 교체와는 무관하게― 물체로서 있다. 기하학적으로 공간을 채우고 있기 때문이다. 바로 이 연장성이 물체를 물체로 만들어 주는 것, 물체의 실체성이다. 그러므로 "길이, 넓이, 깊이로 연장된", 즉 기하학적으로 공간을 채우고 있는 "것이 존재한다." 이것이 우리가 "물체 또는 물질이라고 부르는 연장 실체"[55]다. 물체의 경우 연장이 곧 존재다. 즉 연장되어 있음을 존재로 하는 실체가

53 같은 책, 51쪽; 『철학의 원리』, 69쪽.

54 데카르트, 『성찰』, 91쪽.

55 데카르트, 『철학의 원리』, 67쪽.

있다. 이것이 바로 물체에 대한 회의의 끝, 물리적 실체, '연장을 갖는 것^{res} ^{cogitans}'이다.

정신과 물체에 대한 이중의 회의는 이렇게 끝나고 각각의 회의의 끝에는 정신적, 물리적 실체가 서 있다. 당연하다. 회의란 우연적 속성을 넘어 그 '밑에^{sub}' '서 있는^{stantia}' '실체^{substance}'에 이르는 과정이기 때문이다. 정신적 실체는 '사유하는 나'이고, 물리적 실체는 '연장을 갖는 것'이다. 정신의 실체적 본질은 사유이고, 물체의 실체적 본질은 연장이다. 근대의 철학은 이 두 실체를 각기 주체와 객체라 부른다. '주체^{subject}'는 모든 종류의 정신적 활동의 '밑에^{sub}' '서 있는^{iectum}', 그 밑에서 이 활동들을 자신의 것으로 취하는, 정신적 실체다. 모든 정신 활동의 주인은 동시에 세계의 중심이기도 하다. 사유하는 정신으로서 주체는 자신 이외의 모든 존재자, 연장을 갖는 모든 것을 자신에 대해 세우기 때문이다. 이렇게 주체에 '대해^{ob}' 세워진 ^{iectum}' 존재자는 '객체^{object}'라 불린다. '주체, 인식하는 나'와 '객체, 인식되는 것'으로 구성된 이 세계가 회의의 실천가, 정신과 물체에서 모든 우연적 속성을 제거하고 실체로서의 정신과 물체를 찾아 나섰던 데카르트가 발견한 세계, 이른바 인식론의 시대로서의 근대를 가능하게 했던 새로운 세계, 정신에 의한 물체의 인식이라는 새로운 철학의 드라마가 공연되던 근대의 무대다. 근대의 철학이란 이 무대 위에서 펼쳐지던, 자아와 물체 간의, 인식 주체와 인식 객체 간의 '분리와 연결'의 드라마 이상 다른 것이 아니다.

이 공연장의 구조는 매우 단순하다. 복잡다단한 우연적 속성들 일체를 제거하고 실체들만을 남겼기 때문이다. 무대 위에는 단 두 배우, 두 실체만이 있다. 한편에는 사유하는 나, 인식하는 주체가 서 있고, 다른 한편에는 연장을 갖는 물, 인식되는 객체가 서 있다. 이 두 실체는 —정확히는 유한 실체는— 자존성, 즉 존재하기 위해 서로의 도움을 필요로 하지 않는다는 실체의 본성에 따라 서로로부터 분리되어 자신의 힘으로 존립한다.[56] 물체가 존재하건 그렇지 않건 그와 무관하게 정신은 사유하며 거기에 있고, 정신에 의해 인식되건 그렇지 않건 그와 무관하게 물체 역시 공간을 채우며 거기에 있다. 이렇게 서로로부터 분리되어 자존하고 있는 두 실체, 사유하는 나와 연장된 물, 자아와 물체, 의식과 대상, 인식 주체와 인식 객체를 연결, 결합해 주는 일이 바로 '인식'이라는 근대의 철학적 드라마다.

주체는 자신에 대립해 서 있는 객체를 관찰하고, 그 객체의 존재 상태에 대한 표상을 자신의 의식 안에 만들어 낸다. 이 표상이 객체와 일치하면 그것은 참된 인식이고, 일치하지 않으면 그릇된 인식이다. 예를 들어 내가 딱딱한 밀랍의 표상을 만들고 '밀랍은 딱딱하다'라고 진술했는데, 누군가가 화염방사기로 딱딱한 밀랍을 녹여 버리면, 밀랍의 녹아내림과 함께 나의 표상과 진술의 참도 녹아 없어진다. 인식하는 주체는 인식되는 객체에 대한 인식을 얻지 못했고, 둘은 여전히 분리된 상태에 머물러 있다. 거꾸로 내가 밀랍을 연장을 갖는 것으로 표상하고 '밀랍은 공간을 채우고 있다'라고 진술한다면, 이 표상과 진술의 참은 강력한 화염방사기도 더 강력한 냉동 창고도 거짓으로 만들 수 없다. 녹아도 얼어도 밀랍은 공간을 채우고 있는, 연장된 사물이기 때문이다. 실체로서의 물체의 참된 존재 상태는 성신 안에 재현되었고, 분리된 인식 주체와 인식 객체는 연결, 결합

---

56 데카르트에 의하면 실체란 "존재하기 위해 다른 어떤 것도 필요로 하지 않는 것", 즉 스스로의 힘으로 존재하는 것이다. 이렇게 절서한 의미에서의 실체는 신뿐인데, 이를 무한 실체라 부른다. 그 외에 '사유하는 나'와 '연장을 갖는 것', "정신과 물체"도 실체인데, 이들은 유한 실체다. 즉 존재하기 위해 "단지 신의 조력"(같은 책, 43쪽)만을 필요로 하는 것이다. "신이" 이들에게 "자신의 협력을 거절함으로써 무로 만들지 않는 이상" 유한 실체 역시 "존재하기를 멈추지 않는다." (데카르트, 『성찰』, 30쪽) 따라서 두 유한 실체는 서로에 의존하지 않고 자존한다.

되었다. 아리스토텔레스 이래 정당화되고 추구되어 온, '지성과 사물의 일치*adaequatio intellectus ad rem*'로서의 참된 인식이 얻어진 것이다.

이것이 17세기 이후 근대의 철학이 가지고 있던 세계의 그림이고 철학의 과제다. 세계의 한편에 인식하는 주체, 자아, 정신이 있다. 다른 한편에 인식되는 객체, 물체, 대상이 있다. 이들은 서로로부터 분리되어 있다. 이 분리가 인식론으로서의 철학의 출발점이다. 철학의 과제는 분리된 두 실체를 재결합하는 일, 물체의 존재 상태를 자아의 정신 안에 재현하는 일, 즉 객체, 물체, 대상의 상태와 일치하는 표상을 주체, 자아, 정신 안에 만드는 일이다. 이것이 근대 철학의 핵심 주제인 인식이다. 인식이란 근본적으로 자아와 대상의, 주체와 객체의, 정신과 물체의 만남이다. 이들은 서로로부터 분리되어 자존하는, 즉 존재하기 위해 서로의 도움을 필요로 하지 않는 실체들인데, 이들 간에 어떻게 가교를 놓을 수 있을까? 이것이 바로 데카르트가 문을 연 시대, 근대가 철학에게 던진 물음이었다. 이렇게 해서 우리는 아주 자연스럽게 근대 이후 서양철학의 가장 중요한 문제, 그리고 우리 논의의 마지막 주제인 '인식'의 문제에 도달하게 되었다. 이제 우리는 이 문제가 영국 경험론에서 어떻게 전개되는지를 살펴보고자 한다. 근대의 영국인들은 말의 가장 본래적이고 또 극단적인 의미에서 인식론자들이었기 때문이다. 지금부터 우리를 이끌어 갈 주도적인 물음은 다음이다. 나는 나와 분리되어 나의 외부에 놓여 있는 물체를 어떻게 알 수 있는가?

인식

근대의 철학적 드라마는 서로로부터 분리되어 존재하는 정신과 물체의 결합, 이른바 인식의 드라마다. 물론 여기서는 정신이 물체를 인식하는 것이지 그 반대가 아니기에, 결합으로서의 인식은 정신의 물체화가 아니라 물체의 정신화여야 한다. 정신에게 물체가 알려져야 하고 정신의 내부에 물체의 존재 상태에 대응하는 표상이 만들어져야 한다. 문제는 정신은 물체가 아니고 물체는 정신의 외부에 놓여 있기에 둘 사이에는 건너뛸 수 없는 틈이 벌어져 있다는 것이다. 이 틈을 어떻게 메울 것인가? 어떤 경로를 통해 '정신이 아닌 물체'의 존재 상태에 관한 정보들이 '물체가 아닌 정신'에게 전달되고, 이를 바탕으로 '물체 자체'에 대한 인식이 '정신 안에' 형성될 수 있을까? 이것은 인식의 가능한 원천에 대한 물음이다.

우리는 앞에서(7장, 1.1) 이 물음에 대한 고전적 철학의 답변 하나를 들은 바 있다. 인식은 감각과 정신의 결합의 산물이라는 아우구스티누스의 답이다. 인식의 건축물을 건립하기 위한 재료는 감각을 통해 주어지고 그 재료를 가공하여 집을 짓는 것은 정신이니, 감각과 정신 중 하나만 없어도 인식의 집은 지어질 수 없다. 따라서 이렇게 말할 수 있다. '경험 없는 이성은 공허하고, 이성 없는 경험은 맹목이다.' 전자는 건축자재 창고가 비어 있다는 의미에서 공허이고, 후자는 자재는 있되 이를 가공할 목수의 손길이 없다는 의미에서 맹목이다. 재료와 가공 능력, 이 둘이 결합해야 비로소 인식이 생겨난다는 것은 상식도 동의하는 무리 없는 인식론이다. 그런데 근대 철학을 대표하는 두 인식론, 합리론과 경험론은 이 무리 없는 인식론이 인정하는, 인식의 필수불가결한 두 요소에서 각기 하나씩만을 취하고 오로지 그 하나에만 의거하여 인식의 문제를 설명한다. 합리론은 인식을 이성의 사유 능력만으로 설명하고, 경험론은 모든 인식을 감각 경험으로 환원한다. 두 입장 모두 일면적이기에 상대 입장의 비판을 면할 수 없다. 합리론자는 경험론을 맹목적이라 비판할 것이고, 경험론자는 합리론이 공허하다 비판할 것이다. 물론 두 비판 모두 옳다. 그러나 어느 하나 충분히 ―상대 입장을 완전히 논박할 수 있을 정도로― 옳지는 않다. 공허해서 부당한 합리론은 맹목적이지 않다는 점에서 타당하고, 맹목적이어서 부당한 경험론은 공허하지 않다는 점에서 타당하기 때문이다. 이성과 경험 중 하나로만 극단적으로 치우치고 있는 이 두 입장은 모두 일면적이다. 즉, '일면 타당한 그리고 타면 부당한 이론들'이다. 상식의 관점에서 보면 그렇다.

철학사의 한 단계를 장악하고 장식했던 사유의 대가들이 왜 이토록 극단적이고 일면적인 인식의 철학을 전개한 것일까? 그들이 부분적인 부당성을 감수하면서까지 역시 부분적이기만 한 타당성에 그토록 집착했던 이유는 무엇일까? 두 이론의 단점은 버리고 장점만 뽑아 적당히 버무리면 무리 없는 인식론이 반죽될 것 같은데, 이들이 편안한 중도는 버리고 각자의 극단에 치우치며 서로 간의 대립을 반복했던 이유는 무엇일까? 나는 이 물음에 이미(7장 1.1의 ②) 답한 바 있다. 이들은 '사실과학자'가 아니라 '철학자'들이기 때문이다. 말하자면 이것은 물고기들의 대립이 아니라 그물들의 대립이다. 인식의 원천으로서의 자연의 빛과 감각 경험은 특정 물고기의 이름이 아니라, 다른 물고기를 잡아 올리는, 따라서 다른 바다를 열어 밝히는 다른 그물들의 이름이다. 그러므로 합리론자, 경험론자가 주장하는 것은 자연의 빛, 감각 경험이 경험적으로 확정될 수 있고 부정될 수 없는 인식의 원천이라는 '단적인 사실'이 아니다. 이들은 자연의 빛이라는 그물, 감각 경험이라는 그물을 바다에 던졌을 때 비로소 우리에게 열어 밝혀지는 세계를 보아야 할 '철학적 필요'에 대해 말하고 있는 것이다. 이들로 하여금 ―사실과학자라면 결코 이겨 내지 못했을― 부분적 부당성을 이겨 내게 한 것도 바로 이 철학적 필요이다. 이 그물만이 보여 줄 수 있는 세계가 있고 그 세계를 보아야 할 철학적 이유가 있다. 그것이 바로 철학자로 하여금 부분적인 부당성에 개의치 않고 역시 부분적일 뿐인 타당성을 극단적으로 전개해 나가도록 이끌었던 것이다. 철학자로서의 근대 인식론자가 원하는 것은 자신의 그물로만 볼 수 있는 세계를 열어 밝히는 것이다.

우리는 앞 장에서 데카르트의 자연의 빛이라는 그물이 열어 밝히는 세계를 경험했다. 이제 우리가 할 일은 데카르트가 자연의 빛이라는 그물을 던졌던 바로 '그' 바다에 감각 경험이라는 '다른' 그물을 던져 보는 것이다. 분명하게 말할 수 있는 것은 다른 그물을 던졌으므로 다른 물고기가 잡힐 것이고 다른 세계가 열릴 거라는 점이다. 이로부터 독자들의 과제도 분명해진다. 여러분은 경험론자들의 주장과 이설을 꼬깃꼬깃 정리하고 요약해서 머릿속 지식 창고에 쌓아 두려 할 필요는 없다. 그건 철학 공부가 아니다. 여러분이 해야 할 일은 경험론적 철학자들과 '함께 사유하기', '그들의 그물로 사유하기'다. 감각 경험이라는 그물로 '자연의 빛이라는 그물로는 결코 잡을 수 없었던 고기'를 잡아 보고, '이 새로운 고기들로 이루어진 새로운 세계', '이성의 눈으로는 결코 볼 수 없었을 또 다른 세계'를 보고 경험하는 것이다. 철학 공부란 이렇게 다양한 그물로 사유하기이고, 이 공부의 진보는 늘 더 새로운 그물을 만나고 새로운 그물을 통해 새로운 세계를 경험하는 것이다.

1 경험론의 문제의식과 시원

'감각 경험'이라는 그물로 사유한다는 것은 일단 '감각 경험이 인식의 유일하게 타당한 원천'이라는, 따라서 '우리가 가지고 있는 인식 중에 감각 경험으로 소급되지 않을 것은 없다'는 경험론의 근본 전제에 동의한다는 것이다. 실제로 동의하는지의 여부는 중요하지 않다. 동의하건 동의하지 않건, 이 철학을 공부하기를 원한다면 일단 이 전제에 동의하고 그 논리를 따라가야 한다. 그래야만 이 철학이 보여 주는, 그리고 어떤 다른 철학도 보여 줄 수 없는 세계를 만날 수 있기 때문이다. 지금부터 여러분과 나는 한시적인 경험론자다. 나는 경험론자로서 쓸 것이고 여러분은 경험론자로서 읽어야 한다. 이제 우리는 인식과 관련하여 제기되는 모든 물음에 '인식의 유일하게 타당한 원천은 경험'이라는 원칙에 입각해서 답해야 하고, 감각 경험에 근거를 두지 않은 어떤 인식론적 주장도 단호히 거부해야 한다. 이 약속만 지킨다면 여러분은 참으로 흥미진진한, 근대 영국의 경험론적 철학자들의 사유 세계를 체험하게 될 것이다!

1.1 경험 또는 실체?

① 인식의 유일한 원천은 경험이다!

한번 생각해 보자. 인간 인식의 원천에 대한 물음에 아무런 편견 없이,

우리가 할 수 있는 일과 할 수 없는 일, 우리가 가진 것과 갖지 못한 것을 솔직하게 구분하면서 답한다면, 거기에는 '감각 경험' 이외에 다른 답은 있을 수 없다. 지금 내 앞에 책상이 있다는 것, 이 책상의 표면은 갈색이고 딱딱하다는 것을 나는 어떻게 아는가? 이것을 나의 시각과 촉각에 기대지 않고 알 수 있는 길은 없다. 눈으로 보고, 손으로 만져 보고, 두드리면 나는 소리를 들으며 나는 책상이 여기에 있음을 안다. 감각을 통해 경험한 것이다. 오감은 우리의 정신과 외부의 물체를 연결해 주는 유일한 통로다. 이 통로가 차단된다면 나는 외부 세계에 대해 어떤 정보도 가질 수 없을 것이다. 감각 경험은 인식의 유일한 원천이다.

나는 이것을 확신을 가지고 주장할 수 있다. 왜냐하면 나는 지금 나의 정신 외부의 생소한 ―따라서 내가 모르는― 물체 자체에 대해서가 아니라, 물체에 대한 나의 정신 내부의 ―따라서 내가 아는― 활동에 대해 말하고 있기 때문이다. 책상에 대한 진술, '책상은 갈색이고 딱딱하다'라는 문장은 틀릴 수 있다. 나의 감관이 잘못된 정보를 제공했을 수도 있기 때문이다. 그러나 '이 정보는 ―옳건 그르건― 감각 기관을 통해 나에게 주어졌다'라는 문장은 틀릴 수 없다. 이 문장이 기술하는 것은 외부의 생소한 물체 자체가 아니라, 지금 나에게, 나의 정신의 내부에서 일어나고 있는 일이기 때문이다. 나는 지금 눈이라는 창을 통해 색깔이, 귀라는 창을 통해 소리가, 피부라는 창을 통해 딱딱함이 내 안으로 들어오는 것을 경험하고 있다. 경험하고 있는 내가 나의 경험의 방식을 모를 수는 없는 일이다. 나는 확신을 가지고 말한다. 정신이 인식을 얻을 수 있는 유일한 통로는 감각 경험이다.

여기에는 인식론적으로 매우 중요한 사실이 하나 함축되어 있다. 인식은 일차적으로 물체에 대한 인식이다. 그러나 인식에 대한 학문으로서의 인식론의 주제는 물체 자체가 아니라 물체를 '인식하는 정신' 또는 물체에 대한 '정신의 인식'이다. 그러므로 인식론은 '물체는 있는가, 있다면 어떻게 있는가?'라고 묻지 않고, '나의 마음은 물체를 알 수 있는가, 알 수 있다면 어떻게 알 수 있는가?'라고 묻는다. 이 물음은 물체 자체에 대한 것이 아니라, 물체를 인식하는 마음, 마음의 인식 방식, 이를 통해 생겨난 마음의 요소들에 대한 것이다. 인식론은 물체의 분석론, 존재론이 아니라, 마음의 분석론, 심리론이다. 인식론자들은 물체 자체에 대해서는 아무 말도하지 않고, 물체를 경험하고 파악하는 우리 마음의 구조, 이 경험을 통해얻은 우리의 심적 자산, 그 심리적 요소들만을 분석한다. 그래서 우리는이 인식론을 요소 심리학 또는 경험적 심리주의라 부른다. 이 학문은 감각경험을 통해 우리 정신 안에 주어진, 인식 재료로서의 심적 요소들의 분석론이다. 이 요소를 영국 경험론은 '관념idea'이라 불렀다. 경험론적 인식론이 존재론이 아니라 심리론이고, 그 분석의 대상이 존재가 아니라 존재에대한 관념인 한에서, 경험론은 관념의 분석론일 수밖에 없다. 관념, 이것이 우리 논의의 실마리를 이룬다.

'실체'를 추구하던 형이상학을 거부하고 '경험'을 존중하던 근대 영국의인식론적 전통의 출발선에 존 로크가 서 있다. 우리는 이 사람에서 시작한다. 그는 관념 분석을 통해 모든 인간 인식의 원천은 감각 경험이라는 영국 경험론적 철학의 근본 입장을 확고히 정립한 첫 번째 사람이기 때문이다. 로크에 의하면 관념은 우리가 "마음속에 가지고 있는 것",[1] "사람이 생각할 때 지성의 대상이 되는 것",[2] '우리가 감관을 통해 받아들인 것, 받아들인 것을 결합하여 마음 안에 가지고 있는 모든 것', 한마디로 '우리 마음이 인식을 얻기 위해 소유한 심적 재화 전체'를 말한다. 관념이 곧 인식을

---

1 로크, 『인간 지성론 1』, 정병훈, 이재영, 양선숙 옮김(한길사, 2014), 61쪽.
2 같은 책, 65쪽.

위한 재료요 토대다. 그렇다면 '인식의 타당한 원천에 대한 물음'은 곧 '관념의 기원에 대한 물음'이 될 것이다. 나는 이 물음에 대한 최초의 경험론적 철학자의 답을 듣기를 원하는데, 그에 앞서 그의 관념 분류의 문제가 소개되어야 한다.

로크는 관념을 둘로 나눈다. 하나는 '단순 관념simple idea'이고 다른 하나는 '복합 관념complex idea'이다. 전자는 경험을 통해 직접적으로 생겨난 관념이고 후자는 "몇몇 단순 관념이 함께 놓여져서 만들어진", 즉 관념들의, 정확히는 "단순 관념들의" 또는 "단순 관념들로 이루어진 복합 관념들의"[3] 또는 '단순 관념(들)과 복합 관념(들)의' 복합을 통해서 생겨난 관념이다. 단순 관념이 우리 마음에 주어지는 통로는 둘이 있는데, '감각sensation'과 '반성reflexion'이다. 이 둘은 모두 경험적 지각의 과정이라는 점에서는 같고, 단지 그 대상이 외적인가 내적인가의 차이가 있을 뿐이다. 감각은 외적 "감관"을 통해 외부 세계의 물체를 경험하는, 즉 "외부 대상"에 대한 "지각이 마음에 전달되는" 과정이고, 반성은 "내적 감관"을 통해 내가 나 자신에 대해 경험하는 과정, 즉 "우리 안에 있는 우리 자신의 마음의 작용들에 대한 지각"이다. 감각을 통해 나는 정신 외부에 놓인 책상에 대해 갈색임, 딱딱함 등의 단순한 관념을 얻고, 반성을 통해 나는 나 자신에 대해 "지각, 생각하기, 의심하기, 믿기, 추론하기, 알기, 의지 작용"[4] 등의 단순한 관념들을 갖는다. 이 두 단순 관념은 모두 ―내적이건 외적이건― 감관을 통한 지각의 산물, 경험에서 주어진 것들이다. 이것들은 나에게 주어지는 것이지 내가 취하는 것이 아니므로, 이 관념과 관련한 지성의 역할은 "단지 수동적"이다. 즉 여기에는 취사와 선택을 위한 어떤 자유도 없다. 지성은 주

---

3 같은 책, 244쪽.
4 같은 책, 150-151쪽.

어지는 단순 관념을 "거부할 수도 없고", "변경시킬 수도 없고", "지워" 버릴 수도 없고, "스스로 새것을 만들어 낼 수도 없다."[5] 지성은 경험이 주는 그대로 받아들여야 한다. 그러나 일단 그렇게 받아들이고 나면 그때부터 지성은 주어진 관념들을 "거의 무한에 가깝도록 다양하게 반복하고 비교하고 결합하여",[6] 이제껏 "한 번도 받아들여 본 적이 없는 새로운 복합 관념을 만들어" 낸다. 예를 들면 인어와 스핑크스, 짬짜우울기스면, "미, 감사, 인류, 군대, 우주",[7] "공간과 시간, 무한"[8] 등이다. 자, 여기서 이 모든 관념의 기원에 대해 생각해 보자. 모든 복합 관념은 단순 관념에서 비롯된다. 그리고 모든 단순 관념은 경험, 즉 감각 또는 반성을 통해 우리 마음 안에 주어진다. 그러니 일단 모든 관념은 경험에서 유래했다고 할 수 있다.

바로 여기서 우리의 문제, 관념의 기원 문제의 핵심적이고 논쟁적인 부분이 비로소 부각된다. 이른바 본유 관념의 문제다. 데카르트에 따르면 (7장 2.1의 ② 참조) 이 관념은 단순 관념도 복합 관념도 아니어서 경험에서 유래한 것이 결코 아니다. 이 관념은 신이 우리에게 준 것, 따라서 우리 모두가 경험에 앞서 본성에 의해 가지고 있는 것이다. 또한 이 관념을 이해하는 힘으로서의 자연의 빛은 모든 인간에게 가장 공평하게 분배된 능력이어서, 인간이라면 누구나 본유 관념을 경험의 도움 없이 곧 바로 이해할 수 있다. 이해할 수 없다면 그는 인간이 아니다. 데카르트의 예로 "어떤 것이 존재하면서 동시에 존재하지 않는다는 것은 불가능하다"[9]는, 이른바

---

5 같은 책, 170쪽.

6 같은 책, 172쪽.

7 같은 책, 244쪽.

8 같은 책, 247쪽.

9 데카르트, 『철학의 원리』, 41쪽.

모순율의 원리는 모든 인간이 선천적으로 이해할 수 있다.

로크는 이와 같은 선천적인 능력을 "사람의 마음에 새겨진 문자",[10] 모든 경험에 앞서, 사람이 태어나기도 전부터 "마음에 새겨진 본래적인 글자들"[11]이라 칭하며 이렇게 묻는다. "동일한 사물이 있으면서 동시에 없을 수는 없다"라는 원리가 과연 만인의 지성 안에 새겨져 있고 따라서 누구나 이 원리를 이해하는가? 이를 이해하지 못하는 인간이 있다면, 그는 인간이 아닌 것인가? 오히려 '이 원리를 이해하지 못하는 인간이 있다'는 사실은 '모든 인간의 영혼에, 탄생과 더불어 새겨진 본유적인 글자는 없다'는 사실을 의미해야 하는 것이 아닌가? 이 논증을 위해 로크가 드는 예는 "아이와 백치"다. 이들은 모순율을 이해하지 못하는데, 이들의 "영혼이 이해하지 못하는 진리가" 그 "영혼에 새겨져 있다고 말하는 것은" 단적으로 "모순"[12]이다. 영혼은 자신 안에 새겨진 글씨를 이해해야 하기 때문이다. 분명한 것은 이른바 모순율이라는 원리가 "자연에 의해" 모든 인간의 영혼에, 따라서 아이와 백치의 영혼에도 "새겨져" 있다면 그들이 "그것을 모를 리 없다"[13]는 점이다. 그러므로 우리는 선천적이고 본유적인 글씨와 같은 것은 존재하지 않는다고 생각해야 한다.[14]

---

10 로크, 『인간 지성론 1』, 67쪽.

11 같은 책, 149쪽.

12 같은 책, 69쪽.

13 같은 책, 71쪽.

14 로크 철학에 대한 천학으로 인해 나는 이 논증이 얼마나 타당한 것인지를 판단할 수 없음을 고백한다. 그러나 분명한 것은 아이와 백치의 논증은 '모든 인간의 이성 안에 본유적인 관념이 경험에 앞서 주어져 있다'는 전칭명제의 참을 부정한다는 것이다. 지금 모순율을 이해 못하는 아이는 후에 경험을 통해 이 원리를 배워 알게 될 것이니, 아이는 선천적 본유 관념의 현존에 대한 적절한 반례로 보인다. 그러나 경험을 통한 습득 가능성이 배제되어 있는 백치의 예는? 어쩌면 합리론자는 백치는 예외적인 인간이라며 로크의 논증의 부당성을 지적할지도 모른다. 그러나 로크의 입장에서 또한 분명한 것은 그런 예외를 감수하면

태어날 때 인간의 마음은 백지다. 아무런 글씨도 쓰여져 있지 않다. 어기에 어떤 글씨가 쓰여질지를 결정하는 것은 오로지 경험뿐이다.

> 마음이 이른바 백지white paper라고 가정해 보자. 이 백지에는 어떤 글자도 적혀 있지 않으며 어떤 **관념**도 없다. 그럼 어떻게 하여 이 백지에 어떤 글자나 관념이 있게 되는가? (…) 마음은 어디에서 이성과 지식의 모든 재료를 갖게 되는가? 이러한 질문들에 대해 나는 한 마디로 **경험**experience에서라고 대답한다. 우리의 모든 지식은 경험에 그 토대를 갖고 있다. 우리의 모든 지식은 궁극적으로 경험에서 유래한다. 우리가 **외부 감각** 대상을 관찰하거나, 마음의 내적 작용을 스스로 지각하고 반성하여 이 작용을 관찰할 때, 우리 지성은 사유의 모든 재료를 공급받는다. 외부 대상과 마음의 내적 작용은 지식의 원천들이며 우리가 갖고 있거나 자연스럽게 가질 수 있는 모든 관념은 이 원천들에서 발생한다.[15]

이것이 로크의 결론이다. 감각과 반성, "이 두 원천들 중 어느 하나로부터", 즉 경험으로부터 "우리 마음에 들어오지 않은" 관념은 "아무것도 없고",[16] 우리 마음 안에 존재하는 관념들 중에 이 두 원천에로, 즉 경험으로

서까지 굳이 본유 관념이라는 가정을 유지해야 할 이유는 없다는 것이다. 본유 관념이란 인류가 가진 적잖은 보편적 지식들을 설명하기 위한 가정이다. 합리론자들은 경험만으로는 보편적 지식의 현존을 설명할 수 없기 때문에 본유 관념이라는 가정을 도입한 것이다. 이에 대해 로크는 "본유적 인상의 도움 없이도" 인간이 "그가 가진 모든 지식에 도달할 수 있다"는 사실을 "밝힐 수 있다면", 그때 본유 관념이라는 "가정이 거짓임이 충분히 납득할 수 있을 것"(같은 책, 67쪽)이라고 쓴다. 경험에서 얻은 단순 관념들, 이들의 복합을 통해 얻은 복합 관념들만을 가지고도 인류의 지식 체계는 훌륭히 설명된다. '불필요한' 가정을 세우는 것은 문자 그대로 '불필요한' 일이다.

15 같은 책, 150쪽.
16 같은 책, 152쪽.

소급되지 않을 것도 하나도 없다. 모든 인식은 경험에서 생겨난 것이고 따라서 경험으로 환원된다.

② 실체의 해체 과정으로서의 영국 경험론의 역사

인식의 유일하게 타당한 원천은 경험이다. 우리가 가진 모든 지식은 경험이 준 것이고, 우리는 경험에 근거하지 않는 한, 어떤 지식도 가질 수 없다! 이것이 영국 경험론의 선두 주자가 정립한, 그리고 그 후대들에 의해 계속 유지되고 점점 더 강화되어 갔던, 경험론적 철학의 근본 입장이다. 우리 역시 이 입장에 동의하기로 약속한 바 있다. 감각 경험, 이것이 인식을 둘러싼 모든 문제의 결정을 위한 유일한 시금석이다. 우리에게 다른 척도는 없다. 경험을 통해 알고 있는 것이 아니라면, 던져진 모든 물음에 '모른다!'라고 답해야 하고, 감각 경험 중에 확실한 근거를 찾지 못한다면, 그 어떤 주장에 대해서도 '아니다!'라고 말해야 한다. 그렇게 철저하게 경험론적 태도를 견지하며 감각 경험이라는 그물만을 사용하면 과연 우리 앞에는 어떤 세계가 펼쳐질까?

이미 우리는 데카르트가 자연의 빛이라는 그물로 열어 밝힌 세계를 경험한 바 있다. 그 세계는 '사유하는 나'와 '연장을 가진 것', 자아와 물체가 서로 대립하며 존재하지 않을 수 없는 방식으로 존재하고, 분리된 두 실체의 결합(인식)이 철학의 지상 과제로 제기되는 세계였다. 여기에 과학 시대인 근대는 중요한 것을 하나 덧붙였다. 운동하는 물체들 간에는 인과율, 자연법칙이 존립한다. 이 세계는 우리의 상식적 세계관과도 잘 부합한다. 상식은 ―부분적으로는 실체 형이상학에, 부분적으로는 근대 과학에 기대며― 이렇게 말한다. '나는 여기에 있다. 물체는 저기에 있다. 물체와 물체 사이에는 인과법칙이 존립한다. 나는 물체를 인식하고 물체들 간의 인과적 관련도 확실성을 가지고 인식한다.' 우리가 데카르트적 세계 안에 머물고 그와 잘 부합하는 상식의 관점을 버리지 않는 한, 이 말에는 아무런 이상한 것도 들어 있지 않다. 그러나 우리가 한시적으로나마 경험론자가 되어 경험의 척도 외에 어떤 다른 것도 인정하지 않는다면, 여기에는 정당화될 수 없는 억지 의견들이 적잖이 들어 있다.

우리는 물어야 한다. 물체, 연장을 가진 물리적 실체가 거기에 있다는 근거를 우리는 '경험 중에' 가지고 있는가? 밀랍의 실험을 진행하던 데카르트에게 다양한 속성의 변화의 와중에도 연장을 갖는 물체가 거기에 있지 않으면 안 된다고 알려 주었던 것은 그의 경험하는 감관이었는가, 추리하는 이성이었는가? 이 물음에 대한 당신의 답은 무엇인가? 자아, 사유하는 정신적 실체가 거기에 있다는 근거를 우리는 '경험 중에' 발견하는가? 데카르트의 자연의 빛, 체계를 세우기를 좋아하고 그 체계에 빈틈을 남기기를 원치 않는 그의 이성이 다양한 활동의 근거에 활동성의 주체를 상정한 것인가? 아니면 그의 감관이 정신적 실체를 직접 경험한 것인가? 당신의 답은 무엇인가? 사람들은 굴러가는 빨간 당구공과 그 공에 부딪쳐 움직이는 하얀 당구공은 각기 원인과 결과이고 둘 사이에는 인과법칙이 성립한다고 말한다. 당신 역시 경험 중에 근거를 가지고 그렇게 말할 수 있는가? '물리적 실체', '정신적 실체', '물체들 간의 인과법칙적 관련'이 존재한다는 경험의 증거를 우리는 가지고 있는가?

영국 경험론의 역사는 이 물음들에 점점 더 크게, 점점 더 명확하게 '아니다'라고 답해 온 역사이다. 이 역사는 실체들에 대한, 그리고 물리적 실체들 간의 법칙적 관련에 대한 믿음의 해체의 역사이되, 시간의 흐름에 따라 차츰 확대되고 강화되고, 점점 더 철저해진 해체의 역사이다. 최초로 로크가 물체에 대한 우리 상식의 믿음, 물체는 우리가 보고 듣고 만지는 대로 존재한다는 소박한 믿음에 의문을 제기했다. 이것이 긴 여정의 첫걸음이었다. 그러나 그 첫걸음을 내디딘 자는 —모든 선구자가 그러하듯—

더 멀리 갈 수 없었고 물체의 부정에까지 이를 수는 없었다. 그건 다음 세대의 몫이었다. 버클리는 물체 자체의 존재를 부정하고, 물체의 존재를 확신하는 모든 실재론을 거부했다. 이제 물체는 사라지고, 그 자리에 우리의 감각 경험, 지각과 관념만이 남는다. 물체적, 유물론적 세계 전체가 삭제되는 것이다. 그러나 그 버클리에게도 아직 정신적 실체와 인과율의 부정만큼은 생각할 수 없는 일이었다. 그건 오직 경험주의적 전통의 정점에 서 있는 자만이 할 수 있는 일이었다. 흄은 오로지 경험에만 근거하고 경험만을 존중하며 이렇게 말한다. 물체는 없다. 물체들 간의 인과적 관련도 없다. 그리고 이 모든 것은 없다고 말하는 나도 없다. 이유는 간단하다. 물체, 인과율, 자아가 있다는 경험의 근거가 없기 때문이다. 없으면 없다고 해야 한다.

이것이 영국 경험론의 역사다. 이 역사의 진행 후 무엇이 제거되고 무엇이 남는가? 물리적 실체와 정신적 실체, 인과법칙이 제거되고 경험만 남는다. 제거되는 셋은 —외관상의, 특히 실체들과 법칙 간의 무연관성에도 불구하고— 한 가지 공통점을 갖는다. 이 셋은 모두 그 자체 경험에 의해 포착되지 않는 것이다. 실체와 법칙은 우리의 감관이 경험한 것이 아니라, 우리의 추리하는 이성이 세계의 빈틈을 메운다며 경험의 '밑' 또는 '뒤'에 상정한 것이다. 바로 이것이 플라톤 이래 경험을 불신하며 경험을 넘어서던 형이상학자들이 추구해 온, 경험의 초경험적 '근거'와 '배후'다. 이제 이 초경험적 철학을 거부하는 경험적 철학의 역사가 해체하는 것은 '경험되지 않는, 경험의 밑과 뒤', '그 밑과 뒤에 숨은, 경험의 초경험적 근거와 배후', '이에 대한 추구 자체', 그리고 '이 추구와 추구되는 것의 참됨에 대한 상식의 믿음'이다. 그리고 이 모든 것을 해체하고 난 후 우리에게 남는 것은 경험 자체, 더 이상 자신의 밑과 뒤에 초경험적 실체를 숨기고 있지 않은 순전한 경험, 밑과 뒤가 없는 경험으로서의 경험이다. 한마디로 경험론의 역사는 경험으로 실체를 해체하고 대체해 온 역사다. 우리는 이제 그 역사, 실체 없는 경험의 세계 안으로 들어간다. 이것은 물체, 자아, 인과법칙을, 그리고 그 각각에 대한 소박한 상식의 믿음들을 하나하나 해체해 가는 긴 여정이 될 것이다. 그 첫걸음은 '감각 경험의 상대화'다.

1.2 감각 경험의 상대화와 실재론의 거부

① 감각 경험의 상대성

우리가 인식을 형성하기 위해 필요로 하는 재료, 관념은 오직 감각 경험을 통해서만 주어진다. 이 의미에서 감각 경험은 인식의 유일한 원천이다. 경험론자라면 누구나 이 사실을 알고 또 긍정한다. 그런데 흥미롭게도 초기의 경험론자는 감각 경험이 외부 세계의 물체를 있는 그대로 보여주지만은 않는다는, 따라서 늘 물체 인식으로의 적절한 통로인 것은 아니라는 사실에 대한 통찰을 가지고 있었다. 인식의 유일한 원천이라던 감각 경험을 이렇게 상대화하는 이유는 무엇인가? 이 상대화가 물리적 실체의 해체, 물체의 존재를 인정하는 실재론의 해체라는 긴 여정의 출발점을 이루기 때문이다.

이 의외의 주장을 이해하기 위해 우리는 우선 관념과 성질에 대한 로크의 설명에 귀를 기울일 필요가 있다. 우리가 물리적 대상에 '대해' 또는 대상과 '관련해' 가지고 있는 모든 심적 요소는 관념이다. 그리고 우리 마음 안에 관념을 만드는 힘은 '성질quality'이다. 관념은 우리 마음에 속하지만 성질은 물체에 속한다. 즉 외부의 물체에 속한 성질이 우리 마음 안에 관념을 만들어 준다.

마음이 자신 안에서 지각하는 것은 무엇이든 간에, 또는 지각, 생각, 또는 지성의 직접적인 대상이 되는 것은 무엇이든 간에 나는 그것을 관념이라고 부른다. 그리고 우리 마음속에 관념을 산출하는 힘을 나는 그 힘이 그 안에 있는 주체의 성질이라고 부른다.[17]

물체는 특정한 성질을 가지고 있다. 이 성질이 작용하여 인식하는 자의 지성 안에 관념을 만든다. 성질이 만든 관념은 물체의 상태를 보여 줄 수도 있지만 그렇지 않을 수도 있다. 이 차이에 따라 로크는 성질을 둘로 나눈다. 지성 안에 물체의 존재 상태를 보여 주는 관념을 만드는 성질이 '제1성질primary quality'이고, 물체의 존재 상태와 무관한 관념을 만드는 성질이 '제2성질secondary quality'이다.

제1성질은 물체 자체의 존재 상태의 일차적인 드러남을 가능하게 하는 반면, 제2성질은 일차적으로 드러난 물체의 존재 상태와 관련하여 우리 지성 안에 "다양한 감각을" 이차적으로 "산출해" 낸다. 제1성질이 일차적으로 드러낸 것은 물체 자체'의' 성질, 객관에 속하는 객관적 성질이고, 제2성질이 이차적으로 산출한 것은 경험하는 주관 내부의, 주관의 조건에 의존하는 주관적 성질이다. 제1성질은 "충전성solidity과 연장, 모양", "가동성" 등이고 제2성질은 "색깔, 소리, 맛" 등이다. 예를 들어 제1성질에 의해 일차적으로, '공간을 채우고 특정한 모양을 갖고 운동할 수 있는 것'으로 경험된 물체가 제2성질에 의해 이차적으로 '노란색의, 씹으면 우지직 소리가 나는, 달콤한 왕사탕'으로 경험될 수 있다. 일차적으로 경험된 연장성, 모양, 운동성 등은 "물체들 안에 있고", 물체에서 "분리될 수 없고", 물체가 "항상 유지하는 성질"이어서, 이 성질이 지성 안에 만든 관념은 물체와 "유사하다." 따라서 이 경우 감각 경험, 이 경험을 통해 형성된 관념

17 같은 책, 200쪽.

은 물체 인식으로의 올바른 통로다. 그러나 이차적으로 경험된 색깔, 소리, 맛 등은 "사실상 물체들 자체에는 없는" 것이어서 물체 자체와는 무관한 것이다. 이 성질들도 지성 안에 관념을 만들지만, 이는 물체'의' 또는 물체'에 대한' 관념이 아니라, 물체와 관련하여 "다만 우리 안에" 생겨난 관념일 뿐이어서 물체와 "전혀 닮지 않았다."[18] 따라서 제2성질을 통한 감각 경험, 그리고 이를 통해 형성된 관념은 물체 인식으로의 통로가 아니다.

물체가 공간을 채우고 특정 모양을 갖고 운동할 수 있다는 것은 물체 자체'의' 속성이다. 물체 주변의 상황과 조건이 아무리 달라져도 이 성질에는 변함이 있을 수 없다. 그러나 어떤 물체와 관련하여 '우리'가 보는 색, 듣는 소리, 느끼는 맛은 물체 자체의 속성이 아니다. 이는 보는 자, 듣는 자, 먹는 자의 주관적 상태에 따라 달라지기 때문이다. 예를 들어 내가 달콤하다고 느끼는 이 짜장면을 누군가는 짜다고 느낄 수 있고, 그 짠 짜장면을 또 다른 사람은 심심하다고 느낄 것이다. 또 같은 사람이라도 군것질 여부와 위의 포만 상태에 따라 같은 음식에서 다른 맛을 경험한다. 시각 경험 또한 주관적이다. 지금 나의 눈이 검다고 경험하는 짜파게티를 빨강 안경을 낀 어떤 사람은 스파게티로 지각하고 다시 하얀 안경을 낀 어떤 사람은 스파게티 봉골레로 경험한다. 시각이 좀 둔감한 편인 나는 우동, 울면, 기스면의 색깔을 구별하지 못하지만, 눈이 섬세한 어떤 사람은 짬짜우울기스면을 '오색 무지개면'이라 부른다. 이처럼 색, 소리, 맛은 색을 띠고, 소리를 내고, 맛을 주는 물체 자체가 아니라, 보고, 듣고, 먹는 사람의 주관적 상태에 의존적이다. 따라서 우리는 제2성질과 이 성질이 만든 관념은 물체 자체의 속성이 아니라, 각자의 주관적 조건 아래서 경험하는 주관

---

[18] 같은 책, 200-203쪽.

의 해석의 산물임을 인정하지 않을 수 없다.

감각 경험의 주관 의존성은 일상의 삶에서 누구나 반복해서 경험하는 것이지만 또한 누구도 심각하게 반성하지 않는 것이기도 하다. 이 점에서 사람들은 각자 자신의 감관의 창이 물체 자체로의 창이라고 착각하고 있는 셈이다. 이 실재론적 착각을 정정하는 데 매우 유용한 설명을 러셀의 인식론 입문서 『철학이란 무엇인가』에서 찾을 수 있다. 나는 이 설명이 초학자들에게 일독의 가치가 있다고 여겨, 여기 인용한다. 언급한 책의 1장에서 취한 글인데, 1장의 제목은 「현상과 실재Apperance and Reality」다. 우리가 감각 경험을 통해 얻은 정보들이 과연 '실재, 사물이 진짜로 있는 바'를 보여 주는지, 아니면 '현상, 사물이 나에게 현현하는 바'만을 보여 주는지가 글의 주제다. 필요한 경우 인용문을 끊고 나의 보충 설명이 주어진다. 일단 내 앞에 놓인 책상에서 출발하자. 누구나 책상은 여기에 있고 또 나에게 보이는 바, 그 속성들을 지니고 여기에 있다고 믿는다. 이렇게 믿는 자를 우리는 소박한 실재론자라 부른다. 경험론자는 상식에 따라 생각하는 이 소박한 사람들을 논박한다.

이 책상은 눈으로 보기에 장방형이고 갈색이며 광택이 있고 만져 보면 평평하고 차갑고 딱딱하다. 두드리면 소리가 난다. 이 책상을 보고, 만져 보고, 그 소리를 들은 사람은 누구나 이러한 기술에 동의할 것이다. 따라서 아무런 난점도 제기되지 않는 것 같다. 그러나 좀 더 정확하려고 하면 곧 문제가 생긴다. 나는 이 책상이 어느 부분이나 '정말로' 똑같은 색깔이라고 믿지만, 빛을 반사하는 부분은 다른 부분보다 더 밝게 보이고 또한 어떤 부분은 반사광 때문에 희게 보인다. 내가 움직이면 빛을 반사하는 부분이 달라질 것이고, 따라서 책상 위의 색깔의 외견상의 분포도 변할 것임을 나는 알고 있다. 그러므로 몇 사람이 동시에 이 책상을 보더라도, 그중 단 한 사람도 정확하게 같은 색깔의 분포를 보지 못한다. 두 사람이 정확하게 같은 시점에서 책상을 볼 수는 없고 시점이 조금이라도 변하면 빛이 반사하는 방식도 어느 정도 달라지기 때문이다.

하나의 동일한 책상이 다른 어떤 두 사람에게도, 그리고 한 사람의 다른 어떤 두 관점에게도 완전히 동일하게 보이지는 않는다. 그렇다면 다른 여러 사람, 한 사람의 여러 관점이 보는 색깔들의 다름은 책상 자체가 아니라 책상을 다른 관점에서 보는 주관의 차이에로 환원되지 않으면 안 된다. 즉 '실재'의 차이가 아니라 '현상'의 차이이다. 로크의 용어로 표현하자면 색깔은 제1성질이 아니라 제2성질이다. 계속 읽어 보자.

지금까지 살펴 온 것으로 보아 분명하거니와, 현저하게 책상의 색깔이라고 할 수 있는 색은 없으며 또한 책상의 어느 특정 부분의 색깔이라고 할 수 있는 색깔도 없다 — 시점이 달라지면 색깔도 달라지며 이 여러 가지 색깔 중에서 어느 색깔이 다른 색깔보다 더 책상의 진짜 색깔이라고 보아야 할 이유는 없다. 또한 일정한 시점에서 보더라도 인공 광선 밑에서 보거나 색맹이나 파란 안경을 쓴 사람이 보는 경우에는 색깔이 다르게 보인다는 것을 우리는 알고 있다. 한편 어둠 속에서는 책상의 촉감이나 소리는 변하지 않아도 색깔은 전혀 없다. 이러한 색깔은 책상에 고유한 것이 아니라 책상과 보는 사람과 책상에 빛이 비치는 방식에 달려 있는 것이다. 일상생활에서 그 책상의 색깔이라고 말할 때 우리는 정상적인 관찰자가 보통의 광선 밑에서 일상적인 시점으로부터 보게 될 색깔을 의미하는 데 지나지 않는다. 그러나 다른 조건 밑에서 나타나는 다른 색깔도 진짜 색깔이라고 생각될 동등한 권리를 갖는다. 그러므로 편견을 피하기 위해서는 우리는 책상 자체가 특정한 색깔을 갖는다는 것을 부정하지 않을 수 없다.

이 정상성의 주장이 전형적인 실재론자의, 정확히는 유아론적 실재론자의 착각이다. '나는 정상이다. 나는 안경을 끼지 않았고 다른 사람들은 모두 안경을 끼고 있다. 나는 육안으로 실재를 보고 다른 사람들은 안경을 통해 현상만 본다.' 그렇지 않다. 여기서 '안경'과 '안경을 낌'은 '시각'과 '시각을 가지고 있음'에 대한 비유적 표현이다. 그러므로 안경을 끼지 않은 자는 시각이 없는 자이다. 그는 참된 색깔을 볼 수 있는 자가 아니라 아무 색깔도 볼 수 없는 자이다. 시각이 없는 자에게는 색깔도 없기 때문이다. 그러므로 안경을 통해서 본 어떤 색깔도 자신이 유일한 실재의 색이고 나머지는 모두 자신의 현상에 불과하다고 주장할 권리는 없다. 그 권리는 모든 안경이 동일하게 가지고 있기 때문이다. 그러므로 유아론적 실재론의 착각을 깨기 위해서는 다른 사람은 나와는 다른 안경을 —그리고 다른 생물 종은 우리 인간과는 다른 안경을— 끼고 있다는 사실, 그뿐 아니라 나 역시 육안으로 참된 색깔을 보는 것이 아니라 안경을 통해 현상으로서의 색깔만을 보고 있다는 사실을 인정할 필요가 있다. 그렇다면, 모든 사람은 —그리고 모든 생물 종은— 각자의 색안경을 하나씩 끼고 '책상 자체의 색깔'에 각자의 덧칠을 해서 보고 있는 것인가? 그렇지 않다. 우리는 더 철저해야 한다. 책상 자체의 색깔이란 없다. 보는 자가 없다면 색깔은 존재할 수 없기 때문이다. 색깔이란 본디 봄에 대해서만 존립하는 상관개념이다. 그러므로 '책상 자체의 색깔'이라는 표현이 이미 형용의 모순이다. 색깔이라는 것이 보는 자에 '대해'서만 존립할 수 있는 것인데, '자체'라는 말은 이 '대함'이 없는 상태를 의미하기 때문이다. 인용은 계속된다.

책상의 나뭇결도 마찬가지다. 육안으로는 나뭇결을 볼 수 있지만 그렇지 않은 경우에는 매끄럽고 평평하다. 만일 현미경으로 본다면 우리는 울퉁불퉁한 모양과 언덕과 골짜기 그리고 육안으로는 볼 수 없는 여러 가지 차이를 볼 수 있을 것이다. 그중 어느 것이 '진짜' 책상인가? 우리는 현미경으로 본 것이 진짜에 더 가깝다고 말하기 쉽지만 그것도 더욱 강렬한 현미경을 사용하면 달라질 것이다. 그런데 육안으로 본 것을 믿을 수 없다면 왜 현미경으로 본 것은 믿어야 하는가? 따라서 우리가 출발점으로 삼은 감관에 대한 신뢰는 다시금 무너진다. 책상의 '모양'이라고 해서 형편이 더 낫지는 않다. 우리들은 모두 사물의 '실재의' 모양에 대해 판단하는 습관을 갖고 있으며, 게다가 아무런 반성 없이 판단하므로 정말로 실재의 모양을 보았다고 생각하게 된다. 그러나 사실은 그림을 그리려고 하면 누구나 알게 되는 일이지만 같은 사물이라도 시점이 달라짐에 따라 그 모양도 다르게 보인다. (⋯) 우리가 보는 것은 우리가 방안을 돌아다님에 따라 끊임없이 모양이 변한다. 그러므로 여기서도 감각은 책상 그 자체에 대한 진리가 아니라, 책상의 현상에 대한 진리만을 제시하는 것 같다. 촉각을 고려할 때도 동일한 난점이 제기된다. 분명히 책상은 언제나 딱딱하다는 감각을 주고 우리는 책상이 [우리가 책상에 가하는] 압력에 저항한다고 느낀다. 그러나 우리가 받는 감각은 우리가 얼마나 강하게 책상을 누르는가에 달려 있고 또한 신체의 어떤 부분으로 누르는가에 달려 있다. 따라서 압력이 다르고 신체의 부분이 다르면 달라지는 감각은 책상의 특정한 성질을 '직접' 드러낸다고 생각할 수는 없다.[19]

색깔뿐 아니라 모양을 봄도 보는 자의 관점에 의존적이다. 나는 강의실에서 학생들에게 자주 이렇게 말한다. '지금 여러분 중에 완전히 동일한 김창래를 보는 둘 이상의 학생은 없다. 어떤 학생은 약간 왼쪽 또는 오른쪽으로 치우친 모습을 보고 또 어떤 학생은 왼쪽 얼굴 또는 오른쪽 얼굴만 본다. 여러분이 보고 있는 그 모든 나는 다 다르다. 본 모양은 보는 관점에

19 러셀, 『철학이란 무엇인가』, 황문수 옮김(문예출판사, 2008), 9-12쪽.

따라 달라지기 때문이다. 여러분 각자의 관점이 다 다르듯이 여러분의 숫자만큼 많은, 김창래의 다른 모습들이 있다.' 촉각에 의한 저항도 마찬가지로 상관개념, 저항감을 느끼는 주관에 의존하는 개념이다. 저항은 본디 무엇에 대한 저항이기 때문이다. 나의 손이 책상의 상판을 누르지 않는 한 책상의 저항은 있을 수 없다. 저항은 늘 누름에 '대한' 저항이기에 책상 역시 누르는 자에게만 저항할 수 있다. 그러므로 '책상이 저항한다'고 말하며, 자신의 손으로 느끼는 저항감이 책상 자체의 속성이라고 생각하는 것은 유치한 일이다.[20]

지금까지 읽어 본 러셀의 설명은 우리의 감각 경험이 주관적 현상으로의 통로일 뿐, 객관 자체, 실재 자체로의 길이 아님을 부정할 수 없는 방식으로 보여 주었다. 물론 내가 본 색깔과 모양, 느낀 저항감이 물체 자체와 완전히 무관한 것은 아닐 것이다. 물체 자체에 속한 어떤 성질이 색, 모양, 저항과 관련한 나의 감각 경험을 "일으켰을"[21] 것이다. 러셀도 이는 인정한다. 그러나 그 성질이 어떤 것인지를 우리가 알 수 있는 길은 없다. 그 성질을 알려면 다시 우리 감관의 창을 통하는 수밖에 없는데, 이 창을 거치는 순간 객관적 실재의 성질은 주관적 현상으로 바뀌어 버리기 때문이다. 따라서 물체 자체가 내가 보고 만진 그대로 존재하리라 기대한다면, 그건 너무 소박한 태도다. 물체가 나에게 보내 준 성질들은 늘 나의 주관적인 감관의 매개를 통해 변형되어 수용되기 때문이다. 나의 다섯 가지 감관

---

20 홍미로운 섯은 러셀이 실재의 속성이 아니라 현상으로 설명하고 있는 '모습', '저항(=충전성)'을 로크는 제1성질로 간주했다는 점이다. 이는 제1성질 중의 많은 것이, 실은 경험론의 원리에 철저히 충실하게 생각한다면 모든 제1성질이 제2성질, 현상에 불과하다는 사실을 암시한다. 제1성질은 없다. 그 성질의 주인인 물체가 없기 때문이다. 이를 우리는 경험론의 역사의 두 번째 주자, 버클리와 함께 공부하게 될 것이다.

21 러셀, 『철학이란 무엇인가』, 12쪽.

은 내가 결코 벗어 버릴 수 없는 안경이다. 그러므로 나의 감각 경험이 물체와 완전히 무관한 것은 아니겠지만, 내가 나의 감각 기관의 매개를 통해 갖게 된 관념들이 저 미지의 성질과, 그리고 그 성질을 내게 보내 준 물체와 같다거나 닮았다고 추정할 근거는 하나도 없다.

이상을 통해 더 이상 부정할 수 없게 된 것은 우리가 감관을 통해 경험한 것은 실재가 아니라 현상에 불과하다는, 경험하는 주관의 조건에 따라 달라지는 감각은 객관, 물체 자체에 대해 아무런 정보도 제공하지 않는다는 사실이다. 그렇다면 실재론자는 무엇을 근거로 물체가 거기에 있다고 주장하는가? 그가 근거로 삼을 수 있는 모든 감각 경험은 실재가 아니라 현상에 대한 것인데 말이다. 우리는 물체의 존재를 주장하는 실재론자에게 분명히 물어야 한다. 당신은 물체의 존재를 주장하기 위한 '경험'의 근거를 가지고 있는가? 일단 이 물음만 던지고 로크로 되돌아가자.

러셀이 실재와 현상을 구분하고 우리의 감각 경험을 후자에 귀속시키듯이 로크도 제1성질과 제2성질을 구분하고 다양한 감각 경험을 제2성질에 포함시켰다. 제1성질은 실재, 물체 자체의 속성이고, 제2성질은 경험하는 주관의 조건에 따라 가변적인 현상이다. 여기서 우리는 경험론적 철학의 선두 주자로서의 로크의 공적과 한계를 동시에 본다. 로크가 우리의 감각 경험을 제2성질, '주관 의존적인' 현상에 귀속시키는 한에서, 그는 물체를 부정하는 경험론적 철학의 행로, 감각 경험을 근거로 물체의 현존을 주장하는 실재론의 해체의 여정의 첫걸음을 내디뎠다. 이것은 그의 공적이다. 그러나 로크가 제1성질, 물체 자체'에' 속한, 물체 자체'의' 성질을 인정하는 한에서, 그는 여전히 이 속성들이 귀속될 물리적 실체의 현존을 긍정하고 있는 셈이다. 이것이 그의 한계다. 제1, 제2성질에 대한 로크의 견해, 실재와 현상에 대한 러셀의 주장을 접하면서 분명해진 것이 하나 있다. 우리의 감각 경험을 근거로 물체의 현존을 주장하고 물체에 대한 참된 인식을 얻는 일은 가능하지 않다는 것이다. 물체 인식에 대한 감각 경험의 의미는 상대화된다.

② 관념론으로의 길

지금 우리의 논의는 —독자들이 알아챘는지는 모르겠지만— 적잖이 혼란스러운 문제에 봉착해 있다. 이제 우리는 우리가 어떤 길을 걸어 이 문제에 당도했고, 또 어떤 길을 걸어야 이 문제가 해결될지를 생각해 보아야 한다. 우선 문제가 무엇인지부터 분명히 밝히자. 아마 대부분의 독자는 문제가 있다는 사실조차 깨닫지 못하고 있을 테니 말이다. 앞서(1.1의 ①) 나는 인식의 유일하게 타당한 원천은 감각 경험이라고, 따라서 감각 경험 이외에 우리에게 대상 세계에 대해 뭔가를 알려 주는 통로는 없다고 말했다. 그리고 방금(1.2의 ②) 로크와 러셀을 읽으며 제2성질이 우리에게 허용한 감각 경험은 물체와 전혀 닮지 않았고, 감각 경험을 통해 주어진 현상은 실재와 구분되어야 한다는 점을 배웠다. 바로 여기에 문제가 있다. '인식의 유일한 원천은 감각 경험이라는 경험론의 근본 입장'과 '물체 인식에 대한 감각 경험의 의미를 상대화하는 로크, 러셀의 입장'이 과연 공존할 수 있을까? 한편 물체 인식의 유일하게 타당한 원천은 감각 경험이라고 말하고, 다른 한편 감각 경험은 물체 인식이 아니라 물체와 관련한 주관적 현상만을 제공한다고 말한다. 이것은 모순이 아닌가?

감각 경험이 인식의 유일한 원천이라는 것은 모든 경험론적 철학의 대전제이기 때문에 물론 포기할 수 없다. 그러나 경험론을 소개하는 거의 대부분의 개설서는 —예를 들어 러셀의 『철학이란 무엇인가』는— 제2성질의 상대화, 우리의 감각 경험이 물체 자체에 속한 것은 아니라는 설명으로 시작한다. 이 상대화가 물리적 실체와 그 실체에 대한 믿음의 해체를 향하는 첫걸음이기 때문이다. 그러면서도 개설서들은 경험론은 경험만을 인식의 원천으로 인정하는 철학이라고 말한다. 경험론자라면 이 모순을 설명할 수 있어야 한다. 그는 경험을 인식의 원천으로 인정해야 하고 또 물체와 물체의 현존에 대한 믿음도 해체해야 하기 때문이다. 이 두 가지를 모두 추구할 수 있게 해 주는 길, 위의 모순이 모순이 아닐 수 있게 해 주는 길이 있을까? 딱 하나 있다. 그것이 우리가 갈 길이다. 관념론으로의 길이다.

우선 우리는 로크가 제2성질을 상대화하기 위한, 즉 경험을 통해 얻은 어떤 관념들은 물체 자체에 속하지 않는다고 말할 수 있기 위한 조건이 무엇인지 생각해 보아야 한다. '물체는 내가 본 대로, 들은 대로, 만진 대로 존재하는 것은 아니다'라고 말할 수 있기 위해, 먼저 충족되어야 하는 조건이 하나 있다. 아주 단순한 것이다. 특정 속성을 지닌 물체의 현존이다. 물체가 이러저러한 속성을 가지고 거기에 있어야, 우리는 감각 경험을 통해 얻은 관념을 물체 자체의 속성과 비교할 수 있고, 이 비교를 통해 나의 관념이 물체 자체의 속성과 일치하는지를 따져 볼 수 있다. 일치한다면 감각 경험은 물체 인식으로의 길이고, 그렇지 않으면 물체 인식으로의 길이 아니다. 후자의 경우 우리는 물체 인식에 대한 감각 경험의 의미를 상대화할 수 있다. 실제로 로크와 러셀이 보여 준 것도 이것이었다. 그러므로 제2성질의 상대화를 위한 조건은 물체 자체의 현존이다. 다시 말해 로크는 물체 자체가 특정한 속성들을 가지고 거기에 있다는 실재론적 전제를 가지고 있기 때문에, 제2성질은 물체에 귀속하지 않는다고 말할 수 있고 이를 통해 물체 인식에 대한 감각 경험의 의미를 상대화할 수 있는 것이다.

이건 단순한 이야기다. 물체가 거기에 존재하지 않는다면, 우리는 우리의 관념이 옳은지 그렇지 않은지, 물체의 존재 상태에 일치하는지 그렇지 않은지를 말할 수조차 없다. 이를 말할 수 있기 위해서는 관념을 물체와 비교해야 하는데, 물체, 즉 비교의 한 항이 없다면 그 어떤 비교도 가능하지 않기 때문이다. 여기에 요점이 있다. 만약 우리가 물체가 거기에 존재하지 않는다고 생각한다면, 그때 우리는 우리가 가진 관념이 물체'에' 속하지 않는다고 말할 수도 없고, 이 관념은 물체'와' 일치하지 않기 때문에 거짓이라고 말할 수도 없다. 물체가 없기 때문에, '에'와 '와'라는 조사가 들어붙을 명사(실체!)가 없기 때문에! 그리고 그 경우에 다시 인식의 유일하게 타당한 원천은 감각 경험이라는 말은 참으로 드러난다. 물체는 존재하지 않고 우리가 가진 것은 단지 감각 경험을 통해 얻은 관념들뿐인데, 비교의 척도로서의 물체가 사라지면서 우리는 이 관념들의 거짓을 증명할 길을 이미 잃어버렸기 때문이다. 그렇다. 실재가 있어야 '실재가 아닌 현상'이라는 표현이 가능한 것이지, 실재가 없다면 현상이 유일하게 존재하는 것이고, 이때 현상은 '실재가 아닌 현상'이 아니라 '실재 자체'가 되어 버린다. 물체가 있어야 '물체에 부합하지 않는 관념'도 있을 수 있는 것이지, 물체가 없다면 관념은 그저 관념일 뿐, 물체에 부합할 수도 부합하지 않을 수도 없다. 관념의 참, 거짓을 판정하는 척도가 사라지면서 관념이 거짓일 수 있는 가능성도 함께 사라진 것이다. 이제 관념이 유일하게 존재하는 것이고, '더 이상 물체에 대한 관념이 아닌, 유일한 실재로서의 관념'은 스스로 ─물체와의 일치 여부와는 무관하게─ 참이다. 러셀과 로크가 상대화했던 것은 '실재가 아닌 현상', '물체에 일치하지 않는 관념'이었다. 그런데 실재는 없다! 이제 '유일한 실재로서의 현상'과 '유일한 실재로서의 관념'은 다시 절대화되고 이에 따라 감각 경험도 다시 인식의 타당한 원천으로 된다. 왜냐하면 우리가 가진 것이 그것뿐이기 때문이다. 이렇게 경험론의 모토는 다시 강화된다.

달리 말해서 우리가 인식의 유일하게 타당한 원천은 감각 경험이라는 경험론의 모토에 진정 충실하기를 원한다면, 우리는 물리적 실체의 현존을 부정하지 않을 수 없다. 그 경우에만 인식에 대한 감각 경험의 의미를 상대화하지 않을 수 있고 앞서 언급한 모순도 제거할 수 있기 때문이다. 물체는 없다. 이 말의 의미에는 '제2성질과 다른 물체의 부정'뿐 아니라 '제1성질을 소유한 물체의 부정'도 포함된다. 로크가 아직도 물체 자체에만 속한다고 믿었던 연장, 모습, 견고성 등도 단지 인식하는 주관의 의식 안에만 존재하는 감각의 자료, 관념일 뿐이다. 우리는 감각 경험으로 인식하고 그 결과 관념을 갖는다. 이것이 우리가 가진 전부다. 따라서 우리는 물체의 현존을 부정해야 한다. 아니 정확히 표현해서 물체의 현존을 긍정해서는 안 된다. 감각 경험이 준 관념과는 근본적으로 다른 물체 자체의 현존을 주장할 근거가 감각 경험을 통해서만 인식하는 우리에게는 전무하기 때문이다. 설령 우리의 감각 경험 저 너머에 물체가 현존한다 하더라도, 우리는 그 물체를 결코 인식할 수 없다. 감각 경험만을 인식의 유일하게 타당한 원천으로 가진 우리는 '감각 경험으로는 도달할 수 없다는 그 물체 자체'에 다시 우리의 감각 경험을 통해 접근해야 하는 모순에 빠지기 때문이다. 그러므로 감각 경험이 인식의 유일한 원천이라면, 우리는 물체는 없다는 사실을 인정하지 않을 수 없다. 물체는 없다. 있다 해도, 우리는 물체의 현존을 주장할 그 어떤 경험의 근거도 가지고 있지 않다. 따라서 우리는 물체가 있다는 사실을 알 수도 없고 말할 수도 없다. 정말 솔직하게, 자신의 인식 능력에 대해 아무런 과장 없이 반성한다면, 우리의 인식 창고 안에 들어 있는 모든 것을 하나하나 엄밀하게 점검해 본다면, 우리는 우리가 가진 것이 우리 정신 안에 있는 감각 자료와 관념뿐이고 그 외에는 아무것도 없다는 사실을 알게 된다. 그러므로 경험론자는 이렇게 말할 수밖에 없다. 물체는 없다. 관념만 있다.

이것은 모든 경험론은 결국 관념론일 수밖에 없다는 사실을 의미한다. 관념론Idealism은 존재하는 것은 다만 우리 정신 안의 관념뿐이라고 주장하는 철학적 입장이다. 따라서 관념론은 외부 세계에 물체의 실재를 인정하지 않는다. 존재하는 것은 물체가 아니라 우리가 가진 관념뿐이다. 반면 외부 세계에 물체의 실재를 인정하는 철학적 입장을 우리는 실재론Realism 이라 부른다. 앞서 언급했던 감각 경험의 상대화를, 즉 '제2성질은 물체 자체에 속하지 않고 다만 인식하는 주관의 조건에 의존적이기에 물체 인식에로의 통로가 아니다'라고 말할 수 있기 위해, 우리는 어떤 형태로건 실재론자여야만 한다. 그러나 우리가 실재론을 버리고 관념론의 길을 가는 한, 우리는 결코 '제2성질은 물체 자체에 속하지 않는다'라고 말할 수는 없고, 따라서 감각 경험의 상대화라는 막다른 길에 내몰릴 이유도 없다. 왜냐하면 관념론자는 이미 물체의 실재를 부정했고, 이와 더불어 물체와의 일치로서의 진리라는 대응설적 진리 개념도[22] 부정했고, 따라서 물체 없는 관념이 거짓일 수 있는 가능성도 부정했기 때문이다. 우리에게 있는, 따라서 우리가 알 수 있는 것이 있다면, 그것은 우리의 정신 밖의 물체가 아니라 우리 정신 안의 관념들뿐이다. 이 관념들의 정합적 체계가 바로 인식이다. 이 인식은 참되다. 그것은 이 관념들이 물체와 일치하기 때문이 아니라 —그런 일치는 이미 불가능한 일이 되어 버렸다. 물체가 없으므로!— 관념들 상호 간에 정합적 질서가 유지되기 때문이다. 감각 경험이 이 질서의 유지를 담보해 주는 한, 감각 경험은 인식의 유일하게 타당한 원천이라

---

22 진리는 전통적으로 '지성과 사물의 일치(*adaquatio intellectus ad rem*)'로 여겨져 왔다. 이것이 이른바 '진리 대응설(correspondent theory of truth)'이다. 관념, 표상, 판단, 진술, 해석 등의 지성의 상태는 각기 사유되는 사물, 표상되는 사물, 판단되는 사물, 진술되는 사물, 해석되는 사물과 일치 또는 대응하면 참이고 그렇지 않으면 거짓이라는 진리설이다. 그런데 사물 자체의 현존이 부정되면 일치 및 대응 관계 자체도 부정된다. 그때 진리는 '진리 정합설(coherent theory of truth)'에 의해서만 정당화된다. 진리는 지성과 사물의 일치가 아니라, 지성의 상태들, 즉 관념들 상호 간의, 표상들 상호 간의, 판단들 상호 간의, 진술들 상호 간의, 해석들 상호 간의 무모순적, 정합적 일치에 존립한다. 관념론자가 주장할 수 있는 진리는 물론 후자다.

고 말할 수 있다. 이 말의 본래 의미는 감각 경험이 외부의 물체에 대한 인식을 제공해 준다는 것이 아니라, 감각 경험은 관념을 제공해 주고 이 관념들의 내적 체계가 우리에게 존재할 수 있는, 따라서 우리가 인식할 수 있는 전부라는 것이다. 그 외에는 우리에게 존재하는 것도 없고 우리가 인식할 수 있는 것도 없다.

이것은 정말 경험에 충실한 경험론자는 제2성질의 상대성에 대한 반성을 거쳐 물체의 부정에 이르고 결국에는 관념론에로의 길을 가야만 한다는 사실을 의미한다. 그리고 오로지 이 길만이 우리를 지금의 논의로 이끌어 온 외관상의 모순, '인식에 대한 감각 경험의 상대화'와 '인식의 유일하게 타당한 원천으로서의 감각 경험' 간의 모순을 해결해 준다. 모순은 없다. 감각 경험은 존재하지도 않는 물체를 보여 주지 못한다는 이유로 상대화될 필요가 없기 때문이다. 오히려 정반대가 참이다. 감각 경험은 관념을 제공해 주고 이 관념들의 체계가 우리가 가진 유일한 인식이라는 의미에서, 감각 경험은 인간 인식의 유일한 원천이다. 물체의 존재만 부정하고 관념을 유일한 실재로 인정하면 모든 문제가 해결된다. (물론 물체가 없다는 불편한 사실에 개의치 않을 수만 있다면 말이다!) 그래서 영국 경험론의 선구자, 그러나 또한 선구자로서 실재론의 한계를 넘어설 수 없었던 로크에 이어 나타난 경험론의 두 번째 주자는 거침없이 관념론의 길을 간다. 그러면서 물체 자체의 현존을 완전히 부정하고, 따라서 인식에 대한 감각 경험의 의미를 상대화시키지 않으면서 '인식의 유일하게 타당한 원천은 감각 경험'이라는 경험론의 모토를 강화한다. 그 관념론적 경험론자의 이름은 조지 버클리다.

2 물체, 정신, 법칙의 해체

2.1 물체의 해체: 조지 버클리

관념론자로서의 버클리는 물리적 실체의 존재를 부정한다. 이는 물체는 전혀, 어떤 의미로도 존재하지 않는다는 것이 아니라, 지각하는 정신의 외부에, 이 정신으로부터 독립적인 유물론적 실체로서의 물체는 없다는 것이다. 그리고 이는 다시 존재하는 모든 것은 우리 정신 안에만 있다는 사실을 의미한다. 나의 정신 안에 있기에 나에게 지각될 수 있는 것, 그것만이 있는 것이다. 그래서 버클리의 철학은 한 문장으로 요약된다. '존재는 지각되는 것이다*Esse est percipi*.'

① 에세 에스트 페르키피

버클리에 의하면 우리에게 지각된 것, 우리의 의식에 주어진 관념만이 확실한 것이고, 이 지각된 세계 외부에 무엇이, 어떤 성질을 가지고 존재하는지를 우리는 알 수 없다. 이른바 '우리의 마음 밖에 그 자체로 존재하는 물리적 실체', '제1성질을 소유하고 있고 우리에게 제2성질이 지각되도록 해 주는, 성질들의 기체로서의 물체'는 존재하지 않는다. 오로지 우리의 마음에 주어진 지각의 내용만이 우리에게는 있는 것이고 또 알 수 있는 것이다. 그 이외의 것에 대해 우리는 아무것도 모르고 모르는 것에 대해서는 아무 말도 할 수 없다. 그것은 우리에게 '아무것도 아닌 것', '없는 것', "무nothing"[23]다. 지각되는 것은 있고 지각되지 않는 것은 없다. 존재가 먼저

---

[23] 버클리, 『하일라스와 필로누스가 나눈 대화 세 마당』, 한석환 옮김(철학과현실사, 1997), 168, 173쪽.

있고, 그 존재가 지각되기도 하고 지각되지 않기도 하는 것이 아니라, 지각되는 것을 우리가 '존재'라 칭하는 것이다. 지각되기에 존재하는 것, 이것만이 우리가 경험의 근거를 가지고 알 수 있는 것, 존재한다고 말할 수 있는 것이다. 지각된 것이 유일한 실재, 즉 존재다. 그렇지 않다면, 우리는 도대체 무엇을, 무슨 근거로 존재한다고 말할 것인가? 듣도 보도 못한 잡념들을 존재한다고 할 것인가? 아니다. 내가 듣고 보고 만진 것만이 존재하는 것이다.

정원사를 붙들고서 왜 저기 저 벚나무가 정원에 있다고 믿느냐고 물어 보라. 그는 자기가 그것을 보고 느끼기 때문이라고, 요컨대 자기가 그것을 자신의 감각들을 통해 지각하기 때문이라고 말할 것이다. 그에게 왜 오렌지나무는 거기에 없다고 믿느냐고 물어 보라. 그는 자기가 그것을 지각하지 않기 때문이라고 말할 것이다. 그가 감각을 통해 지각하는 것을 그는 실재적 존재자라 칭한다. 그리고 그것은 있다^{is} 또는 존재한다^{exists}고 말한다. 그러나 지각될 수 없는 것에 대해서는, 그것은 존재를 갖고 있지 않다고 말한다.[24]

정원사의 경험론적 태도를 우리도 유지한다면 우리 역시 같은 결론에 도달해야 한다. 여기 의자가 하나 '있다'. 내가 이렇게 말할 때 이 '있다'의 의미는 무엇인가? 내가 의자를 눈으로 보고, 손으로 만지고, 그 위에 앉을 수 있다는 뜻이다. 눈으로 본 갈색임, 손으로 느낀 딱딱함, 엉덩이로 느낀 저항감 등의 감각 인상들을 나의 "정신이 하나의 사물로 결합한" 것이 바로 의자다. 그러므로 이 결합물에서 다시 갈색임, 딱딱함, 저항감 등의 "감각 인상을 제거하면", 그것은 곧 의자 자체를 "제거하는 것"이다. 의자란

---

24 같은 책, 188-189쪽.

"감각적 인상들 내지 다양한 감각들에 의해 지각된 관념들의 혼합물 이외의 아무것도 아니기"[25] 때문이다. 내가 감관을 통해 받아들인 감각 인상들을 한데 모은 것, 그것이 바로 내가 보고, 만지고, 그 위에 앉을 수 있는 의자, '존재하는' 의자다.

그럼에도 사람들은 통상 거꾸로, 즉 의자라는 물체가 먼저 ―내가 의자를 지각하기에 앞서― 거기에 있고 그 의자에서 여러 감각 자료가 나와서 나의 감관에 주어진다고 생각한다. 즉 물체가 앞서 있고 그 물체에 '대한' 지각이 뒤따른다는 것이다. 이 생각이 옳은지를 판단하기 위해서는 우리의 지각 경험이 어떻게 이루어지는지 그 과정을 한번 재구성해 보기만 하면 된다. 우리가 지각할 때 실제로 어떤 일이 일어나는가? 지각은 감각 자료의 주어짐과 더불어 시작된다. 특정 색깔과 모습의 시각 정보가 나의 망막에 주어지고, 나의 손끝에 의자 등판의 딱딱함이 느껴진다. 그리고 나의 엉덩이를 받쳐 주는 저항감 역시 나의 촉각에 주어진다. 이 지각 내용들은 나의 마음 안에서 하나로 합쳐진다. 그 결합물이 바로 의자다. 여기까지는 나의 마음 안에서 일어난 일이고, 내가 지각한 일이고 따라서 내가 아는 것이다. 이 모든 일의 시작은 나의 감관에 감각 인상들의 주어짐이다. 그렇다면 나는 이 주어짐 '이전'에 대해서도, 그리고 지각하는 나의 마음 '외부'에서 감각 인상들을 나에게 보내 준 의자 자체에 대해서도 지각 경험을 가지고 있고 따라서 뭔가를 알고 있는가? 물론 그럴 수는 없다. '지각 이전 또는 지각 외부에 대한 지각'이라는 표현 자체가 이미 자기모순이기 때문이다. 경험 이전과 경험 외부에 대해 나는 어떤 경험의 통로도 가지고 있지 않고 따라서 그에 대해 뭐라 말할 어떤 경험의 근거도 가지고 있지 않다. 그렇다면 나는 왜, 무엇을 근거로 하여 내가 경험한 지각 내용

---

25 같은 책, 214쪽.

들의 경험 이전적, 경험 외적 발원지로서의 의자 자체가 있다고 생각하는가? 설명은 하나뿐이다. 내가 경험한 것은 다양한 지각 내용뿐인데, 경험만으로는 만족하지 못하는 나의 이성이 경험된 지각 내용들의 경험되지 않는 '밑(근거)'과 '뒤(배후)'에 물체로서의 의자를 상정한 것이다. 의자 자체란 이 상상적 상정의 산물일 뿐이다.

물론 이 상정이 아무리 그럴싸하다고 ―즉 신이 만든 자연에 빈틈은 없다는 '자연의 빛'의 상식에 아무리 잘 부합한다고― 하더라도 경험 중에 근거를 갖는 것은 아니고, 따라서 철저한 경험론자라면 거부해야 한다. 우리는 이미 인식의 유일한 원천은 경험이라는 데 동의했고, 이 경험의 경험되지 않는 근거와 배후에 대해서는 사유하지 않기로 약속했다. 이 약속에 따라 우리는 경험에 대해, 경험적 근거만 가지고 사유해야지, 경험되지 않는, 경험의 밑과 뒤에 대한 추리와 상상을 해서는 안 된다. 따라서 우리는 다음과 같이 고백하지 않을 수 없다. 지각 경험 이전에 또는 우리 마음 외부에 의자 자체가 존재한다는 경험의 근거를 우리는 전혀 가지고 있지 않다. 따라서 우리는 의자 자체의 존재를 인정할 수 없다. 존재하는 것은 우리 마음 안의 '의자-지각', '의자-관념'뿐이다. "존재는 지각되는 것이기*Esse is Percipi*"[26] 때문이다.

독자는 방금 내가 의자'의' 지각, 의자'의' 관념이라고 쓰지 않고, '의자-지각', '의자-관념'이라고 표현한 점에 주의를 기울여야 한다. 이것은 버클리의 요구에 따른 것이다. 버클리는 우리가 "'~의 관념'" 또는 '~지각'이라는 표현을 사용한다면, 이는 "관념을 관념이 아닌 사물에", 그리고 지각을 지각이 아닌 사물에 "속하는 것"으로 간주하는 "커다란 실수"[27]를 범하

---

26 버클리, 『인간 지식의 원리론』, 문성화 옮김(계명대학교 출판부, 2010), 71쪽.
27 버클리, 『철학적 주석』, 660쪽. 여기서는 다음에서 재인용: 코플스톤, 『영국 경험론: 홉즈에

는 것이라고 말한다. 왜냐하면 '~의'라는 소유격을 말하는 순간, 우리는 관념과 지각'의' 소유자로서의 물체 자체를 긍정하고 상정하는 꼴이 되기 때문이다. 우리는 이런 상정을 하지 않기로 이미 약속한 바 있다. 따라서 우리에게 존재하는 것은 의자 자체는 물론 아니고 "의자의 경험experiences of a chair도 아니고, 의자-경험chair-experiences"[28]뿐이다. 이 지각 경험과 그 관념들로 이루어진 세계가 바로 내가 그 안에서 "먹고, 마시고, 자는"[29] 세계, 내가 걸터앉은 의자, 책을 올려놓은 책상, 책상 위에 놓고 읽는 책, "집, 산, 강"[30] 등이 의자-지각, 책상-지각, 책-지각, 집-지각, 산-지각, 강-지각으로, 그리고 심지어 코끼리까지 코끼리-지각으로 존재하는 세계다. 지각되는 것만이 존재하기 때문이다. 그러므로 코끼리는 없다. 코끼리-지각이 존재할 뿐이다.

② 코끼리를 냉장고에 넣을 수는 있지만 보관할 수는 없다.

코끼리를 냉장고에 넣는 고전적인 방식에 따라 나는 냉장고 문을 열고, 코끼리를 냉장고 안에 넣고, 냉장고 문을 닫는다. 내가 문을 닫는 순간 코끼리-지각은 사라지고 이 사라짐과 함께 코끼리도 사라진다. 내가 등을 돌려 부엌문을 향할 때 냉장고-지각도 사라진다. 그리고 부엌문을 닫음과 동시에 부엌-지각, 부엌-지각 안의 냉장고-지각, 냉장고-지각 안의 코끼리-지각도 사라진다. 내가 3일 후 부엌문을 다시 열면, 그때에는 부엌-지각과 냉장고-지각이 주어지고 단지 그 의미에서만 부엌과 냉장고는 존재한다고 말할 수 있다. 그리고 냉장고 문을 다시 열면 거기서 나는 배고픈

서 흄까지』, 이재영 옮김(서광사, 1991), 303쪽.

28 호스퍼스, 『철학적 분석 입문』(프렌티스-홀, 1967), 507쪽.

29 버클리, 『하일라스와 필로누스가 나눈 대화 세 마당』, 177쪽.

30 버클리, 『인간 지식의 원리론』, 71쪽.

코끼리-지각을 발견한다. 3일 전에 배부른 코끼리-지각이 있었고 지금은 배고픈 코끼리-지각이 있다. 그 의미에서 코끼리는 3일 전엔 분명히 있었고 지금도 분명히 있다. 그렇다면 그사이 3일간은? 그 3일간 좁고 어두운 냉장고 안에서 고통스럽게 배고파 가던 코끼리가 있었다고 말할 수 있는 근거를 나는 경험 중에 가지고 있는가? 배고픈 코끼리에게는 좀 가혹한 말이 되겠지만, 내가 정말 경험론의 모토, '나의 지각 경험에 주어진 것 이외에 아무것도 인정하지 않는다'는 원칙에 충실하다면, 내가 할 수 있는 말은 하나뿐이다. 배고파 가던 코끼리는 없었다. 정확히 표현해서, 나는 배고파 가던 코끼리가 있었다고 말하기 위한 경험의 근거를 가지고 있지 않다. 따라서 나는 코끼리가 있었다고 말할 수 없다.

물론 사람들은 물을 것이다. 3일 전에 배부른 코끼리가 있었고 지금 배고픈 코끼리도 있는데, 중간의 3일간 배고파 가던 코끼리만 없었을까? 3일의 시간 간격을 두고 코끼리를 냉장고에(서) 넣고 빼는데, 그 3일간 냉장고는 코끼리를 보관하지 않았다는 말인가? 만일 3초마다 냉장고 문을 여닫는다면 3초마다 코끼리는 생기고 없어지기를 반복해야 하는가? 내가 보기에 이 물음에는 3가지 답변이 가능하다. 첫째는 '코끼리'를 냉장고 안에 보관할 수 있다고 주장하는 합리론적 실재론자의 답변이고, 둘째는 '코끼리'는 냉장고에 보관할 수 없다고 주장하는 경험론적 관념론자의 답변이고, 셋째는 '코끼리'는 냉장고에 보관할 수 없지만 '코끼리-지각'은 보관할 수 있다고 말하는 버클리의 답변이다. 나는 둘째와 셋째는 같은 것이라고 본다.

합리론자라면 제기된 물음에 이렇게 답할 것이다. 코끼리를 냉장고에 넣을 수 있을 뿐 아니라 보관도 할 수 있다. 그 결정적인 근거는 냉장고 문을 닫을 때 배부른 코끼리가 있었고 다시 문을 열면 배고픈 코끼리가 있다는 것이다. 이로부터 우리의 이성은 지난 3일간 배고파 가던 코끼리가 냉장고 안에 잘 보관되어 있었다는 합리적인 가설을 세울 수 있다. 신이 만든 자연에 빈틈은 없기 때문이다. 이 주장에 경험론적 관념론자는 다음과 같이 반박할 것이다. 물론 그렇다. 그 가설은 합리적이다. 그러나 경험적이지는 않다. 즉 가설은 합리적으로 정립되었지만 경험적으로 증명되지는 않았다. 우리는 실제로 이 가설이 참임을 증명해 주는 경험의 증거를 가지고 있지 않다. 따라서 관념론자는 '우리 마음 안에 없는 것은 없는 것'이라는 자신의 철학적 원칙에 따라 제기된 물음에 다음과 같이 답할 것이다. 3일 전에 배부른 코끼리-지각이 있었다. 지금 배고픈 코끼리-지각이 있다. 둘 사이는 비어 있다. 두 코끼리-지각 사이를 메워 주는 퍼즐 조각으로서의 '배고파 가던 코끼리'는 이성의 사유 안에는 존재하지만 경험의 세계에는 존재하지 않는다. 존재는 지각되는 것인데 누구도 배고파 가던 코끼리를 지각하지 못했기 때문이다. 마음 안에 없는 것은 없는 것이다. 코끼리를 냉장고에 넣을 수도 있고 거기서 꺼낼 수도 있지만, 그 안에 보관할 수는 없다.

셋째는 버클리의 답이다. 그는 3일 전에는 배부른 코끼리-지각만, 지금은 배고픈 코끼리-지각만 있다는 사실을 인정한다는 점에서 관념론자와 입장이 같다. 그러나 그는 배부른 코끼리-지각과 배고픈 코끼리-지각 사이를 비워 두지 않고 '배고파 가던 코끼리-지각'으로 채운다. 이렇게 빈틈을 빈틈으로 놔두지 않는다는 점에서 그는 다시 합리론적 실재론자에 가까워 보인다. 그러나 그는 관념론자다. 관념론자로서 그는 코끼리를 포함한 모든 "사물"은 "정신의 외부에 존재하지 않는다"[31]는, 따라서 정신의 내부에만 존재한다는 사실을 분명히 한다. 3일간 배고파 가던 코끼리는 분명 있었다. 어디에? 물체로서의 냉장고 안에 있었던 것은 절대 아니고, 그

31 같은 책, 69쪽.

간 집을 떠나 있던 나의 정신 안에 있었던 것도 아니다. 코끼리는 그 3일 동안, 배고파 가던 코끼리와 함께 배고파 가며 냉장고 안을 주시하던 어떤 타인의 정신 안에 있었다. 지난 3일간 냉장고 안에 보관된 코끼리를 들여다보던 누군가가 있었다면, 그 누군가가 배고파 가던 코끼리-지각을 가졌을 것이고 그 의미에서 코끼리는 있었다. 코끼리와 함께 배고파 가던 그의 정신에 대해서뿐 아니라 나의 정신에 대해서도! 나의 정신뿐 아니라 타인의 정신이 지각한 바에도 존재가 인정되어야 함을 내가 인정하기에![32]

내가 감각적 사물들에게서 정신을 벗어나 있는 존재를 인정하지 않는다고 할 때, 내가 의미하는 것은 특수한 나의 정신이 아니라, 모든 정신들이다. 그런데 감각적 사물들이 내 정신 외부에 있는 존재를 갖고 있음은 분명하다. 나는 그것들이 나의 정신과 무관하다는 것을 경험을 통해 알고 있기 때문이다. 그러므로 그것들은 내가 지각하는 시간들 사이의 시간들 동안 그것들이 그 안에 존재하는 ―그것들은 내가 태어나기 전에도 그랬었지만, 내가 (…) 소멸된 뒤에도 그러할 것이다― 그런 어떤 다른 정신이 있는 것이다.[33]

버클리는 분명히 자신이 태어나기 전에도 코끼리는 존재했고 죽은 후에도 존재할 것이라고 말한다. 따라서 코끼리는 나의 정신의 현존과는 무관하게 존재해야 한다. 내가 유일한 정신은 아닌 까닭이다. 내가 없다면 타인의 정신이 코끼리를 지각할 것이고, 나는 타인의 정신에 의해 지각된 코끼리가 나의 부재중에도 냉장고 안에 보관되어 있었음을 인정해야 한다.

---

32 따라서 관념론자로서의 버클리는 오직 나만 존재하고, 나의 마음 안에 존재하는 것만이 존재한다고 주장하는 유아론자는 아니다. 그는 타인의 정신의 존재를 인정하기 때문이다.

33 버클리, 『하일라스와 필로누스가 나눈 대화 세 마당』, 182쪽. (강조는 필자)

설혹 세상에 모든 유한한 정신이 소멸되어 버린다 해도, "모든 것을 알고, 모든 것을 파악하는", 항존하고 "편재하는 영원한 정신", 즉 신의 정신이 "있고"[34] 그 정신 안에 코끼리가 존재하는 한에서, 코끼리를 냉장고 안에 넣는 것은 물론이고 보관하는 것도 가능하다. 모든 것은 정신 안에만 존재한다고 주장하는 관념론자로서 버클리는 코끼리는 "나의 마음 안에" 존재하고, 내가 자리에 없다면 "다른 어떤 피조물의 정신 안에" 존재하고, 이도 저도 아니라면 "어떤 영원한 신령한 정신의 마음 안에 존재한다"[35]고 말한다.

여기서 다소 복잡하고 어려운, 그래서 숙고를 요하는 물음이 하나 제기된다. 코끼리의 존재에 대한 신의 정신의 의미에 관한 것이다. 편재하고 항존하는 신의 정신 안에 코끼리가 존재한다는 사실에서 코끼리의 실재성이 도출되는 것은 아닌가? 전능한 신의 정신에 의해 존재를 부여 받았다면, 그 코끼리는 단지 코끼리-지각, 코끼리-관념에 불과해서는 안 되고 코끼리 자체여야 하지 않겠는가? 전능한 신의 정신 안에 보관된 것이 코끼리 자체가 아니라 고작 코끼리-지각에 불과하고 전지한 신이 코끼리 자체는 모르고 코끼리-관념만 안다면, 그건 좀 이상한 일일 테니 말이다. 그렇다면 코끼리를 보관하는 신의 정신이라는 가설은 물리적 실체로서의 코끼리의 인정, 실재론의 부활을 결과하고 우리는 더 이상 ─우리가 가야만 하는─ 관념론에로의 길을 갈 수 없게 되는 것은 아닐까?[36]

---

34 같은 책, 182쪽.

35 버클리, 『인간 지식의 원리론』, 75쪽.

36 나는 이것이 터무니없는 물음들은 아니라고 생각한다. 이것은 이 글을 쓰기 위해 준비하면서 내가 실제로 부딪쳤고 해결하기 위해 고민해야 했던 물음들이다. 고민 끝에 나는 '코끼리를 보관하는 신의 정신'이라는 가설이 암암리에 실재론을 긍정하고 있고, 따라서 버클리의 관념론과 부합하는 것은 아니라는 결론에 도달했다. 지각과 관념으로만 이루어진

그런 걱정은 할 필요가 없다. 버클리는 철저한 관념론자였고, 그가 편재하고 항존하는 신의 정신이라는 가설을 도입한 것도 —코끼리의 실재성을 증명하기 위한 것이 아니라 오히려— 그의 관념론의 체계를 더 공고히 하기 위한 것이었기 때문이다. 전능한 신의 정신이 유한한 인간들이 사는 이 세계에 항존하고 편재한다는 것은 코끼리를 포함한 자연이 —인간 정신에 직접 경험되지 않을 때에도— 신에 의해서 언제나, 그리고 어디서나 우리가 기대하는 그대로 섭리되고 있다는 사실을 설명해 준다. 신은 말하자면 자연의 질서, 그 질서에 대한 학문으로서의 자연과학의 가능 근거이다. 신의 정신은 "모든 것을" "그 자신이 제정하고 우리에 의해 자연법칙들

—

관념론자의 세계는 유한한 인간들의 세계이지, 무한한 신의 세계는 아니다. 코끼리 자체가 아니라 오직 코끼리-지각만 알려진다는 이 세계의 규칙을 신적 정신에도 적용한다면, 즉 코끼리가 신의 정신 안에서도 유한한 인간의 정신 안에 존재하는 바로 그 방식으로 — 즉 코끼리-지각으로— 존재한다고 생각하면, 그것은 무한한 신에 대한 불경한 의인화다. 유한한 인간은 관념론자일 수밖에 없다. 그는 세계 자체 안의 사물 자체를 알 수 없기 때문이다. 그러나 무한하고 전지한 신은 관념론자일 필요가 없다. 세계 자체와 그 세계 안의 사물 자체도 알고 있는 신은 실재론자여야 한다. 정확히 말해 신에게는 실재론과 관념론의 구분 자체가 무의미하다. 이 구분은 실재는 알 수 없고 관념만 알 수 있는 인간의 인식 능력의 한계에서 비롯된 것이기 때문이다. 이 의미에서 나는 '만물의 지속적 존재를 섭리하는 신의 정신'이라는 가설이 '문제의 3일 동안 배고파 가던 코끼리-지각이 냉장고 안에 보관되어 있음'에 대한 납득할 만한 설명이라고 보지는 않는다. 인간에게만 유의미한 실재와 관념의 구분, 코끼리 자체와 코끼리-지각의 구분을 신에게까지 확장했기 때문이다. 철저한 관념론자라면 이렇게 말해야 한다. '코끼리-지각을 냉장고 안에 넣을 수는 있지만 보관할 수는 없다!' 이 말의 의미는 다음이다. '냉장고 안에(서) 넣고 뺄 수 있는 것은 코끼리-지각뿐이다. 그러나 그 코끼리-지각도 냉장고 안에 보관할 수는 없다. 어떤 다른 인간이 3일 내내 코끼리와 함께 냉장고 안에 머물지 않는다면 말이다.' 나는 '타인의 정신'이라는 가설은 수용한다. 그러나 신의 정신이라는 가설은 위에서 설명한 이유로 수용하지 않는다. 그렇지만 나는, 지금 공부하고 배우는 입장에서 버클리를 비판하느니 차라리 그를 이해하려는, 즉 코끼리를 보관하는 신의 정신이라는 가설이 버클리의 관념론의 체계 안에서 어떤 이론적, 논리적 역할을 하는지를 이해하려는 노력부터 하자고 제안한다.

이라 불리는 그런 규칙들에 따라 펼쳐 보이는"[37] 정신이다. 편재하고 항존하는 신이 어디서나, 그리고 언제나 자연을 섭리하고 있기 때문에 우리의 지각 경험들 간에는 놀라운 규칙성이 발견된다. 그래서 배부른 코끼리를 냉장고 안에 넣고 3일 후 문을 열면, 마치 3일 내내 그곳에 있기라도 했다는 듯이 코끼리-지각 한 마리가 발견되고, 그것도 '정확히 3일만큼 배고파진 코끼리-지각'이 발견되는 것이다.

> 나는 내가 받치고 글을 쓰고 있는 책상이 존재한다고 말하며, 이것은 내가 그것을 보고 느낀다는 것이다. 그리고 만일 내가 서재 바깥에 있었다면 나는 그것이 존재했다고 말해야 하는데, 그것은 만일 내가 서재 안에 있었다면 그것을 지각할 수 있을 것이라거나, 또는 어떤 다른 정신이 실제로 그것을 지각한다는 것을 의미한다. 거기에 냄새가 있었다는 것은 냄새가 맡아졌다는 것이고, 소리가 있었다는 것은 들렸다는 것이며, 색깔이나 모양은 시각이나 촉각을 통해서 지각되었다는 말이다. (…) 왜냐하면 지각됨과는 어떠한 관계도 없는, 사유하지 않는 사물들의 절대적 현존에 대해서 언급되는 것은 더할 나위 없이 이해하기 어렵게 보이기 때문이다. (…) 사물들은 바로 사물들을 지각하는 마음들 (…) 외부에 어떤 현존을 갖는다는 것은 불가능하다.[38]

물체는 정신 안에만 있다. 정신이 없는 한 물체는 없다. 그러니 정신이 돌아온다면 물체는 다시 거기에 있어야 한다. 그것도 정신이 없는 동안에도 마치 있었던 것과 같은 외양을 갖추고 있어야 한다. 버클리는 이 의미에서 코끼리-지각을 냉장고에 보관할 수 있다고 말한다. 이 말의 의미는

---

37 버클리, 『하일라스와 필로누스가 나눈 대화 세 마당』, 182쪽.
38 버클리, 『인간 지식의 원리론』, 69-71쪽.

지난 3일간 배고파 가던 코끼리 자체가 냉장고 자체 안에 있었다는 것이 아니라, 어떤 정신이 냉장고-지각의 문-지각을 열면 코끼리-지각을 발견할 수 있다는 것이다. 나아가 이 말은 내가 3일 전에 냉장고 문을 닫으면서 3일 후에 냉장고 문을 열면 3일만큼 배고파진 코끼리-지각이 발견되리라는 사실을 예측할 수 있었고, 지금 다시 문을 닫으며 또 3일 후에 정확히 6일만큼 배고파진 코끼리-지각이 발견되리라는 사실을 예측할 수 있다는 것을 의미한다. 즉 '3일 전에 분명히 존재했던 배부른 코끼리-지각', '지금 분명히 존재하는 배고픈 코끼리-지각', 그리고 '3일 후에 분명히 존재하게 될 두 배로 배고픈 코끼리-지각' 사이에는 정합적 연속성이 발견된다. 인간 정신이 지각하지 않을 때에도 편재하고 항존하는 신의 정신이 코끼리를 지각하며 그 지각의 정합성을 배려하고 있기 때문이다. 따라서 코끼리-지각을 냉장고 안에 보관하는 일은 어디서나, 그리고 언제나 가능하다. 그러나 '냉장 보관 가능한 이 코끼리'가 인간적 또는 신적 정신에 의해 지각되건 그렇지 않건 그와는 무관하게 존재하는 코끼리 자체, 실체로서의 코끼리는 물론 아니다. 그렇다고 또 '실체는 아니라는 이 코끼리'가 아무것도 아닌 것, 무냐 하면, 그건 더욱 아니다. 코끼리-지각, 코끼리-관념이야말로 유일하게 존재하는 것이기 때문이다. 코끼리는 없다. 따라서 냉장고에 보관할 수 있는 것은 코끼리가 아니라 코끼리-관념뿐이다.

③ 상식의 반발과 관념론자의 답변

물론 사람들은 코끼리 자체가 아니라 코끼리-관념만을 보관하는 냉장고의 성능에 만족하지 못한다. 물체가 관념이 되어 버렸다는 사실을 견딜 수 없기 때문이다. 관념은 싫으니 물체를 돌려 달라며 그들은 관념론자에게 거칠게 항의한다.

[당신의 주장은] 자연 속에 실재로 그리고 실체적으로 존재하는 모든 것은 (…) 세계로부터 추방되며, 그 자리에 공상적인 관념들의 체계가 등장한다는 것이다. 존재하는 것은 단지 정신 속에만 존재한다. 즉, 그것들은 순전히 추상적인 것들이다. 그러면 태양과 달 그리고 별들은 무엇이 되는가? 우리는 집, 강, 산, 나무, 그리고 돌들을 무엇이라고 생각해야 하는가, 아니면 심지어 우리 자신의 몸까지도? 이 모든 것이 단지 공상에 의한 수많은 망상과 환상들이란 말인가?[39]

불평은 계속된다. 당신은 우리가 "관념을 먹고 마시고, 관념이라는 옷을 입고 있다고 말하는" 것인가? 그건 "너무 듣기 거북하고", "불쾌하고" 또 "우스운"[40] 말이다. 더 큰 문제는 이제 밥-관념만 먹어서 배부름이 없고 물-관념만 마셔서 갈증 해소도 못하게 되었다는 것이다. 관념론자들이 존재와 사물을 지각과 관념으로 바꾸어 놓았기 때문이다.

이 반발에 대해 관념론자는 분명히 답한다. 아니다. 정반대다. 나는 "사물들을 관념들로 바꾸어 놓으려는 것이 아니라", 거꾸로 "관념들을 사물들로 바꾸어 놓으려" 한다. 왜냐하면 나는 관념을 "실재적 사물 자체로 간주하기"[41] 때문이다. 바로 여기에 관념론자의 주장의 핵심이 있다. 소박한 상식은 이 핵심을 이해하는 데 늘 실패한다. 그것은 상식이 관념론에 대해 가지고 있는 다음의 오해들 때문이다. 우선 이 오해부터 제거하자.

첫 번째 오해는 관념론자가 실재를 부정한다는 생각이다. 그러나 관념론자가 부정하는 것은 실재가 아니라 "정신과 무관하게 존재하는"[42] 유물

---

39 같은 책, 117-119쪽.
40 같은 책, 123-125쪽.
41 버클리, 『하일라스와 필로누스가 나눈 대화 세 마당』, 206쪽.
42 같은 책, 85, 139쪽.

론적 실재, "철학자들이 물질 또는 물체적 실체라고 부르는 것"[43]이다. '정신과 무관하게 존재하는 물체'라는 표현은 이미 그 자체 형용의 모순이어서 버클리는 이를 부정하지 않을 수 없다. 왜냐하면 '존재는 지각되는 것이다'라는 관념론의 근본 입장에 따르면 '정신의 지각함과 무관한 것'은 '존재'할 수 없기 때문이다. 바로 이 존재할 수도 없는 물체, 형이상학적 이성의 상상의 산물로서의 물질적 실체가 바로 관념론자가 부정하는 것이다. 관념론자는 실재를 부정하지 않는다. 실재란 무엇인가? '실實'제로 '있음在'이다. 관념론자에게 '실제로 있는 것은 무엇인가?'라고 물어 보라. 그의 답은 '에세 에스트 페르키피'일 것이다.

여기서 생각을 조금만 더 전개하면 ─첫 번째 오해와 연관된─ 두 번째 오해가 모습을 드러낸다. 흔히 사람들은 실재론과 관념론을 도식적으로 대립시키며 이렇게 말한다. '실재론은 관념은 부정하고 실재만 긍정하는 철학이다. 이에 반해 관념론은 실재를 부정하고 관념만 긍정하는 철학이다.' 실재론과 관념론의 이 같은 단순 대립의 근거에는 '실재와 관념은 서로를 배제한다'는, 즉 '실재는 관념이 아니고 관념은 실재하지 않는다'는 잘못된 생각이 숨어 있다. 이 오해가 관념론자는 실재를 관념 안으로 소멸시켜 버린다는 불평의 직접적인 원인이다. 이에 대해 이미 버클리는 자신이 한 일은 '실재의 관념화'가 아니라, '관념의 실재화'라고 말한 바 있다. 이 말 안에 관념론의 핵심이 표현되어 있다. 관념론자의 주장은 '실재는 없다'는 것이 아니라 '관념이 있다'는 것, 즉 '관념이 참된 실재'라는 것이다. 따라서 참된 실재를 긍정하는 관념론자는 실은 실재론자이고, 정확히 표현하면 참된 실재론자다. 같은 이유로 존재하지도 않는 물질적 실체를 실재로 간주하는 실재론자는 헛된 실재론자라 해야 할 것이다. 우리는

---

43 버클리, 『인간 지식의 원리론』, 119쪽.

앞서 플라톤이 개념을 참된 실재로 인정한다는 의미에서 그의 철학을 '개념 실재론'이라 칭한 바 있다.[44] 꼭 같은 논리로, 즉 버클리는 관념을 참된 실재로 인정한다는 의미에서 우리는 그의 철학을 '관념 실재론'이라 칭할 수 있다. 관념이 참된 실재다. 그렇다면 버클리의 관념론의 결과는 '실재의 제거'가 아니라 '참된 실재에 도달함'이라고 해야 할 것이다.

> 우리는 전술한 [관념론의] 원리들에 의해 그 어떤 자연의 대상도 상실하지 않는다. (…) 우리가 보고, 느끼고, 듣고 또는 어떻게든지 생각하거나 이해하는 것은 예전처럼 안전하게 남아 있으며 예전처럼 실재적이다. 사물의 본성은 있으며, 실재와 망상의 구분은 그 완전한 효력을 유지한다. (…) 나는 감각 기관이나 반성에 의해서 우리가 파악할 수 있는 사물의 현존을 반대하는 게 아니다. 내 눈으로 보고 내 손으로 만지는 사물들은 존재하며 실제로 존재한다. 나는 그것을 조금도 의심하지 않는다.[45]

관념론자에게 존재하고 실재한다는 것은 무엇을 의미하는가? 의자 위에 앉을 수 있다면 의자는 실재하는 것이고, "장갑을 보고, 만지작거리고, 손에 낄" 수 있다면 장갑은 "존재하는"[46] 것이고, 밥을 먹고 배부름을 느낄 수 있다면 밥도 실재하는 것이다. '존재는 지각되는 것이다'라는 말의 의미는 의자의 저항감을 촉각으로 느끼고, 눈과 손으로 장갑을 지각하고, 밥을 맛있게 먹고 포만을 느낀다면, 그 의자, 장갑, 밥은 존재한다는 것이다. 그래서 버클리는 말한다. "내가 존재를 제거한다고 말하지 말라!"[47] 나

---

44 5장 1.2의 ② 참조.
45 버클리, 『인간 지식의 원리론』, 119쪽.
46 버클리, 『하일라스와 필로누스가 나눈 대화 세 마당』, 170쪽.
47 버클리, 『철학적 주석』, 593쪽. 다음에서 재인용: 코플스톤, 『영국 경험론: 홉즈에서 흄까

는 존재의 참된 의미를 설명할 뿐이다. 그 의미는 벚나무는 있고 오렌지나무는 있지 않다고 말하던 정원사가 이미 설명한 것이고, 장갑을 보고, 만지고, 손에 끼면서 장갑이 여기에 있다고 말하는 "평범한 사람들"[48]이 이미 이해하고 있는 것이다. 여기에 무슨 설명이 더 필요한가? 물론 한 가지는 덧붙여야 한다. 내가 손에 끼고 있는 이 장갑은 '나에게 시각 자료와 촉각 자료를 보내 준, 지각되지 않는 장갑 자체'가 아니라, '내가 나의 시각과 촉각으로 그 존재함을 확인한 장갑-지각'이다. 이 장갑-지각이 나의 손을 살을 에는 추위과 동상의 고통에서 보호해 줄 것이다. 그것으로 충분하다. 상식은 불안해할 이유가 없다.

관념론자의 논리는 선명하고 설명은 명쾌하다. 인식의 유일하게 타당한 원천은 경험이라는 대전제에 동의만 한다면, 더 이상 논란의 여지는 없어 보인다. 그러나 당시 상식의 옹호자들의 피해 의식은 상상 외로 컸고 반발도 거셌던 것 같다. 그래서 버클리의 동시대인 중 한 명은 ─이 사람은 "킹즈칼리지(오늘날의 컬럼비아대학교)의 초대 총장"[49]을 역임한 지식인이었다고 한다─ '여기에 돌덩이가 하나 있다. 물체는 없다고 하니 내가 이 돌을 발로 차도 아프지 않을 것이다'라고 말하며 돌덩이를 진짜 세게 걸어찼다고 한다. 내가 보기에 이 양반은 좀 어리석은데, 당신이 보기에는 어떤가?

④ 지각 경험의 정합성과 물체 상정의 문제

돌덩이를 걸어차고 많이 아프셨을 이 분은 자신의 아픔으로 돌 자체의

지』, 291쪽.

48 버클리, 『하일라스와 필로누스가 나눈 대화 세 마당』, 237쪽.

49 이재영, 「버클리」, 『서양 근대 철학』, 서양근대철학회 엮음(창작과비평사, 2001), 239쪽.

존재를 증명하고 이를 통해 관념론자를 논박할 수 있다고 믿었던 것 같다. 바로 여기에 이 분의 어리석음이 있다. 왜 눈으로 본 돌을 발로 차서 아프면 그건 물체로서의 돌이고, 안 아프면 돌-지각이라고 생각해야 하는가? 버클리가 지각의 실재성을 주장했을 때, 그 지각에는 시각 경험뿐 아니라 촉각 경험 또한 포함되는 것이었다. 그러므로 시각이 지각한 것을 촉각 역시 지각하리라는 사실은 쉽게 예상할 수 있다. 눈으로 본 장갑-지각을 손에 끼면 따뜻함-지각을 가질 수 있듯이, 눈으로 본 돌-지각을 발로 차면 아픔-지각을 갖게 된다. 그리고 이 아픔은 돌 자체의 존재 증거가 아니라, 돌-지각의 존재 증거다. 왜냐하면 이 아픔은 걷어차는 나의 발에 저항하며 아픔의 '느낌으로 다가온 것', 나의 촉각에 아픔으로 '지각된 것'의 존재를 증명하고 있는데, 바로 이 '지각된 것'이 '존재는 지각된 것이다'라고 말하는 사람이 생각하는 존재이기 때문이다. 그러므로 이치에 맞게 생각하는 사람이라면 이렇게 말해야 한다. '나는 지금 돌-지각 하나를 보고 있다. 이 돌-지각을 발로 차면 아픔-지각을 경험할 것이고, 두 배 더 세게 걷어차면 두 배 더 센 아픔-지각을 경험할 것임을 나는 예측할 수 있다. 따라서 나의 시각이 여기 있다고 확인한 돌-지각이 진짜 여기 있는지를 확인하기 위해 나의 촉각까지 동원할 필요는 없다.' 이 정확한 예측과 합리적인 판단을 가능하게 해 주는 것이 바로 지각 경험의 정합성이다.

지각들은 정합적인 체계를 형성한다. 즉 우리가 다섯 개의 감관을 통해 얻은 지각 정보들은 따로 떨어져 분리되어 있지 않고, 서로 밀접하게 연관되어 그들 간에는 내적인 통일성과 정합성이 발견된다. 이 정합성은 우선 다섯 가지 감관들 사이에 존립한다. 그래서 눈으로 본 형태 그대로 만질 수 있고, 코로 예상한 맛을 혀로 느끼고, 만져서 딱딱한 돌을 걷어차면 예외 없이 아픔-지각이 수반된다. 시각, 청각, 후각, 미각, 촉각 중에 어느 하나 또는 여럿이 다른 하나 또는 여럿을 부정하는 일은 없다. 또한 시간적으로도 정합성은 유지된다. 그래서 배부른 코끼리-지각을 냉장고에 넣고 3일 후에 꺼내 보면 예외 없이 배고픈 코끼리-지각으로 변해 있고, 바나나-지각과 함께 넣어 두면 배부른 코끼리-지각은 보관되지만 바나나-지각은 사라진다. 코끼리-지각 없이 바나나-지각만 넣어 두었는데 바나나-지각이 사라졌다면 우리는 도둑-지각의 방문을 의심하지 않을 수 없다. 지각 경험은 언제 어디서나 일관적으로 정합적이어서 예측 가능하고, 이 예측에 힘입어 우리는 지각들의 세계 안에서 혼란과 실수 없이 적응하며 우리의 "일상생활을 잘 영위한다."[50]

이 지각 경험이 얼마나 통일적이고 정합적이냐 하면, 우리는 내적으로 연관된 이 경험들의 배후에 이 모든 지각 정보들이 귀속될 물리적 실체, 진짜 코끼리 한 마리를 전제하고, 이 모든 지각 경험들이 이 코끼리'에 대한' 것이라 생각하고픈 유혹을 받을 정도이다. 그럴 경우 지각의 정합성은 참으로 쉽게 설명되기 때문이다. 그런데 그렇게 하는 것이 과연 경험론자에게도 허용될까?

이 물음에 답하기 위해 다른 더 친숙한 예를 들어 생각해 보자. 여기에 짜장면이 한 그릇 있다. 색은 검고, 휘저어 비비면 쓱쓱 소리가 나고, 달고

---

50 버클리, 『하일라스와 필로누스가 나눈 대화 세 마당』, 177쪽. 물론 다섯 개의 감각 기관 사이의 조화가 깨지는 경우도 있고 시간의 흐름을 통해 유지되는 정합성이 와해되는 경우도 있다. 전자는 눈은 분명히 보았는데 발에 채이지 않는 돌이고, 후자는 냉장고에 넣어 두면 둘수록 배불러지고 살찌는 코끼리다. 이렇게 감각 기관들이 서로 충돌하거나 또는 시간적으로 "앞의 사건들 및 후속의 사건들이 통일적으로 연결되어 있지 않아서" 감각 경험의 정합성이 깨지는 경우가 바로 착각 또는 "환상"(같은 책, 190)이다. 여기에는 매우 중요한 관점의 이동이 있다. 통상 착각, 환상이라고 하면, 우리는 우리의 지각과 지각되는 사물 간의 불일치를 생각한다. '헛것을 보았다', '있는 걸 못 봤다'라는 말은 전부 그런 의미를 갖는다. 이제 버클리에 의하면 착각 또는 환상은 지각과 지각되는 사물들 간의 대응설적 불일치가 아니라, 정합적이어야 할 지각들 간의 내적 불일치, 지각들의 정합성의 와해를 의미한다. 이는 우리의 지각 경험이 일치해야 할 '지각되는 사물 자체'는 없다는 것을 의미한다.

짜고 쫄깃한 수타 짜장면이다. 냄새를 맡아 보니 맛은 달콤할 것 같고, 모락모락 피어오르는 김과 면발의 윤기로 보아 따뜻하고 쫀득거릴 것 같다. 먹어 보니, 아니나 다를까! 기대는 예외 없이 충족된다. 하지만 한두 시간 그냥 두면 장은 굳고, 따뜻하고 쫄깃하던 면은 차가워지고 불어 버린다. 역시 예외 없는 실망이 뒤따른다. 한마디로 나의 짜장면-지각들은 ─오감에 주어진 정보들 간의 내적 일치로 보나, 시간의 흐름 안에서 나타나는 지각들의 일정한 변화로 보나─ 극도로 정합적이다. 그러면 우리는 이성의 유혹에 따라 이렇게 생각하게 된다. 내적으로 연관된, 통일적이고 정합적인 지각 경험들의 근거에 '짜장면 자체'가 있다. 이 진짜 짜장면은 나의 지각 경험에 앞서 검은색임, 짜고도 달달함, 따뜻함과 쫄깃함 등의 속성을 소유하고 거기에 있다. 그리고 이 속성들에 대한 감각 정보를 나에게 보내 준다. 그러면 나는 짜장면'을' 지각하고 이를 통해 짜장면'에 대한' 인식을 갖게 된다. 짜장면 자체가 자신에 관한 지각 정보들을 나에게 보내 준 것이 아니라면, 나의 짜장면-지각 경험들이 이토록 놀라운 정합성을 유지할 수 있겠는가?

정말 그럴까? 나에게 일어난 일을 정확히 복기해 보면, 실제의 상황은 정반대임을 알게 된다. 나에게 다양한 지각 자료가 주어졌고, 이 주어짐과 더불어 나의 짜장면 인식이 시작되었다. 그러나 나는 이 지각 자료들이 어디에서 왔는지는 모르고 있다. 더욱이 이 자료들은 한 덩어리로, 통째로가 아니라 따로따로 주어졌다. 검은 색깔은 눈에, 면과 장이 비벼지는 소리는 귀에, 춘장의 그윽한 냄새는 코에, 달고 짠 맛은 혀에, 면발의 쫄깃함은 피부에 주어진 것이다. 전부 따로따로, 말하자면 하나는 앞문으로, 다른 하나는 뒷문으로, 그리고 또 다른 것들은 창문과 쪽문으로 들어와서 식탁 위에서 합쳐졌다. 이렇게 분리되어 주어진 지각 자료들을 한데 합쳐 놓고서 나는 묻는다. 이 자료들, 검은색, 달달함, 그윽함, 쫄깃함 등을 술어의 자리에 놓는다면, 주어의 자리에는 무엇이 와야 할까? 짜장면이다. 그래서 나는 말한다. '짜장면은 검고, 달고, 그윽하고, 쫄깃하다.' 그러나 분명한 것은 검고, 달고, 그윽하고, 쫄깃한 짜장면이 먼저 거기에 있었고 그 짜장면이 나에게 색, 맛, 향, 끈기 등의 감각 정보를 보내 준 것이 아니고, 거꾸로 나는 어디서 온 건지도 모르는 검은색, 달달함, 그윽함, 쫄깃함 등의 지각 자료들을 따로따로 받아 한데 합쳐 놓고, 이 지각 정보들의 비어 있는 주인 자리에 앉히기 위해 짜장면 자체를 나중에 데려왔다는 것이다.

자, 여기서 나의 인식의 한계를 점검해 보자. 색, 맛, 향, 끈기 등의 속성들은 모두 내가 아는 것이다. 검은색은 나의 눈이, 달달함은 나의 혀가, 그윽함은 나의 코가, 쫀득함은 나의 피부가 지각했다. 지각되는 것이 존재하는 것이라니 이 모든 속성은 존재하는 것이다. 그렇다면 이 속성들의 주인으로서의 짜장면 자체도 나는 지각했는가? 그건 아니다. 나의 눈, 코, 귀, 혀, 피부에게 물어 보니 모두 아니라고 답한다. 나는 색, 맛, 향, 끈기 등 개별적인 속성들을 지각했을 뿐이지, 이 속성들의 주인으로서의 짜장면은 지각하지 못했다. 존재는 지각된 것이라니까, 지각되지 않은 짜장면 자체는 존재하지 않는다. 또한 지각 경험이 인식의 유일하게 타당한 원천이라니까, 나는 지각하지 못한 짜장면에 대해 아무것도 모르고 있다. 그렇다면 나는 존재하지도 않고 내가 알지도 못하는 이 주인을 어디서, 어떻게 데려온 것일까?

짜장면 자체는 지각이 아니라 통각$^{ad(p)\text{-}perceptio}$의 산물이다. 나는 짜장면 자체는 지각할 수 없었지만 색, 맛, 향, 끈기 등 내가 가졌던 '지각^{perceptio}'들에 '덧붙여^{ad}', 즉 지'각^{覺}'들을 '통^{統}'틀어 보는 사유를 통해서, 이 모든 지각 내용의 근거에 이들을 자신의 것으로 취하는 물리적 실체가 있지 않으면 안 된다는 결론에 도달한 것이다. 검은색, 달콤함, 그윽함, 쫄깃함 등 속성들은 있는데 이 속성들의 주인이 없다면 그건 이상한 일이기 때문이다. 이

이상함을 싫어하는, 속성들의 주인 자리를 빈틈으로 남겨 두기를 원치 않는 나의 이성은 이 지각들의 '근거에^{sub}' 이 지각들의 주인을 '세운다^{positio}.' 이 '상정$^{sub(p)\text{-}positio}$'의 산물이 이른바 짜장면 자체, 물체, 물리적 실체라는 것이다. 이 상정의 근거는 속성들이 있으면 주인도 있어야 한다는 매우 합리적인 생각이다.

나는 나 자신의 철학적 입장에 따라 이 상정 자체가 합리적이고 우리 상식에 부합한다는 점을 인정한다. 그러나 나는 한시적인 경험론자로서 이 합리적인 상정에 경험의 근거는 없다는 점, 그리고 경험의 근거가 없으면 우리는 어떤 것도 인정하지 않겠다고 이미 약속했다는 점을 지적한다. 물론 상식은 되물을 것이다. '검은색, 달달함, 그윽함, 쫄깃함이 하나의 짜장면의 속성들이어야 짜장면-지각들의 내적 정합성이 용이하게 설명될 수 있지 않겠는가?' 한시적인 경험론자는 답한다. '설명의 용이성이 중요한 것은 아니다. 지금 우리에게 중요한 것은 어떤 설명이건 경험 중에 근거를 가져야 한다는 것이다.' 여기서도 우리는 경험에 의해 인정할 수 있는 것들의 범위를 분명히 해야 한다. 우리의 지각 경험들이 매우 정합적이라는 사실은 경험적으로 확인할 수 있다. 그러나 그 정합적인 지각 경험들의 배후에 이 지각 내용들을 자신의 것으로 취하는 하나의 물리적 실체가 있음은 경험석으로 확인할 수 없다. 그렇다면 우리가 경험의 근거를 가지고 긍정할 수 있는 것은 존재로 이해된 지각들은 하나하나 서로로부터 고립된 지각들이 아니고, 지각들의 체계적이고 정합적인 "그룹", "집단", "패턴", "가족"[51] 또는 다발이라는 것뿐이다. 검은색, 달콤함, 그윽함, 쫄깃함 등은 하나의 다발로 지각된다. 이것이 전부다. 지각된 이 정합적 다발의 배후에 또 다시 짜장면 자체, 하나의 물리적 실체가 서 있다고 주장할 경험적

51　호스퍼스, 『철학적 분석 입문』, 508-509쪽.

근거는 전혀 없다. 지각 경험의 정합성은 경험의 사실이지만, 정합성의 배후는 경험의 저편이기 때문이다. 결국 경험 중에 근거를 갖지 않는 어떤 것도 인정하지 않는다는 애초의 약속을 깨지 않는다면, 우리는 정합적인 지각의 다발의 존재만을 인정해야지, 이 다발의 배후에 물체 자체를 상정해서는 안 된다. 우리 마음의 외부에 있다는, 따라서 우리에게 지각되지는 않고, 지각에 덧붙여 사유(통각!)될 수만 있다는 물리적 실체는 없다. 존재하는 것은 '마음 안에서 지각되는' 것뿐이기 때문이다.[52]

⑤ 남겨진 문제들: 정신적 실체와 인과법칙

영국 인식론 공부를 시작하면서 '오직 경험!'이라는 이 철학의 근본 입장을 철저하게 견지하고 논의를 따라가 보면 놀라운 일들을 겪게 되리라 예고한 바 있다. 그중 일부가 이루어졌다. 버클리는 '에세 에스트 페르키피'라는 자신의 경험론적 원칙을 앞세워 물리적 실체와 이 실체의 현존에 대한 소박한 믿음을 해체했다. 본디 영국 경험론의 역사는 실체 일반과 법칙의 해체의 역사라 했으니, 아직 해체될 것이 둘 더 남아 있다. 정신적 실체와 인과법칙이다. 자, 이제 우리의 관념론자가 '관념의 주인, 지각의 주체로서의 정신'에 대해, 그리고 아일랜드의 주교가 '신이 창조한 자연 안에 존립한다는, 그리고 신이 언제, 어디서나 그 규칙성을 배려하고 있다는 인과법칙'에 대해 무슨 생각을 가지고 있었기에 이들을 해체할 수 없었는지를 숙고하기로 한다. 이 숙고가 한층 더 철저한 경험론자의 파괴적인 철학적 사유 실험으로 넘어가기 위한 징검다리 역할을 해 줄 것이다. 정신적

---

52 버클리는 바로 이 논리로 물체의 상정이 "불합리한"(버클리, 『하일라스와 필로누스가 나눈 대화 세 마당』, 209쪽) "모순"(같은 책, 119, 205쪽)이라고 지적한다. 왜냐하면 물리적 실체는 정신의 외부에 있다고 여겨지는 것인데, 이것이 상정, 추론의 방식을 통해 사유된다면, 이때 '정신 외부에 있는 것'이 '정신 안으로 들어오는' '모순'이 발생하기 때문이다.

실체에서 시작하자.

철저하게 물체, 물리적 실체의 현존을 부정하는 버클리도 자아, 정신적 실체의 존재만큼은 부정할 수 없다. 이것은 관념론이라는 그의 철학적 근본 입장에 의해 이미 정해진 것이다. 이 입장은 '정신의 외부'에 머무는, '정신으로부터 독립적인' 물체는 없고, '정신의 내부'에 머물며 '정신에 의존하는' 관념과 지각만 있다고 말한다. 즉 존재하는 것은 관념과 지각이고, 이들의 존재 조건은 '정신의 내부에 있음', '정신에 의존함'이다. 여기서 정신이 존재하지 않는다고 한번 가정해 보자. 그러면 관념론 자체가 흔들리게 된다. 정신이 없다면, 정신 '안에 있어야' 하고 또 정신에 '의존해야' 할 관념과 지각에게 '있을 곳'과 '기댈 곳'이 없게 되기 때문이다. 관념과 지각이 존재해야 한다면, 이들이 "그 안에 존재할 수 있는 실체",[53] 그리고 이들의 존립이 거기에 "의존하는" 정신 역시 존재하지 않으면 안 된다.

관념론자에게 관념과 지각은 물론 존재한다. 그러나 이들은 실체가 아니다. 즉 자신의 있음의 원인이 아니다. 그러므로 이들의 존재의 원인은 따로 있어야 한다. 그 원인이 바로 "비물질적 능동적 실체"로서의 "정신", "영혼", 사유하고 지각하는 자아이다. 여기서 '사유하고 지각하는 것'과 '사유되고 지각되는 것'의 관계에 대해 생각해 보자. 버클리에 의하면 우리의 정신은 "영속적으로 계속되는 관념들을 지각한다." 이들 중 일부는 "다시금 야기되고", 또 "다른 것들은 변화하거나 완전히 사라져 버린다." 그렇다면 이 사유된 "관념"과 지각을 "산출하고 변화시키는 어떤 원인이 있어야"[54] 한다. 그 원인은 어떤 것일까? 우선 관념과 지각의 원인이 다른 관념, 다른 지각이어서는 안 된다는 점은 자명하다. 왜냐하면 사유된 관념, 지각

---

53 버클리, 『인간 지식의 원리론』, 293쪽.
54 같은 책, 107쪽.

된 지각 내용의 원인이 또 사유된 것, 지각된 것이라면, 후자들의 원인에 대한 물음, 즉 '무엇이 후자의 사유된 것, 지각된 것을 사유하고 지각했는가?' 하는 물음이 또 제기되어야 하는 까닭이다. 그러므로 사유된 것, 지각된 것으로서의 관념과 지각의 원인은 '정신에 의해 사유되고 지각된 것'이 아니라, 오직 '사유하고 지각하는 정신'이어야 한다.

> 나 자신은 나의 관념들이 아니라, 그 밖의 다른 어떤 것, 즉 지각하고 인식하고 의욕하고 관념들을 가지고 작용하는, 사고 활동을 하는, 능동적인 원리다. (…) 나, 즉 하나의 동일한 자아가 색과 소리들을 지각한다. (…) 색은 소리를 지각할 수 없고, 소리는 색을 지각할 수 없다. (…) 그러므로 나는 색이나 소리와는 구별되는, (…) 다른 모든 감각적 사물들 및 불활적인 관념들과 구별되는, 단일의 개별적 원리다.[55]

여기서 '사유하고 지각하는 정신'은 '사유된 관념, 지각된 지각 내용'과 근본적으로 다른 것이어야 함이[56] 분명히 드러난다. 이들은 '…된 것', 행위의 결과가 아니라 '…하는 것', "행위자",[57] 이 활동성의 능동적 주체이기 때문이다. '사유하고 지각하는 자'가 '사유함과 지각함'을 통해 '사유된 것(관념)과 지각된 것(지각 내용)'을 만든다. 이 관계는 불가역적이다.

> (…) 영혼과 정신 그리고 실체는 (…) 철저하게 실재적인 사물, 즉 관념도 아니고 관념과 닮은 것도 아니라, 관념을 지각하며 관념에 관해서 의욕하고 추리

---

55 버클리, 『하일라스와 필로누스가 나눈 대화 세 마당』, 187-188쪽.
56 버클리, 『인간 지식의 원리론』, 107, 109쪽 참조; 버클리, 『하일라스와 필로누스가 나눈 대화 세 마당』, 185쪽 참조.
57 버클리, 『인간 지식의 원리론』, 109쪽.

하는 사물을 의미하고 표시한다. 나 자신인 것, 내가 '나I'라는 용어로서 나타내는 것은 영혼 또는 정신적 실체에 의해서 의미되는 것과 같다. (…) '정신의 사유하지 않는 모든 대상[사유된 것으로서의 관념]'은 전적으로 수동적이라는 점에서 그리고 그 현존이 단지 '지각됨에in being perceived' 있다는 점에서 일치하며, 이에 반해서 영혼이나 정신은 능동적인 존재, 즉 그 현존이 지각됨에 있는 것이 아니라 '관념을 지각하는 속에 그리고 사유 속에in perceiving Ideas and Thinking' 있는 존재이다. (…) 그러므로 [사유하는] 정신과 [사유된] 관념을 구별하는 것이 필요하다.[58]

여기에는 필경 '데카르트적'이라 칭해 마땅한 사고방식이 들어 있다. 사유된 것으로서의 관념과 지각된 것으로서의 지각 내용이 존재한다면, 이는 사유 활동과 지각 활동이 이루어졌음을 의미하고, 이는 다시 사유함과 지각함이라는 활동성의 주체가 있음을 의미한다. 관념이 관념을 사유할 수 없고 지각이 지각을 지각할 수 없으니, 사유와 지각 활동이 있다면 반드시 사유하고 지각하는 자가 있지 않으면 안 되기 때문이다. 데카르트는 사유라는 활동성에 이 활동성의 능동적 주체로서의 사유하는 나가 필연적으로 수반된다며 이렇게 말했다. '나는 사유한다. 그러므로 나는 존재한다.' 이제 지각된 것은 존재한다고 생각하는 버클리도 지각이라는 활동성에 이 활동성의 능동적 주체로서의 지각하는 나가 필연적으로 수반되어야 한다고 생각한다. 그러므로 정신적 실체에 대한 그의 입장은 이렇게 정리할 수 있다. '나는 지각한다. 그러므로 나는 존재한다.'

정리해 보자. 관념론적 철학의 근본 입장, '에세 에스트 페르키피'에 따라 사유된 것, 지각된 것은 분명 존재한다. 이들의 존재에서 우리는 사유

---

58 같은 책, 297쪽. (홑따옴표는 필자)

함과 지각함이라는 활동성의 존재를 추리해 낼 수 있다. 그리고 이 활동성으로부터 이 활동을 하는 자, "사유하고" "지각하는"[59] 나의 존재도 도출할 수 있다. 사유하고 지각하는 자가 사유되고 지각된 것의 "원인이라고 말하는 것은 모순이 아니지만", 사유되고 지각된 것이 사유 및 "지각 활동을 하지 못하는 것"을 "통해 만들어졌다"고 말한다면 그것은 "모순이기" 때문이다. 이 모순을 피하기 위해 우리는 사유함, 지각함이라는 활동성의 배후에 사유하고 지각하는 활동의 주체, 정신적 실체를 "상정해야" 하고 이 상정은 매우 "정합적"[60]이다. 자연에 빈틈은 없다는 합리적인 논거를 가지고, '냉장고는 지난 3일간 배고파 가던 코끼리를 잘 보관했다'는 가설을 세운 합리론자에 대해, '그 가설은 합리적으로 정립되었지만 경험적으로 증명되지는 않았다'라고 반박하던 경험론자가 이제 경험 가능한 정신 활동의 경험되지 않는 배후에 이 활동성의 능동적 —그리고 경험에 포착되지 않는— 주체를 상정한다. 물론 합리적인, 그러나 경험적으로 증명되지는 않은 근거만을 가지고! 이 태도의 일관성 여부에 대해서는 독자들이 알아서 판단할 일이다.

물질적 실체와 관련해서 '존재는 지각되는 것이다$^{Esse\ est\ percipi}$'라고 정리되었던 관념론적 철학의 근본 입장이 이제 정신적 실체와 관련해서는 '존재는 지각하는 것이다$^{Esse\ est\ percipere}$'라고 정리된다. 사유하고 지각하는 나는 존재해야만 한다. 그렇지 않으면 —경험의 신이 아니라— 자연의 빛이 당황할 것이기 때문이다.

철저한 경험론자라면 해체해야 했지만 버클리가 그렇게 하지 못한 또는 하지 않은 두 번째 것이 인과법칙과 이에 대한 소박한 믿음이다. 이제 버

---

[59] 같은 책, 295; 버클리, 『하일라스와 필로누스가 나눈 대화 세 마당』, 183쪽.
[60] 같은 책, 186쪽.

클리의 철학을 공부하는 마지막 순서로 그가 인과법칙을 '왜 부정할 수 없었고' 또 '어떻게 긍정할 수 있었는지'를 그의 관념론적 철학의 근본 입장과 관련하여 살펴보기로 하자.

관념론자로서 버클리는 물리적 실체, 지각하는 정신으로부터 독립적인 물체의 현존을 부정한다. 이에 따라 그는 "물체적 원인은 없다"[61]고, 지각하는 정신으로부터 독립적인 인과법칙은 없다고 단언한다. 당연한 일이다. 물체들이 존재하지 않으므로 그 물체들 간의 필연적 관련 또한 있을 수 없으니 말이다. 빨간 당구공도 없고 하얀 당구공도 없는데, '굴러가는 빨간 당구공'이 '그에 맞아 움직이는 하얀 당구공의 원인'이라고 말하는 것은 물론 어불성설이다. 이렇게 보면 물체와 물체적 원인을 부정하는 버클리는 인과법칙의 타당성도 부정해야 할 것 같다. 그러나 버클리는 그렇게 할 수 없다. 인과법칙은 신이 만든 자연을 지배하는 법칙이기 때문이다. 항존하고 편재하는 신의 정신은 언제, 어디서나 자신이 만든 자연이 "불변하고 한결같이"[62] 유지되도록 배려하고 있다. 이 불변함, 한결같음이 바로 자연의 법칙이다. 그런데 그 자연에 법칙이 없다고 말한다면, 이 말은 논리적으로 자연의 규칙성을 배려하는 신적 정신의 부정도 포함해야 한다. 주교로서 버클리는 결코 그런 부정을 할 수 없다. 그러나 또한 관념론자로서 버클리는 물체와 물체적 원인의 현존을 긍정할 수도 없다. 그렇다면 물체적 원인은 부정하면서 인과율을 긍정할 수 있는 길이 있는가? 물론 있다. 다시 관념론의 길이다.

우선 인과율의 의미부터 명료히 해 두자. 인과율은 어떤 원인에 특정 결과가 필연적으로 수반된다는 법칙이다. 비가 오면 땅이 젖고, 젖은 땅

---

61 버클리, 『인간 지식의 원리론』, 149쪽.
62 같은 책, 115쪽.

을 디디면 신발을 버린다. 비는 젖은 땅의 원인이고, 젖은 땅은 더러워진 신발의 원인이다. 자연과학의 명제들은 이와 같이 가언판단, 'A이면 B이다'(A → B)의 형식으로 표현된다. 이 판단 형식은 A는 B의 원인이라는, 즉 A가 나타나면 필연적으로 B가 수반된다는 우리의 신념을 표현한다. 우리는 이 신념에 입각하여 A라는 가정하에 필연적으로 B가 나타나리라고 예측한다. 바로 이 예측에 자연과학적 인식의 유용성이 있다. 비가 오면 땅과 땅 위의 모든 사물이 젖는다는 예측이 가능하기에, 우리는 비 오는 날 외출하며 우산을 준비한다. 그런데 물체의 존재를 부정하는 관념론의 기본 입장에 따라 비도 존재하지 않고 젖을 신발도 존재하지 않는데, 도대체 '무엇과 무엇 사이'에 필연적인 수반의 관련이 성립하는가? 비와 신발을 포함하여 모든 사물의 존재를 부정해 버리면, 사물들 간의 필연적 관련의 법칙으로서의 인과율은 어떻게 유지되고, 이 필연적 법칙성에 대한 학문으로서의 자연과학은 어떻게 존립할 것인가?

여기서 '물체적 원인은 없다'는 버클리의 주장으로 되돌아가 그 의미를 한번 곱씹어 보자. 그는 이렇게 말한다. '지각하는 정신으로부터 독립적인 인과법칙은 없다.' 뒤집어 보면 이 말은 다음을 의미할 수 있다. '지각하는 정신에 의존하는 인과법칙은 있다.' 바로 이것이 버클리가 인과법칙을 구해 내는 길이다. 물체 자체가 없기에, 물체 자체들 간에 존립하는 물체적 인과성은 물론 없다. 따라서 우리는 축축한 비 자체와 젖은 신 자체 사이에 인과적 관련이 존립한다고는 말할 수 없다. 비 자체도 신 자체도 없기 때문이다. 그러나 이것이 자연에 법칙이 없음을 의미해야 하는 것은 아니다. 이제 자연을 '그 자체로 존재하는 물체들의 총화'가 아니라, '경험 가능한 현상들의 총화'로 이해하면 상황은 급변한다. 정신이 경험하고 지각한 현상들 사이에 필연적 수반의 관련이 존립할 수 있기 때문이다. 인과 관계는 말하자면 비-현상과 신발-현상 사이, 조금 더 익숙한 표현을 써서 비-

경험과 젖음-경험 사이에 존립한다. 나의 정신이 비-지각을 가진다면, 거기에 필연적으로 젖음-지각이 수반된다. 'A이면 B이다'(A → B)라는 인과 문장은 이제 'A-지각이면 B-지각이다'(A-지각 → B-지각)로 번역된다. 인과성은 외부 세계에 그 자체로 존재하는 물체들 간의 관계의 규칙성이 아니라, 나의 정신 내부에 존재하는 관념들 간의 관계의 규칙성이다. 물체와 물체적 인과성은 없다. 관념들 사이의 인과성, 나의 지각 경험들 간의 정합적 일치만이 있을 뿐이다.

> 감각 기관의 관념들은 (…) 확실한 영속성과 질서 그리고 시종일관함을 갖는다. 그리고 그 관념들은 (…) 되는대로 야기되는 것이 아니라 (…) 일련의 질서 지워진 계열 속에서 야기된다. 이제 우리가 의존해 있는 [신의] 정신이, '그에 따라서 우리들 안에서 감각 기관의 관념들을 야기하는 고정된 규칙 또는 확실한 방법'은 자연법칙이라고 불린다. 우리는 이것을 경험을 통해서 배우게 되며, 이 경험은 '이러저러한 관념들'이 사물들의 일상적인 과정 속에 있는 '이러저러한 다른 특정한 관념들'을 수반한다는 것을 우리에게 가르쳐 준다.[63]

인과법칙은 물체들 간의 연결 방식이 아니라 지각들 간의 또는 ─같은 말이지만─ 관념들 간의 연결 방식의 필연성을 표현한다. 내가 나의 정신 안에 비-관념 또는 불-관념을 갖는다면, 나는 이에 이어 필연적으로 젖음-관념 또는 연기-관념을 갖게 된다는 규칙성이다. 그런데 이 규칙성의 근거는 신의 정신이다. 그러므로 인과성이란 정확히 표현해서 언제 어디서나 자연의 규칙성을 배려하는 신의 정신이 우리 인간의 "감각들에" "관념들을 새기는 방식과 순서"[64]의 규칙성이다. 말하자면 신은 나의 마음 안

---

63 같은 책, 111-113쪽. (홑따옴표는 필자)

에 비-관념에는 젖음-관념을 결합해 주지 연기-관념을 결합해 주지는 않는다는 규칙성이다. 그래서 우리의 자연은 '비 오면 옷이 젖고 불나면 연기 나는, 예측 가능한 코스모스'이지, '비 오면 연기 나고 불나면 옷이 젖는, 물불 못 가리는 카오스'가 아니다. 자연을 신의 관념 결합의 규칙성이 지배하고 있다. 이것이 이른바 인과율, 자연법칙이다. 그러므로 자연에 대한 법칙적 인식을 얻고자 하는 자연과학은 물체들 자체의 연결이 아니라 나의 마음 안에서 일어나는 "관념들의 연결"[65]에, 정확히는 신이 우리 마음 안에 감각적 인상들을 불러일으키는 방식의 규칙성에 주목해야 한다. 나의, 타인의, 그리고 신의 마음 안에 존재하는 모든 관념의 총화가 바로 자연이고, 그 관념들의 결합의 규칙성을 탐구하는 학문이 자연과학이기 때문이다.

버클리의 인식론에서 자연과학의 마지막 근거는 신, "내가 지각하는 감각적 인상들을 내 속에서 매 순간" 규칙적으로 "산출하는" 무한한 "정신"[66]이다. 그런 한에서 자연법칙으로서의 인과율은 "신의 직접적인 솜씨"[67]라고 할 수 있다. 이것은 물론 부정할 수 없다. 그러나 철학하는 우리의 입장에서 버클리가 '신 또는 신에 대한 그의 신앙' 때문에 인과율을 부정할 수 없었다고 생각할 필요는 없을 것 같다. 지각 경험들의 정합성은 인정하되 그 배후에 물리적 실체의 현존은 부정하는 버클리의 관념론적 철학은 이미 인과율의 긍정과 물체의 부정이 공존할 수 있는 길, 즉 인과율을 지각들의, 관념들의 정합적 일치로 해석하는 길을 열어 두고 있기 때문이다. 철학적으로 중요한 것은 물체를 부정하면서도 지각 경험들 간의 정합적

---

64 버클리, 『하일라스와 필로누스가 나눈 대화 세 마당』, 202쪽.
65 같은 책, 203쪽.
66 같은 책, 153쪽.
67 버클리, 『인간 지식의 원리론』, 315쪽.

인과 관계를 유지할 수 있고, 이에 따라 우리의 일상적 삶이 상식의 우려와는 달리 정확히 "예측되고"[68] 아주 "잘 영위될"[69] 수 있다는 점이다. 아무튼 이 모든 일이 항존하고 편재하는 신적 정신의 배려 덕분이라니 언제 어디서나 신에게 감사해야 할 일이다.

2.2 정신과 인과법칙의 해체: 데이비드 흄

① 흄과 흄의 철학

물체의 해체라는 긴 여정의 첫걸음을 내디뎠던 로크가 이 여정을 완성해 줄 후계자를 필요로 했던 것처럼, 물체는 해체했지만 자아와 인과율만큼은 부정할 수 없었던 로크의 후계자 역시 자신의 한계를 넘어설 후계자를 필요로 했다. 후계자의 후계자에게 넘겨진 과제는 첫 번째 후계자가 차마 해체할 수 없었던 정신적 실체와 자연법칙까지 해체하여 영국 경험론의 역사에 종지부를 찍는 일이었다. 말하자면 그는 마지막 경험론자, 점점 더 강화되고 더 철저해져 갔던 실체 해체의 역사의 끝, 더 이상의 후계자를 필요로 하지 않는 최후의 후계자가 되어야 했다. 그의 이름은 데이비드 흄이다.

평생에 걸친 전투적인 해체와 파괴의 여정을 뒤로하고 임박한 죽음을 예감한 흄은 스스로 "자신에 대한 조사弔詞"[70]라 칭했던, 짧은 자서전에서 자신과 자신의 삶에 대해 이렇게 회고했다.

---

68 같은 책, 113쪽.

69 버클리,『하일라스와 필로누스가 나눈 대화 세 마당』, 177쪽.

70 흄,「나 자신의 한평생」,『데이비드 흄의 철학』, 황필호 편역(철학과현실사, 2003), 77쪽.

나는 열심히 연구했으며, 즐겁게 사람들과 어울렸다. 그러면서도 나는 65세의 늙은이로서 수년간의 병환을 죽음으로 끝낼 것이라고 생각했으며, 나의 학문적 명성이 드디어 화려하게 꽃필 징조가 보이지만 나는 이제 몇 년 이상 그것을 즐길 수 없다는 사실을 잘 알고 있었다. 당시 내가 삶의 집착으로부터 더욱 멀리 떠난다는 것은 지금보다 더욱 어려운 일이었다. 나의 성격을 역사적으로 결론을 내리면 이렇다. 현재의 나는 ─이제 나의 감정을 더욱 솔직하게 표현하려면 아무래도 과거형을 써야 하니까─ 과거의 나는 온순한 성향, 격정에 대한 통제, 개방적이며 사교적이며 유쾌한 유머, 집착할 수 있는 성격에도 불구하고 증오심에 별로 상처받지 않으며, 모든 열정에 중용을 지키는 사람이었다. 잦은 실망에도 불구하고 문예적 명성에 대한 나의 사랑, 즉 나의 지배적 정열은 나의 기질을 약화시키지 않았다.[71]

실체들, 실체에 대한 형이상학적 믿음, 인과법칙에 대한 세상의 확신을 모두 해체해 매장시켜 버린 투사, 흄은 "진지하고 부지런했고",[72] "낙천적 성격", "빨리 성내지 않는 느긋한 성격"[73]의 소유자였다. 그는 말하자면 보통 사람이었다. 그는 남을 위해 배려할 줄 알았고, 개방적이고 사교적이었고, 통상의 범부처럼 문필가로 이름을 날리기를 희망하며 충족되지 않는 희망에 좌절했지만, 이 좌절이 그를 삐뚤어지게 만들기 전에 포기할 줄도 알았던 지극히 평범한 사람이었다. 그러나 이 평범한 사람의 철학적 사유와 결론들은 너무도 평범하지 않아서, 그의 철학은 우리가 철학의 역사로부터 전수받은 실체 형이상학적 사유 방식, 우리의 일상적 세계관, 자연주

---

71 같은 글, 74-75쪽.
72 같은 글, 66쪽.
73 같은 글, 69쪽.

의적 생활 태도는 물론이고, 당시 성공일로를 걷고 있던 자연과학적 지식까지 뿌리째 뒤흔들어 놓기에 충분할 정도로 파격적이었다. 이 파격적 공격성이 후에 칸트로 하여금 자신을 "독단의 선잠에서 깨어나게 한" 것은 경험의 배후를 사유하지 말라는 "흄의 경고"[74]였다고 고백하게 했던 것이다. 여기서 독단의 선잠이란 경험이 아니라 소박한 상식과 형이상학적 사변에 근거한 실재론적 독단들이다. '물체'는 저기에 있다. 물체들 간에는 '인과법칙'적 관련이 존립한다. 물체를 인식하고 물체들 간의 법칙적 관련도 파악하는 '나'는 여기에 있다. 이 자명한 '있음'의 사실 앞에서 무슨 철학적 논의가 더 필요하단 말인가? 소박한 실재론자들은 물론이고 심지어 교육받은 형이상학자들도 그렇게 생각하고 생각 없이 살고 있다. 그러나 우리가 경험을 존중하고 경험에 근거하지 않은 어떤 것도 수용하지 않겠다는 경험론적 태도를 견지하게 되면, 사태가 그다지 간단하지는 않음을 이내 깨닫게 된다. 물리적, 정신적 실체 그리고 인과법칙은 그 확실성의 근거를 경험적으로 제시할 수 없는, 실재론적 상식에 따라 상상된 허구들에 불과하기 때문이다. 이 사실을 백일하에 드러내고 실체와 법칙 자체, 그리고 이에 대한 형이상학적 믿음을 해체하는 것이 바로 영국 경험론적 철학의 의미이다. 그 정점에 흄이 서 있다.

　지금껏 우리는 버클리가 어떻게 물리적 실체와 이에 대한 신념을 해체해 왔는지를 공부해 왔다. 이는 실은 단순한 과정이었다. 물체의 해체는 경험론적 철학의 근본 입장의 수용에 따른 당연한 결과다. 우리가 경험만을 존중하고 경험에 근거하지 않은 어떤 것도 인정하지 않는다는 경험론적 입장만 고수한다면, 우리는 경험적으로 자신의 참을 입증할 수 없는,

74　칸트, 『학문으로 등장할 수 있는 미래의 모든 형이상학을 위한 서설』, 김재호 옮김(한길사, 2018), 27쪽.

'물리적 실체의 현존'이라는 가설을 포기해야 하기 때문이다. 그 결과 정신의 외부에 존재하는 물체에 대한 신념도 당연히 해체된다. 버클리가 물리적 실체에 대해 행한 이 단순한 사유의 과정이 이제, 버클리가 결코 해체할 수 없었던 정신적 실체와 인과법칙이라는 형이상학적 신화에 대해서도 수행되어야 한다. 이것이 버클리의 후계자, 마지막 경험론자에게 부여된 과제였다. 독단적 형이상학과의 전쟁을 치르기 위해 흄이 가졌던 무기도 전혀 특별한 것은 아니었다. 경험만을 존중하고 경험 외에 아무것도 수용하지 않는 경험론적 태도다. 이 태도를 철저하게 견지하면 버클리가 물리적 실체에 대해 행했던 일이 정신적 실체와 인과법칙에 대해서도 꼭 같이 이루어진다.

흄이라는 이름은 경험만을 존중하는 영국의 철학적 전통의 상징이다. 그리고 그의 이름과 꼭 마찬가지로 그의 철학의 이름도 상징적이다. 그의 철학을 지칭하는 몇 개의 이름들이 있는데, 그 안에는 하나같이 경험에 대한 존중과 사변에 대한 거부가 함축되어 있다. 이를 살펴보는 것으로 논의를 시작하자.

우리는 그의 철학을 이성론 내지 합리론에 반대한 '경험론'이라 부른다. 흄은 자연 안에 빈틈을 남기지 않으려는 이성의 사변적 상상을 거부하고 오로지 경험 중에 근거를 갖는 것만을 긍정한다. 그래서 경험이 비워 둔 문제의 3일을 그 역시 비워 둔다. 빈틈을 메울 수 있는 것은 자연의 빛의 추리와 상상이 아니라 경험뿐이기 때문이다. 배고파 가던 코끼리의 상정이 아무리 합리적이라 하더라도, 그리고 배고파 가던 코끼리는 없었다는 주장이 아무리 비합리적이라 하더라도, 흄에게 그건 중요하지 않다. 합리론자가 아니라 경험론자인 그에게 중요한 것은 이성의 논리가 아니라 경험의 근거이기 때문이다. 또한 흄은 우리가 직접 경험할 수 없는 존재 자체가 아니라, 우리 마음 안에 주어진 심적 요소에만 주목한다. 우리에게는 이것만이 확실한 것이기 때문이다. 로크가 관념, 버클리가 지각이라는 심적 요소만을 긍정했듯이 흄은 인상을 인식의 형성을 위한 유일한 심적 자산으로 인정한다. 이 의미에서 그의 철학은 존재론이 아니라 '심리론'이다. 또 흄은 우리의 마음 안에 주어진 경험 가능한 현상만을 신뢰할 뿐, 그 현상의 경험되지 않는 밑(근거)과 뒤(배후)에 존재한다고 여겨지는 본질이나 실체의 상정은 허용하지 않는다. 현상은 본질이 '아니라' 본질'의' 그림에 불과하다는 것이 형이상학적 본질론, 실체 형이상학의 주장이었다. 이제 흄은 현상을 본질의 헛된 그림이 아니라 유일한 실재로 인정하고 현상의 배후에는 아무것도 인정하지 않는다는 점에서, 그의 철학은 본질론이 아니라 '현상론'이다.

경험론자, 심리론자, 현상론자로서 흄은 '경험적'으로 우리 '마음'에 주어진 '현상'만을 인식의 요소로 인정한다. 따라서 현상을 부정하고 현상의 초경험적 밑(근거)과 뒤(배후)를 추구하는 모든 형태의 형이상학에 대해 그는 매우 적대적이고 전투적이다. 타인에 대해 사교적이고 개방적이었다는 이 사람의 철학은 초경험적 형이상학에 대한 전면적 전투와 철저한 근절의 시도 외에 다른 것이 아니었다. 형이상학을 싸워 없애야 하는 이유는 간단하다. 이 학문은 인간이 알 수 없는 경험 저편을 알고자 하고 바로 그 이유로 그에 대해 아무것도 알아내지 못하기 때문이다. 이 학문은 그 동기뿐 아니라 결과에 있어서도 비학문적이다. 형이상학의 동기는 인간의 "이해력이 도달할 수 없는 주제들을 꿰뚫어 보려는 인간 허영심"이고 그 유일한 결실은 사변적 이성의 상상과 추정에 따르는 "불확실성과 오류"[75]이

---

75 흄, 『인간의 이해력에 관한 탐구』, 김혜숙 옮김(지만지, 2010), 29쪽. 여기서 '이해력'은 영어 단어 'understanding'의 번역어이다. 옮긴이의 언어 선택을 존중하여 이해력이라 쓰지만, 그 의미는 '지성'이다.

다. 결국 흄은 알 수 없는 것을 알아내려다 아무것도 알아내지 못한, 이 기만적이고 결실 없는 학문, 아니 학문도 아닌 학문을 "완벽하게 거부하고"[76] 그 "뿌리까지 뽑아"[77] 버리자고 제안한다.

> [인간의 이해 능력의 한계를 벗어나 있는] 난해한 문제들로부터 학문을 즉시 구출할 수 있는 유일한 방법은 인간의 이해력의 본성을 주의 깊게 탐구하는 것이며, 그리하여 인간의 이해력이 가진 지배력과 자격을 면밀히 분석함으로써, 이해력은 너무 난해하고 자신과 동떨어진 문제를 다루기에 전혀 적합하지 않다는 것을 보여 주는 것이다. 앞으로라도 잘 지내려면 우리는 이런 힘든 일을 감당해 내야 한다. 그리고 거짓되고 품격이 떨어지는 형이상학을 파괴하기 위해, 주의를 기울여 참된 형이상학을 발굴해야만 한다. (⋯) 명확하고 정당한 추론만이 모든 것을 치유할 수 있는 치료제이며 (⋯) 이것만이 난해한 철학과 형이상학적인 허튼소리를 제거할 수 있는 힘을 가지고 있다.[78]

사이비 학문으로서의 형이상학의 허황된 유혹을 이겨낼 수 있는 유일한 방법은 인간의 이해력, 학문하는 우리 지성의 힘과 능력에 대한 자기반성이다. 지성은 스스로에게 물어야 한다. '나는 무엇을, 어디까지 알 수 있는가?' 본질론자가 아닌 현상론자로서의 흄의 답은 이미 준비되어 있다. 우리는 우리 마음 안에 주어진 '현상, 심적 인상'에 대해서는 알 수 있다. 이것은 경험 가능하기 때문이다. 이 경험의 한계가 곧 인식의 한계다. 이 한계 저편에 놓여 있다고 여겨지는 이른바 '존재와 본질', 경험하며 인식하는

---

76 같은 책, 26쪽.
77 같은 책, 35쪽.
78 같은 책, 30-31쪽.

우리의 지성과는 "동떨어진" 형이상학적 대상에 대해 우리는 아무것도 알수 없다. 경험론자, 심리론자, 현상론자로서 흄의 인식론의 출발점은 현상, 즉 인상impression, 마음 '안으로im' '밀려들어press' 온 것, 따라서 우리 지성이 경험할 수 있고 알 수 있는 것이다. 우리도 여기서 출발한다.

② 세계의 끝에서 그대로 멈춰라!

흄은 인간의 인식을 구성하는 모든 지각을 인상과 관념idea으로 나눈다. 이 둘은 다르다. 예를 들어 "현재, 매우 높은 열에 데어 고통스러운 느낌을 가진다"면 그것은 인상이고, "나중에 이 느낌을 자신의 기억에서 불러내서" 정신이 다시 "지각한다"[79]면 그것은 관념이다. 즉 인상은 현재 외부에서 나의 마음 안으로 밀려들어 오는 직접적 지각이고, 관념은 이미 마음 안에 들어온 인상의 "재현"[80] 내지 "복사물"[81]이다. 여기서 흄이 관념을 인상'의' 사본이라고 말하는 한, 그는 인상의 일차성, 일차적 인상에 대한 관념의 이차성을 염두에 두고 있는 것처럼 보인다. 그리고 그 맥락에서 흄에서 '인상과 관념의 관계'는 로크에서 '제1성질과 제2성질의 관계'와 유사해 보인다. 물체 자체에 대한 일차적 인상이 앞서 있고, 그 인상에 대한 이차적 관념이 나중에 생겨난다는 의미에서다. 그러나 이것은 오해다. '후계자를 필요로 했던 후계자를 필요로 했던 선구자'와 '어떤 후계자도 필요로 하지 않았던 마지막 후계자' 사이에는 간과할 수 없는 차이가 있다. 현상이 '아닌' 어떤 것을 인정하는 자는 후계자를 필요로 하고, 현상 이외에 어떤 것도 인정하지 않는 자만이 마지막 후계자가 될 수 있다는 차이다. 큰 차이다.

79 같은 책, 36쪽.
80 흄, 『인간 본성에 관한 논고 1』, 이준호 옮김(서광사, 1994), 26쪽.
81 흄, 『인간의 이해력에 관한 탐구』, 37, 39쪽.

로크는 어떤 현상들(제2성질들)을 다른 현상들(제1성질들)에 소급시키고,[82] 이 다른 현상들은 다시 현상이 '아닌' 물체에 귀속시킨다. 이 점에서 로크는 아직도 물체적 실체의 존재를 인정하는 실체 형이상학의 우산 아래 머물러 있는 셈이다. 반면 실체 자체를 거부하는 철저한 현상론자로서 흄은 현상이 '아닌' 그 어떤 것의 존재도 인정하지 않는다. 따라서 흄에서 인상과 관념의 차이는 '물체에 일치하는 인상'과 '인상에 일치하는 관념'의 차이일 수는 없다. 물체 자체가 존재하지 않기 때문이다. 흄에 의하면 인상과 관념은 모두 마음 안의 현상이고, 이들의 차이는 ―물체와의 일치 여부가 아니라― 상의 "힘과 생동감의" 정도 "차이"일 뿐이다. 인상이 "더 생생한 지각"이라면 관념은 "덜 생생한 지각",[83] 생생한 "인상의 희미한 심상 faint image"[84]이다. 그러나 둘은 ―더 생생하건 덜 생생하건― 모두 실체가 아니라 상이라는 점에서 같다. 둘 모두 (현)상이지 (현)상이 '아닌' 어떤 것이 결코 아니다.

물론 둘 사이에 선후 관계는 분명 존재한다. "언제나" 인상이 관념에 "선행하는" 것이지, "결코 그 역순으로 나타나지는 않기"[85] 때문이다. 그러므로 인상이 일차적이고 관념이 이차적임은 맞다. 중요한 것은 일차적인 인상 앞에 상이 아닌 어떤 것을 한 번 더 상정하지는 말아야 한다는 점이다. 이 엄격한 의미에서, 즉 그 앞에 더 이상 아무것도 없다는 의미에서 인상

---

82 여기서 '소급'이라는 말을 너무 엄격한 의미로 이해하지 않기를 바란다. 우리는 앞서 제2성질이 제1성질 또는 물체 자체에 귀속하지 않음을 살펴본 바 있다 (1.2의 ① 참조). 그럼에도 우리는 또한 제1성질 또는 물체에 속한 어떤 것이 제2성질을 '일으켰을' 가능성은 열어 둔 바 있다. (위의 주 21이 지시하는 본문 참조) 여기서 '소급'이라는 말은 이 정도의 의미이다.

83 흄, 『인간의 이해력에 관한 탐구』, 37쪽.

84 흄, 『인간 본성에 관한 논고 1』, 25쪽.

85 같은 책, 28쪽.

은 모든 인식의 절대적인 시작이다. 그러므로 우리의 인식은 '물체에서 인상을 거쳐 관념에 이르는 길'이 아니라, '인상에서 관념에 이르는 길'이다. 인상은 인식의 시원이고, 인식은 인상에서 유래한 관념들의 체계이다.

그렇다면 반대 방향의 길, 인간 인식을 구성하는 관념에서 출발해서 근원적인 인상으로 되돌아가는 길도 열려 있어야 할 것이다. 우리가 이 길을 걸어 어떤 관념의 기원으로서의 인상에 도달한다면, 이 인상이 저 관념의 경험적으로 타당한 근거이다. 반면 어떤 관념의 기원에 대한 반복된 추적에도 이에 대응하는 인상이 발견되지 않는다면, 그것은 이 관념이 경험적 인상에서 유래한 것이 아님을, 따라서 경험의 근거를 갖지 못함을 의미해야 할 것이다. 관념의 근원으로서의 인상을 소급해 찾아가는 길은 곧 이 관념의 경험적 근거를 밝히는 길이다. 이 길을 한번 가 보도록 하자.

인간 인식은 매우 복잡하고 다양한 관념들로 이루어져 있다. 그중 태반은 복합 관념인데, 예를 들면 "황금 산", "덕이 있는 말a virtuous horse", 짬짜우울기스면과 같은 것들이다. 이런 복합 관념에 직접 대응하는 인상은 물론 없다. 그러나 모든 복합 관념은 "단순 관념들로 환원되고",[86] 이 단순 관념들은 다시 "단순 인상들에서 유래한다."[87] 바로 이 단순한 인상이 관념의 근원이고 따라서 근원을 찾아가는 길의 끝이다. '끝'이라는 말의 의미에 따라 길은 여기서 끝나고, 끝난 길을 더 갈 수는 없다. 이 인상은 문자 그대로 인식과 관념의 근원을 물어 가는 길의 '절대적 끝'이다. 그리고 이 끝은 동시에 인상의 상을 재현하고 재현된 단순 관념들을 복합하여 인식을 만드는 길의 '절대적 시작'이기도 하다. 인상에서 인식이 시작되고 인상에서 인식의 경험적 근거에 대한 물음이 끝난다.

---

86 흄, 『인간의 이해력에 관한 탐구』, 38-39쪽.
87 흄, 『인간 본성에 관한 논고 1』, 28쪽.

이는 다음을 의미한다. 인식은 경험적 인상에서 시작되어야지 그 이전 어디에서도 시작될 수 없다. 그리고 인식의 근거에 대한 물음도 경험적 인상에서 끝나야지 결코 이 끝을 넘어서서는 안 된다. 이 의미에서 경험의 한계가 곧 인식의 한계다. 이 한계, 경험 가능한 것과 경험 불가능한 것의 경계에 '여기가 인식의 길의 시작'이고 '인식의 근거를 찾아가는 길의 끝'임을 알리는 이정표(인상!)가 서 있다. 이 이정표는 인식을 얻으려는 자에게 '여기서 시작하라!'라고, 그리고 인식의 근원을 찾는 자에게 '여기서 끝내라!'라고 명한다. 인상 자신이 곧 인식의 시원이요, 근원이기 때문이다.

이 명령의 준수 여부가 경험적이기에 건전한 철학과 초경험적이기에 공허한 형이상학을 구별하는 기준이다. 현상론자는 이정표가 시작하라는 곳에서 시작하고 끝내라는 곳에서 끝낸다. 그는 관념의 근원으로 경험 가능한 인상을 제시하고 모든 물음을 마친다. 형이상학자는 더 이상 가지 말라는 부정적 표지에도 불구하고 경험 가능한 인상을 지나 인상의 경험되지 않는 근거와 배후로 나아간다. 그리고 경험 가능한 인상의 밑과 뒤에 경험되지 않는 실체를 세운다. 말하자면 관념에서 인상으로 되돌아가고 거기서 멈추는 것이 아니라, 관념에서 경험적 인상을 거쳐 경험을 넘어서 있는 것, 현상의 근거이지만 스스로는 현상이 아닌 것에까지 이른다. 그리고 그 멀고도 어두운 곳에서 길을 잃고 "허튼소리"를 지껄이기 시작한다.

실제로 흄은 "형이상학"의 이 "허튼소리들"을 학문의 세계에서 완전히 "사라지게 만드는", 아주 "단순하고도 명료한"[88] 방법을 제시한 바 있다. 인식과 관념의 근원을 찾아가는 길을 걸어가며 이 길의 끝에서 제동장치가 잘 작동되는지를 확인해 보는 것이다.

---

[88] 흄, 『인간의 이해력에 관한 탐구』, 42-43쪽.

어떤 철학적 용어가 어떤 의미나 관념이 없이 쓰이고 (종종 벌어지는 일이다) 있는 것이 아닌가 [경험에 근거하지 않은 형이상학적 개념이 아닌가] 하고 의심이 든다면, 그렇게 가정되고 있는 관념이 어떤 인상으로부터 나온 것인가, 라고 물어 보기만 하면 된다.[89]

하나의 관념이 자신의 근원을 경험적 인상에 두고 있다면 그 관념, 그리고 그런 관념들로 이루어진 인식은 경험 중에 타당한 근거를 가질 것이다. 그러나 어떤 관념의 근원이 경험적 인상을 지나 초경험적인 어떤 것에까지 소급된다면 그 관념, 그리고 그런 관념들로 이루어진 인식은 경험적 타당성을 가질 수 없다. 그런 관념을 가진 자는 경험적 세계의 끝에서 제동에 실패했고 이른바 초경험적 "허튼소리"의 세계로 진입했기 때문이다.

예를 들어 설명해 보자. 나의 지성 안에는 '짬짜우울기스면'이라는 복합 관념이 존재한다. 이 복합 관념은 다섯 개의 복합 음식으로 환원되는데, 그중에서도 짬뽕이 가장 복합적인 복합 음식이다. 정말 다양한 단순 식재료들이 짬뽕되어 이룬 것이 바로 짬뽕이기 때문이다. 그러나 짬뽕의 복합성이 이 복합 음식을 단순 인상으로 환원할 수 없다는 사실을 의미하지는 않는다. 아무리 복합적이어도 환원은 가능하다. 빨간 색깔, 후루룩후루룩 짭짤하는 소리, 면의 쫀득함과 죽순의 아삭함, 깊이 벤 불 향, 매콤하면서도 달콤하고 달콤하면서도 짭짤한, 지극히 짬뽕적인 맛. 더 있다. 이 인상들은 하나의 정합적인 다발이 되어 짬뽕-인상으로 주어져 있다. 여기가 끝이다. '짬짜우울기스면'이라는 복합 관념이 되돌아가야 할 근원이고 따라서 나의 지성의 제동장치가 작동해야 하는 곳이다. 만약 여기서 멈추지 못하고 한 발짝을 더 내디딘다면, 즉 경험 가능한 짬뽕-인상의 배후에 빨

---

89 같은 책, 43쪽.

간색, 후루룩 소리, 쫀득함과 아삭함 등의 인상을 자신의 속성으로 소유한, 그 자체 경험되지 않는 짬뽕 자체, 물리적 실체로서의 짬뽕을 상정한다면, 그건 너무 멀리 간 것이다. 또는 우리가 물리적 실체로서의 짬뽕이라는 관념을 가지고 있다면, 우리는 이 관념에 상응하는 경험적 인상을 결코 찾을 수 없다. 실체는 경험의 세계에 속하지 않기 때문이다. 그런 관념은 경험적 인상에서 유래한 것이 아니므로 경험적 타당성을 가질 수 없다. 그런 초경험적 형이상학적 짬뽕을 우리는 경험할 수 없다. 즉 먹을 수 없다. 반면 경험적인 것만을 경험할 수 있는 우리 인간은 '짬뽕-인상'을 '식탁-인상' 위에 올려놓고 '젓가락-인상'으로 맛있게 먹고 '배부름-인상'을 향유할 수 있다. 여기서 멈추지 않을 수 없는 이유다.

인간 인식을 구성하는 재료는 관념이고 모든 관념은 인상에서 유래한다. 그러나 인상은 그 자체 현상이 아닌 어떤 대상으로도 소급될 수 없는 현상의 원형태다. 따라서 우리는 우리가 가진 모든 관념을 분석하여 이 관념이 기원한 인상에 도달할 수 있지만, 일단 거기 도달하면 딱 멈춰 서서 단 한 발짝도 더 내디뎌서는 안 된다. 거기가 세계의 끝, 경험과 인식의 한계, '절대 멈춤'이라는 이정표가 서 있는 곳이기 때문이다. 결국 중요한 것은 이 제동의 기술, 관념을 분석하여 인상에 이르고 거기서 딱 멈춰 서서 인상의 배후에 대해서는 더 이상 묻지 않는 것이다. 실체를 거부하고 경험적 현상만을 긍정하는 현상론의 철학적 모토는 아주 간단히 정리된다. '즐겁게 철학적 사유의 춤을 추다가 최초의 현상으로서의 인상에 도달하는 순간, 그대로 멈춰라!'

이 멈춤 표지가 경험적 세계의 끝, 인식 가능한 것과 불가능한 것 간의 경계에 세워져 있다. '여기서 멈춰라!'라는 이정표의 명령이 형이상학과 일대 전쟁을 치르는 흄이 가진 유일한 무기다. 그는 전통적 형이상학의 주요 개념들을 가져다가 그 개념이 과연 경험적 인상에서 유래한 것인지를 묻는다. 해당 개념에 대응하는 인상을 경험적 세계 내부에서 찾을 수 없다면, 이는 그 개념을 사용하는 이가 경험적 세계의 끝에 세워진 이정표의 멈춤 지시를 무시하고 초경험적인 세계로 넘어갔다는 사실을 의미할 것이다. 그리고 이는 이 개념이 경험의 근거를 갖지 못한다는, 따라서 '멈춤 표지'의 명령을 존중하는 경험론자라면 누구나 이 개념을 해체해야 한다는 사실을 의미한다. 이 해체를 위해 이제 우리는 물체적 실체, 정신적 실체, 인과법칙에 대응하는 경험적 인상이 있는지를 "물어 보기만 하면 된다."

③ 물체의 해체: 나 없으면, 나 아니면 물체는 없다.

물체적 실체의 해체와 관련해서는 많은 논의가 필요하지 않을 것 같다. 최초의 경험론자의 후계자가 이미 이 실체를 해체했기 때문이다. 여기서는 사람들이 왜 물체적 실체의 현존을 —경험론적으로는 매우 단순한 문제임에도 불구하고— 부정하지 못하는지의 문제만을 간략히 논의하기로 한다. 실제로 흄은 이 문제가 "물체가 있는지 없는지"가 아니라, "우리가 물체의 존재를 믿도록 하는 원인이 무엇인지"의 물음이라고 분명히 밝힌다. 핵심 물음은 '세계의 끝 저편에 물체가 실재하는가?'가 아니라, '왜 사람들은 세계의 끝에서 자꾸 제동에 실패하는가?'이다.

일단 물체적 실체라는 관념의 의미부터 명백히 해 두자. 흄은 이 관념의 의미로 서로 밀접하게 관련된 두 가지, "지속성과 독립성"을 제시한다. 지속성은 물체가 '나 없이도' 존재한다는 의미이고 독립성은 물체가 '나 아니어도' 존재한다는 의미다. 물체는 나의 "감관에 현전하지 않을 때에도" —내가 냉장고 문을 닫고 집을 떠난 3일간에도— "지속적인 존재"를 갖는다. 또한 물체는 지각하는 나의 정신으로부터 "독립적으로" —나의 정신이 물체를 지각하건 그렇지 않건, 그와는 무관하게— 존재한다. 이제 우리는 '물어보기만 하면 된다.' '지각하는 정신으로부터 독립적이어서 그 정신의 부재중에도 지속적인 존재를 갖는 물체'라는 관념에 대응하는 인상이 경험계 안에 존재하는가? 그런데 이 물음 자체는 ―조금만 들여다보면 누구나 쉽게 알 수 있는 것이지만― 이미 하나의 "명사 모순"[90]을 포함하고 있다. 물음은 '마음으로부터 독립적이고 따라서 지각 활동이 없어도 존재하는 물체에 대한 인상'에 대해 묻는데, 인상이란 이미 '마음 안으로 밀려들어 온 지각', 따라서 '지각하는 마음 없이는 존재할 수 없는 것'이기 때문이다. 이 물음 자체는 이미 둥근 사각형, 나무로 만든 쇠, 순수 짬뽕과 같은 형용의 모순에 빠져 있다. 따라서 물음의 답은 이미 이 모순적인 물음 안에 들어 있다. '없다'이다.

분명 이 관념에 대응하는 인상은 경험의 세계에는 없다. 이 세계 안의 모든 것은 우리 마음 안으로 밀려들어 와 마음 안에 존재하기 때문이다. 그렇다면 마음으로부터 독립적이고 마음이 없어도 존재하는 물체적 실체의 관념의 근원은 경험적 인상은 아니다. 즉 경험의 세계에 속하지 않는다. 그러므로 이 근원에 ―그것이 무엇이건― 도달했던 사람은 필경 경험의 세계의 끝에서 멈춤 표지판을 무시하고 경험 저편으로 넘어갔을 것이다. 무엇이 그의 제동장치를 고장 내고 그를 경험 저편으로 유혹해 갔을까?

3일 전의 배부른 코끼리-인상, 지금 내 앞의 배고픈 코끼리-인상은 모두 나의 마음에 의해 지각된 것이고 나의 마음 안으로 밀려들어 와 존재하는 인상이다. 여기서 한 달의 시간이 더 지나면 나는 33일 전의 배부른 코끼리-관념, 30일 전의 배고픈 코끼리-관념을 갖게 된다. 이 관념도 나의 마음 안에 있고 나의 마음에 의존하여 있다. 그렇다면 '내가 자리를 비웠

---

[90] 흄, 『인간 본성에 관한 논고 1』, 200-201쪽.

던 3일 동안 지속적인 현존을 누리며, 지각하는 나와는 무관하게 배고파 가던 코끼리 자체'라는 관념의 근원은 무엇인가? 분명한 것은 나의 마음 안의 어떤 인상도 아니라는 점이다. 나는 3일간 거기에 없었으니까. 그렇다면 나의 마음 밖의 어떤 것인가? 그럴지도 모르지만, 또 하나 분명한 것은 나는 나의 마음 외부의 어떤 것을 경험할 수도 인식할 수도 없고 따라서 그에 대한 어떤 주장도 경험의 근거를 가지고 할 수는 없다는 점이다. 경험적 세계의 끝에 세워진 부정적 이정표를 무시하고 그 경계 저편에 대해, 어떤 경험도 지각도 없는 곳에 대해 뭔가를 말할 수 있는 것은 인식하고 지각하는 지성은 아니다. 그것은 상상력, 대상이 없어도 그 대상의 상을 만들어 내는 능력,[91] 경험론자의 언어로 표현하자면 인상이 없어도 그 인상의 상, 즉 관념을 만들어 내는 능력이다.

흄의 예로 설명해 보자. 지금 방에 난롯불이 켜 있다. 따뜻하다. 내가 "방을 한 시간 비운 다음 돌아와도" 방은 여전히 따뜻하다. 방의 온도를 유지하기 위해 장작들은 그새 많이 타 버렸다. 그러므로 이 난롯불은 내가 "방을 떠나기 전"의 그 "난롯불"과 "동일한" 것은 "아니다."[92] 장작이 많이 줄어들었으니까. 내가 방에 없었던 한 시간 동안 나의 마음의 지각 활동과는 무관하게 방에서 무슨 일이 일어났는지 나는 물론 지각할 수 없다. 그러나 '대상-지각'(인상)이 주어지지 않아도 '그 지각의 상'(관념)을 만들어 내는 상상력은 나에게 그 한 시간 동안 난롯불은 지속적으로, 그리고 나의 마음의 지각 활동과는 독립적으로 열심히 탔고 장작은 소진되었다는 사실을 수용하라고 강요한다. 이 강요를 받아들이는 순간 나는 '나 없어도, 나 아니어도 존재하는 물체'라는 관념의 타당성을 이 관념에 대응하는 경

---

91 상상력의 정의에 대해서는 5장 주 44 참조.
92 흄, 『인간 본성에 관한 논고 1』, 206쪽.

험적 인상 없이 상상적으로 인정하는 것이다. 다시 말해 나는 경험 가능한 세계의 끝에 박힌 '절대 멈춤'이라는 부정적 이정표를 무시하고 경험 가능한 인상들의 세계에서 경험 불가능하지만 상상은 가능한 실체들의 세계로 넘어가 버린 것이다.

왜? 설명은 어렵지 않다. 한 시간 전의 난롯불과 지금의 난롯불 사이에는 분명 "단속"이 있다. 이 단절은 또는 이 단절을 대하는 철저히 경험론적인 지성은 한 시간 전의 '난롯불-인상'과 지금의 '난롯불-인상'을 "서로 다른 것으로 간주하라"고 강요한다. 이 강요는 물론 두 난롯불의 "동일성"에 대한 우리의 믿음에 "상반되는" 것이다. 우리가 이 상반됨에 놀라 "쩔쩔매고" 있을 때, "상상력"은 우리에게 은밀히 다가와 멈춤 표지판을 살짝 외면하고 두 난롯불-인상 간의 빈틈을 "지속적 존재라는 허구"로 채우라고 유혹한다. 이 유혹은 매력적이다. 유혹에 빠져 주는 대가로 상상력은 두 난롯불의 "완전한 동일성"[93]을 보장해 주기 때문이다. 나 없어도, 나 아니어도 그 자체 존재하는 물체라는 관념이 되돌아가야 할 곳은 바로 이 유혹하는 "상상력"[94]이다.

그러나 경험론적으로 훈련된, 따라서 멈춤 표지판에 대한 무한한 존중으로 일관하는 지성은 상상력의 이 같은 유혹에 지지 않는다. 자신의 부재 중에 난로 안의 장작이 줄어들었다는 사실에서 경험의 근거를 가지고 말할 수 있는 것은 '나 없어도, 나 아니어도' 장작을 소비하며 타들어 가던 '난로 자체의 존재'가 아니라, 인상하는 마음의 부재, 시간의 간격에도 불구하고 자신의 정합성을 유지하는 인상들의 다발뿐이기 때문이다. 한 시간 전에는 장작이 가득 채워진 난롯불-인상이 있었고 지금은 장작이 줄어든

---

93 같은 책, 215쪽; 같은 책, 210쪽 참조.
94 같은 책, 205쪽.

난롯불-인상이 있다. 두 난롯불-인상 사이는 텅 비어 있고, 나는 이 빈틈을 메울 어떤 경험적 인상도 가지고 있지 않다. 그리고 이는 여기가 곧 세계의 끝임을, 따라서 경험을 존중하는 지성이 '그대로 멈춰야' 할 곳임을 의미한다. 나 없어도, 나 아니어도 존재하는 물체 자체는 없다. 이 관념에 대응하는 경험적 인상이 없기 때문이다. 이것이 전통적 형이상학이 생각에 생각을 거듭한 끝에, 그리고 소박한 지성들이 아무 "생각 없이"[95] 그 존재를 긍정했던 물체적 실체에 대한 흄의 결론이다. 여기서 당연한 물음 하나가 당연하지 않은 방식으로 제기된다. '나 없으면, 그리고 나 아니면 물체는 존재할 수 없다'고 말하는 그 '나'는 존재하는가?

④ 정신의 해체: 나 없으면, 나 아니면 물체는 없다고 말하는 나도 없다.

이 물음은 '물체적 실체의 존재를 부정하는 나'라는 관념에 대응하는 경험적 인상이 있는가의 물음이다. 누구나 말한다. '나는, 나는, 나는…'이라고. 우리가 그렇게 말할 때, 그 나는 무엇을 의미하는가? '나는'이라고 말하는 나와 '나는'이라고 말해지는 나는 같은 나인가? 흄의 나는 말했다. "과거의 나는 사교적인 사람이었다." 지금 이 말을 하는 흄의 나와 말해지는 과거의 흄의 나는 같은 나인가? 철학적으로 자아는 '동일한 시간 내에서는 물론이고 시간의 흐름에도 불구하고 자신의 동일성을 유지하는 정신적 실체'다. 당신은 이 관념에 대응하는 경험적 인상을 가지고 있는가? 가지고 있다고 생각한다면, 그것이 정말 상상된 관념이 아니라 경험된 지각임을 확신할 수 있는가? 상황은 시작부터 낙관적이지 않다.

이 물음은 근본적으로 짬뽕의 존재에 대한 물음과 다르지 않다. 내가 식탁 위에 놓인 짬뽕을 대하면 나는 빨간색임, 후루룩 소리, 쫄깃함, 매콤함

---

95 같은 책, 215쪽.

등의 다양한 외적 인상을 갖게 된다. 그러나 이 인상들의 배후에 짬뽕을 먹는 '나 없이도, 나 아니어도 존재하는 짬뽕 자체'에 대응하는 인상은 가질 수 없다. 이것이 흄이 외적 인상들의 다발은 인정하되 그 다발의 주인으로서의 물체적 실체를 인정할 수 없었던 이유다. 마찬가지로 내가 나의 내면을 향하며 나 자신을 대하면, 나는 기쁨과 슬픔, 사랑과 미움, 욕망과 억제, 격정과 침착 등 다양한 내적 인상을 발견한다. 그렇다면 나는 이 인상들의 배후에 서 있는, 이 모든 인상의 주인으로서의 통일적 인격, 자기 동일적인 자아라는 관념에 대응하는 경험적 인상도 가지고 있는가? 더욱 이 시간의 흐름과 시간 안에서의 갖은 변화에도 불구하고 자신의 동일성에 아무런 훼손도 입지 않는, 그런 항구적 실체의 관념에 대한 경험적 인상도 가지고 있는가? 그렇지 않다. 경험의 세계에 그런 인상은 없다. 우리가 가진 것은 기껏 내적 인상들의 정합적 다발이지 그 이상은 결코 아니다. 여기도 내면으로 향하던 우리가 당도하게 되는 세계의 끝, 그대로 멈출 수밖에 없는 경험의 끝이다.

물론 데카르트와 버클리는 이러한 논변의 부조리함을 지적할 것이다. 흄의 나는 '나는 나에 대해 내적 인상들은 갖지만, 그 인상들의 저변에 놓인 실체의 인상은 갖지 못한다'라고 말하지만, 그 같은 '말함의 활동성'의 배후에는 그렇게 '말하는 나'로서의 흄의 자아가 있어야만 하기 때문이다. 물론 그렇다. 그러나 흄이 보기에는 이 주장 역시 경험의 근거에 의한 것이 아니라 상상력의 강요에 따른 것이다. 이 주장은 바로 '말함이라는 활동성'과 '그 활동성의 주체' 사이의 빈틈을 경험의 근거 없이, 상상력의 월권에 의해 메우고 있기 때문이다. 흄의 경험론적 지성은 본디 단순하다. 그 지성은 자신이 가지고 있는 관념들의 기원으로서의 인상을 추적해 들어가는 즐거운 사유의 춤을 추다가, 인상, 현상의 원형태가 발견되는 순간 그대로 멈춰 버리기 때문이다. 이 사유의 춤을 중단시키는 현상의 원형태가 바로 기쁨과 슬픔, 사랑과 미움, 격정과 침착 등 내적 인상들의 정합적 다발이다. 이 정합적인 다발은 나에게 경험적 인상으로 분명히 주어져 있다. 하지만 나는 이 인상 다발의 배후에 서 있고 이 모든 인상을 자신의 것으로 취하는 정신적 실체로서의 자아라는 관념에 대응하는 인상은 가지고 있지 않다. 따라서 흄에게는 물체적 실체가 '외적 인상들의 정합적 다발'에 불과하듯, 정신적 실체, 이른바 자아, 정신, 영혼, 인격이라는 것도 '내적 인상들의 정합적 다발' 이상 다른 것이 아니다. 정신은 '지각하는 자'가 아니라 '지각들의 다발'일 뿐이다.

자, 여기서 이 도발적인 주장을 흄의 자아의 언어로 직접 들어 보자. 이것이 당신의 자아와 흄의 자아 간의 상상적인 대화가 될 수 있으려나? 본디 대화란 누구와 누구의 대화이고, 따라서 대화의 성립 조건은 대화에 참여하는 최소한 두 자아의 현존이다. 일단 이 전제는 충족된다 치고, 이 대화를 통해 과연 당신의 자아가 '자아는 없다는 흄의 자아'에 설득되어 자아 없음을 긍정하게 될 수 있을까? 이 또한 있다 치자. 흄의 자아도 당신의 자아도 스스로의 없음에 동의한다면, 없는 자아들이 없다고 말한 자아는 정말 없는 것이라고 믿을 자아가 세상에 과연 있을까? 그런데 없는 자아들이 자아는 없다고 말했다면, 그들은 도대체 누구에게 그 말을 한 것인가? (당신은 이 단락과 문장들의 의미를 완전히 이해했는가? 내가 행간과 자간에, 그리고 진한 표기의 강조 뒤에 숨겨 놓은 의미까지? 나는 이렇게 말하고 싶었다. 사유의 빈틈은 경험만으로는 채워지지 않는다! 다시 흄에게로 돌아가 흄에 집중하자.)

『논고』, 4부, 6절에서 취한 이 인용문은 길다. 중간 중간 끊고 필요한 설명을 보충할 것이다. 일단 흄은 전통적 형이상학자들이 펼쳤던 자아의 존재의 확실성에 대한 월권적 주장의 권리 없음을 지적하며 시작한다. 권리 없음은 물론 경험의 근거 없음을 뜻한다. 즉 경험적 세계 그 어디에도 철학적 개념으로서의 자아에 대응하는 인상이 없다는 것이다.

어떤 철학자들이 상상하는 바에 따르면, 우리는 매 순간마다 이른바 우리 자아를 내면적으로 의식하고 있으며, 자아의 존재와 자아가 지속적으로 존재한다는 것 등을 느끼고, 자아의 완전한 동일성과 단순성은 모두 논증의 명증성 이상으로 확실하다고 한다. (…) 불행히도 이 모든 긍정적 주장들은 그 주장들을 옹호하는 실제 경험과 상반되며, 여기서 설명된 방식으로 우리는 자아의 관념을 가질 수 없다. 그렇다면 어떤 인상에서 이 관념이 유래될 수 있는가? 명백한 모순이나 불합리 없이 이 물음에 대답하는 것은 불가능하다. 그러나 우리가 자아의 관념을 명료하고 이해할 수 있도록 변화시키려면, 그것은 반드시 대답되어야 할 물음이다. 모든 실제적 관념들마다 그 관념을 불러일으키는 어떤 하나의 인상이 있는 것은 틀림없다. 그러나 자아 또는 인격은 어떤 하나의 인상은 아니지만, 우리의 여러 인상들과 관념들은 그와 같은 인상에 관계하는 것으로 가정된다. 어떤 인상이 자아의 관념을 불러일으킨다면, 우리 삶의 전 과정을 통해서 그 인상은 불변적으로 동일함을 지속해야 한다. 자아는 그와 같은 방식에 따라 존재한다고 가정되기 때문이다.

분명한 것은 자아의 관념에 대응하는 경험적 인상은 없다는 것이다. 그렇다면 이 관념은 어디서 유래한 것인가? 우리는 이 물음에 답하지 못하면서도 이 관념의 사용을 포기하지 않는다. 우리는 우리의 다양한 내적 인상들을 자아의 것으로 사유하고, 그렇게 하기 위해 이 인상들의 근거에 인상들의 주인을 가정하고 있는 것이다. 가정되는 것은 하나 더 있다. 내적 인상들의 소유자로서의 자아는 시간의 흐름에도 불구하고, 흄의 표현에 따르면 평생을 통해 항상적으로 자신의 동일성을 유지해야 한다는 것이다.

물론 이것은 실천적으로는 당연한 요청이다. 우리가 어떤 실천적 행위의 도덕적, 법적 책임을 물을 때, 우리는 행위 시점의 자아와 문책 시점의 자아의 동일성을 전제하고 또 해야 한다. 이 자아가 그 자아가 아니라면 그 자아가 한 일을 이 자아가 책임질 이유가 없기 때문이다. 더 사소하게는 ―실은 사소한 일이 아니다!― 자아의 연속성이라는 보장 없이는 인간 간의 어떤 약속도 가능하지 않다. 약속의 권위, 즉 약속을 지켜야 할 의무와 약속을 어긴 자에 대한 비난 역시 약속할 시점의 자아와 약속을 준수할 시점의 자아의 동일성을 전제한다. 이는 우리의 도덕적, 법적 공동체가, 아니 인간의 사회적 삶 자체가 인간들의 자아의 연속성을 전제하고 있다는 사실을 의미한다. 실제로 흄은 「나 자신의 한평생」이라는 글을 썼다고 하는데, 이렇게 자신의 삶을 회고하는 자서전을 쓰기 위해 그 역시 탄생에서 죽음에 이르도록 단절 없이 유지되어 온 자신의 인격의 동일성을 전제하지 않을 수 없다. 그는 '50년 전의 나', '10년 전의 나', 그리고 '지금 그 나들을 회고하는 나'를 모두 '나'라는 같은 이름으로 부르기 때문이다.

실천적으로는, 삶을 사는 사람으로서 흄 역시 자신의 자아의 동일성과 연속성을 부정할 수는 없다. 그러나 이론적으로, 사유하는 철학자로서 흄은 뭔가 다른 것, 이보다는 훨씬 더 단순한 것을 생각하고 있다. 이를테면 한 시간 전의 장작이 가득한 난롯불-인상과 지금 장작이 부족한 난롯불-인상 사이의 단절을 메울 경험적 인상이 없듯이, 한 시간 전의 기뻐하는 나-인상과 지금의 슬퍼하는 나-인상 사이의 단절을 메울 경험적 인상도 없다는 것이다. 두 나-인상은 결코 함께 존재할 수 없고 오로지 계기繼起적으로만, 즉 하나가 사라지고 난 후에 다른 하나가 나타나는 식으로만 존재할 수 있다. 따라서 이 두 인상이 한 시점 안에서 하나의 정신적 실체에 함께 속하는 일은 있을 수 없다. 그리고 같은 말이지만 하나의 자아가 동일한 시점 안에서 기뻐하면서 동시에 슬퍼한다는 사실 역시 있을 수 없다. 두 자아-인상 사이에 경험으로는 결코 메울 수 없는 단절이 있다. 이를 논거로 흄은 자아의 연속성을 부정한다. 인용은 계속된다.

그러나 항상적이고 변하지 않는 인상은 없다. 고통과 쾌락, 슬픔과 기쁨, 정념과 감각은 서로 계기하며 동일한 시간에 함께 존재하지 않는다. 그러므로 이 인상들 가운데 어떤 것에서, 또는 다른 어떤 것에서 자아의 관념이 유래하지 않는다. 그리고 결과적으로 그와 같은 관념은 없다. (…) 내 입장에서 내가 이른바 나 자신이라는 것의 심층에 들어가 보면, 나는 언제나 어떤 개별 지각들이나 다른 것들, 즉 뜨거움 또는 차가움, 빛 또는 그림자, 사랑 또는 증오, 고통 또는 쾌락 등과 만난다. 지각 없이는 내가 나 자신을 잠시도 포착할 수 없으며, 지각 없이는 어떤 것도 관찰할 수 없다. [지각이 가능하기 위해 내가 있어야 하는 것이 아니라, 지각이 있는 동안만 나의 지각이라는 말이 성립한다!] 깊은 잠에 빠졌을 때처럼 내 지각들이 일정 시간 동안 없어진다면, 그동안 나는 나 자신을 감지할 수 없고 솔직히 나 자신은 존재하지 않는다고 할 수도 있을 것이다. 내가 죽어서 나의 지각이 모두 없어진다면, 나의 신체가 해체된 다음부터 나는 생각할 수도 볼 수도 느낄 수도 사랑할 수도 미워할 수도 없을 것이고, 나는 완전히 사라질 것이며, 나를 완전한 비실재로 만드는 데 무엇이 더 필요한지도 생각할 수 없다. 진지하고 선입견 없이 반성하는 사람이 자기 자신에 대해 다른 관념을 갖는다고 [즉 자아는 존재한다고] 생각하면, 나는 내가 더 이상 그를 설득할 수 없다는 것을 인정하지 않을 수 없다. 내가 그에게 인정할 수 있는 것은 그도 나와 마찬가지로 타당할 수 있다는 것이며, 우리는 바로 이 점에서 본질적으로 서로 다르다는 것뿐이다. 나는 나에게 나 자신이라는 원리가 없다는 것을 확신하지만, 그는 아마 그가 자기 자신이라고 일컫는 단순하고 지속적인 어떤 것을 지각할 수도 있을 것이다.

인용문에 언급된, '경험을 존중하며 자아를 부정하는 흄'이 '경험은 무시하고 자아에 집착하는 형이상학자'를 설득하려는 가상적 대화 상황에 대해 좀 더 생각해 보자. 흄의 말마따나 이 설득은 결코 성공할 수 없다. 왜?

흄은 개방적인데 형이상학자가 고집불통이어서? 그렇지 않다. 이 시도 자체가 자가당착적이기 때문이다. 흄은 형이상학자에게 '자아는 없다'라는 사실을 설득하려 하는데, 이 설득의 내용은 바야흐로 설득당해야 하는 자의 자아의 존재도 지워 버린다. 세상에는 어떤 자아도 존재하지 않고 따라서 자아의 존재를 확신하는 형이상학자의 자아도 존재하지 않는다. 그렇다면 흄은 도대체 누구의 자아를 설득해야 하는가? 결국 흄은 '없는 자아', '무'를 설득해야 하는데, 그런 시도는 성공할 수 없음은 물론이고 성립조차 할 수 없다. 이것이 흄이 실제로 처한 상황이다. 그는 지금 『논고』라는 책에서 '자아는 없다'라고 쓰면서 자신의 독자들의 자아에게 '자아 없음'의 사실을 설득하고 있다. 내가 보기에 이 설득의 시도는 이중의 방식으로 부당하다. 첫째 흄이 모든 자아의 현존을 부정하고, 거기에는 독자들의 자아도 포함된다면 그는 없는 자아를 설득해야 하는데, 이는 가능하지도 필요하지도 않은 시도이다. 둘째 그가 정녕 우리 독자들을 설득하고자 한다면 그는 최소한 설득당하는 우리 자아의 현존은 인정하지 않으면 안 된다. 하지만 이 인정과 더불어 그는 설득의 내용, '자아 없음'은 부정해야 하고 이를 통해 설득의 시도 자체가 지양되어 버린다. 흄 아니라 세상의 그 누구라도 '없는 자아'에게 '자아는 없다는 사실'을 설득할 수는 없다. 하물며 없는 자아에게 자아는 없다는 사실을 '없는 자아'가 설득할 수야 있겠는가? 내가 보기에 '자아 없음'을 하나의 학설로 주장하고 타인을 설득하려는 흄은 해결할 수 없는 설득의 아포리아에 빠져 있다.[96]

---

[96] 우리는 앞서(7장 2.3의 ① 참조) 데카르트와 어리석은 악마의 견해를 대비시키며 설득의 아포리아에 대해 논의한 바 있다. 이제 이에 대한 흄의 견해까지 살펴보았으니, 우리는 설득의 아포리아를 대하는 세 가지 입장을 알고 있는 셈이다. 자 여기서 이 세 견해, 첫째 나의 부재를 설명하는 악마에게 설득당하기 위해서는 최소한 설득당하는 '나는 존재해야 한다'고 말하는 데카르트, 둘째 존재하지 않는 나를 속여 '나는 존재한다'라는 믿음을 나에게 심

이 아포리아는 자아의 현존뿐 아니라 그 동일성 및 연속성과 관련해서도 일어난다. 데이비드 흄과 르네 데카르트가 나누는, 자아의 현존에 대한 가상적 대화를 한번 상상해 보자. 흄이 묻는다. "르네, 자아가 존재한다고?" 데카르트가 답한다. "코기토, 에르고 숨!" 흄은 자아의 존재를 부정할 수밖에 없는 다양한 논거를 제시하며 열심히 데카르트를 설득한다. 그러나 고집이 센 데카르트는 꿈쩍도 않는다. 그리고 다시 말한다. "코기토, 숨!!" 해가 지고 밤이 깊어 가자 흄이 말한다. "좋다. 오늘은 내가 설득에 실패했다. 내일 만나 다시 이야기하자." (약속의 상황이다!) 다음 날 '자아의 연속성은 물론이고 자아의 존재조차 인정하지 않는' 흄은 데카르트를 보자마자 이렇게 말한다. "반갑다. 너 어제 만난 그 르네 맞지. 어제는 실패했지만 오늘은 너를 반드시 설득하고야 말겠다." 이렇게 말하면서 흄은 '자아의 존재는 물론이고 그 자아의 연속성까지도 인정하고' 있는 셈이다.

나는 실제로 인간 흄이 이런 종류의 말을 하지 않고 살았으리라고는 생각할 수 없다. 그도 타인과 만나고 헤어지고 다시 만나 반갑다고 인사하며, 헤어졌던 그 타인이 다시 만난 이 타인임을 긍정했을 것이다. 그도 타인에게 말하고 타인을 설득하고 설득에 실패하면 계속 설득하기 위해 타인과 약속하며, 후일 만나게 될 그 타인이 지금 헤어지는 이 타인과 다른 타인이 아닐 것임을 이미 전제하고 있었을 것이다. 내 말을 듣는 타인의 자아가 거기에 없다고 믿으면서 뭔가를 말하는 자, 그리고 지금 나와 약속하는 타인이 후에 이 약속을 지키게 될 그 타인이 아니라고 믿으면서 누군가와 약속을 하는 자는 자신의 말함, 약속함이라는 행위에 대해 정직한 사

어 주려는 어리석은 악마, 셋째 존재하지도 않는 나를 설득하여 '나의 없음'에 대한 나의 동의를 이끌어 내려는 흄의 견해를 서로 꼼꼼히 비교해 본다면, 그건 철학적 사유 훈련의 소중한 기회가 될 수 있을 것이다.

람은 아니다. 정말 그가 그렇게 생각했다면 그는 말하지도 약속하지도 말았어야 했다. 내가 의미하는 것은 시간의 흐름에도 불구한 자아의 연속적 동일성은 ―이론적으로 그 기원을 따져 보면 그저 하나의 형이상학적 가정에 불과할지 모르지만― 실천적으로 행하는 기능을 생각하면 우리의 생활 세계를 유지해 주는 필수불가결의 전제라는 점이다. 이 전제 없이는 사회적 존재자로서의 우리 인간은 결코 살 수 없다. 대화도, 설득도, 약속과 약속의 파기도, 재회와 재회의 거부도 불가능하기 때문이다. 이 정도만 하고 다시 흄에게로 돌아가 그의 자아의 말을 경청해 보자.

그러나 이런 류의 형이상학자들은 제쳐 놓더라도, 나는 그 밖의 다른 사람들에 대해 감히 다음과 같이 단언한다. 인간들은 서로 다른 지각들의 다발 또는 집합일 뿐이며, 이 지각들은 표상할 수 없을 정도로 빠르게 서로 계기하며 영원히 흐르고 운동한다. (…) 단 한 순간이라도 변화 없이 동일한 것으로 남아 있는 영혼의 유일한 능력은 전혀 있을 수 없다. 정신은 일종의 극장이다. 이 극장에는 여러 지각들이 계기적으로 나타나고, 지나가며, 다시 지나가고 미끄러지듯 사라지고, 무한히 다양한 자태와 상황 안에서 혼합된다. 단순성과 동일성을 상상하는 자연적 성향을 우리가 가질 수도 있지만, 아마 정신에는 단 한 순간도 단순성이 있을 수 없을 것이며 서로 다른 정신에는 동일성이 없을 것이다. 극장과 비교하는 것이 결코 우리를 오도하지 않을 것이다. 그 지각들은 정신을 구성하는 유일한 계기적 지각들이며, 우리는 이 지각들의 전경이 재현되는 장소에 대하여 또는 그 장소를 구성하는 소재에 대하여 아주 막연한 견해조차 가질 수 없을 것이다.[97]

---

97 흄, 『인간 본성에 관한 논고 1』, 256-258쪽.

내가 반성적으로 나의 내면을 들여다보면 나는 거기서 무엇을 발견하는가? 내 안에는 다양한 나, 정확히는 나-인상들이 있다. 기뻐하는 나-인상, 슬퍼하는 나-인상, 소망하는 나-인상, 절망하는 나-인상, 분노하는 나-인상 등 참으로 다양한 나-인상이 계기적으로 교체된다. 마치 극장의 스크린에 천 개의 얼굴을 가진 배우의 천 개의 표정이 계기적으로 연속되는 것과 같다. 우리는 소망하는 배우-인상, 절망하는 배우-인상, 분노하는 배우-인상을 본다. 그러면 우리는 '하나'의 배우가 소망했고, 절망했고, 분노했다고 생각한다. 그러나 우리가 실제로 경험한 것은 각기 다른 시점에 계기적으로 나타난 '세 개의 다른 배우-인상'이지, '한 배우의 세 다른 표정'이 아니다. 계기적으로 이어진 세 표정 간의 가상적 연속성은 이 세 표정이 하나의 정합적 다발을 이룬다는 것을 의미할 뿐이지, 이 세 표정이 한 사람의 세 다른 표정임을 의미할 수는 없다. 우리는 세 다른 배우-인상의 배후에 서서 이 배우-인상들을 자신의 것으로 취하는 배우 자체에 대한 인상은 가지고 있지 않기 때문이다. 우리가 '나'라고 부르는 것은 이 다양한 내적 인상이 모여 이룬 하나의 다발이다. 우리는 이 다발의 배후에 서 있는, 어지럽게 교체되는 인상들의 유일무이한 주인, 내적으로는 단일하고 시간적으로도 동일한 그 하나의 정신적 실체로서의 자아에 대한 경험적 인상은 어디에서도 찾을 수 없다. 따라서 내적 인상들의 다발이 바로 우리가 멈춰야 할 곳이다.

이 인상들의 다발은 매우 정합적이어서, 심지어 계기적으로 주어진 인상들 간에 아무런 단절도 없는 듯이 보일 정도다. 만일 이 인상 다발의 배후에 시간의 흐름, 인상들의 교체에도 불구하고 자신의 단절 없는 연속성을 유지하는 실체가 서 있다면, 단절은 정말 없을 것이다. 그런데 정말로 그런지는 생각해 볼 일이다.

스크린에는 기뻐하며 소망하다가 어느새, 말하자면 1분 만에 슬퍼하며 절망하는 주인공의 '단절 없는' 표정의 변화가 있다. 연기가 워낙 뛰어나다 보니, 우리는 저 주인공이 소망에서 절망으로 단절 없이 이행했다고, 아니 주인공이라는 실체가 앞서 있었고 그가 우선은 소망하는 자기 모습을, 그러고는 절망하는 자기 모습을 연속적으로 보여 주었다고 생각한다. 정말 그럴까? 주인공이 먼저 있었고 그가 다양한 표정을 만들어 낸 걸까? 아니면 다양한 표정의 교체만을 경험한 우리가 그 배후에 표정들의 주인으로서의 주인공을 나중에 세운 걸까? 우리가 영화를 볼 때 실제로 어떤 인상은 갖고 어떤 인상은 갖지 못하는지를 한번 생각만 해 보면 답은 바로 나온다. 활동사진 안의 주인공은 단절 없이 움직인다. 그렇게 보인다. 그러나 실재하는 것은 한 정신적 실체의 표정 변화를 촬영한 1분짜리 단절 없는 활동사진이 아니라, 최소한 960장(60초×16장)의 멈춤 사진의 계기적 교체이다. 우리가 단절 없이 연속적이라 느낀 주인공의 표정 변화에는 최소한 959개의 단절이 있다. 그 단절들이 단절로 인지되지 않는 것은 960개의 인상이 '단절이 없어 보일 정도로 정합적인 하나의 다발'을 이루기 때문이지, 이 다발의 배후에 960개의 인상의 계기적 교체에도 불구하고 자신의 연속적 동일성을 유지하는 주인공 실체가 서 있기 때문은 아니다. 그저 우리가 960장의 멈춤 사진을 연속해서 보면서 단절 없는 하나의 실체의 운동을 본다고 생각할 뿐이다. 그러므로 나에게 경험적으로 주어진 인상은 '960장의 멈춤 사진'과 '이 사진들로 이루어진 하나의 인상 다발'이다. 그러나 이 다발의 배후에 서 있는, '1분 만에 959개의 단절을 극복하고 소망에서 절망으로 단절 없이 이행해 간 주인공 실체'에 대응하는 경험적 인상은 없다.[98]

---

[98] 물론 활동사진은 흄보다 후대의 산물이니, 이는 흄 자신의 생각은 아니다. 이 비유는 내가 한 것이다. 나는 이 비유가 나쁘지는 않다고 생각한다. 이 비유는 우리가 연속적이라 여기

여기가 끝이다. 우리의 지성은 여기까지 즐거운 철학적 사유의 춤을 추다가 '960장의 멈춤 사진으로 이루어진 따라서 959개의 단절을 내포하고 있는 인상 다발'에 도달하는 순간 그대로 멈춰야 한다. 그리고 단절은 단절로 방치해야 한다. 여기서 다시 단절을 메우기 위해 계기적으로 주어진 "지각들의 지속적 존재", 시간의 흐름과 그 안에서 이루어지는 지각들의 교체에도 불구하고 자신의 연속적 동일성을 유지하는 주인공, "영혼, 자아", 정신적 "실체 등과 같은 관념"을 "꾸며 내어" 이 다발의 배후에 상정한다면, 우리는 다시 빈틈과 단절을 싫어하는 "상상력에 굴복하여" 경험의 세계의 끝을 지나 형이상학적 "허구"[99]의 세계로 넘어가는 것이다. 쉬지 않고 돌아가는 극장, 단절 없는 동영상, 연속적인 인상들을 창출해 내는 실체로서의 주인공은 존재하지 않는다. 자아란 초당 16장의 멈춤 인상이 계기적으로 나타나는 극장일 뿐이다.

극장의 비유를 오도하지 말라는 인용문 말미의 경고도 이 맥락에서 이해되어야 한다. 극장이 하나의 실체로 먼저 거기에 있고 그 극장 안에서 다양한 장면이 상영되는 것이 아니다. 다시 말해 주인공 실체가 먼저 거기에 있고 그가 자신의 다양한 표정을 보여 주는 것이 아니다. 우리 관객, 인상을 수용하는 자의 입장에서 보면 모든 것이 거꾸로다. 장면들이 보이는 한에서만 우리는 장면들의 다발을 극장에 비유할 수 있다. 즉 960장의 멈춤 인상이 계기적으로 주어지는 한에서 우리는 이 인상들의 다발을 '1분짜리 단절 없는 동영상'으로 비유할 수 있다. 그러나 극장, 동영상은 실체가 아니라 다발이다. 결국 자아, 이른바 '동일한 시간 내에서는 물론

는 인상에 초당 최소한 15개의 단절이 있다는 사실과 그 단절에도 불구하고 우리가 '단절 없이 자신의 동일성을 유지하는 실체'를 자연스럽게 상정하는 이유를 유비적으로 잘 설명해 주기 때문이다.

[99] 흄, 『인간 본성에 관한 논고 1』, 259쪽.

이고 시간의 흐름에도 불구하고 자신의 단절 없는 동일성을 유지하는 정신적 실체'란 '쉼 없이 교체되는 내적 인상들의 단절 없어 보이는 다발'에 불과하다. 마치 물체, '나 없어도, 그리고 나 아니어도 존재한다는 물체적 실체'가 실은 '쉼 없이 교체되는 외적 인상들의 단절 없어 보이는 다발' 이상일 수 없는 것과 같다. 따라서 흄은 이 두 실체를 모두 해체하는 데 아무런 주저함이 없다. 그는 관념을 분석하여 인상에 이르고 거기서 딱 멈춰 서고 경험적 인상의 초경험적 배후에 대해서는 묻지 않기 때문이다.

자아에 대한 긴 논의가 약간의 단절을 두고 진행되었다. 앞서 우리는 이 문제에 대한 데카르트의 견해를, 그리고 방금 흄의 견해를 공부했다. 이 둘은 극단적으로 대립한다. 그 중간에 ―우리가 다루지 않은― 칸트의 길이 있다. 이제 나는 철학적 문제로서의 자아에 대한 우리의 논의를 마무리하며 이 세 견해를 대비시키려 한다. 그렇게 하는 이유는 하나다. 자아의 문제와 관련하여 가능한 사유의 모든 길을 독자들에게 제시하고 독자 스스로 그 길들을 걸어 보게 하려는 것이다.

흄에 의하면 자아는 없다. 이 부정은 두 가지 의미를 갖는다. 첫째는 자아의 인식 불가능성이다. 이른바 자아라는 관념에 대응하는 경험적 인상이 없고 따라서 우리는 자아에 대해 어떤 인식도 가질 수 없다. 무릇 모든 타당한 인식은 관념들을 거쳐 경험적 인상으로 소급되어야 하기 때문이다. 그러나 인간은 경험의 한계를 넘어서 있기에 인식되지 않는 자아에 대해 사유하려는 "성향"[100]은 가지고 있다. 그래서 그의 상상력, 인상이 없어도 그 인상에 대한 관념을 만들어 내는 능력은 슬그머니 경험의 한계를 넘어가 경험 가능한 내적 인상들의 다발의 배후에 경험되지 않는 정신, 자아라는 이름의 실체를 상정한다. 그러나 경험에 근거를 두지 않은 어떤 것도

---

[100] 같은 곳.

인정하지 않는 흄은 이 같은 상상력의 월경을 단호히 거부한다. 이것이 흄에서 자아의 부정이 갖는 두 번째 의미다. 자아의 상정은 금지된다. 흄에게 자아란 우리가 '인식할 수 없는 것'이고 또 '상정해서도 안 되는 것'이다.

자아에 대해 극단적으로 부정적인 흄의 견해에 정면으로 충돌하는 것이 자아에 대해 극단적으로 긍정적인 데카르트의 입장이다. 이 사람에 의하면 자아는 있을 뿐 아니라 있지 않으면 안 되는 방식으로 있다. 이 긍정 역시 두 가지 의미를 갖는다. '사유하는 나'는 내가 사유 활동을 할 때마다 그 활동성의 근거에 필연적으로 상정되는 활동성의 주체다. 사유하는 나가 없다면 나의 사유함은 중단되고 이와 더불어 나의 존재도 중단되기 때문이다. 모든 활동과 존재의 근거에 그 가능성의 조건으로서 사유하는 나가 그때마다 이미 상정된다. 이 상정의 필연성이 데카르트적 자아 긍정의 첫 번째 의미이다. 두 번째 의미는 이렇게 이미 항상 상정되는 자아는 인식될 수 있을 뿐 아니라 가장 명석하고 판명하게 인식된다는 것이다. 자아에 대한 인식은 모든 철저한 회의를 견뎌 낸 가장 확실한 인식이고 따라서 인식의 구조물의 유일무이한 근거이기 때문이다. 데카르트에게 자아란 우리가 '상정하지 않으면 안 되는 것'이고 또 '인식할 수 있는 것'이다.

흄과 데카르트의 중간에 위대한 칸트가 서 있다. 칸트는 자아를 '나는 생각한다Ich denke'라 칭하는데, 이는 '코기토'의 독일어 번역이다. "'나는 생각한다'는 나의 모든 표상에 수반될 수 있어야 한다." 그렇지 않으면 어떤 표상도 "가능하지 않기"[101] 때문이다. 모든 표상 활동의 가능성의 조건이 바로 '나는 생각한다', 표상함의 주체로서의 자아이다. 표상이 이루어지는 한, 그 표상함의 근거에는 이미 '표상하는 나', '나는 사유한다'가 필연적으로 수반되고 상정된다. 그래서 나는 이 나에 대한 분명한 의식을 가지

101 칸트, 『순수 이성 비판』, B 131-132.

고 있다. 그러나 나는 그 나가 어떻게 있는지는 모르고 "오로지 내가 있다 nur daß ich bin"는 단적인 사실만을 "의식한다." 이것이 바로 '나는 사유한다' 는 있지 않으면 안 된다는 의식, 자기의식이다. 자기의식의 현존의 이 같 은 필연성에도 불구하고 나는 이 나에 대해 어떤 인식도 가질 수 없다. 이 나는 감관에 아무런 경험적 인상도 남기지 않기 때문이다. 그래서 칸트는 이렇게 말한다. "나 자신에 대한 의식은 아직도 여전히 나 자신에 대한 인 식이 아니다."[102] '나는 생각한다'가 없으면 어떤 인식도 불가능하다는 의미 에서 자아, 자기의식은 모든 인식의 가능성의 조건이지만, 이 자아는 결코 지각될 수 없다는 의미에서 인식의 대상일 수는 없다.[103] 칸트에게 자아란 우리가 '상정해야 하는 것'이지만 '인식할 수는 없는 것'이다.

자아에 대한 흄, 데카르트, 칸트의 견해는 흥미로운 방식으로 겹치고 또 갈린다. 흄과 칸트는 자아에 대한 인식 불가능성을 인정한다는 점에서 입 장을 같이하지만 상정의 필연성과 관련해서는 견해가 갈린다. 데카르트 와 칸트는 자아의 상정의 필연성에 대해서는 견해를 같이하지만 인식 가 능성에 대해서는 입장이 다르다. 흄과 데카르트는 모든 면에서 반대로 생 각한다. 이제 나는 나의 독자들에게 '부분적으로 겹치고 부분적으로 갈리 는, 자아에 대한 이 세 개의 철학적 사유의 길을 직접 걸어 볼 것을 권한 다. 그것은 저 세 철학자와 함께하는 사유의 —쾌적한 산책이 아니라 힘겨 운 그러나— 생산적인 훈련이 될 수 있을 것이다.

끝으로 여기에 사족처럼 이 문제에 대한 『초대』의 저자의 입장도 간략 히 덧붙인다. 나는 —위대하지는 않지만— 위대한 칸트와 입장을 같이한

---

[102] 같은 책, B 158.

[103] 이 지각될 수 없는, 그러나 '지각들에 덧붙여(ad perceptio)' 사유될 수 있는 형이상학적 실체 로서의 자아를 칸트는 '선험적 통각(Apperzeption)'이라 부른다! 통각의 의미에 대해서는 이 미 설명한 바 있다 (5장 1.1의 ④ 참조).

다. 자아는 결코 인식되지 않는다. 물론 심리학자들은 특정 자아를 그 행동에 비추어 탐구하고 인식할 수 있을 것이다. 그러나 철학이 문제시하는 자아는 심리학자의 탐구 대상으로서의 경험적 자아가 아니라, 형이상학적 자아, 특수 형이상학의 한 분야로서의 영혼론의 주제인 자아, 즉 동일한 시간 내에서는 물론이고 시간의 흐름에도 불구하고 자신의 단절 없는 동일성을 유지하는 정신적 실체다.[104] 우리는 이 자아를 결코 인식할 수 없다. 이 사실은 흄이 거부할 수 없는 방식으로 논증해 보인 바 있다. 그러나 이 인식할 수 없는 자아를 우리는 상정하지 않을 수도 없다. 그것은 신이 창조한 자연에 빈틈은 없어야 한다는 이론철학적 이유에서뿐 아니라, 우리의 사회적 삶이 유지되어야 한다는 실천철학적 이유에서이기도 하다. 시간의 흐름에도 불구하고 자신의 인격적 동일성을 유지하는 자아가 바로 우리의 사회적 공동체, 실천적 삶의 근간을 이루기 때문이다. 앞서 간략히 언급했던 약속, 재회, 부도덕한 행위에 대한 비난, 불법적 행위에 대한 처벌 등은 모두 이 항상적 자아의 존재를 전제하고 있다. 약속을 한 자와 그 약속을 지키거나 어기는 자의, 어제 만난 자와 오늘 다시 만나거나 못 만난 자의, 행위자와 그 행위에 대한 책임을 지거나 피하는 자의 자아의 동일성이 보장되지 않는다면, 이런 여러 사회적 행위는 도대체 성립할 수 없다. 더 중요한 것은 흄이 「나 자신의 한평생」이라는 자서전을 쓸 수 있기 위해서는, 평생에 걸친 삶의 흐름에도 불구하고 자신의 동일성을 유지해 온 흄의 자아가 전제되어야 하고, 또 이 책에 대한 지적 소유권을 주장하고 출판사에 인세를 요구하기 위해서도 저자로서의 흄과 법적, 경제적 주체로서의 흄의 인격의 동일성은 상정되어야 한다. '자아는 없다'라는

---

104 예를 들어 어떤 다중인격자의 해리된 세 개의 인격이 세 개의 경험적 자아들이라면 이 세 인격들 안에서도 자신의 동일성을 유지하는 '그 하나'의 자아가 바로 형이상학적 자아다.

이 독창적인 학설이 무의 것이 아니라 흄의 것일 수 있기 위해서, 그래서 철학사의 한 페이지에 이 학설 앞에 '흄'이라는 이름이 명기될 수 있기 위해서도 '자아는 없다'고 주장하는 흄의 자아는 반드시 있어야 한다. 내가 보기에 자아란 어떤 경우에도 삭제되지 않는 이름이다. 자아를 삭제한 자는 흄의 자아였다는 명명백백한 사실을 철학사가 전해 주고 있으니 말이다.

⑤ 인과율의 해체: 자연법칙은 필연적인가?

마지막 남은 해체의 대상은 인과율이다. 인과율의 해체도 물체 및 정신의 해체와 마찬가지로 인과율 자체의 없음이 아니라 인과율에 대한 사람들의 믿음에 하등의 경험적 근거가 없음을 증명하는 과정이다. 따라서 이 해체도 경험의 근거 없이는 어떤 것도 인정하지 않겠다는 경험론적 철학의 근본 입장을 철저하게 실천하는 자라면 누구나 이를 수밖에 없는 당연한 귀결이다. 우리는 앞서 버클리가 '원인이면 결과이다'라는 인과법칙을 '원인-지각이면 결과-지각이다'로 바꿔 적는 묘수를 부리며 경험론의 근본 요구에 충실하면서도 인과율을 유지할 수 있었던 것을 기억하고 있다. 흄은 한결 더 철저하고, 더 단순하다. 그는 "인과 관념"이 거기서 "유래해" 나온, 따라서 그리로 소급해 가는 세 가지 "관계"를 분석해 내고, 이 관계에 대응하는 경험적 인상들이 있는지를 묻는다. 인상들이 있다면 인과성의 관념은 유지되겠지만, 그렇지 않다면 해체되어야 한다.

그 세 관계는 다음과 같다. 첫째 원인과 결과 간의 시·공간적 "인접", 둘째 "결과"에 대한 "원인의 시간적 우선", 셋째 원인과 결과 간의 "필연적 연관."[105] 이 세 가지 조건이 모두 충족되면 우리는 원인과 결과 간에 인과법

---

[105] 흄, 『인간 본성에 관한 논고 1』, 95-97쪽.

칙이 성립한다고 말한다. 각각의 의미는 분명하다. 첫째로 까마귀 날자 배 떨어졌다면, 이때 인과율은 시·공간적으로 인접해 있는 까마귀와 배 사이에 성립해야지 화성에서 100년 전에 날아간 까마귀가 지금 경기도 화성에서 떨어지는 배의 원인이라는 뜻은 아니다. 둘째로 원인이 결과를 시간적으로 앞서 가야지 그 반대여서는 안 된다. 즉 까마귀가 날아가고 나서 배가 떨어져야지, 100년 후에 날아갈 까마귀가 100년 전에 떨어진 배의 원인일 수는 없다. 셋째로 떨어지는 배는 날아가는 까마귀를 수반하되, 필연적으로 수반해야 한다.

이제 우리는 '물어 보기만 하면 된다.' 이 세 조건에 대응하는 경험적 인상들을 우리가 가지고 있는지를. 나는 '근접한 때, 근접한 곳에서' 날아가는 까마귀-인상과 떨어지는 배-인상을 가졌고, '전자를 먼저 후자를 나중에' 가졌다. 더욱이 이 인상들은 '매우 자주', '지금까지는 늘' 이런 식으로 주어졌다. 시·공간적 인접, 시간적 선후의 조건은 무난히 충족된다. 그렇다면 '필연적 연관'의 조건은? 날아가는 까마귀와 떨어지는 배를 묶어 주는 '필연성의 끈'에 대한 인상도 나는 가졌는가? 그렇지는 않다. 내가 말할 수 있는 것은 '매우 자주', 그리고 '지금까지는 늘' 그랬다는 것뿐이다. 경험이 확인해 주는 것은 여기까지다. 따라서 나의 철학적 사유의 춤이 계속될 수 있는 것도 여기까지다. 만일 여기서 내가 '매우 자주'에서 '늘'로, '지금까지 늘'에서 '앞으로도 늘'로 건너뛴다면, 그것은 경험의 세계의 끝에서 멈춤 표지판을 보지 못하고 경험 저편의 세계로 건너뛰는 것이다. 나는 경험한 것에서 경험하지 못한 것을 추정해 내고 있기 때문이다.

예를 들어 설명해 보자. 빛이 음보다 빠르다는 사실을 모르는 한 원시인이 번개 치고 천둥 치는 무서운 경험을 평생 한 5,000번 했다고 하자. 번개와 천둥은 '시·공간적으로 근접해서' 일어났고, '번개가 먼저 나고 천둥이 그 뒤를 따랐지' 반대인 적은 없었다. 그리고 지금껏 번개에는 '늘' 천둥이 수반되었고, 여기에 단 한 번의 예외도 없었다. 이쯤 되면 아마 원시인은 번개가 천둥의 원인이라고 믿을 것이다. 물론 이 믿음에 이유가 없는 것은 아니다. 그러나 원시인이 "그렇게 믿는 이유"와 인과성이 실재한다는 "사실은 다른 것"[106]이다. 사실을 확인하길 원했다면 원시인은 물었어야 했다. 먼저 친 번개에 늘 천둥이 뒤따른 것은 이 둘을 이른바 '필연성의 끈'이 묶어 주었기 때문인지, 그리고 자신이 그 '끈 인상'을 가지고 있었는지를. 그러나 그는 이 물음은 던지지 않았다. 그렇다면 무엇이 그로 하여금 번개는 천둥의 원인이라고 믿게 했는가? 어쩌면 당신은 빛은 소리보다 빨리 움직인다는 사실에 대한 무지가 원시인에게 잘못된 믿음을 심어 주었다고 생각할지도 모르겠다. 그러나 그것이 문제의 본질은 아니다. 내가 흄의 입장에서 대신 말한다면, 이 원시인은 중력이 원인이 되어 사과가 떨어졌다고 말하는 사람보다 더 어리석은 것도 아니고, 날아가는 까마귀가 원인이 되어 배가 떨어졌다고 말하는 사람보다 덜 어리석은 것도 아니다. 이 세 사람은 똑같이 어리석은데, 그것은 이들이 모두 즐겁게 춤을 추다가 멈춰야 할 곳에서 멈추지 못했기 때문이다. 이 셋은 하나같이 '필연적 연관의 인상' 없이 '필연적 인과법칙'을 주장하고 있다.

그 주장의 근거는 무엇인가? 이것은 필연성의 인상에 대한 경험적 확인 없이도 인과성을 믿기 위한 심리적 조건에 대한 물음이다. 그것은 경험의 반복, 반복에 대한 기억이다. 나는 하나의 현상(번개, 중력, 날아가는 까마귀)에 이어 다른 현상(천둥, 떨어지는 사과, 떨어지는 배)이 나타났음을 경험해 왔는데, 한두 번, 서너 번도 아니고, 자주, 매우 자주, 정말 매우 자주, 아니 전자의 현상이 나타났을 때면 ─지금까지는─ 언제나 이 결합을 경험해 왔다. 나의 마음 안에서 두 현상은 필연적 연관이라는 끈이 아니라 심리적

---

[106] 흄, 『인간의 이해력에 관한 탐구』, 50쪽.

연상이라는 끈으로 묶인다. 일단 이렇게 묶이고 나면, 치는 번개를 경험한 우리 마음은 "직접적으로", 즉 어떤 "새로운 추론이나 결론 없이도" 자동으로 천둥소리로 "안내된다." 이 안내자를 우리는 "습관"[107]이라 부른다. 이것은 '하나'를 경험하면 '그 하나와 연상의 끈으로 묶인 다른 하나'의 출현을 기계적으로 추정하게 하는 힘이다. 분명한 것은 이 "추정이" 두 현상 간의 "필연적 연관"의 인상에 "의존하는 것이 아니라", 거꾸로 "필연적 연관"이 이 심리적 "추정에 의존하여"[108] 상정되고 있다는 점이다. 즉 우리는 특정 경험의 반복, 반복을 통해 이루어진 습관적 추정에 의해 필연적 연관에 대한 인상 없이 인과법칙을 주장하고 있는 셈이다. 이렇게 보면 인과율에 대한 우리의 신념이 되돌아가야 할 곳은 이른바 원인과 결과 간의 필연적 연관에 대한 인상이 아니라, 결과는 원인을 충분히 많이 ─우리가 믿기에 충분할 정도로 많이─ 뒤따랐다는 사실에 대한 심리적 인상이다. 인과성에 대한 신념이란 "관습*custom* 또는 습관*habit*"[109]의 산물, '매우 자주' 그랬으니 '늘' 그럴 거고, '지금까지 늘' 그랬으니 '앞으로도 늘' 그럴 거라는 심리적 기대와 추정 이상 다른 것이 아니다.

물론 이 같은 기대와 추정은 실생활에서는 큰 유용성을 준다. 이 추정은 직접 미래를 내다볼 수 없는 인간에게 "미래"를 "예상하게 해 주는 유일한 원리"이고 그 의미에서 "인간 삶의 위대한 안내자"[110]이기 때문이다. 그래서 우리는 이 안내에 따라 살고 또 삶이 지속되는 한 이 안내를 무시할 수도 없다. 번개에는 천둥이 수반되어 왔다는 과거의 경험에 의거하여 우리는 미래에도 같은 일이 반복되리라는 기대를 갖는다. 이 기대는 지금껏

---

107 흄, 『인간 본성에 관한 논고 1』, 122쪽.
108 같은 책, 107쪽.
109 흄, 『인간의 이해력에 관한 탐구』, 72쪽.
110 같은 책, 75쪽.

충족되어 왔고 앞으로도 충족될 것이다. 그러니 현실적으로는 이 기대를 삶의 안내자로 삼아도 좋다. 그러나 철학적으로 중요한 것은 예측의 효용이 아니라 이 예측과 기대의 근거가 무엇인지의 물음이다. 번개-인상과 천둥-인상을 연결하는 것은 필연성의 끈이 아니라, 반복 경험에 의해 형성된 연상의 끈이다. 그리고 이 끈을 우리는 '매우 자주' 그랬다는 사실에서 '늘' 그럴 것이라는 추정으로 비약하면서 손에 넣게 되었다. 그러나 분명한 것은 '매우 자주'와 '늘'은 근본적으로 다르다는 것이다. 이 둘은 각기 높은 개연성과 필연성을 의미하는데, 이 둘 간에는 메워질 수 없는 간격이 존재하기 때문이다.

개연성(=확률)의 본성에는 절대로 확률 '1'에 도달할 수 없음이, 필연성의 본성에는 단적으로 확률 '1'임이 포함되어 있다. 둘은 질적으로 다르다. 즉 이것은 단순한 양적 차이가 아니다. 0.001%와 99.999% 사이에는 비교적 큰 양적 차이가 존재하지만 이 차이가 질적 차이인 것은 아니다. 이것은 근본적으로는 정도의 차이, 좀 크기는 하지만 원리적으로 —물론 현실적으로는 그렇지 않지만— 극복 가능한 차이이다. 그러나 99.999%와 100% 사이에는 완전히 다른 의미의 차이가 있다. 이것은 양적으로는 미미하지만 질적으로 달라서 원리적으로 —현실적으로는 무시되지만— 극복 불가능한 차이이다. 그러므로 인과율에 대한 우리의 기대를 정당화하기에 현실적으로 충분히 큰 숫자가 원인과 결과 간의 필연적 연관의 실재를 철학적으로 증명하기에는 턱없이 부족한 숫자에 불과하다. 이를 테면 99.999%는 우리의 심리적 기대의 근거 역할을 하기에 손색이 없을 정도로 높은 확률이지만, 우리의 심리적 기대가 경험적 실재임을 증명하기에는 '아직도 부족한 확률'이다. 반면 0.001%는 우리가 현실적으로는 무시해도 좋을 정도로 작은 확률이지만, 필연성의 인상이 없음을 우려하기에는 '충분히 큰 확률'이다. 우리는 매우 높은 개연성에서 기대의 근거를 발견하고 이 기대가 현실적인 효용을 가져온다는 점을 들어 이 근거의 참을 확신하지만, 높은 개연성보다, 그리고 이에 대한 우리의 확고한 신념보다 더 확고한 것은 제아무리 높아야 개연성은 개연성이지 필연성이 아니고 제아무리 크다 한들 현실적인 효용은 현실적인 효용이지 철학적 정당성은 아니라는 점이다.

인과성으로 연결되는 두 사태 사이에 필연성의 인상이 발견되지 않는 한, 이른바 인과율은 경험 중에 그 타당성의 근거를 가질 수 없는 따라서 경험론적 철학자라면 거부해야 하는 심리적 기대에 불과하다. 이것이 흄이 인과율을, 정확히는 인과율에 대한, 현실적으로는 정당화되는 우리의 신념을 철학적으로 해체하는 이유이다. 논리는 단순하다. 관념을 분석해서 그에 대응하는 인상을 찾지 못하면 아무것도 인정하지 않겠다는 경험론적 철학의 근본 입장에 따라, 인과성이라는 관념을 분석해도 필연성의 인상으로 되돌아가지 못하기에 인과율과 그에 대한 믿음을 거부하는 것이다.

인과율을 주장하는 자는 어떤 식으로건 높은 개연성에서 필연성에로, '아주 자주'에서 '늘'로의 비약을 감행한다. 현실적으로 정당화되는 이 비약이 철학적으로 문제가 되는 것은 이것이 본질상 '귀납Induction'의 문제이고, 귀납은 곧 우리가 신뢰하는, 자연과학적 지식의 타당성의 근거이기 때문이다. 그러므로 인과율의 해체의 직접적인 결과는 귀납적 일반화의 정당성에 대한 부정이고 여기에는 자연과학적 지식의 절대성에 대한 부정도 포함된다. 인과율을 해체하는 흄은 놀랍게도 자연법칙, 그 법칙에 대한 학문으로서의 자연과학까지도 상대화하고 있는 것이다.

자연과학이란 무엇인가? 자연을 지배하는 일양한 규칙성, 이른바 자연법칙을 발견하고, 이 법칙으로 자연을 '설명'하고 '예측'하려는 노력이다. 자연법칙은 어떻게 발견되고, 표현되는가? 자연법칙은 지금까지의 자연에 대한 경험과 관찰, 그 관찰된 내용에 대한 귀납적 일반화를 통해 발견되고, 지금까지의 자연뿐 아니라 앞으로의 자연까지 지배하는 자연의 초시간적 규칙성으로 표현된다. 바로 여기에 문제가 있다. 자연과학은 경험적으로 확정된 과거의 규칙성을 미래로 확장하고 이를 통해 미래의 자연을 예측한다. 그러므로 과학의 암묵적인 전제 중의 하나는 '우리가 이미 경험한 과거의 자연'은 '우리가 아직 경험하지 못한 미래의 자연'과 같다는 것이다. 그러나 '자연은 예나 지금이나 나중에도 꼭 같아서 변덕을 부리지 않는다'는 전제의 정당성은 누가 보증해 줄 것인가? 혹자는 이렇게 답할지도 모른다. '자연은 지금까지 변덕을 부리지 않았다.' 그렇게 답하면 상황이 좀 나아질까? 그렇지 않다. 지금 우리가 묻고 있는 것이 바로 '자연은 지금까지 변덕을 부리지 않았다'는 경험의 사실에서 '자연은 앞으로도 변덕을 부리지 않을 것이다'라는 기대를 도출해 내는 것이 과연 정당한가의 물음이기 때문이다. 적어도 자연과학이 경험과학, 자신의 모든 주장의 타당성의 유일한 근거로 경험을 제시하는 과학이기를 원한다면, 이 과학은 과거를 설명할 근거는 가지고 있되 미래를 예측할 근거는 가지고 있지 않다. 과학은 자연의 과거만 경험했지 미래는 아직 경험하지 못했기 때문이다. 그럼에도 '경험'과학은 과거를 설명할 뿐 아니라 미래를 예측하기도 한다. 이렇게 경험된 과거에서 경험되지 않은 미래로 점프하게 해 주는 것이 바로 귀납, 귀납의 비약이다. 이 비약의 정당성에 대해 생각해 보자.

논리학자들은 통상 연역추리와 귀납추리를 구별한다. 연역이 타당하다고 여겨진 전제에서 출발해서 타당한 추론을 통해 결론을 도출하는 논리적 추리 형식이라면, 귀납은 지금까지의 경험, 관찰을 통해 확인한 '많은' 사례에서 아직 우리가 경험하지 못한 미래까지 포함하여 '모든' 시간에 대해 보편적으로 타당한 일반 법칙을 추출하는 비약의 형식이다. 예를 들어 '모든 까마귀는 검다'라는 전제에서 '이 까마귀는 검다'와 '저 까마귀는 검다'라는 결론을 도출한다면, 그건 연역추리다. 이 추리의 결론은 물론 타당하다. 타당하다고 가정된 전제에서 논리적 추론을 거쳐 도출되었기 때문이다. 이와 달리 우리는 한 마리의 까마귀가 검다는 사실을 경험하고 두 마리, 세 마리, 네 마리 … n마리의 까마귀가 검다는 사실을 확인한 후, n이라는 숫자가 충분히 크다고 여겨지면 급기야 'n'에서 '모든'으로의 점프를 시도한다. 이것이 바로 귀납의 비약, 귀납적 일반화이고 그 결과가 '모든 까마귀는 검다'라는 자연과학적 전칭명제다. 물론 이 명제는 타당하지 않다. 왜냐하면 이 명제는 '많은' 까마귀만을 확인하고 '모든' 까마귀에 대한 주장을 펼치면서 '많은'과 '모든' 사이의 간격의 문제는 비약을 통해 해결하기 때문이다. 자명한 일이지만 '모든 까마귀는 검다'라는 전칭명제는 단 한 마리의 검지 않은 까마귀만 발견되어도 그 진리치가 거짓으로 된다. 그런데 'n'과 '모든' 사이에 놓인 까마귀들에 대한 경험을 건너뛴 사람은 세상의 모든 까마귀를 검사해 본 것은 아니고 또 앞으로 태어날 모든 까마귀까지 검사한 것은 더욱 아니므로, '검지 않은 까마귀는 한 마리도 없다'는 자신의 주장의 참을 최소한 '아직은' 증명할 수 없다. 그리고 그가 아직 태어나지 않은 까마귀까지 포함하여 모든 시간 안의 모든 까마귀를 검사할 수 없다는 것은 자명한 사실이다.

그러므로 '많은'에서 '모든'으로의 부당한 귀납적 비약을 감행하지 않는 한, 어떤 자연과학자도 전칭명제를 주장할 수는 없다. 그럼에도 경험과학자로서의 자연과학자는 말한다. '모든 까마귀는…', '모든 사과는…', '모든 번개는….' 이 모든 전칭명제의 타당성의 근거는 순전한 경험이 아니라, '지금껏 타당했던 많은 경험'이고, '이 많은 경험에서 아직 경험하지 못한 사례들까지 포함한 모든 경험으로의 부당한 비약'이다. 물론 이 비약의 안내자는 —인과율의 문제에서와 꼭 마찬가지로— 모든 까마귀와 검은색을 묶어 주는 필연성의 끈이 아니라, 검은 까마귀에 대한 반복된 경험, 이 반복을 통해 정당화된, 아직 경험하지 못한 까마귀의 색깔에 대한 습관적 기대일 뿐이다. 그러므로 한 과수원지기가 많은 경험의 반복, 반복을 통해 형성된 연상의 습관에 근거해 '날아가는 까마귀는 떨어지는 배의 원인이다'라고 말하는 과정과 자연과학자가 많은 검은 까마귀를 경험한 후 '모든 까마귀는 검다'라고 말하는 과정은 완벽하게 동일한 것이다. 두 과정을 모두 필연성의 끈이 아니라 연상의 습관이 지배하고 있고, 이 습관의 강요에 의해 두 과정에서 모두 '자주'에서 '늘'로, '많은'에서 '모든'으로, '경험된 과거'에서 '경험되지 않은 미래'로의 부당한 비약이 수행되기 때문이다.

현실적으로 용인되곤 하는 이 비약은 학문적으로는 단호히 거부되어야 한다. 우선, '자주'와 '늘' 사이, '많은'과 '모든' 사이에는 양적 정도 차 이상의 차이, 근본적으로 지양될 수 없는 ―따라서 부당한 비약만이 외면할 수 있는― 질적 차이가 있기 때문이다. 또한 여기서는 ―이것이 더 중요한 것이다― '경험된 과거'에서 '아직 경험되지 않은 미래'가 추정되고 있는데, 이 같은 추정에는 그 어떤 근거도 ―논리적인 근거도 경험적 근거도― 있을 수 없기 때문이다. 흄은 "자연의 흐름은 언제나 한결같이 동일하고" "우리가 경험하지 못한 사례들은 우리가 경험한 사례들과 유사하다는 것을 증명하는 논증적 논변은 전혀 없다"[111]고 분명히 말한다. 물론 논리적 증명 가능성은 있을 수 없다. 이것은 논리적 실재들 간의 관계가 아니라 경험적 세계에 대한 문제이기 때문이다. 그렇다면 경험의 근거는 있을 수 있는가? 그 또한 없다. 누구도 오지 않은 미래를 경험할 수 없고, 경험하지 않은 것에 대한 추정에 경험의 근거를 내세울 수는 없기 때문이다.

그렇다면 자연과학자가 귀납의 비약을 감행하며 경험된 과거로부터 경험되지 않은 미래를 예측하는 근거는 무엇인가? 물론 경험과학자로서 자

---

111 흄, 『인간 본성에 관한 논고 1』, 108쪽.

연과학자는 '경험'이라고 자신 있게 답할 것이다. 그러나 이때 경험이라는 말의 정확한 의미는 '지금까지의 경험'이다. 이것만으로는 충분하지 않다. 지금까지의 경험은 모든 경험이 아니고 지금까지의 자연과 지금 이후의 자연이 동일하다는 전제도 무근거하기 때문이다. 만약 '지금'이 세계와 역사의 끝이라면 지금까지의 경험은 모든 경험일 것이고 그 경우에 한해 예측은 정당성을 가질 수 있을 것이다. 그러나 유감스럽게도 역사와 시간의 끝에 서 있는 자, 내일이 없는 자에게 미래에 대한 예측은 본디 가능하지도 필요하지도 않다. 결국 경험과학자가 100% 타당한 경험의 근거를 가지고 경험되지 않은 미래를 예측하는 일은 어떤 경우에도 있을 수 없다. 그럼에도 그런 예측이 이루어진다면, 그건 이 예측이 100% 타당한 경험의 근거를 가지고 있지 않음을 의미해야 할 것이다.

이른바 과학적 예측의 근거는 경험 또는 경험이 확인한 필연성이 아니라, 경험의 —충분해 보이지만 결코 충분하지 않은— 반복이 주는 습관적 기대일 뿐이다. 과수원지기와 원시인을 지배하던 그 연상의 습관, 습관에 따른 기대가 자연과학자도 지배하고 있다. 이 기대 때문에 우리는 습관적으로 내일도 해는 동쪽에서 뜨리라고 생각하고 이 생각이 틀릴 수 있다는 가능성은 생각하지 못한다. 물론 동쪽에서 뜨는 해는 지금까지 쇠털같이 많은 날을 통해 경험적으로 그 참을 증명해 온 사태이다. 그러니 이 사태가 계속 유지되리라는 기대는 현실적으로는 옳다. 그러나 현실적으로만 옳다. 원리적으로는 그 반대의 사태가 나타날 가능성을 배제할 권리가 우리에게는 없다. 지금까지 한결같던 지구가 어느 순간 변덕을 부려 자전의 규칙성이 깨지고 급기야 해가 서쪽에서 뜨는 일이 일어나지 말아야 할 이유라도 있는가? 원리적으로는 없다. 지금까지 비교적 잘 적중되어 온 자연의 일양성에 대한 우리의 기대가 무참히 깨어질 가능성은 언제나 열려 있다. 왜냐하면 이것은 논증에 의해 증명된 것도 경험에 의해 입증된 것도 아니고 그저 반복과 습관에 의한 기대일 뿐이기 때문이다. 우리의 기대가 충족되는 것이 이상하지 않은 것처럼 충족되지 않는 것도 전혀 이상한 일이 아니다.

어떤 사태든 그것에 반대되는 일이 언제나 일어날 수 있다. 왜냐하면 거기에 어떤 모순이 포함되어 있을 수 없으며, 또한 그것은 정신에 의해 마치 실제로 그런 것처럼 분명하고 쉽게 인식될 수 있기 때문이다. '내일은 해가 뜨지 않을 것이다'라는 명제는 '내일도 해가 뜰 것이다'라는 명제와 마찬가지로 긍정될 수 있는 명제이면서 또한 모순 없는 명제다. 그러므로 그것을 거짓이라고 증명하려는 시도는 헛된 일이 될 것이다. 그것이 명백히 거짓이려면 모순을 포함하고 있어야 할 터인데, 그것은 결코 정신에 의해 명백하게 인식될 수 있는 것이 아니다.[112]

결국 자연법칙, 자연과학이 귀납의 비약을 통해 발견하고 인과율의 형태로 표현하는 자연의 규칙성이란 많은 반복에 의한 습관의 산물이고, 지금까지는 비교적 잘 적중되어 온 기대의 대응물 이상은 아니다. 물론 이 기대가 매우 많은 사례에 대한 경험적 관찰에 근거하는 한, 기대는 현실적으로 거의 충족될 것이다. 그러나 이 법칙의 필연성에 대응하는 인상이 발견되지 않는 한, 이 법칙은 개연성 이상을 주장할 수 없고 따라서 자신이 거짓이 될 수 있는 가능성도 배제할 수 없다. 본디 모든 확률은 '1-자신'의 확률로 그 반대의 가능성을 열어 두어야 하기 때문이다. 이렇게 자연과학적 지식에 필연성이 아니라 개연성만이 부여될 수 있는 한, 이 지식은 높은 확률로 옳지만 완전히 옳은 것은 아니고 또 틀린 것은 아니지만 틀릴

---

112   흄, 『인간의 이해력에 관한 탐구』, 48-49쪽. (따옴표는 저자에 의함)

확률이 없는 것도 아니다. 이 지식은 옳지만 언제든 틀릴 수 있는, 그리고 틀릴 수 있음에도 일단은 옳다고 여겨지는 지식이다.

과학은 필연적이어서 초시간적 타당성을 갖는, 절대적으로 옳은 지식의 체계가 아니라, 개연적이어서 한시적 타당성만을 갖는, 틀릴 수도 있는 신념들의 체계이다. 이것이 흄이 이해했던 과학이고, 흄이 인과율과 귀납추리의 참에 대한 소박한 믿음을 논파한 이래 과학에 대해 숙고했던 현대의 철학자들이 수용하지 않을 수 없었던, 더 이상 감출 수 없고 또 감추기를 원하지도 않았던 과학의 민낯이다. 나는 오늘날 과학자들이 이 민낯을 과연 수용할지, 한다면 어디까지 수용할지에 대해서는 잘 모른다. 그러나 오늘날 과학철학자 중에 과학적 지식은 100% 옳고 결코 틀릴 수 없는 지식이라고 믿는 이는 없다는 사실은 알고 있다. 현대의 과학철학에 의하면 과학은 한시적으로 타당성을 인정받은, 그러나 그 원리적인 '반증 가능성falsifiability'이 열려 있는 가설들의 체계이거나 ―이 경우 '이론의 전단계로서의 가설'과 '증명된 가설로서의 이론'의 차이는 무의미해진다!― 또는 '확증된confirmed', 즉 높은 확률로 타당한 언명들의 체계이다. 누구도 과학의 절대적 타당성을 주장하지는 않는다.

그렇다면 귀납적 과학에 대한 흄의 비판적 태도의 의미는 무엇이고, 이 태도를 접하며 우리가 배워야 할 것은 무엇인가? 분명한 것은 과학이 절대적으로 확실한 지식이 아니라고 해서 아무것도 아닌 것은 결코 아니라는 점이다. 나 역시 흄의 귀납 비판을 소개하면서 과학을 상대화하고 이 상대적인 과학을 신뢰하지 말자는 주장을 할 생각은 없었다. 내가 보기에 이 문제에는 우리가 버클리에서 보았던 엄격한 관념론적 철학과 실재론적 상식 간의 관계와 비슷한 것이 들어 있다. 그것은 '상식이 주목하는 과학의 현실적 효용'과 '철학이 지적하는 과학의 원리적 한계' 간의 갈등이다. 철학적으로 엄격한 관념론자였던 버클리가 상식의 요구를 부정하지 않았듯이, 그리고 상식에게 설 자리를 마련해 주면서도 관념론의 철학적 원칙을 포기하지 않았듯이,[113] 과학의 원리적 한계를 지적하는 흄 역시 과학의 현실적 효용을 부정하지 않고 동시에 과학의 현실적 효용을 들어 그 원리적 한계를 묵인해 주지도 않는다.

아마 이렇게 생각해야 할 것 같다. 우리는 현실적으로 과학의 유용성을 긍정해야 하고 과학을 신뢰해야 한다. 그러나 이 신뢰는 현실적으로만 정당화될 수 있다. 원리적으로 과학은 필연적인 진리가 아니고 우리가 과학을 유보 없이 신뢰하기에는 여전히 부족한 것이 많다. 그러나 과학에 대한 이 같은 의구심은 오직 원리적으로만 정당화된다. 현실적으로는… '현실을 대하는 감각'과 '원리를 관조하는 철학'은 마치 '알에서 태어난 닭'과 '닭이 낳은 알'의 관계처럼 무한히 교체되며 하나의 과학의 두 얼굴을 보여 준다. 중요한 것은 세상만사가 그러하듯 과학 역시 두 측면을 가지고 있다는 것이고, 이 두 면 중 어느 하나에만 주의를 집중하면 그것은 일면적 사고라는 것이다. 온 세상이 과학의 현실적인 효용에 열광하고 있을 때, 흄이 최초로 그 원리적 한계를 지적하여 과학에 대한 균형 잡힌 사유를 가능하게 해 주었다. 바로 이것이 우리가 흄에서 배워야 할 것이다. 만약 당신이 지금까지 과학의 현실적인 얼굴만 주목하고 있었다면, 이제 당신의 과학관이 흄에 의해 논박당했다고 생각할 것이 아니라, 흄이 보여 주는 과학의 다른 얼굴로 인해 과학에 대한 당신의 —지금껏 일면적이었던— 사유가 비로소 균형을 찾았다고 생각할 일이다. 경험론적 철학은 물론 좀 극단적이다. 하지만 이 극단적인 철학이 반대하는 우리의 상식도 그에 못지않게 극단적이기에 경험론은 사유의 균형을 위해서는 더 없이 좋은 처방전이다. 상식적 실재론을 견제하며 '에세 에스트 페르키피'라고 말하는 버클

_____

113 2.1의 ③ 참조.

리도 그렇고, 과학의 현실적인 힘을 견제하며 그 원리적 한계를 부각하는 흄도 마찬가지다.

이렇게 해서 경험론적 철학에 대한 우리의 공부, 감각 경험이라는 그물로 잡아 올린 놀라운 신세계에 대한 체험 학습도 끝나게 되었다. 이제 당신은 아마 상당히 부담스러웠을 '한시적 경험론자의 의무'를 어깨에서 내려놓아도 좋다. 경험론자의 안경은 우리가 그들의 세계를 보고 이해하기 위해 잠시 썼던 것이기에, 그 세계를 이해했다면 그만 벗어야 한다. 그리고 다른 안경을 써야 한다. 이 다른 안경은 당신이 경험론자의 안경을 쓰기 직전에 쓰고 있던 '자연의 빛'이라는 안경이어서는 안 되고, 당신이 나의 초대에 응하기 전에 쓰고 있던 옛날 안경이어서는 더욱 안 된다. 지금까지 당신은 우리의 축제가 거쳐 온 다양한 세계, 경험론자의 세계와 자연의 빛의 세계, 동굴 안과 밖의 세계, 신과 무의 세계 등을 보아 왔다. 그 많고도 다른 세계를 보아 왔으니 당신의 시력도 이제 많이 바뀌었을 것이다. 당신의 변한 눈이 필요로 하는 새로운 안경, 이 사유의 축제가 아니었으면 당신이 필요로 하지 않았을 그 안경을 쓰고 경험론자의 세계를, 그리고 데카르트의 세계도 다시 보기 바란다. 같은 세계도 안경이 바뀌면 달리 볼 수 있다. 하나의 세계를 보는 두 개 이상의 안경을 소유할 때, 그때가 '철학적 비교'라는 생산적인 사유가 시작되는 시점이다.

끝내는 말

　이것이 끝이다. 내가 여러분을 초대해서 벌인 짧지 않은 철학적 사유의 축제는 이렇게 끝난다. 다양한 주제를 건드리며 적지 않은 사유의 실험이 이루어졌다. 그 일부는 권태로웠을 수도 있고 일부는 자극적이었을 수도 있다. 한 사람에게 흥미로운 것이 다른 사람에게는 지루할 수 있고 또 그 반대일 수도 있으므로, 축제가 마음에 들었느냐는 바보 같은 물음은 던지지 않는다. 그러나 나는 축제를 준비하고 베푼 주인으로서 나의 손님들에게 이 축제가 당신을 변화시켰는지는 묻고 싶다. 왜냐하면 『초대』는 "너의 삶을 바꿔라!"라는 시인의 말과 함께 시작되었기 때문이다. 이 사유의 축제가 당신을 바꿔 놓았는가? 당신은 어떻게 사유했었고 지금은 어떻게 사유하는가? 또는, 예전에는 사유하지 않았는데 지금은 사유할 수 있게 되었는가?

　철학은 사유함이고 사유란 '혼의 눈으로 봄'이다. 이 점에서 철학은 사실 과학이 아니고 철학자는 사실의 넝마주이가 아니다. 니체는 "나는 기억을 담아 두는 통이 아니다"라고 말한 적이 있다. 통 안에 보관된 기억의 양으로 치자면야 박식한 사실과학자를 따라갈 수 없고 넉넉한 용량의 인공지능을 당해 낼 도리가 없다. 그러나 철학은 사실과 지식의 양이 아니라 오직 사유한다는 점에서 다른 모든 학문적 지성과 인공적 지능을 능가한다. 그래서 철학자는 고기 잡는 어부가 아니라 그물의 제작자에 비유된다. 세계 인식은 어부가 제공해 준다. 철학은 어부에게 고기 잡는 그물을 만들어 준다. 어부의 육의 눈은 그물 안에 걸려든 생선만 보지만 그물 제작자의 혼의 눈은 '눈에 보이는 생선들 간의 보이지 않는 관계의 망網'을 본다. 사유의 눈이 본 이 관계의 망이 철학자가 어부에게 건네주는 그물網의 설계도다. 그러므로 어떤 그물도 제멋대로 만들어진 것이 아니다. 모든 철학적 그물에는 이유가 있다. 그물은 혼의 눈으로 봄, 사유의 결과이기 때문이다.

다른 그물은 다른 세계를 잡아 올린다. 그러니 그물의 수만큼이나 많은 세계가 있다. 세계가 여럿이어서 여러 그물을 만든 것이 아니고 여러 그물을 만들었기에 여러 세계가 잡힌 것이다. 다른 사람은 달리 사유하며 다른 그물로 다른 세계를 잡는다. 철학의 역사는 이 여러 그물 간의 투쟁과 결합의 역사이다. 초월론과 내재론의 관계가 그렇고, 유신론과 무신론의, 관념론과 실재론의 관계가 그렇다. 이 여러 그물 중 유일하게 옳은 그물은 없고 또 결정적으로 틀린 그물도 없다. "고기를 잡아 올리는 한 그물은 항상 옳다. 모든 고기를 잡아 올리지 못하는 한 어떤 그물도 유일하게 옳지는 않다."[2] 그러나 그물이 없다면 우리는 아무 고기도 잡지 못하고 바다 속을 전혀 들여다볼 수 없다.

그물은 말하자면 세계를 보여 주는 창이다. 모든 그물은 ─고기를 잡아

---

1   니체, 『차라투스트라는 이렇게 말했다』, 218쪽.
2   7장, 1.2의 ②.

올리는 한— 세계의 부분은 보여 준다. 그러나 어떤 그물도 —모든 고기를 잡아 올리지 못하는 한— 세계 전체를 보여 주지는 못한다. 세계 자체, 세계 전체를 보기를 원하되 그물을 통하지 않고는 아무것도 볼 수 없는 인간이 할 수 있는 일은 그물의 숫자를 늘려 가고 그 그물을 통해서 본 세계의 부분도 늘려 가는 것, 그래서 그 부분들의 합으로서의 세계의 그림을 상상적으로 그려 보는 것뿐이다. 이것은 마치 조각의 숫자가 정해지지 않은 퍼즐 게임 같은 것이다. 우리는 철학의 그물들이 잡아 올린 퍼즐 조각들로 그럴싸한 퍼즐 그림을 맞춰 나간다. 이 또는 저 그물을 통해 세계의 이 또는 저 측면을 보고, 그 측면들을 모아 하나의 일관적이고 체계적인 세계'상'을 그려 가는 것이다. 그런데 그림은 엉성하고 구멍은 너무 많다. 딱 맞는 조각이 없으니 새로운 조각을 잡아 올릴 새 그물이 필요하다. 그건 분명한데, 얼마나 더 많은 조각이 필요하고 얼마나 더 많은 그물을 짜야 하는지는 알 수 없다. 모든 것이 어둠 속이다.

　이 어둠 속에서도 분명한 것이 하나는 있다. 신이 이 퍼즐 게임을 끝내 버리기 전까지 인간 스스로는 그물의 제작, 사유의 실험을 끝내지 않으리라는 점이다. 그래서 칸트는 철학하는 인간을 "점근선",[3] 끝없이 축에 다가가면서도 결코 도달할 수 없는 또는 도달할 수 없으면서도 그 다가감을 멈추지 않는 점근선에 비유한 바 있다. 철학이 사랑하는 신적 지혜는 저 먼 곳에 있다. 그 도달할 수 없는 목표에 다가가야 함은 신이 아닌 인간의 "의무"[4]이고, 도달할 수 없음에도 다가감을 포기하지 않음은 짐승이 아닌 인간의 "존엄"[5]이다. 그래서 철학할 필요가 없는 신도 아니고 철학할 수 없

3　칸트, 『순수 이성 비판』, B 691.

4　같은 책, B 731.

5　같은 책, B 491.

는 짐승도 아닌 인간만이 철학, 즉 사유를 한다. 인간은 그물을 짜는 유일한 존재자다. 바다를 들여다볼 수 있는 신은 그물을 짤 필요가 없고 생선을 먹기만 하는 짐승은 그물을 짤 수도 없기 때문이다.

나는 나의 독자들에게 여러 그물을 제시해 왔다. 형이상학과 인식론의 그물, 신을 요청하는 칸트와 신을 죽이는 니체의 그물, 자아와 물체를 긍정하는 데카르트와 부정하는 흄의 그물이 함께 제시되었다. 그것은 다양한, 때로는 서로 충돌하는 그물들을 나의 독자들이 동시에 경험할 수 있게 해 주기 위해서였다. 이 충돌에서 형식논리적 모순이 아니라, '단호한 택일' 또는 '새로운 케미'의 가능성을 발견했다면, 그것은 당신이 이미 이 축제를 통해 달라졌음을 의미한다.

원래의 물음으로 돌아간다. 나의 축제를 통해 당신은 바뀌었는가? 나의 모든 손님의 사유 방식이 바뀌었다는 것은 있을 수 없는 일이다. 나의 손님들 중 단 한 명의 사유 방식도 바뀌지 않았다는 것은 생각하기 싫은 일이다. 나는 나의 『초대』가 자신의 독자를 찾았기를 바란다. 나의 글과 대화해 온 사람, 그렇게 사유의 연습을 해 오며 자신의 그물을 짤 준비를 한 사람, 이 연습을 통해 사유가 "좋은 날의 축제"임을 깨달은 사람, 그래서 이제 스스로에게 사유의 축제를 베풀 수 있게 된 사람이 아마 있을 것이다. 그 사람에게 이 축제의 '끝'은 새로운 축제의 '시작'일 것이다. 새로운 시작을 위해 그는 스스로에게 아직도 충분히 답해지지 않은 물음을 던져야 한다. 철학이란 무엇인가?

철학에로의 초대